フランス語の進化と構造

恩師　泉井久之助先生に捧げる

　　　　　　　訳者一同

ヴァルター・フォン・ヴァルトブルク
フランス語の進化と構造

ÉVOLUTION ET STRUCTURE
DE LA LANGUE FRANÇAISE
PAR
Walther von WARTBURG

田 島　　　宏
高 塚　洋太郎
小 方　厚 彦
矢 島　猷 三
　　共訳

白 水 社

序　文

　この書物は，優れた巨匠たちがわれわれに残したどのような歴史文法にも取って代わろうとするものではない．われわれが対象とするのは，特殊な専門用語のやぶの中で踏み迷うことなく，フランス語の進化の大筋を知ろうと願う教養のある人たちである．この書物の目的は，この言語のすべての友が，2000 年にわたるその進化になじみ，さまざまな時代のこの言語の特色の大筋の幾つかをたどる手伝いをすることである．したがって，細部の説明は，決してそれ自身のためになされるのではなく，ただ，言語の一時期の特色を明らかにするためのものである．

　われわれは，フランス国民の精神的・政治的・社会的・文学的な進化と，フランス語の生命を支配する一般的傾向との関係を，とくに強調した．しかしわれわれは，われわれの主題を決してなおざりにしたわけではなく，言語はその固有の傾向にも従うものであり，言語現象は何よりもそれ自身によって説明されることを忘れぬよう配慮した．

　われわれの書物は教科書ではないが，しかし，学生にも役立つものと信じる．学生諸君が，頭に詰め込まなければならない無数の細かな事実を，どのようにしてまとめるかをこの本で学ぶよう，われわれは希望するものである．

　本書は 7 章に分かれ，交互に記述的な部分と歴史的な部分から成っている．第 1 章はローマ帝国末期のラテン語と，それがラテン語以前の言語から受け継いだ要素について述べ，第 3 章は古フランス語の特色を描き，第 5 章は 16 世紀のフランス語と，覚醒した近代精神がそれにどのように反映したかを概観し，第 7 章は現代フランス語の主な特徴を規定しようとする．これに対して，第 2・第 4・第 6 章は，純粋に歴史的なものであって，ウェルギリウスの言語からギュスターヴ・フローベールの言語への変遷の特色を描写する．

　このような書物は，ことさらに議論を避けねばならない．紹介が目的で，論証の場ではないからである．大部分の事実は，ずっと以前から知られているものである．それらは，参考文献一覧に指示された著書の中で解説されている．われわれはそれに，幾つかの新しい見解と個人的な考えを加えた．しかしこれらは，周知の事実や他の著者から借用した考えと，混然一体のものになっている．この書のリズムを考えると，研究書には不可欠なものだとしても，この本で両者を区別することはできなかった．

われわれはここで,文体の修正を引き受けてくださったスズィニ E. SUSINI 氏,校正刷りを読んで多くの有益な助言を賜わったフランク・オリヴィエ Frank OLIVIER 氏,それに,索引を作成してくださったヘリング W. HERING 氏に,深い感謝の意を表する.

第2版の序文

本書の新版は,幾人かの学者が公にした初版に対する書評を参考にした.再版のためにわれわれに寄せられた種々の要望は非常な数に上るので,それらをみな満足させるとすれば,書物の分量を2倍,3倍にする必要があったであろう.だが,手頃な価格を維持する必要と,各部分の間の均衡を破らないために,あまり大きな変更を加えることはできなかった.しかし,われわれは1つの章を追加した.初版でのこの章の欠如は,とくに残念に思われた点である.それは,大変簡略なものだが,19世紀のフランス語についての研究である.われわれは,シモン SIMON 氏が文体の修正を引き受けてくださったことに感謝する.

第3版の序文

かなり前から,この書物は絶版になっていた.残部が1943年のトイプナー社の火災で焼失してしまったからである.ライプツィヒと西欧諸国の間の連絡が全く途絶えてしまったので,われわれはフランケ社と相談し,この書店が第3版を引き受けてくれることになった.

本書では,とりわけ表現が簡潔すぎて曖昧になっていた幾つかの章句が,念入りに修正された.さらに,全巻を通して,かなりの数の訂正と追加が行なわれた.われわれはテキストの修正に対して与えられたアンドレ・デポン André DESPONDS 氏の助力に感謝する.

第5版の序文

　第5版は幾つかの点で修正され，わずかに増補された．しかし，本書の全体の構成は変わっていない．今日では，四半世紀前からわれわれが強く勧めていたとおり，通時言語学と共時言語学の一段上の段階での融合が，かなり現実のものとなっているので，本書の構想も今まで以上に正当に評価されることであろう．

　オデュベール A. AUDUBERT 氏は，新しい部分についても，古い部分についても，懇切に文体を修正してくださった．われわれはこれに深く感謝するものである．同氏には，マルグリート・オフェール Marguerite HOFFERT 嬢にと同じく，われわれとともに校正刷りを読んでくださったことにも謝意を表する．

目　次

序文 5
地図 . . . . 13〜15
記号および音声表記法 16

第1章　フランス語の起源 17

1. 出発点 17
 インド・ヨーロッパ語 17　ロマン語とロマン民族 19

2. 前ロマン民族とその言語 19
 人種的基層 19
  有史前の民族 19　リグリア人とイベリア人 21
 ギリシア人 22
  ガリアにおける彼らの植民地 22　ギリシア語の影響 23
 ガリア人 26
  ガリア民族の栄華と衰退 26　ローマ化 27
  ガリア語の地名 28　ガリア語起源の語 29
  ガリア語がガリアのラテン語音に与えた影響 34

3. ローマ帝国下のガリア 35
 ローマ帝国とガリア 35　ゲルマン人の侵入 36
 農奴制の起源 36　ガリアの細分化の増大 37

4. 俗ラテン語 38
 形の進化 39
  名詞の曲用 39　比較 41　冠詞 43　動詞 45
 否定 50
 音声組織 50
  アクセント 51　母音体系 52　子音体系 53
  統辞法的音声変化 53

5. ラテン語の地方的分化 54
 東ロマニアと西ロマニア 54　保守的な地域 56

第2章　俗ラテン語から古フランス語へ 59

1. ゲルマン人 59
 ゲルマン人とローマ帝国 59　侵略 60　フランク族 61

2. オイル語の起源 65
 オイル語とオック語 65
 音声的分化 65　形態法と統辞法 67

　　　　　２つのガロ・ロマン語の分離　*68*
　　　　　　　２つの言語の境界　*68*　　北フランスの二言語併用　*70*
3.　６世紀から10世紀までのフランスの一般的進化
　　および言語の進化との関係 ·················· *71*
　　　　　メロヴィング王朝とカロリング王朝　*71*
　　　　　カロリング・ルネサンスとフランス語　*72*
　　　　　843年以後のフランス　*74*　　最初の文学作品　*75*
　　　　　最初のラテン語法　*76*
4.　新たな侵入 ···························· *77*
　　　　　ノルマン人　*77*
　　　　　　　ノルマン人の国家の建設　*77*
　　　　　　　フランス語語彙の中のノルマン語の要素　*78*
　　　　　アラブ人　*79*
　　　　　　　アラブ人の西洋への侵入　*79*
　　　　　　　フランス語語彙の中のアラブ語の要素　*79*

第３章　古フランス語 ······················· *83*
1.　カペ王朝治下の政治・社会制度 ············· *83*
　　　　　政治と地方の解体　*83*　　封建政体　*84*
2.　古フランス語の方言 ···················· *84*
　　　フランコ・プロヴァンス語　*85*
　　　本来のフランス語領域の主な諸地方　*87*
　　　　　地方間の関係　*87*　　ブルゴーニュ地方　*88*
　　　　　シャンパーニュ地方　*89*　　ロレーヌ地方　*89*
　　　　　ヴァロニー地方　*90*　　ピカルディー地方　*90*
　　　　　ノルマンディー地方　*92*　　アングロ・ノルマン語　*92*
　　　　　西部　*93*
3.　イル・ド・フランスの方言　国民語 ············ *93*
　　　　　言語上の理由　*93*　　歴史上の理由　*94*
4.　古典期の古フランス語 ···················· *97*
　　　表現手段使用の自由　*97*
　　　　　統辞法上の慣用　*97*　　最上級　*100*　　接続詞　*101*
　　　　　語彙　*103*　　音声　*104*
　　　形の独立性　*104*
　　　　　母音交替　*104*　　曲用——２格の使用　*106*
　　　文　*108*
　　　　　文の主な要素　*108*　　主節と従属節　*109*
　　　表現手段の具体的性格　*110*
　　　　　叙法　*110*　　身振り　*111*

　　　　　強さの表現としての再帰動詞　*112*
　　　　　比喩に富んだ言い回し　*112*
　　　　ラテン語の影響　*113*
　　　　文明と言語に及ぼした南フランスの影響　*115*
　　　　　武勲詩の言語と聴衆　*115*　　　宮廷風詩　*116*
　　5.　外国におけるフランス語・・・・・・・・・・・・・・・*117*
　　　　　イタリア　*118*　　　東洋とギリシア　*118*　　　イギリス　*119*
　　　　　ドイツとネーデルランド　*120*

第4章　古フランス語から中期フランス語へ・・・・・・・・・*121*
　　1.　13 世紀から 15 世紀までのフランス史概観・・・・・・・・*121*
　　　　　君主制と封建制　*121*　　　王権の組織　*122*　　　社会階層　*123*
　　　　　知的生活　*124*　　　百年戦争　*124*
　　2.　13 世紀から 15 世紀までのフランス語・・・・・・・・・*126*
　　　概観　*126*
　　　　　文学フランス語の発展　*126*　　　言語の変形　*127*
　　　音声の進化　*127*
　　　　　子音と母音の脱落　*128*　　　単母音化　*129*
　　　形の進化　*130*
　　　　　活用　*130*　　　曲用　*132*
　　　統辞法の進化　*134*
　　　　　構文の自由の喪失　*134*　　　動詞に代名詞を付加する必要　*135*
　　　　　従属節　*137*　　　否定　*137*　　　指示代名詞と冠詞　*138*
　　　語彙　*139*
　　　　　プロヴァンス語からの借用語　*139*　　　隠語　*140*
　　　　　ラテン語法　*141*　　　多数の語の消失　*144*
　　　　　学者語と民衆語　*145*

第5章　16 世紀・・・・・・・・・・・・・・・・・・・・・*149*
　　1.　フランス語の解放・・・・・・・・・・・・・・・・・・*149*
　　　イタリアの影響　*149*
　　　ルネサンスとフランス語　*150*
　　　　　裁判におけるフランス語　*150*　　　教会におけるフランス語　*151*
　　　　　学校におけるフランス語　*153*　　　医学におけるフランス語　*153*
　　　　　文学におけるフランス語　*154*
　　2.　16 世紀におけるフランス語・・・・・・・・・・・・・*155*
　　　フランス文法の研究　*155*
　　　語彙　*156*
　　　　　イタリア語法　*156*　　　ラテン語法　*158*　　　地方的語法　*158*

　　　　音声変化　強い保守的傾向　*159*
　　　　　　子音　*159*　　保守勢力　*160*
　　　統辞法　*162*
　　　　　　語順　*162*　　代名詞　*163*　　接続詞　*163*
　3.　散文の技法 ··· *163*
　　　ラブレー　*164*
　　　　　　ラブレーの普遍性　*164*　　ラブレーの独創性　*166*
　　　カルヴァン　*168*

第6章　近代フランス語の時代 ································· *173*
　1.　17世紀 ··· *173*
　　　16世紀から17世紀への移行　*173*
　　　　　　ルネサンスと宗教改革　*173*　　アンリ4世とリシュリュー　*174*
　　　新しい精神　*174*
　　　前期古典主義時代のフランス語　*175*
　　　　　　概観　*175*　　古典フランス語の作り手——マレルブ，ゲ・ド・
　　　　　　バルザック，アカデミー，ヴォージュラ　*175*
　　　　　　言語と論理　*178*　　遅参者　*181*　　語彙　*181*
　　　　　　プレシオジテとビュルレスク　*185*
　　　　　　新しい言語の代表者——パスカル　*185*
　　　古典主義時代のフランス語　*186*
　　　　　　マザランの統治，過渡期　*186*　　言語の洗練手段　*187*
　　　　　　文学語の語彙の貧弱化　*188*　　進歩の完遂　*191*
　　　　　　発音の統一　*191*　　世紀末　*192*
　2.　18世紀 ··· *193*
　　　概観　*193*
　　　　　　宮廷と教会の威信の低下　*193*　　至上の理性　*194*
　　　17世紀と18世紀の言語の関係　*195*
　　　言語が豊かになる　*196*
　　　　　　百科全書　*196*　　社交界の生活　*197*　　商業・農業用語　*198*
　　　　　　自然な民衆的な語　*199*　　心理的語彙——誇張法　*201*
　　　　　　外国の影響　*202*
　　　音声・形態・統辞法上の安定性　*204*
　　　文体の問題　*205*
　　　　　　さまざまな文体　*205*　　ヴォルテール　*206*　　ルソー　*210*
　3.　フランス革命と19世紀 ····································· *215*
　　　フランス革命　*215*
　　　　　　俚語ならびに非ロマン語系言語に対する闘い　*215*
　　　　　　革命時代のフランス語　*217*

19世紀の文学語　*221*
　　文学語の排他性　*221*　　シャトーブリアン　*222*
　　ロマン主義　*224*　　ヴィクトル・ユゴー　*225*
　　古語法と地方的語法　*227*　　バルザック　*229*
　　フローベール　*229*　　モーパッサン　*232*
19～20世紀のフランス語の進化　*233*
　　音声変化　*234*　　形態の変化　*235*　　語彙　*235*
　　外国語の影響——英語　*238*　　植民地の語　*239*
　　民衆語と情意語　*239*　　文体の問題　*240*

第7章　フランス語の現状 253
1. はじめに 253
2. 現状の記述 253
　音声　*253*
　　母音・子音はいかにして発音されるか　*253*　　音節　*255*
　　回顧的観察　*257*　　病理学的ケース　*258*　　アクセント　*259*
　形態　*263*
　統辞法　*266*
　　語順　*266*　　イントネーション　*268*　　語彙化　*268*
　　外見上化石化した定式の蘇生　*270*
　語彙とその抽象的性格　*271*
3. フランス語の性格 273
　静的言語であるフランス語　*273*
　　動詞と名詞　*273*　　浸透よりも明晰性　*275*
　伝達手段としてのフランス語　*276*
　　社会現象としてのフランス語　*276*　　優れた国際語　*277*
4. 現代フランス語の分化 277
　　地域的差異　*277*　　社会的差異　*278*　　前進的フランス語　*280*
5. フランス語の広がり 282
　　フランス国内　*282*
　　フランス国内で話されている他の言語　*283*
　　その他の諸国　*284*　　総括　*286*

参考文献 287
各章の訳注 295
和文索引 .... 337　　欧文索引 346
訳者あとがき 359

地図 I 方言分布図

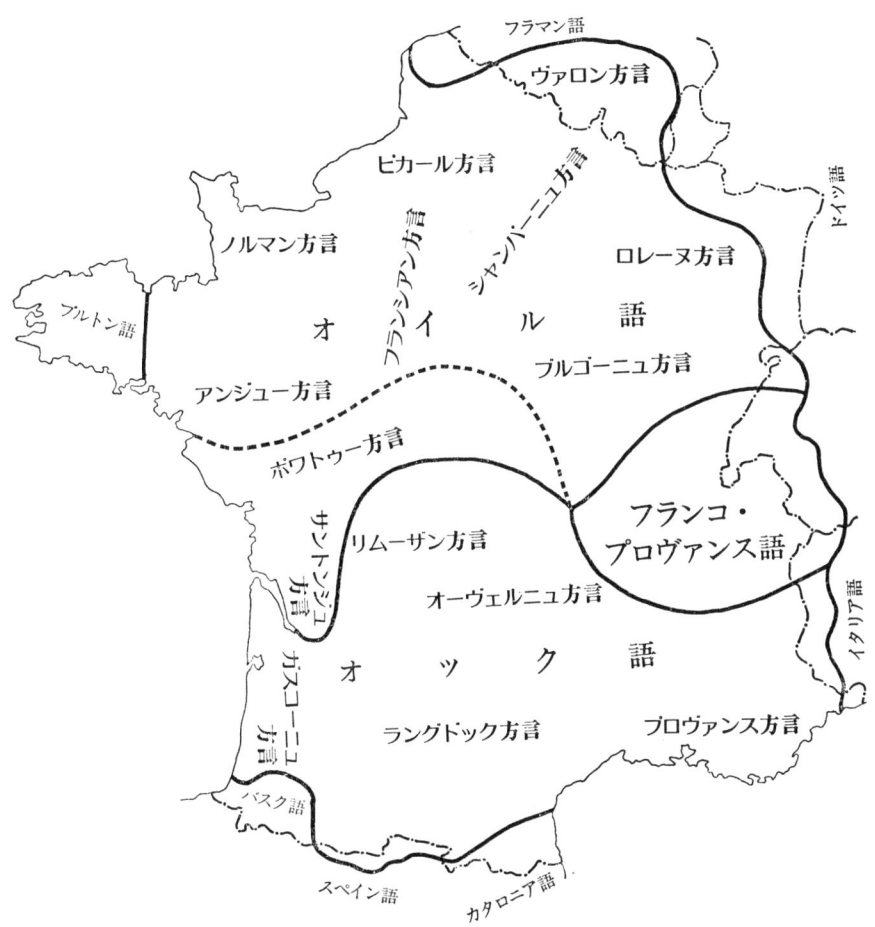

——— 言語境界線
······· 中世初期のオイル語とオック語の境界線

地図 II　フランス革命以前の州と州都

地図 Ⅲ 本書収録の主要地名図

記号および音声表記法

本書の音声表記法は原書に従ってロマニスト方式を用い，以下に国際音声字母によってこれを解説したが，各言語で慣用となっている綴字法の説明は省略した．

A＞B	A は B になる
A＜B	A は B に由来する
語頭の ＊	推定によって再建された形
母音字の上の ¯	長母音
母音字の上の ^（ゲルマン語）	長母音
母音字の上の ˘	短母音
母音字の上の ˜	鼻母音
母音字の下の ̯	二重母音・三重母音の副次的要素
母音字の上の ´	アクセント
母音字の上の `	二次アクセント
母音字の下の ₋（近代フランス語）	アクセント
子音字の右肩の ´	口蓋化音
子音字間の '	語中母音の消失
〔　〕	訳者による説明・補注

é, ẹ	閉じた e：[e]	dž, dj	[dʒ]
è, ę	開いた e：[ɛ]	j	[ʒ]
ə	中舌平唇半狭母音：[ë]	j（ゲルマン語）	[j]
œ̣	閉じた œ：[ø]	l̦	湿音の l：[ʎ]
œ	開いた œ：[œ]	š	[ʃ]
ị	閉じた i：[i]	tš, tch	[tʃ]
i̧	開いた i：[ɪ]	ẅ	[ɥ]
ọ	閉じた o：[o]	y	[j]
ǫ	開いた o：[ɔ]	χ	[x]
ụ	閉じた u：[u]	'	声門閉鎖音：[ʔ]
u̧	開いた u：[ʊ]		
ü	[y]		

ā, ō は古・中期フランス語では [ã], [õ]；近代フランス語では [ɑ̃], [ɔ̃].

アラブ語の ǧ は [dʒ], ḫ は [χ], q は口蓋垂音 [q], ḥ は咽頭音, ṣ, ṭ は咽頭化音を示し，インド語の ś は硬口蓋歯擦音を表わす．

第1章　フランス語の起源

1. 出　発　点

インド・ヨーロッパ語

　フランス語は，インド・ヨーロッパ諸語 langues indo-européennes という大語族に属している．このインド・ヨーロッパ諸語は，19世紀の初頭にその緊密な親族性が明らかにされたものであって，ただ一つの同一特有言語〔インド・ヨーロッパ祖語〕の，現代の諸形態を示すものである．ドイツ語，ロシア語，ポルトガル語，ペルシア語，アルメニア語などは，時間による緩慢な変化を受けはしたが，すべてここから生まれた．今から3000年より少し前に，インド・ヨーロッパ民族は世界を征服するために動き始めた．争いは今なお続いているとはいえ，彼らはかなりのところまで目的を達したといえるだろう．というのはさまざまな形態の下に，インド・ヨーロッパ語は現在では他よりも有力な言語だからである．インド・ヨーロッパ語と並んで文明語となった言語は，日本語，中国語，アラブ語，トルコ語，ハンガリー語ぐらいしかない．したがってこの民族は，特別なエネルギーと生命力の持ち主であることを示している．この生命力は武力のみならず，被征服民を同化する独特の能力にも表われている．インド・ヨーロッパ民族は行く先々で土着民と遭遇したが，その土着民を彼らは絶滅せずに奴隷とした．そしてほとんどいたるところで，土着民は彼らの新しい主人の言語を採用することになった．その代わり征服民族の言語と文明は，同化された民族の提供しうる，あらゆる恩恵に浴した．そのためこの支配民族によって新たに占有されたそれぞれの土地で，インド・ヨーロッパ的文明は独特の精神を備えることになり，この文明の代弁者の役割を演じていた言語は，共通の基調を保ちつつも相互に大変異なった新しいタイプのものとなった．このようなわけで，インド・ヨーロッパ語はその柔軟性と個性がとくに著しい言語である．この2つの特質は，とりわけ重大な危機の時期にはつねに現われている．われわれの記憶に残る世界史上のあらゆる混乱とすべての大移動は，これらの言語の運命の上にもその影響を及ぼした．それまで共に生活し，同一の特有言語を話していた民族は，移動によって分散した．新しい土地に移ると，これらの民族は以前よりも一層自覚が高まり，また彼らの言語は独自の方向へと発展を遂げて，互いに別のものとなった．インド・ヨ

ーロッパ祖語を話していた民族に生じたことは，そこから生まれた集団，ゲルマン人，スラヴ人，ヒンズー人，ラテン人にも，のちになって起きている．同様に英語とスペイン語は，アメリカに移されたので，この両言語がヨーロッパで示している姿とはかなり異なった様相をすでに呈している．もっとも今日では国際関係が緊密なので，英語とスペイン語がヨーロッパで保ち，呈する姿から全くかけ離れた真の新しい言語の形成は，妨げられるかもしれない．というのは，生活の条件が1世紀前から完全に変化しているからである．すべてのインド・ヨーロッパ諸語が，同じ程度にこの適応力や柔軟性や個性を備えているわけではない．インド・ヨーロッパ諸語の中でも，2つの大グループが，とくにこれらの特質を所有している．それはゲルマン諸語 langues germaniques とロマン諸語〔またはロマンス諸語〕langues romanes である．ロマン諸語の世界とゲルマン諸語の世界が呈する豊かな言語的多様性は，どこにもこれに匹敵するものがない．したがって，もし次のような最上級を用いることが許されるならば，この2つのグループは「最もインド・ヨーロッパ語的な」言語，すなわち民族の集団的個性が自由に開花して，最も驚くべき結果を生んだ言語であると言いうるであろう．

　インド・ヨーロッパ諸語に生じた分岐が，その大多数の言語の歴史の中でのちに再び繰り返される事実はすでに述べた．紀元前数世紀に，はっきり一つにまとまった共通ゲルマン語が存在したことは，疑う余地がない．英語，ドイツ語，スウェーデン語のようなゲルマン諸語は，共通ゲルマン語の現代における後継者である．現在の相違は，共通ゲルマン語を話していた住民がさまざまな部族に分かれ，そのおのおのが独自の運命をたどったところからきている．しかし長いあいだ共存し，他のインド・ヨーロッパ民族から離れていたために，英語，ドイツ語，スウェーデン語などは，一目ではっきりとする共通特徴を保っている．歴史的比較方法をあるゲルマン語の研究に適用する時，人はまずその言語を他のゲルマン諸語とつき合わせて説明しようとする．スウェーデン語をゴート語によって，アングロ・サクソン語をドイツ語によってという風に．次の段階で初めて，ゲルマン諸語以外の他のインド・ヨーロッパ諸語と比較することになる．もし直接の証拠，すなわち共通ゲルマン語で書かれたテキストがあれば，ずっと好都合であろう．しかし原則は同じである．ゲルマン諸語の一つを歴史的に研究しようとする者は，その言語が現代の後継者の一つとなっているもとの共通インド・ヨーロッパ語にいきなりさかのぼることはせず，まず同じグループの他の諸言語を調べ，そしてこの下位グループの接合点，つまり分岐点でとどまることになる．

　ところでこの見地に立つと，ロマン諸語の研究は例外的で特権的な位置を占めている．ゲルマン諸語，スラヴ諸語などの分岐点が明らかでないのに対して，ロ

マン諸語とインド・ヨーロッパ祖語との間のこの中間段階は，極めて豊富で多様な文学に恵まれた第一級の文明語となって現われている．他のどのような場合にも，ロマン諸語の場合ほど，言語の受ける緩慢で段階的な変化の跡をくわしくたどることはできない．以上によってわかるように，われわれにとってフランス語の歴史はインド・ヨーロッパ祖語から始まるのではない．われわれの出発点はラテン語 latin である．

ロマン語とロマン民族

われわれは「ロマン語」という表現を普通に使っているが，今まで「ロマン民族」という用語は避けてきた．なぜかといえば，この場合多くの誤解がただちに生ずるからである．人はあまりにもしばしば「民族」peuple という語を「人種」race の意味にとってきた．しかし少なくともヨーロッパにおいては，「言語」langue と「人種」という2つの概念はほとんど関係がないことを，いくら繰り返しても繰り返しすぎることはあるまい．ある言語とそれを話す人種の間には，必然的なつながりはない．おびただしい数の征服民族が，古い住民に重なり合いつつヨーロッパの地を通り過ぎていったのである．たいていの場合この土着民は，新来者の方がより高い文化を所有していたために，彼らの言語を採り入れることになった．今日フランスと呼ばれている土地では，「人種」と「言語」の間のつながりはとりわけ著しく欠如している．ここでは古代ローマ人の言語の，現代の諸形態の一つが話されているのだが，フランス人の血管の中にローマ人 Romains の血はごくわずかしか流れていない．フランス人の祖先は，リグリア人，イベリア人，ケルト人，ゲルマン人である．人種的親族性と言語の親族性とは，したがって別のものである．ヨーロッパには，多くの異種族の住民が包含されている空間に広がりを持たないような言語は，ほとんど存在しない．

逆に「言語」の概念と「国民」nation の概念との間には，明白なつながりがある．ある言語を話す者はみな同一の文明形態に属し，同一文化の恩恵に浴している．また言語は，高い文明を備えた国民に自覚を可能ならしめる一つの手段でもある．フランス国民の形成にあたっても，言語は重要な役割を演じた．

2. 前ロマン民族とその言語

人種的基層

有史前の民族

ローマ人以前にガリア Gaule を支配した民族は，彼ら自身の言語を放棄する

にあたって，幾つかの要素を残した．ある言語から他の言語へ移る際には——これはつねに何世紀もかかることだが——ある民族は，消滅していく言語から借用した若干の語を，その新しい言語に組み入れるのがつねである．このことは，フランスに新しい民族が登場する度ごとに起きている．したがってローマ人以前の民族が，のちにフランス語になるはずの特有言語に何を伝えたか，彼らが新来者と融合し，新来者の文明と文明の道具〔＝言語〕を受け入れつつ，何を残したかを考える必要がある．そこでわれわれはまずフランス語と，大ざっぱに〔北〕フランスおよびプロヴァンス諸口話 parlers français et provençaux の，前ロマン語的要素を研究することにする．

　ところでこの研究は，非常に大きな困難に遭遇する．その最大のものは，ローマ人の到来以前にフランスで話されていた言語が，ごくわずかしか知られていないか，全く未知でさえあることである．ガロ・ロマン語 galloroman の語彙を研究する者は，ラテン語でもなくゲルマン語でもない語に絶えずぶつかる．そのうちのあるものは，恐らく最初の住民の話していた言語とつながりを持つであろう．しかしこの人びとが何者だったのか，彼らの言語がいかなるものだったのかについては，何もわかってはいない．発掘によって出土した道具や，旧石器時代や新石器時代のほら穴（フォン・ド・ゴーム Font-de-Gaume の洞窟，コンバレル Combarelles の洞窟）の壁面に残された芸術作品や素描の中に，彼らは明らかにその文明の跡を残している．これらの遺物の中には，カプブラン Capblanc（ドルドーニュ県 Dordogne）の馬の彫刻や，テュック・ドドゥベール Tuc d'Audoubert の洞窟の粘土製の野牛のように，驚くほど写実的な真の傑作もある．しかしこの人びとが話していた言語については何もわかっていない．その後やって来た住民，たとえば巨石芸術(アール・メガリテイツク)を作りあげた住民についても，同様に何もわかっていない．この住民が死者や神々を敬うために築いたドルメンやメンヒルも，われわれにとっては物言わぬ証人である．長い間これらの巨大な建物はケルト人 Celtes によるものとされてきたが，これは，今日ではよく知られているように，間違いである．これらは，もっと前の住民によるものである．しかしながら，たとえ上記の証拠のすべてが，この古い住民の意志の疎通の助けとなっていた人間のことばについて，われわれに何一つ教えてくれないとしても，少なくとも多数のさまざまな住民がこの土地を踏んだことは明らかである．また発見された人骨から，われわれは新来者の大部分が，彼らの先住者と次々に融合していったと結論することができる．ブルーユ Breuil 師[1]は彼の『前期旧石器時代の下位区分とその意義』 *Les subdivisions du paléolithique supérieur et leur signification* と題する研究報告（人類学および先史考古学国際会議，ジュネーヴ，1912年）の中

で，次のように結論を下している：「ヨーロッパはアジアとアフリカに結びついた小さな半島で，その西の部分は東方（アジア）または南方（アフリカ）から未知の衝撃によってやって来た人類の波が，その沈澱物を混ぜ合わせ，累積させた袋小路である.」事実われわれがその名を知っている2つの最初の民族は，1つは大陸を横切って東北または東から，もう1つは南から，すなわちアフリカからやって来た．それはリグリア人とイベリア人である．彼らの出合いは，歴史がわれわれに語る最初の衝突である．

リグリア人とイベリア人

リグリア人 Ligures は恐らくはイベリア人よりもずっと早くガリアにやって来た．彼らはケルト人より前にこの地の大部分，とりわけローヌ川 le Rhône 流域，フランシュ・コンテ地方 Franche-Comté，スイス，アルプス，そして北イタリアの大部分を占有した．ケルト人はアルプスとジェノア Gênes 北部の山地へ彼らを撃退したが，リグリア人はローマ人の到着時にもまだここに居住していた．古代の作家たちがわれわれに描写するところによれば，彼らはたくましく，小柄で，やせて筋肉質の体つきをしており，苦痛に耐える人種であった．彼らは，デシュレット Déchelette[2] が証明したように，半円形の鎌を知っていたので，すでに農耕に従事していたと思われる．彼らの言語は，何よりも幾つかの地名に保たれている．幾つかの碑文から，-ascus, -a ; -oscus, -a ; -uscus, -a という接尾辞は，ほぼ確実にリグリア語である．事実，上述のフランスの諸地方には，これらの接尾辞を持つ地名が，いまだに点在している．たとえばヴナスク Venasque < Vindasca（ここからヴナスク伯爵領 Comtat-Venaissin が生まれた）がそうである．リグリア人は恐ろしい海賊であった．彼らはマルセイユ Marseille とトゥーロン Toulon の間の，海岸の岩壁の間に刻み込まれた峡湾に，しばしば避難所を求めたに違いない．この峡湾を示す語はほぼ確実にリグリア語起源であって，今でもスイス・アルプスとコルシカ島 Corse に見いだされる．そして，この語はプロヴァンス語 provençal からフランス語に入って，calanque「小湾」となった．フランス・アルプスの俚語 patois は，よそのいかなる既知の語とも結びつかない語に満ちているが，その多くは恐らくリグリア語であろう．

もう1つの民族はイベリア人 Ibères である．彼らは恐らく紀元前6世紀に，スペインからピレネー山脈 Pyrénées を越えてガリアの南西部に侵入し，ロワール川 la Loire 付近までを占有した．彼らはガリア人の新たな侵入によって撃退され，さらにのちにローマ化された．ただバスク人 Basques だけが，フランスとスペインの国境の両側で，今日までも彼らの言語を保っている．イベリア人が

ロマン語住民に伝えたことばはわずかだが，その例としては古プロヴァンス語 esquer「左の」（スペイン語 izquierdo）をあげることができる．イベリア人は農業を知っていたに違いない．artigue「開墾された畑」のような語が，彼らの言語に由来するからである．〔バスク語では esker, artiga.〕

ギリシア人

ガリアにおける彼らの植民地

イベリア人がピレネー山脈を越えたのとほぼ同じ頃，紀元前 600 年頃に，地中海沿岸に東方からやって来た大胆な船乗りの一群が到来した．小アジアのフォカイア Phocée の港を出発したギリシア人 Grecs である．彼らは岩だらけの岬の先に定着し，そこにマッサリア Massalía（ラテン語マッシリア Massília）と呼ばれる植民地を建設した．今日のマルセイユである．しかも彼らは，この沿岸に姿を現わした最初のギリシア人ではなかった．ヘラクレス崇拝が町の名前，とりわけヘーラクレース・モノイコス Hēraklēs Monoikos（現在のモナコ Monaco）によって証明されるところから，彼らより前にドーリア人の植民者がここに定住していたことは明らかである．紀元前 500 年頃，この新しい町はそれ自身の植民地で地中海沿岸を覆い，その領域はアルプ・マリティム県 Alpes-Maritimes からアンダルシア地方 Andalousie にまで広がっていた．何世紀もの間，マルセイユは西地中海の北部を支配していた．この町はローマの同盟市であって，最終的にはローマによって平和裡に吸収された．7 世紀または 8 世紀の間，プロヴァンス地方 Provence とラングドック地方 Languedoc 沿岸の主要港ではギリシア語 grec が話されていたわけであり，したがってこれらの町の大部分は，そのギリシア名を現代まで残している．ニース Nice は「勝利の女神の町」（ギリシア語 Níkaia）という誇らしい名前を持ち，ニースの正面の岬には，アンティーブ Antibes（＜ギリシア語 Antípolis「正面の町」）の町が築かれ，ローヌ川西方には，アグド Agde の町が agathê týchē「幸運」という立派な名前を備えている．これらの名前のあるものは，ローマ人がこの地方を占拠した際に，彼らによってラテン語化された．たとえばポール・ヴァンドル Port-Vendres（＝Portus Veneris「ウェヌスの港」）がそうで，これはギリシア名アプロディシアス Aphrodisiás の訳である．マルセイユ自身もその名を保ったが，ラテン語のアクセントに置き換えられた．

なぜこの地方のギリシア化がもっと進まなかったのか不思議であるが，それは次のようなわけである．ほとんどすべてのギリシア人がそうであったように，マルセイユ人にとっても真の祖国，すなわち彼らの活動の舞台は，海であった．彼

らの目には，大陸は利用するための土地にすぎなかった．マルセイユ人はそれを征服したり，そこへ自分たちの文明を持ち込んだりする望みは持っていなかった．彼らにとって大陸は商業的に利用するだけでよく，そこから産物を船まで運んだり，そこで遠国の産物を売るだけで十分であった．そのためマルセイユ人は，きまって沿岸沿いのごく狭い地帯にしか住みつかず，彼らの広がりは海から離れることがなかった．ただローヌ川沿いにだけ，彼らはやや奥まで，つまり海上航行と河川運送の接合点にまで，入り込んだ．しかしこの侵入も，やはり商業上の理由によるものである．ある地方がどんなに豊沃であっても，交易上新しい道を開くことができなければ，マルセイユ人を引きつけることはなかった．このようなわけで，リグリア人も，のちにガリア人も，自分たちの言語を捨ててギリシア語を採り入れようとは決してしなかった．しかし，だからといってフォカイアの植民者が，文明の影響を少しも与えなかったわけではない．マルセイユ人は彼らが沿岸を占拠していた地域の住民に，貨幣鋳造術，文字の知識，ギリシア・アルファベットの使用法を教えた．ガリア語の最初の碑文は，ギリシア文字で刻まれている．ビブラクテ Bibracte で征服されたヘルウェティイー族 Helvètes の陣営で，ユーリウス・カエサル Jules César[3] は，移住者全員の名を記したギリシア文字の名簿を発見した．マルセイユ人は，ぶどうとオリーブの栽培も伝えたが，これだけではギリシア文明を内陸部にまで浸透させるには十分ではなかった．ガリアを一大文明の地とする仕事は，ローマ人に残されていたのである．ギリシア人と隣人たちとの交流は，頻繁ではあったがある種の不信につきまとわれており，しばしば敵対的でもあった．町の内部でも，塀によってギリシア人の街と蛮人の街が2つにはっきり分かれている場合が多かった．以上のすべては，ギリシア語がオリエント全域とは違ってこの国の真の言語となることを妨げた．紀元前49年に，マルセイユはポンペイユス Pompée[4] に組してカエサルに対抗したが，ポンペイユス側の敗北によってマルセイユは中心都市としての地位を失った．マルセイユはそのあらゆる特権を剝奪され，その結果ローヌ川西方のローマの新植民地ナルボー Narbo を利することになった．かくしてこの時，ガリアにおけるギリシア文明の失墜は決定的なものとなった．ギリシア語はガリアの文明語となる機会を逸し，ラテン語がこの使命を果たすことになったのである．

ギリシア語の影響

しかしながら，南仏方言へギリシア語の影響が全くなかったとするのは誤りであろう．なるほどフランス語に残っているギリシア語の大部分が，ラテン語を経由したことは確かである．たとえばギリシア語 blasphemeín はラテン語で blasphemare となり，ここからフランス語 blâmer「非難する」が生じている．

しかし，南仏諸方言を念入りに調べれば，ギリシア語起源が明白で，ロマニア Romania〔ローマ帝国領のラテン語化地域，またはロマン語圏〕のどこにも残っておらず，多くの場合ラテン語も借用しなかったかなりの数の語が見られる．その中には，これらの方言からフランス語に伝えられたものもある．これらギリシア語の生き残りは，南フランスでギリシア人が果たした特別な役割と重要性に完全に一致する*．マルセイユ人は航海を組織し，何世紀にもわたってそれを独占した．プロヴァンス語は次のような語にその記憶をとどめている：caliourno「もやい綱」＜ギリシア語 kálōs；ancouno「隅，隠れ場所」＜ギリシア語 ankón「湾」；ギリシア語 gómphos「楔，大釘」＞プロヴァンス語 gofon，ここからフランス語 gond「蝶つがいの受け金」が作られた；プロヴァンス語 tarroun「帆柱」＜ギリシア語 tarsós；ギリシア語の形容詞 gampsós「曲がった」はプロヴァンス語の名詞 ganso「紐の輪」に残り，フランス語 ganse「組み紐」はこの語に由来している；またプロヴァンス語の名詞 estèu「暗礁」は，ギリシア語 stēlē「柱」を表わす．気象現象は航海者にとって最も重要である．したがってマルセイユ人は南フランスのロマン語諸口話に幾つかの語を残した．その一部は山地にまで浸透して現在でもまだ生き続けているが，平地では逆により新しい語に置き換えられている．たとえばギリシア語 brontē「雷」はアルプス地方の brountar「雷が鳴る」に，lampás「閃光，稲妻」はプロヴァンス語 lã(p)「稲妻」に，kírkios はラングドック方言 languedocien の cers「北西風」に，(ta díktya) chalān「(網を)張る」は古プロヴァンス語 calar「網を張る」に，今も生き残っている．最後のものは，フランス語 (caler「帆をおろす」) にまで伝わった動詞である．pyr「火」と typhos「煙」が現在まで保たれたのは，恐らく航海信号に用いたためであろう．後者はプロヴァンス語 tubo「煙」に残り，前者は動詞 empura「火をかき立てる」に保たれて，今もマルセイユで使われている．

マルセイユ人はあらゆる技術の運用，とりわけ建築面で，確かに土着民よりもずっと優れていた．したがって彼らは，andrṓn「廊下」＞古プロヴァンス語 androna「小道」，dōma「平屋根」，ここから作られた古プロヴァンス語 doma「丸屋根」＞フランス語 dôme のような幾つかの語を，現代口話に伝えている．プロヴァンス語 ambro＜ギリシア語 ámphora「耳つき壺」は，ギリシアの製陶術

---

* 詳細については，ヴァルトブルク W. VON WARTBURG『ことばと人間について』*Von Sprache und Mensch* (ベルン，1956年)，61〜126ページの試論『南ガリアでのギリシア人の植民と，西ロマン語におけるその言語上の証拠』*Die griechische Kolonisation in Südgallien und ihre sprachlichen Zeugen in Westromanischen* を参照．

の影響を証明している．

　われわれはすでにギリシア人が南フランスの農業に幾らかの影響を及ぼしたことを知った．プロヴァンス地方の植物名は，その名残を幾つかとどめている．たとえばある種の「燈台草」は，プロヴァンス語で lantréso (＜ギリシア語 lathyrís) と呼ばれ，古プロヴァンス語 dolsa「球根」(現代プロヴァンス語 dóusso) は，ギリシア語 dólichos「にんにくの球根」の派生語である．飼料植物の中で最も重要な trèfle「クローバー」はギリシア名 (tríphyllon) を持ち，プロヴァンス語 agas「かえで」はギリシア語 ákastos にほかならない．とりわけ興味深いのは古プロヴァンス語 arsemiza，ラングドック方言 arsenizo「にがよもぎ」で，ギリシア語の訳語であるラテン語 artemisia がもとのギリシア語 parthenís と交差したものである．ギリシア語の th は両南仏方言形の s に反映しているが，ラングドック方言ではギリシア語はさらにもう一つの痕跡である n を残している．このような混交 contamination は，2言語がかなりの長期間同一地方に並存する場合には必ず生ずるものである．——ギリシア人の示した手本によって，ぶどう栽培はシャンパーニュ地方にまで広まった．数年前ヴィックス Vix (コート・ドール県 Côte d'Or) で発掘され，現在ルーヴル博物館にあるみごとな混酒器は，その明白な証拠である．ぶどう栽培の術語は，ほとんどすべてラテン語起源である．しかしその名が，ガリアで初めてぶどうを栽培したギリシア人を想起させる道具がある．それはぶどう栽培者の「唐鍬」で，ギリシア語で mákella または makélē と呼ばれていた．2つの形がともに残っているのは珍しく，第1のものはブルゴーニュ方言 bourguignon の meille，第2のものは(接尾辞が変化して)プロヴァンス語 magau となっている[5]．フランスおよび全西洋における樹木栽培の分野でのギリシア人の重要性は，ギリシア語の動詞 emphyteuein の借用にはっきり現われている．この語は enter という形で古フランス語において，また今なお多くの方言で「接ぎ木」を示す．——もちろん昔のギリシアの神々は全く姿を消してしまったが，霊的生命の領域にはフランス語にギリシア語起源の語がある．それは fantôme「幽霊」で，ギリシア語 phantásma を表わす．

　ギリシア語の生き残りの中には，形容詞も幾つかある．最も重要なものは，名詞として，やはりフランス語に伝わった biais「斜め」という語で，ギリシア語の epikársios「斜めの」を示す．南仏口話にはこのほかにも，ギリシア語 lispós「滑らかな」に由来するルウェルグ方言 rouergat の lispá「滑る」のように，ギリシア語の形容詞を保存している場合がある．

　昔のギリシア人の中心都市[マルセイユ]がラテン化して以来，長い歳月が経過したにもかかわらず，なお多くの語が生き残っているが，これによってギリシア

文化の広がりがどのようなものであったかを十分概観することができる．これらの語をとおして，西方世界の貿易を支配し，ローマ以前にカルタゴと勇敢に対抗し，西地中海民族にこの世の諸現象を知る道と，より洗練され高められた人間生活への道とを正しく示した民族の姿が，今なお見られるのである．

ガリア人

ガリア民族の栄華と衰退

ギリシア人以前の民族については，彼らの役割についての資料や，現存する彼らの言語の痕跡に関する資料が非常に少ないので，これを集めるのはむずかしい．しかし，初めてこの土地にその名を与えた民族，ガリア人 Gaulois については，事情は全く別である．それはガリア人についての古い記録が豊富だからではなく，リグリア人が姿を隠している闇に比べれば，すでに薄明かりといえるからである．ケルト人 Celtes は紀元前500年頃に（島々には紀元前8世紀から）ガリアに侵入した．彼らはドイツの奥地，あるいは北海の沿岸からやって来て，南フランスおよび北スペインのイベリア人と混じり合い，この融合からケルト・イベール人 Celtibères と呼ばれる住民が生まれた．ケルト人は自分たちだけでガロンヌ川 la Garonne 北部と中央山岳地帯 Massif Central を占有し，またイタリアに侵入して，ついにはポー Pô 平原（ガリア・キサルピーナ Gallia Cisalpina）に定着した．彼らはさらに東方へ歩みを続け，ダニューブ川 le Danube の河口にまで到着した．紀元前4世紀にケルト人の勢力は絶頂に達して，古代世界の大半，ドブルージャ Dobroudja からコルヌアイユ Cornouaille までを覆うことになる．これは地中海の支配権が激しく争われていて，カルタゴかプトレマイオス王朝のエジプトか，マケドニアかエペイロスか，いずれが勝利をおさめるかがまだわからなかった頃，そしてローマがまだ小さな町で，エトルリア人とのどちらかといえば局地的な争いに巻き込まれていた時期のことである．紀元前3世紀に，ケルト人はゲルマン人の圧迫を受けて再び移動を始めた．彼らはこの時リグリア人を高地アルプスに追いやって，ローヌ峡谷の征服を成し遂げ，ボスフォラス海峡 Bosphore を渡って，小アジアにガラティア人 Galates の名で独立国を建てた．そこでは，紀元後3世紀にもなおガリア語が話されていたことがわかっている．しかし紀元前3世紀の末頃から，ケルト人の世界は次第に衰退していき，四方を削り取られて次第に狭くなっていった．あたかも誕生しつつあるゲルマニアと大ローマ帝国にはさまれて，窒息していったようなものである．ユーリウス・カエサルによるガリアの征服は，いわばとどめであり，このドラマの最後の幕である．

ローマ化

さしあたってわれわれは,いかなる奇跡によってラテン語がかくも速やかにガリア語に取って代わったのかを見たいと思う.このことはしかし,ガリア語がなおも数世紀間抵抗しなかったという意味ではない.平野でも山地でも,農民たちは祖先の言語を話し続けた.ガリア語が消滅したのは,ようやく紀元後5世紀の初めになってからである[*].ラテン語はまず都市に定着した.ローマ人は彼らの言語を課するために,どんな強制的な手段にも訴えなかった.しかしラテン語は統治のための公用語であり,また文明を代表するものであった.ラテン語が圧倒的な優位を占めたのは,この2つの理由による.巧みな政策によって,ローマ人は貴族階級と結びつき,彼らに市民権を与えて他の者と区別した.こうして,それだけ多くのラテン語普及者が生まれることになった.厳密な意味でのローマ人の移住は,さほど大規模なものではなかったが,主人たちのほかに,広大なローマ帝国のあらゆる地方からやって来た奴隷たちや,市民生活に戻った退役兵士たちもおり,彼らは皆,共通語を周囲の者になじませた.このほかイタリアからやって来た商人たちは,カエサルの遠征以前から,ガリアには相当数が居住していた.しかし何といっても最も有効な手段は,恐らく学校であっただろう.近代の征服者の一部がとったような,あの乱暴な手段とはならなかったとしても,やはり学校は決定的な影響を与えた.ガリア人はこの種のいかなる制度も持っていなかったので,自分自身のために,あるいは子供たちのために,より進んだ文明にあこがれる者は,このローマ人の学校で行なわれている教育に頼らねばならなかった.学校の教育は徹底したものであって,新しい言語を教え,別の魂を作り,感じ方と考え方をすっかり変えてしまった.ガリア人がローマ人になったのは何よりも学校によるのである.高等教育はとくに良く整っていたので,ほとんどすべての若い貴族は,当時の最高の教育を求めてそこへ通った.主な中心地としては,まずマルセイユがある.ここでは依然としてギリシア語を学ぶことができ,またここは学問的な伝統のゆえに独特な存在となっていた.次にオータン Autan は,とくに紀元後の最初の3世紀間に栄えたところであり,さらにボルドー Bordeaux は,打ち続く戦乱とゲルマン人の侵入がよその地方を荒廃させ始めた時,古代の文学が最後の避難所を見いだしたところである.このほか長い間ガリアの行政と商業の中心地であったリヨン Lyon,すなわち昔のルグドゥーヌム Lugdunum

---

[*] フープシュミート J. U. HUBSCHMIED が『ヴォクス・ロマニカ』 Vox Romanica, 3, 48〜155 で,豊富な資料によって示したように,アルプス地方では,ガリア語は恐らくもっと先まで残った(『ロマン語学雑誌』 Zeitschrift für romanische Philologie, 60, 563〜567 も参照).

と，国境がライン川 le Rhin まで後退した時にとりわけ影響力の大きかったトレーヴ Trèves〔現在西ドイツのトリール Trier〕も忘れてはならない．

ガリア語の地名

ガリア語の広がりの最も確実な証拠は，恐らく地名であろう．このガリア語の地名は，ガロ・ロマン語領域のいたるところで豊富である．それがありそうもないところは，アルプ・マリティム県だけであるが，ここはリグリア人の最後の避難所の一つであった．

フランスの地図は，したがってガリア語起源の地名に満ちている．まず首都から始めよう．パリ Paris という名は，パリースィイー族 Parisii という，周辺地域に住んでいたガリア部族の名を保っている．町自体は，ルーテーティア Lutetia と呼ばれていた．カラカラ帝 CARACALLA[6] の勅令によって，誰もがローマ市民になると，〔パリースィイー族のルーテーティア Lutetia Parisiorum のように〕部族名と町の名を並べておく必要はなくなった．そして部族名の方が有力であったのでこちらが残され，ルーテーティアに代わって首都の名前になった．同じように，ドゥーロコルトルム Durocortorum はレーミー族 Remi の都であったが，町の名はこの部族名からきている．より正確にいうならば，奪格または位格が使われたのである：(in) Remis「レーミー族のもとで」＞ランス Reims．このようにして，ラングル Langres, アンジェ Angers, ポワティエ Poitiers, ナント Nantes, トゥール Tours, トロワ Troyes, シャロン Châlons, アミアン Amiens, リモージュ Limoges ほか多くの地名が説明される．

他方幾つかのガリア語名詞は，合成された地名の構成要素となっている．たとえば dunum (=英語 town) は大変頻繁に使われて，ヴェルダン Verdun＜Virodunum やリヨン Lyon＜Lugdunum を生んだ．コンデ Condé という有名な名前は，ガリア語 Condáte「合流点」を表わしている．Mediolanum「平原の中央」はメイアン Meillant のような幾つかの地名に残っているが，ミラノ Milan を除けば大部分はほとんど知られていない．

最もガリア的な地名は，南フランスで -ac, 北フランスで -ai または -i〔y〕を持つものである：

  ジュイヤック Juillac ジュィイ Juilly ドイツ語 ユーリッヒ Jülich
  サヴィニャック Savignac サヴィニ Savigny

ガリア語の接尾辞 -acus は，初めは広く一般に所属を示すものであった．たとえば，ある種の樹木から成る森を指すために，樹木名にこの接尾辞がつけ加えら

れた．betula「樺」から betulacum「樺の森」が作られるように．のちになってこの接尾辞は，田舎の地所を所有者の名で呼ぶためにも用いられるようになった．たとえば Brennacus は，ガリア人の男性名 Brennos に由来する．この形成法はローマの支配下ではとくに流行した． -ac, -ai, -y を持つ地名の大部分が，語幹にローマ人の名を含んでいるのはこのためである．2つの相異なる要素，ラテン語とガリア語の汞和 amalgame を，これほどよく示す例はない．オーリヤック Aurillac とオルリー Orly とは，したがって，アウレリウス Aurelius という人の地所，つまり fundus Aureliacus である．多くのガリア貴族がローマ名を名乗ったので，このような土地全体のうち，ガリア時代からあるものと，ローマ時代に入ってからできたものを区別するのは，ほとんど不可能である．ダルボワ・ド・ジュバンヴィル D'ARBOIS DE JUBAINVILLE[7] にとって，これらの地名は彼の理論の裏づけとなる主な証拠の一つである．この理論は，ガリアが独立していた頃，地方の土地はそれぞれの共同体 civitas の内部でいまだに共有であり，ガリア征服ののちローマ人の影響による穀物栽培によって，集団的な所有地が個人的な所有地に置き換えられたのだろうとする．この結論は現在ではあまりにも大胆すぎると思われるだろうし，また必然的なものではない．というのは，まずガリア人の地主たちは，ラテン名を名乗る前に，自分たちの地所を持っていたことも十分ありえるからである．さらにこの結論は，フランスの農業に関する語彙がわれわれに教えるところとは，明らかに矛盾する．ここには多くのガリア語が残っているが，とくに畑の境界を示すための石の名自体，すなわち borne「境界石」(＜botina) が保たれているからである．

ガリア語起源の語

ガリア語起源の語は，2種類のものを区別する必要がある．ローマ人はその幾つかをガリア人から学んで，彼らの語彙に採り入れた．これらは，のちにラテン語で日常用いられるようになり，かつてケルト人によって占められた地方以外でも，今日なお生き続けている．これはとりわけ，ローマ人がガリア到着以前には知らなかった事物を指す語である．ガリア人はローマ人とは異なったなりをしており，イタリアよりも厳しい風土にふさわしいシャツと長ズボンを身につけていた．ローマ人のあるものは，これらをまずガリア滞在期間中着用し，ついでそれが習慣になった．camisia「シャツ」と braca「ズボン」がラテン語となり，すべてのロマン語に残っているのはこのためである．ガリア人は乗り物の優れた作り手だった．ローマ人は彼らから carrus「荷車」＞char を使うことを学んだ．しかしながら大部分のガリア語の分布は，かつてケルト人によって占有されていた

地域，とくにガロ・ロマン語地域とポー平原に限られている．レティア Rhétie とスペインに残るものは，ずっと少数である．生き残った正真正銘のガリア語の一覧表*を通読するとき，人はまずその数が多い(180!)ことに，次いでその中でも形容詞と動詞が多いことに驚く．形容詞のうち dru「丈夫な，茂った」は herbe drue「繁茂した草」などとして用いられるが，これはガリア語 drūto「丈夫な」からきたものであり，rêche「ざらざらした」はガリア語 rescos から，古プロヴァンス語 croi「残酷な」は crodios「厳しい」から，古フランス語 bler「灰色の」(フランス語 blaireau「穴熊」)は blaros から生じたものである．briser「折る」，glaner「落ち穂を拾う」のような動詞と並んで，bercer「揺りかごでゆする」<*bertiare (アイルランド語 bertaim「私はゆする」)がある．この語はガリア人の女性生活の一面を表わしており，新しいことばに対する女性の保守的傾向を証明するものなので，とりわけ興味深い．これらの動詞だけが，家庭生活の領域でのケルト語の生き残りではない．暖炉の道具の最も重要なものの一つに「薪載せ台」があるが，これは landier<andéros「若い雄牛」とも呼ばれる．台所を小ざっぱりしておくために，主婦は suie「煤」(<*sudia) や「舞い上がる灰」(ポワトゥー方言 poitevin の louvre<*ulvos) と闘わねばならない．主婦はまた，「大鍋」(古プロヴァンス語 pairol<*pariolum) で料理を準備し，「布切れ」(pièce<*pettia) で着物を繕う．braca「ズボン」と camisia「シャツ」がローマ帝国全体を征服したのは，前に見たとおりである．もう一つの着物，「長衣」は，古フランス語では gonne (<gŭnna) と呼ばれた．

　ガリア人の家は木造であり，かなり原始的な造りであった．またガリア人の町は最も立派なものでも，ローマ人の目から見れば，みじめなあばら屋の寄せ集めにすぎなかった．ガリア人はすぐに彼らの主人から，石で家を造ることを学んだ．したがって建築用語はすべてラテン語起源か，もっと時代の下った起源のものである．しかしガリア人の家には，ローマより一層きびしいガリアの風土に適した部分があり，それゆえこの部分は，当然ながらそのガリア名とともに保たれた．とくに建物の正面の上に突き出して，入り口に立つ人を雨から守る大きな屋根がそうである．イタリアでは屋根は壁から先へは出ない．屋根のこの部分はフランス

＊　フランス語とガロ・ロマン語俚語に残ったガリア語については，一部がクラインハンス E. KLEINHANS とフープシュミート氏 J. HUBSCHMID の手になる『フランス語語源辞典』Französisches Etymologisches Wörterbuch の諸項目，それに関連する幾つかの問題を明らかにした『リテリース』Litteris, 2, 77〜84 および 7, 17〜25 所載のペデルセン氏 PEDERSEN の優れた書評，『ロマニア』Romania 46 以下のユート J. JUD『ガリア語起源の語か否か』Mots d'origine gauloise?, フープシュミート『プラエロマニカ』Prae-romanica (ベルン，1949 年)，および同じ著者のその他の研究を参照．

2. 前ロマン民族とその言語

語で auvent, プロヴァンス語では ambans であり, ガリア語の ande-banno「大きな角(つの)」に由来する(雄牛の頭がトーテムのようにしばしば入り口の上にとりつけられていた様子を想像するとよい). ドーフィネ地方 Dauphiné とサヴォワ地方 Savoie では,「ひさし」は talapan<talopenno「正面の頭」と呼ばれている. さらにフランス西部では, 同じものを示すのに第3番目の語が残っている. balet (<ガリア語 balācon) である. ガリア語自体の中に, ひさしを指す幾つかの語があったに違いない. つまり, 現代の俚語によって, われわれは古代ガリア人の方言区分を再現することができるのである. 2000年以上前の古ガリア語が, すでに著しく分化していたと推定できるのだから, これらの語がいかに根づよく残っているかがわかる.——すでにローマ人がガリア人のあばら屋に対して抱いていた軽蔑の念について述べたが, この軽蔑の念は, *bŭta>フランシュ・コンテ方言 franc-comtois の boulot「羊小屋」のように, たとえ消滅しなかったにせよ, もはや「家畜小屋」の意味でしか存在しないガリア語の意味の低下のうちに反映している.

これらの語とともに, われわれはすでに家畜飼育と畑仕事の領域に入っている. mègue「乳漿」<*mesigum もこの領域の語である*. 農業は非常に念入りであったに相違ない. raie「畝筋(うねすじ)」<rĭca, javelle「一刈りの麦」<gabella, soc「犂べら(すき)」<soccus, charrue「(有輪の)犂」<carruca (初めは2輪車を指していた), volan

---

* ガリア語の大部分は, 遠隔地の俚語にしか残っていない. ガリア人の影響が著しかった人間生活の各領域ごとに, その幾つかをここにつけ加える. 酪農業: スイス方言 brètsi「凝結する」<*briscare, オート・ザルプ県 bletchar「乳をしぼる」<*blīgicare; 農業: somart「休閑地」<*samaro, 古プロヴァンス語 boziga「未開墾地」<*bodica, フランコ・プロヴァンス語 verchère「家の傍らの耕作地」<*vercaria, ポワトゥー方言 ouché<olca; 養蜂: 古フランス語 bresche「蜜房」<brisca, 古プロヴァンス語 bodosca「蜜ろうのしぼりかす」<*botusca; 麻の栽培: sérancer「麻櫛で梳(す)く」<cer-; 木材業: ドーフィネ方言 drouille「削りくず」<*drullia; 乗り物: ポワトゥー方言 amblais「革帯の一種」<*ambilation; 植物: プロヴァンス語 agreno「りんぼくの実」<*agrina, フランシュ・コンテ方言 beloce「りんぼくの実」<*bulluca (これらは同じ果実を意味する2つの語で, ガリア語語彙の地理的分化を示す別の例である), フランス語 berle「みずぜり」<berula, アンジュー方言 drouillard「柏」<*derụa, フランス語 droue「毒麦」<dravoca, プロヴァンス語 olegue「にわとこ」<odocus, プロヴァンス語 sesco「燈心草」<sesca, ロゼール県 dreglio「ななかまどの実」<*dercos, ポワトゥー方言 cous「ひいらぎもどき」<*colis; 動物の体の部分: スイス方言 abron「雌豚の乳房」<*brunna, プロヴァンス語 bano「角(つの)」<*bannom; このほか vassal「臣下」については, 第3章を参照; 地勢: 古プロヴァンス語 broa「(川や畑の)縁」<broga, フランス語 noue「湿地」<nauda, スイス方言 Chaux<calm-「石」; 河川: フランス語 bief「運河の両水門間の区間」, スイス方言 nan「小川」<nantu; 度量衡: 古フランス語 dour「容積の単位」<*durnos, リヨン方言 emboto「両手一杯の量」<*ambosta.

「半円形の鎌」<*volamo のような多くの語がそれを証明している．動物が近寄るのを防ぐために，ガリア人は「柵」(claie<cleta) を組み，「透かし格子の入り口」(フランシュ・コンテ方言 douraise<*doraton) を作った．「畑を2つに分ける垣根」は今日もなおリムーザン方言 limousin で gorce (<*gortia) と呼ばれている．養蜂は *rūsca「樹皮」からきた ruche「巣箱」に表われている．この語からガリア人が巣箱を樹皮で作っていたことが推測でき，同じ技術は現在まで南フランスに保存されている．ビールを醸造する技術は，北フランスのガリア人の間で非常に重要視されていた．彼らの専門用語が保たれたのは，ローマ人がこの飲み物を知らなかったからである．古フランス語 cervoise「ビール」<cerevisia, brasser「ビールを醸造する」, brasserie「ビール醸造」<brace「麦芽」はここからきている．ギリシア人のおかげでぶどう栽培がローマ人よりも前にガリアに入ったことは，見てきたところである．「ぶどう酒の酒糟」(lie<liga) は今もなおケルト名を備えている．ビールやぶどう酒の製造には大きな入れ物が必要であるが，ローマ人がつねにテラコッタや革を好んだのに対して，ガリア人はこれを木で作った．したがって tonneau「樽」と bonde「栓」はガリア名を持っている．

先に述べたように，ガリア人は名高い乗り物の製造者であった．ここから，ラテン語になった carrus「荷車」のほかに，charpente「骨組み」<carpentum, banne「柳かご」<benna「柳で編んだ車」, jante「(車輪の)たが」<*cambita, bille「丸太」<bilia, そして同様に tarière「錐(きり)」<taratrum が残った．

多くの植物がガリア名を保った．これは一つにはそれらがローマに知られていなかったからである．このようなものとして amélanche「ざいふりぼくの実」<*aballinca, bouleau「樺」<*betua, bruyère「ヒース」<brucus がある．if「いちい」(<*iuos) は死者の礼拝に大きな役割を演じており，sapin「樅」はガリアではローマ地方よりもはるかに広く分布していた．また，かつて verne (<verna) と呼ばれ，現在でも南フランスでそう呼ばれている「はんの木」は，技術面で大きな役割を演じていた．chêne「柏」(<cassanus) は，この木が特殊な宗教的崇拝の対象だったので，その名を保持した．家畜の中では mouton「羊」と bouc「雄やぎ」がガリア名を持っており，鳥では alouette「ひばり」が，魚では saumon「鮭」, lotte「かわめんたい」などがそうである．動物の体の一部はガリア語起源の名で呼ばれている：jarret「ひかがみ」, bec「くちばし」．さらに，さまざまな土壌と地勢に関するガリア語起源の数多くの名称がある：marne「泥灰土」<margila, grève「砂浜」<grava, boue「泥土」<bawa, bourbier「泥沼」, breuil「垣で囲まれた林」<brogilu, lande「荒野」, combe「小谷」, quai「河岸」<caio, talus「斜面」<talo- など．——度量衡の単位までもガリア名を残

2. 前ロマン民族とその言語

している：arpent「アルパン〔約1エーカー〕」，boisseau「ボワソー〔約13リットル〕」<*bostia, lieue「リュー〔約4キロメートル〕」（<leuca, 200年頃，セプティミウス・セウェールス帝 SEPTIME SÉVÈRE[8] は，ガリア諸州でのこの語の使用を正式に許可した）．

これらガリア語の生き残りから，どのような結論を引き出すことができるであろうか．文明の上層部に関するすべてのものは，ちょうどドルイド教 druidisme がローマの宗教に取って代わられたように，姿を消してしまった．ドルイド教は形を変え迷信におちぶれて，わずかにヴァロン方言の duhon「地の神」<dusius に生き続けているにすぎない（キリスト教がローマの神々に用意しておいた運命にも，驚くほどの類似が見られる．すなわちネプトゥーヌス Neptune は lutin「妖精」として，今も水の中に住んでいる）．ガリア人の建築はローマ人の建築の前に，全く同様に力を失ってしまったが，雨の多い地方では貴重で不可欠な要素である「ひさし」をローマ建築に残した．日常生活の用語はすべてラテン語化した（dormir「眠る」，manger「食べる」，親族名など）．したがって町でも田舎でも，生活のすべてがラテン語化したといえる．

ただ子供部屋と台所——女性たちの領域——だけには，幾つかのガリア語彙の断片が残っている．しかし田園生活の領域では，事情は一変する．フランス農民の専門用語は，今もケルト語に満ちている．これらの語が残りえたのは，ガリア人がすでに生まれ故郷に深く根をおろしていたからにほかならない．彼らは放浪性を失って定住民となっており，土地を愛して念入りに耕し，森を切り開いて新しい開墾地を殖やそうと努めていた．ガリア・ローマ時代の農民は，町で売る農産物を指すのに普通はラテン語を使って lac「乳」，mel「蜂蜜」，secale「ライ麦」，avena「からす麦」などと呼んでいたが，町の者が漠然としか知らず農民だけがくわしいものについては，ラテン語を強いられることなく，従来どおり mesigum「乳漿」と言い，brisca「蜜房」と呼ぶのをやめず，ラテン語の sulcus「畝筋」を受け入れる代わりに，ガリア語の rica「畝筋」，broga「（畑の）縁」などを用いた．これらの事実はわれわれがすでに別の面から知っていること，つまり，ローマ人は町をラテン化の中心としたので，母語を最初に放棄したのは町の住民だということの，言語的反映であると確実にみなすことができる．ローマ人の影響は，直接には田舎に達しなかった．ガリアをローマ化したのは入植者やイタリアの農民ではなく，学校や官庁や大駐屯部隊である．

同様のことが19世紀に起きて，その現象は今日もなお続いている．それはフランス語が俚語に対して企て，勝利をおさめた戦いである．俚語は消滅したか，消滅に瀕している．しかしちょうどガリア語のように，俚語はその恨みを晴らし

た．語彙の上層はフランス語になったが，農民はフランス語の語尾をまとわせただけで，彼らの特殊な語彙を依然として使っている．このようにしてパリの言語とは非常にかけ離れ，また互いに大変異なった一連の地域的フランス諸口話が形成された．農民は都会人による文学フランス語の押しつけにおとなしく従っているが，土地の香りの高い用語で彼らの新しいことばを豊かにすることによって，陰では都会人を嘲笑しているのである．

　ローマ領ガリアでの二言語併用 bilinguisme の結果，ラテン語はまた時としてガリア語と同じ音声変化をこうむることがあった．ラテン語 gelare「凍らせる」はガリア語に入って *galare となったが，これは強勢音節の前にある e を a に変えるガリア語の進化と一致する．この語はフランコ・プロヴァンス語 dzalá, プロヴァンス地方の galá など，幾つかの口話に残っている．

ガリア語がガリアのラテン語音に与えた影響

　上記の地域性は語彙ばかりでなく，発音にも現われていることがわかっている．南仏生まれの人は一言口をきくだけでそれとわかるが，ローマ化されたガリアでもそんな風ではなかったかと思われる．ガロ・ロマン語を特徴づける音声傾向の幾つかは，事実ローマ化されたガリア人の発音習慣に由来するものであろう．たとえば u から ü への変化 (murus＞mur「壁」) は，とくにかつてガリア人によって占拠された地域で，イタリアにおいてさえも，見いだされるものである．この変化は他のケルト諸語にも存在するところから，なおのこと一層確実にガリア人によるものと考えられた．ある地方では，語中のある位置で u が存続していることから (ヴァロン方言 wallon の londi ＝lundi「月曜日」)，この変化は一様のものでなかったとする者もある．しかし語彙の研究から明らかになったように，この地方がローマ化した際の，町と田舎の相違を忘れてはなるまい．さらにガリア人がすべての地方に同じ割合で分布していたのではないこと，ガリア人より前にこの地方を占有していた民族がまだ残っていて，ケルト化したとはいっても，ガリア語にかなり著しい地方的色合いを与えていたはずだということも考慮する必要がある．そこで u＞ü の変化は，ガリア人は u をより口蓋音的に発音する調音習慣を持っていたと修正を加えた上で，やはりケルト的なものと考えることができよう．この傾向は一般に u を ü にまで変化させたが，語中での位置，子音環境，地域的な傾向が，u を部分的に維持したのであろう．

　ガリア語のこの口蓋音化の傾向は，子音にも認められる．かつてケルト人に占拠された，北イタリアをも含むロマン語の全領域で，子音群 -ct- は -χt- となった．これに対してイタリア中部・南部，それにルーマニアでは，この変化は見られ

ない．フランス語 fait, プロヴァンス語 fach [fatš], スペイン語 hecho は，それぞれ姿は異なるが，みなラテン語 factu「行為」に由来する古い時代の faχtu を表わしている．またケルト諸語には，最古の記録から実際にこの変化が現われており(古アイルランド語 nocht「夜」)，ガリア語には貨幣に刻まれた名前による証拠までがある(ルクテリウス Lucterius を示す Luχterios)．したがってこの子音変化も，ローマ化されたガリア人のラテン語に固有の地方的発音特徴である．

3. ローマ帝国下のガリア

ローマ帝国とガリア

ローマ人の介入は，西方世界にようやく決定的とも思える組織を与えた．西方世界に住むイタリア，スペイン，ガリアなどの民衆は，すべて極端な細分状態の中で生活しており，純然たる地方生活しか知らなかった．しかもこの生活自体，安全なものとはいえず，人びとは皆うち続く不安の中で暮らしていた．異部族間の絶え間ない闘争や，土地を荒らし回る移住途中の他民族の頻繁な侵入が，この生活を不安定なものにしていた．しかしローマ人の到来とともに，すべてが一変した．ローマという名前は秩序の同義語であり，独立と引き換えに西方世界の民衆は安定と組織とを得，視野を広げ，咲き誇る文明の恩恵を享受した．

不幸なことに，この安全はあまり長くは続かぬはずのものであった．ローマが征服を完成して，帝国がついに地中海周辺の全地域を傘下に収めた時，その基盤はすでにおびやかされていた．ローマが領土を拡大するにつれて，ローマ人は昔の性質を失っていった．かつてはローマ市民 civis Romanus をあれほど優れたものとしたさまざまな美徳も，次第に消えうせていった．新たにおびただしい数の人間が同化して，何百万という異種族が一つのものとなると，ラテン語と外面的文明は驚くほど広まったが，それがあまりにも急であったために，完全な内的同化が追いつかなかった．内乱の結果ローマ人はイタリアの全住民に市民権を与えねばならぬことになり，ガリア征服後この恩典はローマに尽くした何人かのローマ化したガリア人にまで広げられた．この個人的譲渡によって，ほどなく幾人かのガリア人が最高の要職にまで昇ることになった．すでにカエサルはガリア・ナルボネンシス Gaule Narbonnaise から元老院議員を募っているし，紀元後43年にクラウディウス帝 CLAUDE[9] は，ガリアの他の地方から選ばれた元老院議員について語っている．さらに周知のごとく，ほどなくして帝国のさまざまな属州出身の皇帝が出現した．全自由民に市民権を与えた212年のカラカラ帝の勅令

は，この動きを是認したものである．この勅令は，すでに存在していたことをほとんど変えるものではなかったが，いわば長い間の既成事実を確認するものであったから，この年はやはり歴史上の重要年代の一つである．ローマの無力化は決定的なものとなっていた．人びとは永遠の都に対して，次第に宗教的崇拝心を抱くようになっていたが，政治権力はそこにはなかった．この時から，遠心的な力が求心的な力に勝ることになる．以上の事実が言語の発展にもたらした結果については，のちに見ることになろう．

　先ほど触れたローマ帝国による恩恵，すなわち安全，安定，豊かさの増大，文明の開花は，フラーウィウス家 Flaviens とアントーニーヌス家 Antonins 統治下 (69〜180年) のガリアにおいて，とくに著しかった．この時代は一般的に言って，ローマ帝国にとって最も恵まれた時期だったが，とりわけガリアにとってはそうであった．ついで真の衰退，内部崩壊が始まった．それは初めのうち同時代人にはそれほど感じられなかったが，時がたつと非常にはっきりしたものとなった．そして権力は軍隊へ移った．軍隊が国家の唯一の支えとなっていたのである．市民の間に残っていた古くからの愛国心もすたれてしまった．

　ローマ社会はとりわけ自分たちの貪欲だけを追い求める個々の人間から成り立つようになった．したがって社会生活は解体して一種の分裂状態を生じ，必然的に無秩序を生み出すこととなった．言語の内的発展が社会や国家の発展と不思議なほど似通っているさまは，のちに見るとおりである．

ゲルマン人の侵入

　ローマ世界がこのようにゆっくり崩壊していく傍らで，外部からの危険は増大する一方であった．ガリアにとってこの危険はゲルマニアからやって来た．ゲルマン人の侵入は，光輝に満ちたアントーニーヌス時代の終わり頃から始まる．3世紀初頭以来，ガリアでの生活は次第にむずかしくなっていき，町は完全に荒廃に瀕していた．257年にアラマニ族 Alamans とフランク族 Francs が侵入してガリア中を荒らしたばかりか，イタリアやスペインにまで攻め込んだ．ガリアはみずからの手で国を救おうとして，一人のガリア人（ポストゥムス Postume）を皇帝に立て，彼が異民族から国を解放して再び秩序をもたらした．このガリア帝国は長くは続かなかった (273年まで) が，これが分離の始まりであった．ローマの平和 pax Romana にも，休息にも，繁栄にも終止符が打たれた．

農奴制の起源

　275年はとりわけ不幸な年であった．ガリアは突然蛮族の一斉侵略を受けたの

である.「いまだかつて経験したことのないような,苦痛と破壊の長い一夜がガリアに襲いかかった.」ガリアはもはや決して二度と完全に立ち直ることがなかった.ディオクレーティアーヌス帝 DIOCLÉTIEN[10] のような,比較的安定した平和と秩序を取り戻した偉大な諸皇帝の下でも,ガリアはもはや昔日の繁栄を取り戻さなかった.その結果社会全体にわたって深刻な混乱が到来した.ローマ帝国は何よりも中産階級に依存しており,この階級が生産を,そしてまた軍事力までも請け負っていたのだが,打撃を受けたのはまさにこの中産階級であった.主要都市は人口が減少し(ブザンソン Besançon は人口の半分を失った),幾つかの町はほとんど完全に滅びてしまった.田舎では多くの地所が荒廃した.自由農民のある者は逃亡し,他の者は大地主の庇護の下で身の安全を計ろうとした.このような情勢下では,大所有地だけが持ちこたえた.身を守るすべのない小土地所有農民は,荒らされた土地を再び整えることも大地主に対抗することもできず,ある者は土地を抵当に入れて失い,他の者は改めて賃借する条件で,地所を譲ったり売ったりする.次第に自由小作地は姿を消して農民保有地 tenure に取って代わられ,これがしばしば世襲のものとなる.新しい階級が出現する.身分は自由だが,土地に隷属する小作人階級である.こうして自由農民は,大地主の被保護者となる.平民はだんだんに奴隷に転落し,代わって貴族が全能となる.そして大きな荘園 villa が経済単位となり,のちにここが人間活動の中心となるのである.中世にあれほど重くのしかかった農奴制の起源は,ここに求めねばならない.この制度は民族移動以前の時期にさかのぼるものであり,したがって vassal「臣下」という語がガリア語起源で,ゲルマン語起源でないのは偶然ではない.以上のことから,中世がローマ帝国の最後の2世紀によってどれほど準備されたか,この時代の社会的・経済的構造が中世にどれほど生き長らえたかがわかる.このことは,われわれがこれから言語の発展のうちに確認するところとまさに一致する.言語においても,古フランス語を特徴づける要素の大部分は,すでにローマ帝国末期のラテン語に見いだされるのである.

ガリアの細分化の増大

3世紀と4世紀は,さらに別の変化をガリアにもたらす.この変化に対して,言語研究は必ずしもそれにふさわしいだけの注意を払ってきたとはいえない.ローマ帝国は官僚制度を創り上げたが,これが次第に強力なものとなって,官僚が軍隊を組織し,高官はしばしば彼らの権力を広げようとした.そこで皇帝は自分の臣下よりも彼らの方をずっと警戒し,領域を制限することによって官僚の力を弱めようと計った.これが3世紀と4世紀に大掛かりに行なわれて,地方が細かく

分割され，ガリアを構成する州の数は4つから17に増やされた．この行政上の分割は，当然新しい首府や小さな中心地に，より一層の重要性を与えることとなった．こうすることによって，皇帝はガリアの言語的細分化を準備するのにも寄与したといえよう．

このようにローマ帝国が解体していったのは，一つには確かに，その組織がもっぱら政治的なものであったからである．ローマ帝国の組織は，地上の利益には心を配っても思弁的なことにはごくわずかしか関心を払わない，純粋に実利的な精神の表われであった．ローマ帝国の基礎が固まった時，過去のローマ人がなお崇拝していた昔の神々は姿を消していた．ローマ帝国の初めの3世紀は，宗教的には全くの混乱状態にあった点に特徴がある．国家の宗教は完全に空疎な形骸にすぎず，その傍らで分派が跳梁していた．この社会には，したがって信仰の統一がなかった．

4. 俗ラテン語

このようなわけで，多くの被征服民族は，部分的に，しかも不完全にしか同化されなかった．ラテン語は，インド・ヨーロッパ民族の貴族階級の一つが用いた口話にすぎなかった．しかしその威信によって，彼らは，非常に多様で，しかもその大部分が全く異なったタイプの言語を話す住民たちに，このラテン語を押しつけた．したがってラテン語の微妙な陰影が失われたとしても，驚くにはあたらない．このような異民族のすべてが用いることによって，ラテン語のうち最もありふれた部分だけが残った．それゆえ日常の用を足す，「万人向けの」ad usum omnium ラテン語が発達したわけで，これが俗ラテン語 latin vulgaire と呼ばれるものである．メイエ A. MEILLET[11] の言うように，「俗ラテン語は，最も多様な人びとが，そして最も教養のない人びとでも操ることのできるもの，誰にとっても便利で役立つ道具となった」のである．ラテン語がこの道を歩み出したのは，イタリアの外へ広まるよりもずっと前であることは確かである．ローマ人が初めて勝利を得たすぐ近くの隣人はエトルリア人であった．その起源についてただ一つ確かなことは，彼らがインド・ヨーロッパ民族ではないということでだけある．

さらに他の傾向，何よりもどの生きた言語にも自然に備わっている傾向が，ラテン語の発展を促進した．表現性の欲求，形，とくに日常的になりすぎた語の磨滅，他言語からの借用，そして文明全体が面目を一新したこともこれにあずかっている．しかしこの発展の主な原因は，恐らくは非常にニュアンスに富んだ屈折言語 langue flexionnelle が，言語意識の非常に異なる，そしてまたこの微妙さ

4. 俗ラテン語

を漠然としか捕らえない住民によって採り入れられたという事実にある．

民族が文明のある段階に到達するやいなや，その言語には文体の持つニュアンスが形づくられ始める．日常の言語はぞんざいなものであるために，新しい思想を表現するのに適当でないと思われてくる．そこで，より品格のある文体が生まれる．ラテン語が置かれていた上述の特殊な状況は，この発展を早める役割を果たした．

ローマ人自身も，自分たちの言語の著しい多様性には十分気がついていた．キケロー CICÉRON[12] は民衆のことばを quotidianus sermo「日常ことば」または rusticus sermo「田舎ことば」と呼んでいたし，他の作家たちも rusticus sermo, pedestris sermo「兵隊ことば」, usualis sermo「常用ことば」, rusticitas「田舎訛り」などについて述べている．ここで sermo というのは，おおよそ「表現の仕方」manière de s'exprimer, 「ことば遣い」langage のことで，「言語」langue のことではない．キケローが哲学的著作の中で用いている品位ある文体は，sermo urbanus「都会のことば」である．言うまでもなく，この sermo urbanus は非常に保守的なものであった．やはり変化はするのであるが，遠くから sermo vulgaris「俗なことば」の発展のあとをたどるにすぎない．しかしながら 4 世紀になると，最も優れた作家でさえも，もはやアウグストゥス時代の作家のようには書いていない．

形 の 進 化

名詞の曲用

ラテン語がこうむった主要な変化の幾つかを調べることにしよう．最も目立つのは，言うまでもなく屈折体系の大部分が崩壊してしまったことである．ラテン語ではインド・ヨーロッパ諸語が一般にそうであったように，同一語のとるさまざまな形は著しい独立性を備えていた．これらの形は，どのような状況を示すかにより，あるいは動作を行なう者を指すか動作を受ける者を指すかなどによって姿を変えた (homo「人は」, hominem「人を」, homine「人によって」など)．動詞についても同じことが言えた．ロマン諸語では，この名詞の曲用 déclinaison はほとんどの言語で姿を消してしまっている．現代フランス語では，動作を行なう者とそれを受ける者との違いは，とりわけ名詞が文中で占める位置によって示され，状況は前置詞 (par「…によって」など) の助けを借りて表わされる．このようにラテン語のあらゆる要素が解体していくさまは，ローマ帝国がゆるやかに崩壊していく様子と酷似している．キケローにとって amico「友達に」のごとき語は不可分の 1 単位であって，この語は表現する意味のほかに，文中の他の要

素との関係も同時に定義し, 示すものであった. 5世紀以来, 屈折語尾 terminaison によって表わされる与格 amico は, 次第に分析的与格 ad illu(m) amicu(m) に置きかえられる. 古フランス語になると, dire「言う」, devoir「借りがある」などのような幾つかの動詞と結びつく場合のほかは, 分析的与格によって古い総合的な形は退けられている. 新しい形は語を3つの要素に分解するものである. 1つは意味を表わし〔amicu(m)「友人」〕, もう1つは同じ名詞が表わしうる他の人間との相違を定義し〔illu(m)「あの」〕, 第3のものは文中の他の要素との関係を表現する〔ad「…へ向かって」〕. ところで形態法と統辞法のさまざまな部分を検討してみると, 変化の生じたほとんどの場合に, 古典ラテン語には何らかの攻略点のあったことがわかる. このような裂け目から分解作用と分析作用が言語の奥にまで入り込んで, その要素をばらばらにしてしまったのである. 古典ラテン語は, かつてこの言語が示していた総合的性格とは正反対の, 分析精神にさらされることになった.

　古典ラテン語には, 前置詞と屈折語尾のどちらを使ってもよい場合があった. たとえば次の例がこれにあたる.

　　　aptus alicui rei と aptus ad aliquam rem 「あることに適した」
　　　aliquis eorum と aliquis de eis 「彼らのうちの誰か」

　aptus ad および aliquis de という表現は分析的構文であり, まさに近代的構文と言える. ある動詞のあとに与格を使う代わりに, 対格を伴う ad を用いた例は, すでにプラウトゥス PLAUTE[13] に見られるもので, 彼は dare alicui「誰かに与える」とともに dare ad aliquem とも書いている. この言い回しは, 他の表現に強い影響を与えた. その結果, さまざまな前置詞に対してただ一つの格しか使われなくなり, 唯一の前置詞格として対格をとる傾向が強く現われてきた. この類推作用は, もしラテン語の曲用が音声変化によって激しく揺さぶられることがなかったならば, 恐らくそれほど速やかには勝利をおさめなかったであろう. 後述するように, ラテン語は語末の -m を単なる鼻腔の共鳴音にしてしまっていたが, この音自体も結局は消えてしまい (terra[m]「大地を」), 加えて語末母音 -ĭ が -e に近づいたのと同じく, ロマニアの大部分で -ŭ(m) は -o と混同していた. 上記のすべてから, 与格 amico, 対格 amicum, 奪格 amico の3つの格は全く同じ形となった. すなわち amico がいまや対格, 与格, 奪格を表わすことになったわけで, この同一性が前置詞の使用に拍車をかけたに違いない. ポンペイ Pompéi の碑文にはすでに Saturninus cum discentes「サートゥルニーヌスと弟子たち」〔前置詞 cum「とともに」が奪格でなく, 対格とともに用いられ

ている〕と記されている．したがって，紀元後1世紀以来，対格は奪格の領域を侵していたと言えよう．4～5世紀には，前置詞はすでにかなりの部分にわたって屈折語尾に取って代わっていた．この深刻な変化は，結局3つの要因にもとづく．1° 音声変化．2° 古典ラテン語において，格屈折と張り合っていた幾つかの前置詞構文．3° 考え方一般が次第に総合文的なものから遠ざかり，大きく分析的なものに変化を遂げたこと．

われわれは多くの場合に類似の状況を見いだすことになる．そしてどの場合にも，4～5世紀の俗ラテン語が古典ラテン語からはほど遠く，古フランス語に大変近いことが確かめられるであろう．またどの場合にも，古典ラテン語の中の数少ない形や構文が，新しい変化への拠点となっていることがわかるのである．

比　較

ラテン語の比較 comparaison は，屈折的で総合的な性格を備えていた：

  fortis「強い」　fortior「より強い」　fortissimus「最も(非常に)強い」

しかし，幾つかの形容詞，とりわけ -uus, -ius を持つものは，つねにこの規則的な形成を免れていた．3つの母音の衝突が好まれなかったので，この場合には magis arduus「より険しい」, maxime arduus「最も(非常に)険しい」の方が使われた．したがって，総合的比較級と分析的比較級の双方が存在したことになる．古典ラテン語は，この第2の比較級にごく限られた余地しか与えていないが，ローマ帝国末期のラテン語に近づくにつれて，この新しい比較級は次第に頻繁に用いられるようになる．たとえば durior「より堅い」は，magis durus に取って代わられることになり，幾つかのとくに頻度の高い総合的比較級 (melior「より良い」>meilleur など) だけがラテン語に保存された．この magis「より一層」をつけ加える習慣が，総合的比較級の表現力を減じていったのは言うまでもない．したがって，『教父伝』 Vitae Patrum に現われる magis intentius「より熱心な」のような形〔magis と，intentus の比較級が共存している〕は，総合的比較級がもはや原級の意味しか持たないことを示すものである．

最上級についても同じことが言える．古典ラテン語は，-issimus による総合的な形を備えていた．ただこの形は，2つの価値，絶対最上級と相対最上級 (fortissimus「非常に強い」,「最も強い」) を，1つにまとめたものである．ところで対象が2つしかない場合には，「最も強い」の意味で比較級 (fortior) が用いられた．この fortior が magis fortis によって置き換えられたことは，前述のとおりである．また「非常に強い」の意味で，古典ラテン語は形容詞に絶対最上級の価値

を与える multum, valde, bene「非常に」のような副詞をしばしば用いた．したがって，次のようになる：

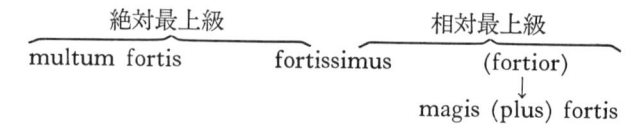

$$\overbrace{\text{multum fortis}}^{\text{絶対最上級}} \quad \overbrace{\text{fortissimus} \quad \underset{\downarrow}{\text{(fortior)}}}^{\text{相対最上級}}$$
$$\text{magis (plus) fortis}$$

さて，俗ラテン語は fortissimus を放棄した．すなわち総合的であると同時に，二重の意味を持つこの形を捨てたのである．その代わり俗ラテン語は，一方では分析的な形 valde (multum) fortis をとり，他方では比較級の用法を，2つの対象の比較から，人や物の数とは無関係なすべての比較へと拡大する*．つまり比較級を最上級に変じたわけである．この発展は，不定代名詞の歴史と奇妙に対応している．古典ラテン語で alius は「他のもの」を意味し，alter は「(二者のうちの)もう一方のもの」を意味していた．帝政時代に入ると，alter は alius の領域を侵し始め，ついには完全にこれに取って代わる**．両者の発展の平行性には著しいものがあり，共に知的文化のより低い段階への回帰を示すものである．alius と(相対最上級の意味での) fortissimus は，一連の事物や人物のすべてを想起させるもので，alter や fortior よりも一層強力に展開された想像力と，一層綿密な注意力を必要とする．ところが alter と fortior の方は，2人の人物ないしは2つの事物，したがって一連のもののうち最後のものとその一つ前のもの，を比べるにすぎない．残りのものは最後の一つ前のもののうしろへ隠れてしまうので，話し手はそれらを知らなくともよいのである．

絶対最上級 valde magnus「非常に大きい」のタイプの幾つかの名残は，なおも中期フランス語にあり (vaupute「鶏姦罪」<valide pudita「非常に恥ずかしい(こと)」)，さらにブルゴーニュ地方 Bourgogne の幾つかの俚語にまで見られるが (vaudoux「味のない，まずい」)，ラテン語にはこのほか絶対最上級を表わすのに per による合成法があった：permagnus「非常に大きい」．ラテン語にこの種の形容詞はおおよそ 200 あるが，ここでも解体作用が認められるのであって，くだけた調子のことばの持つ情意性のために，per- を持つこのような形容詞は古典ラテン語の時代からすでに分解されている．キケローはその壮大な演説の中

---

* これは古フランス語でも同じである．古フランス語では，plus fort は最上級に用いられる場合にも冠詞を必要としない．
** alter のこの意味の拡張は，またその使用法の幾つかを不可能なものとする．たとえば，ラテン語 alter alterum「互いに」は，l'un l'autre によって置き代えられねばならなかった．

ではつねに per と形容詞を結びつけているが，手紙の中でもとくにアッティクス ATTICUS[14] あてのものでは，2つの要素をしばしば分離して per mihi gratum est「私は大変うれしい」のように書いている．その後，とりわけ3世紀以後になると，per と形容詞が無強勢語によって分離された文が次第に多く見られるようになる．パウルス PAULUS は『学説彙纂』*Digesta*[15] の中で per enim absurdum est「大変ばかげている」と書いているが，これは古典ラテン語ならば，perabsurdum enim est とするところである．このような分離形は，古フランス語にも現われている (moult par a bien dit「彼は大変じょうずに言った」)．

冠 詞

分析に向かい，総合的な形の解体に向かうこの傾向の，最も顕著な表われの一つは，冠詞の誕生である．この品詞はラテン語にはまだないが，ギリシア語では古典期からすでに存在している．冠詞は話相手に他とは区別された一定の人や物を想起させ，人は冠詞の助けによって，問題の人や物を示そうとする．俗ラテン語はこの点でギリシア語を手本としつつ，意味を弱めることによって，指示代名詞〔形容詞〕を冠詞として用いることに次第に慣れてきた．それは，ille「あの」(フランス語で le，スペイン語で el，イタリア語で il となる) と ipse「自身」(サルディニア語 su に残っている) である．『アエテリアの巡礼記』*Peregrinatio Aetheriae*[16] (6世紀) の中の次の例を本来の用法と比較するとよい：Ananias cursor per *ipsam* portam ingressus est... Tunc ait *ille* sanctus presbyter「急使のアナニアスは(その)入り口から入って来た…その時(かの)聖なる司祭は言った」(このくだりでは，文脈から ipsam と ille に完全な指示代名詞〔形容詞〕的意味を与えることはできない)．

俗ラテン語の冠詞を語る場合には，現代フランス語や現代ドイツ語の冠詞と同じ意味を持っていると考えないように気をつけなければならない*．現在では冠詞は指示詞的な価値は全く持っておらず，したがってどんな名詞にも無差別に用いられる．しかし俗ラテン語の時代はそうではなかった．抽象的なものはいっさい冠詞をとらず，五感によって捕らえることのできるものだけが冠詞をとることができた．これはまさに古フランス語の状態であり，またギリシア語の状態と非

---

* 冠詞の起源については，とりわけレルヒ E. LERCH『俗ラテン語あるいはルーマニア語に，連結小辞は存在するか?』*Gibt es im Vulgärlateinischen oder im Rumänischen eine Gelenkpartikel?*,『ロマン語学雑誌』*Zeitschrift für romanische Philologie*, 60, 113～190，レルヒ『とくに抽象名詞の前での冠詞の使用について』*Zum Gebrauch des Artikels, namentlich beim Abstraktum*,『ロマン語学雑誌』61, 225～226 を参照．

常に正確に一致するものである．ギリシア語には抽象名詞の特殊用法があり，性質を示す名詞は，その性質を備えた人を示す場合にも用いることができた．たとえば，rhomē は 1°「力」と 2°「強い人」を表わし，kakía は 1°「悪意」と 2°「意地悪い人」を示した．ところで抽象的な意味では，これらの名詞は冠詞をとらないが，具体的な意味になると冠詞がつく．冠詞がこの場合，提示の役割を果たしていることは明らかである．さて古フランス語は，ギリシア語と全く同じように冠詞を用い，またローマ帝国末期のラテン語も，具象名詞にしか冠詞を用いない．したがってここでも，古フランス語が俗ラテン語と全く軌を一にし，どんな名詞にも冠詞が不可欠な現代フランス語とはかけ離れていることがわかる．俗ラテン語と古フランス語の間のこのような一致は，最もこまかな細部にいたるまでも認められるものである．抽象名詞が冠詞をとらないことは上述のとおりだが，それが具象化するやいなや古フランス語も例外を設ける．抽象名詞の場合には，

> avoec se mesla *jalousie*
> *desesperanche* et *derverie*　　　　　　　　　　　　　(*Feuillée*)
> 「これに嫉妬と絶望と激しい後悔が混じり合った」
> 　　　　　　　　　　　　　　　　　　　　『葉蔭の劇』[17]〔159 行〕

とするが，これが具象化すると

> *la* grant pesance de son cuer
> ne *la* dolor ne *la* grant peine　　　　　　　　　(*Vair Palefroi*)
> 「彼の心の大きな悩みも，苦しみも，絶望も」
> 　　　　　　　　　　　　　　　　　　　　『連銭葦毛の馬』[18]〔902 行〕

となる．第 2 の例の de son cuer「彼の心の」は，名詞に具体的な意味を与えるものである．そして，ただちに冠詞が現われている．これは大変微妙な違いを生み出すものであった．しかしそれを現代フランス語は放棄してしまっている．もしそのままならば，たとえば抽象的な場合には mariage est malheur「結婚とは不幸なものである」，しかし具体性を帯びると le mariage a été un malheur pour elle「その結婚は，彼女にとって不幸だった」となったことであろう．ところで具象と抽象とを分けるこのように非常に繊細な区別と，大変はっきりした意識は，『ウルガータ聖書』*Vulgate*[19] にすでに現われている．『ウルガータ聖書』でも抽象名詞は普通は冠詞をとらないが，特定の個人に関係したり，たとえばある人物の感情や性格が問題になる場合には，ただちに冠詞が現われている．たとえば: Et simulationi eius consenserunt ceteri Judaei, ita ut et Barnabas duceretur ab eis in *illam* simulationem「そして，ほかのユダヤ人たちも彼の偽善に賛成し，バルナバまでが彼らによりそのような偽善に引きずり込まれた」．

　ローマ帝国末期のラテン語が定冠詞の誕生を決定づけたことは以上のとおりだが，不定冠詞もやはりこの時代にさかのぼるものである．定冠詞が既述の人物や事物を示すために必要になったとするならば，まだ問題になっていないものを示す別の語も必要になる．これが，不定冠詞の役割である．ラテン語にはすでに，この役目を果たす語が存在していた．quidam「ある」である．しかしほぼ最古のテキストから，quidam と並んで数詞の unus「一つの」が，感情的ニュアンスを込めて，同じ意味に用いられていた．プラウトゥスは *Unam* vidi mulierem audacissumam「私は大変厚かましい（ある）女に会った」と書いているし，テレンティウス TÉRENCE[20] にも Inter mulieres *unam* aspicio adulescentulam「女たちの中に，私は（ある）乙女を見る」という例がある．『ウルガータ聖書』になると実例は枚挙にいとまがないが，ここでは unus は quidam とほとんど同じ意味になっている．cum venisset autem *una* vidua「（ある）寡婦が来たとき」という同書の例をとると，この中の una vidua とフランス語の une veuve の間には，もはやほとんど違いがない．4世紀以後，不定冠詞としての unus の使用はほぼ一般的なものとなり，話しことばに近づいていく作家たちは，これを次第に頻繁に用いるようになる．この事実は，同じ頃 quidam が消失するのと呼応している．

動詞

　最も大きな変化をこうむった品詞は，恐らく動詞であろう．古典ラテン語には，大変明瞭ではっきりした次のような動詞体系があった：

			現在系時称	完了系時称
直説法	現　在		canto「私は歌う」	cantavi「私は歌った」
	半過去〔未完了過去〕		cantabam「私は歌っていた」	cantaveram「私は歌ってしまっていた」
	未　来		cantabo「私は歌うだろう」	cantavero「私は歌ってしまっているだろう」
接続法	現在―未来		cantem	cantaverim
	半過去〔未完了過去〕		cantarem	cantavissem

　上記の2つの系列は，古いインド・ヨーロッパ語の意味を幾らか残していた．

第1の系列は，結果としての行為ではなく，行為としての行為，すなわち成就されていない行為（未完了相 infectum）を意味し，第2の系列は，成就されたものとしての行為（完了相 perfectum）を示す．ラテン語ではアスペクトの概念はまだ完全には消失しておらず，またそれは現在にいたるまで幾らか保たれてはいるものの（たとえば《Il lisait quand son frère entra.》「兄弟が入って来たとき，彼は本を読んでいた」），時称の概念がアスペクトの概念にまさっていた．

　これらの形は，たとえば受動態のような，われわれがまだその名をあげていない形とともに，ローマ帝国の終わりまで，またはその先までも，テキストには保たれている．しかし，この点についてロマン諸語が一致して示すところによれば，われわれはこれらの形の多くが，実際にはもはや使われていなかったと結論することができる．

　これらの時称の一部は，ラテン語の音声的発展の結果互いに接近していき，ほとんどすべての人称にわたって相互に混同されるまでになった．たとえば：

cantarem, -es　　　　cantavero, -is　　　　cantaverim, -is
接続法半過去　　　　　直説法前未来　　　　　接続法過去
〔接続法未完了過去〕　〔直説法未来完了〕　　〔接続法完了〕
　　｜　　　　　　　　　　｜　　　　　　　　　　｜
cantare, -es　　　　　cantaro, -es　　　　　cantare, -es

　このような一致によって，上記の3つの時称の共存は不可能なものとなった．que je chantasse〔接続法半過去〕，que j'aie chanté〔接続法過去〕，j'aurai chanté〔直説法前未来〕の3つを同時に意味する形などというものは不可能である．3つの意味の1つを選ぶか，消滅してしまうかしかない．事実，接続法過去は，すべてのロマン諸語から姿を消しているので，5世紀以後はもう知られていなかったに違いない．他の2つの時称も，イタリアとローマ領ガリアでは消滅した．しかし接続法半過去は今もなおサルディニア島 Sardaigne に残り，前未来はルーマニア語，スペイン語，ポルトガル語に残存している．

　未来形も，とりわけ紀元後2世紀に母音間の -b- が -v- となってからは（habere「持つ」＞avere），他の形と衝突するようになった．この -v- を持つ形は，この時期のテキストや碑文に大変頻繁に現われている．この事実から，未来形の人称の幾つかは，完了形の同じ人称と同音語になった．cantabit「彼は歌うだろう」— cantavit「彼は歌った」，cantabimus「われわれは歌うだろう」— cantavimus「われわれは歌った」がそうである．この音声上の偶発事が，ずっと以前から潜在的に存在していた新しい形成法に，突破口を開くことになった．ラテン語の未来には，早くから未来行為のある様態を表わす構文があった．とくに

volo facere「私はしたい」, debeo facere「私はしなければならない」, habeo facere「私はなすべきことを持つ」がそうである．この3種類の迂言法 périphrase は，それぞれが独特のニュアンスを備えていたので，共存が十分に可能であった．しかし時がたつにつれ，その使用が次第に頻繁になると，様態的意味は弱められていき，さらにこれに正規の未来形の形態上の脆弱さが拍車をかけた．velle「…欲する」と debere「…ねばならない」は，ちょうど古期英語の I will, I shall に対応するもので，velle はルーマニア語の voiu face「私はするだろう」に，debere はサルディニア語の depo kantare「私は歌うだろう」に残っている．habeo facere は，助動詞 habere のやや特殊な意味によって理解できる．habere は「義務として持つ」を意味することがあり，Haec res habet deliberationem は「このことは熟慮が必要だ」を意味した．紀元後1世紀からは，habere はかなり頻繁に不定法を伴って現われてくる．『ウルガータ聖書』では habet venire「彼は来なければならない」などのように，この構文は非常に数多く見られる．この表現は，時としてギリシア文の未来を訳す場合に用いられることもあった：apoktenei＞occidere se habet「彼は当然自滅するであろう」．4〜5世紀にこの迂言法は，したがってすでに大変ありふれたものになっていたわけで，のちにロマン諸語の未来形として，最も普及したものとなった．

　habeo venire の habeo はもともと様態動詞であって，その意味は「私は義務として持つ」または「私は…するつもりだ」であった．そして様態動詞がみなそうであったように，これを過去に置くこともちろん可能であった．このようなわけで，セネカ SÉNÈQUE[21] は Quid habui facere「私はそのとき何をなすべきであったか」と書いており，また紀元後2世紀に翻訳された聖書には，Ubi habebat venire「彼はどこへ来るつもりだったか」という表現がある．ところで habet venire という定式の様態的意味が次第に弱化して，habet venire が単なる未来になったことは前述のとおりだが，habebat venire もこの変化をたどったに違いない．habet venire に引かれて，この構文も類似の平行的な発展を遂げたものと思われる．つまり，過去における未来が問題となる．このように俗ラテン語は古典ラテン語の知らなかった時称，条件法を創り出した．この新しい時称は，行なうつもりでいた，または差し迫っていたことで，ある条件が欠けたため実現されなかった事柄を表わす．このようにして5世紀以後，次のような新しい時称が見られることになる：Sanare te habebat Deus, si fatereris「もしお前が告白したならば，神はお前を治癒したであろう」．

　上記の例とともに，われわれはすでに仮定文の研究を始めたことになる．非現実性を表わすのに，古典ラテン語には次のようなタイプのものがあった：

a) 現在の非現実性
  si veniat, cantemus
  〔接続法現在〕〔接続法現在〕
 「もし彼が来れば，われわれは歌うだろう」

b) 過去の非現実性
  si veniret, cantaremus
  〔接続法半過去〕〔接続法半過去〕
 「もし彼が来たならば，われわれは歌っただろう」

ところで，接続法半過去の方が接続法現在よりもずっと強く非現実性を表現することは明らかである．si veniret では2つの手段，まず接続法，ついで過去によって，非現実性が示されている．したがって現在の非現実性の情意的表現として，si veniret という定式がしばしば使われたのももっともなことである．しかし非常に頻繁に使用されたために，情意的ニュアンスが失われて，この形が普通の定式となってしまった．si veniret はしたがって，現在の非現実性を示すことになった．しかしこうなると，過去の非現実性を示す別の定式が必要になってきた．この役割を果たすことになったのは，接続法大過去である．結局古典ラテン語では，次のようになる：

a) 現在の非現実性
  si veniret, cantaremus
  〔接続法半過去〕〔接続法半過去〕
 「もし彼が来るなら，われわれは歌うだろう」

b) 過去の非現実性
  si venisset, cantavissemus
  〔接続法大過去〕〔接続法大過去〕
 「もし彼が来たならば，われわれは歌っただろう」

しかし，これらの表現がいったん標準的なものになると，同じ現象が再び生じる．過去の仮定文が，現在の仮定の情意的表現となるのである．これに加えて，すでに見たとおり，遅くとも5世紀には接続法半過去はラテン語を話している土地の大部分から姿を消し始めていた．こうして接続法半過去は，とりわけ b) の形によって置き換えられた．ローマ帝国終末期には，もはや b) の定式しか残っていなかったわけで，これが時称をとくに考慮することなく仮定を表わしていた．したがって5～6世紀には，仮定文の現在の表現と過去の表現の区別はされなかったものと思われる．文の正確な意味は，文脈によって決めねばならなかった．これ

4. 俗ラテン語

と同じことが，古フランス語についても見られよう．ラテン語が正確な時称関係を放棄し，時称間の明瞭な境界をとり払ってしまったさまは，ここでも確かめられるのである*．

　ラテン語の活用 conjugaison は新しい形，条件法によって豊かになっただけではなく，新しい視界を開くはずの迂言的活用の全体をも創り出した．後世は空白を埋めるために必要な資材の多くを，ここに仰いでいる．動詞 habere と esse が，他の動詞の過去分詞と結びつけられた．この構文では過去分詞は初め形容詞の価値を持っていたので，Caesar urbem occupatam habet という文の occupatam habet を，occupavit「占領した」〔完了〕で置き換えることはできないであろう．文の意味は「カエサルは町を所有し，そしてその町は兵士によって占領されている〔カエサルは占領されたものとして町を所有している〕」であって，habet は決して助動詞ではなく，所有を示すものである．しかしこの構文が単なる完了に近い意味を持つ場合もあったに違いない．そのような例は最古のテキストから現われている．プラウトゥスは Liberos parentibus sublectos habebis「お前は両親から奪い取られたものとして子供たちを持つであろう」と書いているが，これは「お前は子供たちを両親から奪い取ってしまうだろう」の意味に大変近い．またティトゥス・リーウィウス Tite-Live[22] には venenum quod multo antea praeparatum habebat「彼がずっと以前から準備されたものとして持っていた毒薬」という例があるが，これもほとんど「彼がずっと以前から準備していた毒薬」の意味である．同じような文はとくに成句として，ローマ帝国末期には次第に頻繁なものとなってくる．したがってロマン語の現在完了文は，古典ラテン語の時代からすでに用意されているのである**．古典語の束縛が解けると，cantatum habeo「私は歌った」のような構文は，急速に一般化する．グレゴワール・ド・トゥール Grégoire de Tours[23] は，たとえば habeo cognitum を cognovi「私は知っている」の意味で使っているし，また episcopum invitatum habes「お

---

*　この時称体系全体の発展は，本書のように簡略な書物が述べるよりも，ずっと微妙で多様であった．参考文献に掲げた著書のほかに，ガミルシェーク E. Gamillscheg 『ロマン語時称体系の前史についての研究』Studien zur Vorgeschichte einer romanischen Tempuslehre, 『ウィーン帝室科学アカデミー会報』Sitzungsberichte der Kais. Akademie der Wissenschaften in Wien, 172, 2 を参照．

**　詳細のすべてについては，ティールマン Ph. Thielmann 『完了受動分詞を伴う habere』Habere mit dem Part. Perf. Pass., 『ラテン語辞書編纂法および文法学雑誌』Archiv für lateinische Lexikographie und Grammatik, 2, 372~423, 509~549; ヘルツォーク E. Herzog 『古ロマン語における -to- 分詞』Das -to- Partizip im Altromanischen, 『ロマン語学雑誌 26 号別巻』Beihefte zur Zeitschrift für romanische Philologie, 26 を参照．

前は司教を招いた」とも書いている．

否　定

　平俗的・情意的なことばの特徴は，それがとくに誇張的な点にある．ものに感動したとき，われわれにはすべてのものが大きく，または小さく見える．とにかくわれわれには違った大きさに映るのである．否定は，心の強い動きによって最も大きな影響を受ける文の要素の一つで，非常に小さい，または価値のないものを示す語を加えることによってこれを強調する必要が，早くから感じられてきた．その例は古体ラテン語から現われているが，そのうちの幾つかが，次の例のようにとくに俗ラテン語に採り入れられたものと考えられる．

　ペトローニウス PÉTRONE[24]: Quinque dies aquam in os suum non coniecit, *non micam panis*「5日の間，彼は水も一かけらのパンも口に入れなかった」．

　プラウトゥス: cui neque parata *gutta* certi consilii「はっきりした計画の一しずくもないもの」．

　キケロー: Ne *punctum* quidem temporis oppugnatio respiravit「一瞬なりとも攻撃は息つく暇がなかった」; Non licet *transversum digitum* discedere「指の幅ほども退くことは許されない」; *Pedem* in Italia video nullum esse qui non in istius potestate sit「イタリアでは彼の支配下にない土地は一尺もない」．

　情意的な影響にもとづくこのような否定辞の示すものは，大きな存在カテゴリー(時間，空間)や物質界の諸形態である．古フランス語の否定助辞の主なものはここから出ている

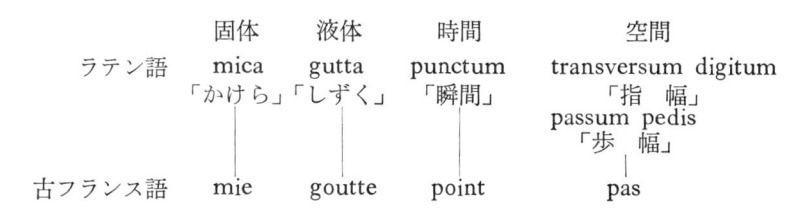

	固体	液体	時間	空間
ラテン語	mica 「かけら」	gutta 「しずく」	punctum 「瞬間」	transversum digitum 「指　幅」 passum pedis 「歩　幅」
古フランス語	mie	goutte	point	pas

音 声 組 織

　統辞法の発展においては，文明の一般的発展との間にある種の類似性を見いだすことができた．しかし文明の一般的発展と言語の音声変化との間の関係を見い

だすことは，ずっとむずかしい．と言うのは，音声は言語の中でも最も物質的な部分であり，精神生活から最もかけ離れたものだからである．ある民族の心的状態の変化が音声体系に及ぼす直接の影響は，比較的小さなものにすぎず，またたとえあったとしてもこれを捕らえることはむずかしい．

したがってわれわれは，ローマ帝国末期のラテン語が受けた主要な変化を示すにとどめる．

アクセント

音声体系の中でも最も重要な要素は，アクセントである．インド・ヨーロッパ諸語には，呼気〔強さ〕アクセント，高さアクセントの2種類のアクセントがある．しかしその配分には大変むらがあって，両者が全く混合している言語があるかと思えば，一方が支配的だがもう一方も決して欠けているわけではないといったものもある．ギリシア語のアクセントは，とりわけ音楽的〔＝高さアクセント〕であった．これがギリシア語に旋律的性格を与えている．現代フランス語もこれと同じで，高さアクセントの方が呼気アクセントよりも優位を占めている．

ラテン語では3つの時期を区別する必要がある．

1° 文献以前のラテン語は，インド・ヨーロッパ祖語から大変著しい高さアクセントを受け継いでいた．しかしこのほか非常に強い強さアクセントを持っており，これがつねに語の第1音節に置かれた．ここから，次の比較によってわかるように，強勢音節のあとの母音に強い縮約が生じた：facio「作る」—cónficio「仕上げる」，lego「拾う」—cólligo「拾い集める」，quínquedecim「15」＞quindecim．

2° 文献時代の初めに，この強さアクセントは姿を消して，高さアクセントだけが残る．このアクセントは，有名な三音節の法則[25]によって支配されている：regális, ascéndo, tétigi．ラテン文学の韻律法も，高さアクセントによって説明される．この状態は，おおよそ紀元前2世紀から紀元後4世紀まで続いた．

3° 4世紀ごろ，高さアクセントは新たな呼気アクセントと重複し始める．のちに見るように，この新しいアクセントの強さは，地域によって異なっていたに違いない．文法家ポンペイユス POMPEIUS[26] は Illa syllaba *plus sonat* in toto verbo quae accentum habet「アクセントを持つ音節は，一語の中で最も強く発音される」と言っているが，ここで accentum「アクセント」とは高さアクセントのことであり，plus sonat「最も強く発音される」とは呼気アクセントのことにほかならない．呼気アクセントは，次第に重要性を増していった．

ロマン諸語はこのアクセントを大変忠実に守っており，古典ラテン語で高さアクセントのあった音節が，ほとんどみな強さアクセントを担っている．

母音体系

4〜5世紀の母音体系は，古典ラテン語の母音体系とは完全に違っている．全く異なった原理にもとづいているからである．古典ラテン語の母音の特徴はその音量にあるが，ローマ帝国末期の母音の特徴はその音質にある．古典ラテン語には長短2つのeがあり，おのおのの母音にもみな同じような区別があった．ところでドイツ語 ich [iç]「私は」, Ihnen [íːnən]「あなた(方)に」に見られるように，多くの言語で長母音はそれに対応する短母音よりも閉じる傾向があるが，ラテン語にもやはりこの傾向があった．しかしそのために音量の区別を放棄することはなく，ラテン語は次のように音量の別と音質の別を同時に兼ね備えていた：

1°   ī i̯ ẹ ĕ ā ă ǫ ọ ŭ ū

〔開口度が最大の a に関しては，音質の区別はなかった〕

400年頃文法家セルウィウス SERVIUS[27] は，次のように言っている：e quando producitur, vicinum est ad sonum *i* litterae, ut *meta*, quando autem correptum, vicinum est ad sonum diphtongi, ut *equus*「e は meta のように長く発音される場合には i の文字の音に近いが，equus のように短い場合には二重母音〔の文字〕の音に近い」[28].

4世紀になると，碑文に menus〔<minus「より小さい」〕, semul〔<simul「同時に」〕のような形が現われてくる．これは上述の母音が到達した新しい段階を証拠だてるものである．すなわち i と ẹ は合体し〔ẹ となる〕, ų と ọ も一緒になる〔ọ となる〕*．しかしたとえこのような形がなくとも，i と ẹ, ų と ọ の同一性は，次の例が示すように，ロマン諸語からも証明できるであろう．

fĭde「信頼」 ＞フランス語 foi,   イタリア語 fẹde
habēre「持つ」＞フランス語 avoir, イタリア語 avẹre
gŭla「のど」 ＞フランス語 gueule, イタリア語 gọla
sōla「唯一の」＞フランス語 seule, イタリア語 sọla

したがってこの段階での母音体系は次のようになる：

2°   i ẹ ę a ǫ ọ u

最後に5世紀の文法家コンセンティウス CONSENTIUS[29] は，この発展のさらに

---

* ロマニアの一部，とりわけサルディニア島とルーマニアでは，母音の進化は別の経過をたどり，この地域では，ラテン語の強い地方的分化がはっきりしだしてくる．この問題については，次章も参照．

4. 俗ラテン語

新しい段階を次のように証言している：Quidam dicunt *piper* producta priore syllaba, cum sit brevis「あるものは piper「こしょう」の第1音節を，短いにもかかわらず，長く発音する」. piper は古典ラテン語で短い i を持っており，これは i〔ついで ẹ〕となったはずだが，さらに，コンセンティウスが言うようにアクセントのあるこの母音は長音化する．つまり ẹ̄ となったわけである．この新しい変化は開音節〔＝自由音節，母音で終わる音節〕の母音に起きているもので，〔アクセントのある〕母音は自由音節で長音化し，拘束音節〔＝閉音節，子音で終わる音節〕では短くなる．とくにフランス語にとって大変重要なものとなる母音の違いの起源は，ここにある．次の表は上記の発展のすべてをとりまとめたものである：

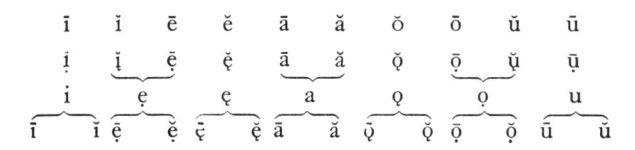

ī	ĭ	ē	ĕ	ā	ă	ŏ	ō	ŭ	ū
ị	ị̆	ẹ̄	ę̄	ā̆	ă	ǭ	ọ̄	ụ̆	ụ̄
i		ẹ	ę	a		ǫ	ọ		u
ī	ị ẹ̄	ẹ ę̄	ę̄ ā	ā ă	ǭ ǫ ọ̄	ọ ū̆	ū		

子音体系

子音体系もまた幾つかの変化をこうむった．その一部は次のとおりである．

弱い音はすべて姿を消すことになる．h- は消失して，たとえば habere は abere となった．語末の -m は古典ラテン語ではもはや鼻腔の共鳴音にすぎなかった．プリスキアーヌス PRISCIEN[30] は次のように言っている：*m* obscurum in extremitate dictionum sonat, ut *templum*; apertum in principio, ut *magnus*, mediocre in mediis, ut *umbra*「m は語末では templum のように不明瞭に発音され，語頭では magnus のように明瞭に，語中では umbra のように中間的に発音される」. プリスキアーヌスのこの記述は，フランス語がこの3種類の m のために準備した運命に反映している．すなわち templum の語末の m は痕跡を残さず，プリスキアーヌスが「中間的に」と指摘している umbra の m は鼻腔の共鳴音として保たれ (ombre [õbr]), magnus の強く発音される m, すなわち母音の前の m はそのまま残っている．

統辞法的音声変化

ラテン語においては，一つ一つの語は文中でも独立のものと感じられていた．ラテン語の文は，各人が自己の領分では自立している自由市民の集まりに似ている．それぞれの語は，文中の機能をはっきり示すために必要なすべてのものを，自己のうちに備えているのである (amico「友達に」, -i「友達の」, -um「友達

を」).おのおのの語が享受していた大きな独立性のため,古典ラテン語に統辞法的音声変化の現象はほとんど見られない.すなわち語形が文中の位置に依存することは全くなかった(イタリア語 la casa [lakasa]「家」と a casa [akkasa と語頭子音が重複する]「家へ」,フランス語 les livres [leḷivr]「本」と les arbres [leẓarbr リエゾンする]「木」を比較すること).

ところが俗ラテン語になると,屈折が消滅するために,文中のさまざまな要素の独立性は失われてしまう.そしてただちに語は影響し合い,前後関係によって形を変えることになる.一例をあげれば,先行する語が子音で終わる場合,子音を伴なう語頭の s は母音を必要とし始め,scribere「書く」は iscribere となる.2世紀以後このような形は碑文の中で頻繁に現われている.したがって illa scola「あの学校」,in iscola「学校で」のように,1語が2つの形をとることになった(この例はまさしくイタリア語の la scuola, in iscuola にあたる).逆にiで始まる語は,母音で終わる語のあとにくると,この母音を失った.

したがって次のようになる:
  scribere「書く」
  inscribere「書きつける」 }iscribere, scribere
  exscribere「筆写する」
  Hispania「ヒスパーニア」>Spania, [Ispania]
   (イタリア語 la Spagna「スペイン」, in Ispagna「スペインで」)

5. ラテン語の地方的分化

地震のあと,塀はたとえ立っているとしてもひびが入ってしまう.あるものは大変深く,また他のものは浅い.非常に深い亀裂はいわば主動脈であり,浅い亀裂はもつれ合った毛細管である.すべては交差し絡み合って,非常に複雑な網の目を形づくる.もしローマ帝国崩壊時の正確な言語地図を再建することができるならば,それはこの塀に大変似たものになるであろう*.

東ロマニアと西ロマニア

このような相違がいつ頃からはっきりしだしたかを言うのはむずかしい.しか

---

 * ロマニア内部でのラテン語の初期の分化の起源と,新しい言語境界線形成の起源については,68 ページに引用した著書を参照.

し，ローマ帝国のさまざまな地方間の関係が途絶えることは決してなかったにもかかわらず，時代を経るにつれて相違が次第に大きくなっていったことは確かである．

最も大きく，最もはっきりしており，また最も古くからある溝は，ロマニアの東部と西部を分けるものである．東部とは(ポー平原を除いた)イタリアおよびルーマニアであり，西部はそれ以外の地方である．東ロマニアの特徴のうち最も重要なものは，疑いなく語末の -s の脱落である．古体ラテン語以来，この -s は子音の前では発音されなかった．したがって optimus omnium「すべての中で最良な」に対して，optimu rex「最良の王」のように発音されていた(フランス語の mauvais esprit「悪い心」〔リエゾンする〕と mauvai(s) livres「悪い本」〔リエゾンせず〕を比較すること)．文学ラテン語はこの -s をつねに復原したが，農民の口話では上記の発音習慣が保たれた．キケローはそれを田舎風だとして非難している．ところでロマニア東部はこの田舎風の用法を一般化し，西部は文学的用法を一般化した．これは次の比較によって明らかである: duos「2」——1° ルーマニア語 doi, イタリア語 due. 2° サルディニア語 duos, レト・ロマン語 dus, フランス語 deux, プロヴァンス語・スペイン語 dos, ポルトガル語 dous*. この現象は形態法の体系にとって最も重要な意味を持つものであった．-s の脱落した地方では，たとえば murus「壁」〔主格単数〕, murum〔対格単数〕, muros〔対格複数〕＞muro の変化によってわかるように，名詞の対格複数は対格単数と同形になり，主格複数はそのまま残った (muri＞muri). ローマ帝国の東部では，したがって主格によってしか単数・複数の区別ができなくなったわけである．西部ではこれと反対に，対格単数と複数の区別がそのまま残った．このようにしてイタリア語 muri と古フランス語 murs, スペイン語 muros の相違が説明される．

他の点では，東部は西部よりも保守的なようである．東部はとりわけ母音間の子音を元のまま保存している:

	〔ラテン語〕	ルーマニア語	イタリア語	スペイン語
-t-	mutatu「変化」	mută	muta	muda
-k-	focu「火」	foc	fuoco	fuego
-p-	lepore「うさぎ」	iepure	lepre	liebre

これら無声破裂〔閉鎖〕子音の有声音化 sonorisation は，すでに fricare「摩擦

---

* 実際には，語末の -s は，〔イタリア南部の〕バシリカータ地方 Basilicate の幾つかの方言にも保たれている．

する」に代わる frigare のような綴りが見られるところから、またアングロ・サクソン語〔古期英語〕によって借用されたラテン語に同じ現象が現われているところから(アングロ・サクソン語 laeden＜latinu「ラテンの」)、3世紀にさかのぼるものと考えられる*．

保守的な地域

　イベリア Ibérie のラテン語は、保守的性格がとくに著しかったに違いない．それは何よりも非常に多くの単語の歴史によって明らかである**．そのうち2つの例だけを示そう．「話す」を意味するラテン語には、loqui と fabulari の2つがあった．loqui は高尚な文体(大雄弁術)に属し、fabulari はくだけたことばであった．loqui は消えてしまったが、fabulari はスペイン語に残り、また派生形 fabellari となってサルディニア語およびレト・ロマン語の口話に残っている．これに対してイタリアとガリアは、parabola から派生した新語 parabolare を採り入れた．parabola は教会ことばとして使用されたために、「キリストの譬(たとえ)」の意味から「ことば」の意味に移行していたものである．また「肩」を意味する名詞では、スペイン語の hombro はラテン語の humerus を残しているが、イタリア語とガロ・ロマン語の同じ意味の語は spatula「肩甲骨」からきている．ここで奇妙なのは、ルーマニア語がスペイン語と軌を一にして umar という語を使っていることである．ルーマニア語とスペイン語が昔ながらのラテン語を保ち、ロマン語の他の地方、とりわけイタリアとガリアが別の語を採り入れている場合はかなり多い．──古典ラテン語には「美しい」を意味する2つの語があった．pulcher は一般的な語で高尚な文体に使われ、formosus (＜forma「形」) はとくに外形の美しさを示すものであった．pulcher は庶民にとってあまりにも気取った語だったので、どの地方でも姿を消してしまったが、スペイン語 hermoso とルーマニア語 frumos は、古典的伝統〔formosus〕を保っている．ローマのラテン語は「かわいい」を意味する形容詞 bellus を選んだ．イタリアとガリアは

---

*　スペインでは、この有声音化は1世紀から始まったようである．トバール Tovar『フリッツ・クリューガー記念論文集』*Homenaje a Fritz Krüger* (メンドサ, 1952年), 1, 9〜15 を参照．

**　ローマ帝国末期のラテン語彙の歴史については、とくにユート J. Jud『古ロマン語の言語地理学の諸問題』*Probleme der altromanischen Wortgeographie*,『ロマン語学雑誌』*Zeitschrift für romanische Philologie*, 38; バルトリ M. Bartoli『新言語学序説』*Introduzione alla neolinguistica*, ジュネーヴ, 1925年; バルトリ『俗ラテン語史論考』*Per la storia del latino volgare*,『イタリア言語学会報』*Archivio Glottologico Italiano*, 21 を参照．

この bellus を受け継いでいる(イタリア語 bello, フランス語 beau)．——「沸騰する」を意味するラテン語は fervere であったが，これと並んで「泡立つ，泡を作る」を意味する第 2 の動詞 bullire があった．bullire は泡立つ湯をすぐに思い起こさせるため，fervere より強い感じの語であったに違いない．ルーマニア語 fierbe とスペイン語 hervir は古典的伝統を継承しており，一方イタリア語 bollire, フランス語 bouillir は，この 2 つの地方が強烈で表現力に富み，そして民衆的な語に対して持っていた好みを表わしている．なおイベリアとダキア Dacie の保守的性格は，同じ原因にもとづくものではあるまい．イベリアはローマ帝国の他の地方とつねに交流を保っていたが，新語に対しては門戸を閉ざして伝統への嗜好を示した．イベリアは俗すぎる語の侵略に，真に抵抗したのである．一方ルーマニアがおびただしい数の古語を保ったのは，ただ単に外敵の侵入の結果接触が絶たれたために，ローマで起きた改新がもはやダキアまで届かなかったからである．

　ローマ帝国の終わり頃，南北ガリアとレティアとは，真の曲用の保存(単数 murs—mur, 複数 mur—murs, *106* ページ参照)という，きわめて重要な現象によって，とくに目立つ存在であったに違いない．これに対し他の地域では，人を現わす幾つかの名詞だけが，かろうじて主格と対格の区別を維持していた．もっとも，ルーマニア語はこのほかに，与格の形も保っている．

第2章　俗ラテン語から古フランス語へ

1. ゲルマン人

ゲルマン人とローマ帝国

　476年の西ローマ帝国最後の皇帝の廃位は，長いあいだ続いていた事実を確認したものにすぎなかった．500年以上前から，ローマ人はゲルマン人 Germains を考慮しなければならなくなっていた．ローマ帝国がもっと早く崩壊しなかったのは，ゲルマン人が組織されていなかったからである．彼らは小さな集団に分かれて生活しており，たいてい互いに反目していた．ローマ人はほとんどいつでも，敵対する一方を利用することができた．

　ラテン語とロマン語に及ぼしたゲルマン語の影響については，すでにローマ帝国末期に借用された語と，のちになってゴート族 Goths やフランク族などが，自分たちの征服し占領した土地へ持ち込んだ語とを，はっきり区別する必要がある*．ローマ人は，ある時は敵として，ある時は平和裡に，ゲルマン人と絶えず接触を続けていた．ゲルマン語からの借用語は，われわれにこの接触の性質を教えることになる．ローマの商人は，ゲルマンの諸地方とかなり頻繁な商取引を行なっていた．彼らはそこから，奇妙なことだが，とくに石鹸 (ラテン語 sapo<ゲルマン語 *saipo) を輸入していた．たいていの場合このラテン語は，実際には石鹸というよりも一種の乳脂を指すものであり，それが髪の毛を金髪に染めるために使われた．というのは，ローマの上流社会では，この色が大変好まれたからである．このようなわけで，ゲルマン語 *blund「金髪の」がロマン諸語に入っていった．ローマ人がゲルマン人の金髪を賛美したように，ゲルマン人も髪の毛を短く切るローマの流行に驚いた．それゆえ，blond「金髪の」を与える代わりに，彼らはラテン語から calvus「毛のない」(>ドイツ語 kahl, アングロ・サクソン語 calu) という語を採り入れた．ライン河畔やダニューブ河畔に駐屯したローマ軍団の兵士は，しばしばゲルマン人の focariae「料理女」を雇って料理を作

---

*　ガミルシェーク E. GAMILLSCHEG『ロマニア・ゲルマニカ，古代ローマ帝国領でのゲルマン人の言語および移住史』*Romania Germanica, Sprach- und Siedlungsgeschichte der Germanen auf dem Boden des alten Römerreichs*, 3巻, ベルリン, 1934〜1936年を参照.

らせた．rôtir「焼く」(＜rostjan, ドイツ語 rösten) のような語の借用は，これによって説明される．1世紀以来，多くのゲルマン人がローマ軍に加わり，4世紀になると，彼らは恐らくその大半を占めていたものと思われる．彼らは軍事的資質に恵まれていたので，かなり早く昇進することができ，士官になる者もあれば，民間行政の重要な地位を占める者まで出てきた．軍職をゲルマン人にゆだねた時から，軍事用語の大部分が，次の例のように，ゲルマン語になったとしても驚くにはあたらない：helm＞古フランス語 heaume「かぶと」，イタリア語 elmo, スペイン語 yelmo; furbjan「武器を磨く」＞fourbir「磨く」; brand＞古フランス語 brant「剣」(近代フランス語 brandir「(剣を)振り回す」); wardon＞garder「守る」など*．

　ゲルマン人をローマ帝国につなぎとめるもう一つの方法は，彼らを植民者，すなわち耕作者にすることであった．とくにガリアには入植するものが多く，捕虜や土地を求める者がそうなった．多数の土地がいつも放置されたままであったので，彼らに地所を当てがう苦労は全くなかった．この植民者たちは，bâtir「建てる」，crosse「撞木づえ」，banc「腰掛け」のような語をもたらしている．このようにローマ人は，ローマ帝国を利するために，ゲルマニアをうまく働かせ，戦わせたのである．

侵　略

　フン族 Huns の侵入によって，諸民族がこぞって彼らの故郷を離れねばならなくなると，このような情勢は一変した．西ゴート族 Visigoths がイタリアを横切ってガリアに達したのは，この時である．彼らはフランス南部を412年に占領した．『ニーベルンゲン(の歌)』*Nibelungen*[1] に記憶をとどめている恐ろしい虐殺をのがれた，生き残りのブルグンド族 Burgondes も，またガリアへ向かった．彼らは443年以来レマン湖 Léman 地方に現われており，そこからリヨンや，フランシュ・コンテ地方や，ブルゴーニュ地方 Bourgogne へ，少しずつ支配力を広げていった．ガリアにとって，ローマ帝国は476年以前にすでに終わっていたのである．西ゴート族とブルグンド族に加えて，第3の民族がガリアを侵略した．サクソン族 Saxons である．彼らは海から侵入して，4世紀と5世紀の間，英仏海峡と大西洋の沿岸を蹂躙した．その激しさのためこの沿岸は，サクソン族

---

*　ロマン語学者のあるものは，これらの語の大部分はガロ・ロマン語がフランク語から借用したものであって，のちにフランス語から他のロマン諸語へ伝わったものであろうという考えに傾いている．『フランス語語源辞典』*FEW* の該当項目で，われわれはこの考え方が的はずれであることを示したつもりである．

の岸 litus Saxonicum と名づけられたほどである．サクソン族もこの地方に入植地を残した．その記憶はピカール方言とノルマン方言の幾つかの地名に保たれているが，それ以上の痕跡は何も残っていない．5世紀の半ばに，ブリテン島の住民〔ブリタニア人 Britanni〕に呼び寄せられると，彼らはこの地に押し寄せた．アングロ・サクソン族によるこの大ブリテン島への侵入は，ガリアにとって間接的な重要性を持つものであった．ブリタニア人は，彼らの新しい同盟者と長いあいだ平和裡に共存することができなかったために，この土地を離れねばならなくなり，当時ほとんど無人地帯であった半島に，新しい故郷を見いだすこととなった．ここは，ローマ人がアレーモリカ Aremorica とケルト名で呼んでいたところであり，この時以後，ブルターニュ Bretagne と呼ばれるようになった．ブルターニュ人 Bretons がこの地方を占拠したのは，450年頃である．

最後に侵入したのがフランク族である．ブルグンド族と西ゴート族の北に，ローマの一州が帝国と切り離されて存在しており，独自の生活を営んでいた．シャグリウス SYAGRIUS[2] の王国である．486年，クローヴィス CLOVIS[3] はこの王国の独立に終止符を打ち，臣下のフランク族とともにこれを占領した．ガリアを共有したゲルマン3民族の中ではフランク族が最強だった．クローヴィスは507年に西ゴート族を破り，534年にはブルグンド族の王国がフランク王国に併合された．したがってこれら2つのゲルマン人の国家は，1世紀も続かなかったわけである．しかし彼らの言語はその痕跡をとどめている．ブルグンド族は，臣下のガロ・ロマン人を丁寧に扱ったことで知られている．そのため，彼らの言語には，次のようなかなりの数の語が残っている*：スイス方言 fata「ポケット」<*fatta, スイス方言 budda「家畜小屋」<*buwida, サヴォワ方言 landa「大梁」<*landa「竿」，リヨン方言 faraman「品行のいかがわしい女」<faramannus「放浪者」．またリヨンでは，brogi「反省する」<brugdian が使われているが，ロマン語諸口話の中の，知的生活に関する数少ないゲルマン語の一つがブルグンド語起源であることは，大変興味ある事実である．

フランク族

フランク族の侵入は，ゲルマン語(フラマン語，オランダ語)とフランス語を分ける言語境界線をまず作り出した．ベルギーを東西に走るのがこの線である．この境界線まで，ガリアは完全にゲルマン化された．さらにその先でも，フランク

---

* 研究の現段階では，ブルグンド語の生き残りは，約78語であると考えられている．この問題については，ヴァルトブルク W. v. WARTBURG『ロマン語学雑誌』 Zeitschrift für romanische Philologie, 80, 1〜15 を参照．

族の植民地建設は大変盛んで，ピカルディー地方では，地名の大半はゲルマン語
起源である．オワーズ県 Oise とエーヌ県 Aisne を結ぶ線の南側では，この種
の地名はずっと少なくなっている．フランク族の植民地化の度合いが，とくに軍
事上の植民地が建設された場所ではなお一層著しかったとはいえ，この地方では
弱まっているからである．そして文明の主な中心地，都市は，みなラテン名ない
しはケルト名を持っている．これらの都市はラテン語を保ち，ゲルマン方言に対
するラテン語の勝利を確かなものとしている．政治的な理由から，クローヴィ
ス王は司教たちを味方につけようとした．洗礼を受けてローマ教会に加入したこ
とにより，彼はアリウス教徒である西ゴート族と戦いを交えようとした際に，ガ
ロ・ロマン人の支持を得た．彼はこのようにしてローマ教会の一員となったが，
その言語はラテン語である．フランク族は，したがって，ラテン語を宗教語と
して受け入れたのである．そしてこのことが，ロマン語に勝利をもたらした，しか
も大変重要な，第2の原因である．またさらに，メロヴィング王朝の歴代の王は，
フランク族の軍の長とガロ・ロマン人の出身の貴族の間に設けられていた差別
を，速やかに撤廃した．

　多くのフランク語起源の語がフランス語に入った．軍事用語の大部分はフラン
ク語であって，たとえば épieu「猪槍」<speut「槍」, broigne「鎖かたびら」<
brunnja (ドイツ語 Brünne「甲冑」) などがそうである．公の生活は次第に封建
的な様相を呈してきていた．その最初の徴候は，すでにガロ・ロマン時代から
認められたが，これに決定的な形を与えたのはフランク族である．したがって，
alleu「自由地」や fief「封地」はゲルマン語である．しかしガロ・ロマン人貴族
が協力したことは，政治・行政用語の二言語併用的性格によって明らかであり，
roi「王」, duc「公爵」, comte「伯爵」はラテン語起源の称号である (メロヴィ
ング王朝時代には，まだラテン語起源の comes とゲルマン語起源の grafio が並
存していた)．maréchal「元帥」(<marhskalk「騎兵隊の長」), sénéchal「家令」
(<siniskalk「奉公人の長」), échanson「(騎士任命式の)酌取り」(<skankjo),
baron「男爵」(<sakibaro「伯爵の下にあって裁判権を司る役人」) は，宮廷
cour (<ラテン語 cohors) におけるゲルマン的要素を示すものである．

　フランク族は都市も手仕事も好まなかった．彼らが好んだ仕事は，戦争を除け
ば，狩猟と農業と牧畜であった．こうして，waiðanjan「食べ物を手に入れる」
(ドイツ語 weiden) のような語がガロ・ロマン語に組み入れられた (>gagner「手
に入れる」．ここから regain「二番生えの草」)．gerbe「束」(<garba) や blé
「小麦」<*blād「畑の産物」は，フランク族が農業に対して抱いていた関心を物
語るものである．農家で飼っている「家畜の全体」は，古フランス語で folc (<

1. ゲルマン人

folk) または herde (＜herda) または troupeau と呼ばれていたが，いずれもゲルマン語起源である．これに対して，個々の家畜は大部分がラテン名を保っている．jardin「庭」と haie「垣根」とは，フランク族には家に隣接する囲い地をとくに念入りに耕す習慣のあったことを示している．aune「榛の木(はん)」，osier「柳」，houx「ひいらぎもどき」，cresson「クレソン」，troène「いぼたの木」などのように，植物名の非常に多くのものはフランク語起源である．ある植物はフランク語なのに，他のもの (frêne「西洋とねりこ」，tilleul「科木(しなのき)」，ormeau「楡の若木(にれ)」など) がラテン名を残しているのはなぜかという疑問は，その植物がフランク族にとってどのような役割を演じていたかによって，多くの場合解決できる．saule「柳」(＜salha) と osier は，編んで間仕切りを作るフランク族の家にとっては，最も重要なものであった．罪人に棒打ちの刑を加える場合には，houx (＜hulis) の棒が用いられた．ゲルマン人が人びとの集まる場所をはしばみの枝で囲ったのは，この木に魔力を信じたからだが，ここからフランク語 hasla「小枝」の派生語 hallier「叢林」が作られている．troène (＜trugil) は垣根を作るために盛んに用いられた．herde, troupeau, fouc [folc] が，動物の群を示すためにガロ・ロマン語にとり入れられたように，bois (＜bosk), forêt (＜forhist) は，古フランス語 gaut (＜wald) とともに，「木々の全体」を示す語である．同様に，フランク族が特別の注意を払った何種類かの鳥は，フランク名を保っている．freux (＜hrôk「みやまがらす」) が現われると，未来が予言できるのであり，ゲルマン人が法律で殺傷を禁じたため，mésange「しじゅうから」(＜meisinga) は特別の保護を受けていた．hanneton [「小さな雄鶏」の意味から]「こがねむし」(＜hano「雄鶏」) がフランク名を持っているのは，この昆虫が地中海地方にはほとんど棲息していないからである．養蜂はフランク族ではかなり発達していたに違いない．rayon de miel「蜜房(みつぶさ)」(古フランス語 ree＜hrâta) がフランク語から来ているからである．北フランスに麦藁の巣箱を持ち込んだのも彼らである．身体の部分の名も，その幾つかはフランク族による．たとえば échine「脊柱」(＜skina), flanc「脇腹」(＜hlank), gifle「頬の平手打ち，(初めは) 顎，頬」(＜kifel), fronce「皺」(＜hrunkja, ドイツ語 runzel) がそうである．

　froc「頭巾」(＜hrokk), poche「ポケット」(＜pokko, 古代ギリシア・ローマ人の着物にはポケットがついていなかった) のような，衣服の一部はフランク名である．gant「手袋」(＜wantu) は，領主から封地を受ける場合にシンボルとして用いられた．feutre「フェルト」(＜filtir) は，ゲルマン人の間に広く用いられた暖かい生地である．

　フランク族は感情や性格特徴の微妙な違いを表現するために，非常に豊富な語

彙を持っていた．このような領域では，言語間の一語一語の意味的対応は他の領域におけるよりも正確さを欠くものである．このためフランク族は，漸次ロマン語に移行する際にも彼らの慣用的表現を保持して，次の例に見るような多数の語をフランス語に組み入れた：orgueil「傲慢」(＜urgôli), honte「恥辱」(＜haunitha「嘲弄」), honnir「辱める」(haunjan), hardi「大胆な」(hardjan の過去分詞), 古フランス語 baut「勇敢な」(＜bald), grain「悲しげな」(＜gram), laid「不快な」(＜laid). 今までにあげた幾つかの例は，フランク語の語彙がガロ・ロマン語の語彙にどのように寄与したかを，大筋だけ示したものである．フランク族がフランス語の語彙に組み込んだ語の数は 400 を超える．しかしその分布はかなり限られていて，たいていの場合，ロワール川とベルフォール Belfort を結ぶ線より先に出ることはほとんどない．幾つかの語はこの線より南へ下っているが，それはのちの時代になってからである．古フランス語および近代フランス語の時代には，北フランスが南フランスよりも優位に立ったために，これらの語のうちかなりのものが南フランスに移された．

　ガロ・ロマン語を学びつつも，フランク族は Hugo〔主格〕, Hugon〔被制格〕のような，フランク語的な固有名詞の曲用の仕方を保った．彼らはそれをかなり執拗に維持したので，結局はガロ・ロマン人の受け入れるところとなった．このため古フランス語には，Hues—Huon, Berte—Bertain のような曲用が見られる．

　この曲用は，ラテン語から受け継いだ，人を示す名詞にまでも広げられた：pute「娼婦」〔主格〕—putain〔被制格〕, ante「おば」—antain, none「修道女」—nonain.

　さらにフランク族のもたらした幾つかの接尾辞は，フランス語で非常に頻繁に用いられるようになった：vieillard「老人」, richard「大金持ち」などにおける -ard, badaud「やじうま」, ribaud「放蕩者」などの -ald＞-aud, paysan「百姓」, cormoran「鵜」などに見られる -inc＞-enc〔＞-an〕. 同様に，接頭辞の mé-「誤った」もフランク語によるもので，ドイツ語の miss- に対応する．

　フランク族は音体系にまで変更を加えた．彼らは 2 つの新しい子音を，北部のガロ・ロマン人にもたらしている．ゲルマン人の持っていた h の音は，ロマン人にはすでに存在しなかったものである．両唇音の w についても同じことがいえる[4]．ロマン語の他のすべての地方では，h- で始まるゲルマン語はその語頭音を失った．イタリアでもスペインでも南フランスでも，ゲルマン語の影響はさほど強くなかったので，調音習慣にないこの音を土着民に強いるまでにはいたらなかったのである．この音を受け入れざるをえなかったのは，ガリア北部と，アラマニ族

からこれを採り入れたレト・ロマン語の諸口話である．したがってゲルマン語の helm「かぶと」は，イタリア語 elmo, プロヴァンス語 elm, スペイン語 elmo となるが，フランス語では heaume である．

2. オイル語の起源

オイル語とオック語

この h 音の取得から新しい時代が始まる．北フランスだけがこれを受け入れたことは，われわれがすでに見たとおりである．したがってガリアの地でも，ローマ帝国の言語的細分化は続いていた．事実ガリアでは，ロマン語の諸地方がみなそうであったように，局地的口話が各地で次第に多くなっていった．

遠心的な力が次第に求心的な力にまさることになり，ガリアの地で新しい亀裂が形成されていった．そのうち最も重要なものは，ガリア南部と北部を分けるもの，いいかえれば，のちに「オック語」* langue d'oc（または「プロヴァンス語」provençal, 現在ではむしろ「オクシタン語」occitan）と「オイル語」langue d'oïl と呼ばれることになる2つの言語の領域を分けるものである．

音声的分化
強勢母音と母音間子音の発展が，この分化を示す最も典型的な特徴の一つである：

	ラテン語	オック語	オイル語
〔強勢〕母音	cantare「歌う」	cantar	chanter
	cọr「心臓」	cọr	cuer
	mẹl「蜂蜜」	mẹl	miel
	flọre「花」	flọr	flour
	tẹla「織物」	tẹla	teile
〔母音間〕子音	maturu「熟した」	madur	meür
	pacare「静める」	pagar	paier
	sapa「汁」	saba	seve

---

* 南フランスで，oui「はい」の意味に用いられた oc (<ラテン語 hoc) からきている．北フランスでは oïl (<hoc ille (fecit)「彼はそれを（なした）」) と言った．同じように，ダンテ Dante はイタリアを il bel paese là dove il sì suona「sì (=oui) の響く美しい国」と呼んでいる．

オクシタン語とフランス語〔オイル語〕は，出発点は同じだが，フランス語の方がずっと大きく変化していることがすぐにわかる．たとえばプロヴァンス語は，5世紀のラテン語の子音を保っているが (d, g, b として)，フランス語では，それらは次第に弱まっていき，そのうちのあるものは完全に姿を消してしまってさえいる[5]．

ガリア北部では，強勢母音は，そのアクセントによって，南部におけるよりもずっと強く語を支配し，開音節で長音化する[6]．

ところで誰かが金持ちになると，他の者が犠牲になるのが普通である．これと同じように，強勢母音が大変強いアクセントを持つ場合には，それが一語に費やされる調音エネルギーの大部分を吸収してしまう．その結果他の音節，つまり無強勢母音は，弱くなる．フランス語の特徴は，開音節における強勢母音のこの肥大的な発展にあるが，無強勢母音が消滅したり，かろうじて弱化した姿をとどめるにすぎないのも，やはり顕著な特徴である．無強勢母音の一般的特徴は良く知られているとおり，次のようなものである:

1° 語末の -a は弱まって -e [ę] となる，herba「草」>erbe.
2° 他のすべての語末母音は:
   a) 二次的なアクセントを持つ場合は e [ę] として残る，cúbitù「肘」>cǫ(u)de.
   b) 強勢音節の直後にある場合は消失する，múru「壁」>mur.
   c) b) の位置にある場合でも，支えの母音を必要とする子音群に後続する場合は保たれる，fébre「熱」>fièvre.

語中の無強勢母音も全く同じ変化をする: càntatóre「歌い手」>chanteour, pìsturíre「こねる」>pestrir, nùtritúra「栄養物」>norreture.

母音間子音の弱化は，母音的環境への一種の同化作用にほかならない．母音間子音はまず有声音となり，次いで閉鎖性を失う．ところでこの同化作用は，他の場合にも見いだされるものである．たとえば鼻子音は，先行する母音と融合する: bene「良く」>bien [byẽ]. つまり母音と子音の間のはっきりした境界が消えて，単一の音が生じたのである．この鼻音化 nasalisation は，単母音にも二重母音にも生じている．plein「満ちた」と古フランス語 teile「織物」, cuens「伯爵」(<comes) と cuer「心」(<cǫr) を比較すること[7]．鼻母音は ã に向かって開く傾向がある: vin「ぶどう酒」>vẽ, vent「風」>vã. また他の子音も母音化する場合があり，l は子音の前では u となる: alteru「他の」>autre, caball(o)s「馬〔複数〕」>chevaus.

さらに第3の子音類も，部分的に母音化する．それは口蓋音の場合である．す

2. オイル語の起源

でに見たように c は χ となるが (factu「行為」>faχtu), この χ は次いで [ç>] i となる: fait.

概してフランス語の子音体系は, 非常に強い口蓋音化 palatalisation の過程を経ており, 上記以外にも c'l>ḷ (auricula「耳」>oreille), g'l>ḷ (vigilare「眠らずにいる」>古フランス語 veillier) の例をあげることができる.

口蓋音化の中で最も不思議なものは, a が先行の c と g 対して引き起こすものである: carus「愛らしい」>chier, galbinu「萌黄色の」>jaune. この a の前の c の変化は, 恐らく 5 世紀からすでに始まっていたものであろう*.

このほか, 子音が母音 a に及ぼす反作用も, フランス語の非常に大きな特徴である. この作用は, どんな口蓋音からも生ずる: laxare「緩める」>laissier, medietate「中央」>moitié. 全く同じように, e に作用する場合もある: mercede「報酬」>merci, placere「気に入る」> plaisir[8].

われわれは 6 世紀から 10 世紀までの間に生じたすべての音声変化を列挙したとはとうてい言えないが, 上述の事柄は, 音体系全体がどれほど改められたかを示すには十分であろう. 他のロマン諸語の音声が, 俗ラテン語に非常に近いところにとどまっているのに対して, フランス語では大変かけ離れたものとなっている.

形態法と統辞法

この時代の形態法と統辞法の改新はさほど多くはない. この時期に作り出されたと考えられるものには, たとえば, 強勢と無強勢の 2 つの所有代名詞〔形容詞〕の系列がある: mon livre「私の本」〔無強勢形〕に対して le mien「私のもの」〔強勢形〕. 双方ともラテン語 meum「私の(もの)」にさかのぼるものだが, 所有形容詞として名詞の前で用いられた時には固有のアクセントを持たないので, その音声的独立性を失った. 無強勢の縮約形はここから来ている. すでに 7 世紀に, ナルボンヌ Narbonne 生まれの文法家ウィルギリウス VIRGILE が次のように証言している: sunt et alia pronomina ... ut *mus*, genitivus *mi*, dativus *mo*, accusativus *mum* ... sic erit et *tus* pro *tuus*「〔強勢形の meus 以下の代わりに〕〔主格〕mus, 属格 mi, 与格 mo, 対格 mum となる別の〔無強勢の〕代名詞があり, 同様に tuus の代わりに tus という形もある」.

人称代名詞についても, 強勢・無強勢の 2 系列の形成は, すでに俗ラテン語の

---

* この年代および他のものについては, リヒター Elise RICHTER 『ロマン語的特性の歴史についての論考』 *Beiträge zur Geschichte der Romanismen*, ハレ, 1934年を参照.

時代から始まっていた．古フランス語の到達した形は，〔1人称単数〕me〔無強勢形〕—mei〔強勢形〕，〔2人称単数〕te〔無強勢形〕—tei〔強勢形〕などであるが，ロマン語時代以前から存在した傾向を継承しているものにほかならない．

　古フランス語の曲用体系は，俗ラテン語のそれとはかなり異なっている．しかしそこで生じた修正は，何よりも，すでに検討した音声変化の結果である．活用の特徴は，ある形が他の形に及ぼした牽引作用 attraction にある．しかしこの類推作用の大部分は，あらゆる地方に同時に生じたものではない．たとえば，俗ラテン語で6種類の異なる語尾を持っていた直説法現在1人称複数形は，古フランス語ではただ一種類の語尾(-ŭmus＞-ons)を持つにすぎないが，『聖レジエ伝』 *Vie de St. Légier*[9] には，まだ devemps「われわれは…ねばならない」＜debemus の形が残っている．また -ere 型活用の半過去形によって -are 型動詞の半過去形は消失し，たとえば cantabas「お前は歌っていた」は，debebas「お前は…ねばならなかった」からの類推で *cantebas となったが，フランス西部とヴァロニー地方では，-abas を残している．

2つのガロ・ロマン語の分離

2つの言語の境界*

　今日フランス語とオクシタン語を分ける境界は，はっきりした線というよりは，ある程度の幅をもった中間地帯である．しかしこの移行帯はかなり狭いものなので，ガストン・パリス Gaston Paris[10] の考え方は退けることができる．彼の主張は，ある言語領域から他の言語領域への移り変わりは一連の長い推移によるものであって，正確にどこでフランス語が終わり，どこからプロヴァンス語が始まるかをきめることは不可能だ，というものである．彼はこの考察を要約して，「2つのフランスはない」と述べている．しかし，この移行帯はほぼ一本の線にまとまるものであって，このようにしてできた境界線はジロンド川 la Gironde の河口に始まり，曲線を描いて中央山岳地帯の北部付近を通り，ヴァランス Valence とヴィエンヌ Vienne の間でローヌ川を越え，そしてアルプス山脈の中へ消えていく．

　この線は現代の諸方言にもとづくものである．しかしジリエロン Gilliéron[11]，ガミルシェーク Gammillscheg 氏[12]およびその他の学者たちは，その線が最初

---

* この問題については，ヴァルトブルク W. v. Wartburg『ロマン語圏の分化』*Die Ausgliederung der romanischen Sprachräume*, ベルン, Francke, 1950年を参照．

2. オイル語の起源

はずっと北を通っていたことを証明した．オクシタン語はかつてはロワール河口からヴォージュ山脈 Vosges 南部にかけて走る線にまで広がっていて，ポワトゥー地方 Poitou とサントンジュ地方 Saintonge の口話は，長い年月を経る間に次第にそのオクシタン語的色合いを失ってしまい，フランス語的性格を持つようになったものにほかならない．ある程度同じことが，ベリー地方 Berry とブルボネ地方 Bourbonnais についても言える．

この線は，ゲルマン人の侵入によって500年頃に形成された民族的・政治的境界と，かなり正確に一致する．事実フランク族の餌食となった北ガリアには，南ガリアやスペインに入った西ゴート族よりもずっと多くのフランク族が侵入した．北フランスの地名に与えたフランク語の要素の重要性はすでに見てきたところだが，これに反して南フランスの西ゴート語の要素は非常に稀薄である．フランク族は北ガリアに直接隣接する地域で暮らしていたのであって，北ガリアの境界地方は，彼らにとって人と戦力の無限の宝庫であった．フランク族の移住は限られたものではなく，間断なく続く流れで，シャルルマーニュ CHARLEMAGNE の孫がフランク族の帝国を最終的にゲルマン人の国とロマン人の国に二分したとき，初めて断ち切られることになる．

北ガリアと南ガリアの間に上記の言語的障壁を築いたのは，ゲルマン的要素のこの絶えることのない流入，すなわち，ロワール川流域にまで南下していったフランク族のこの植民である．ゲルマン語の影響は，北ガリアのロマン語の様相を一変した．

たとえば，すでに見たように(52ページ以下参照)，5世紀の俗ラテン語は，開音節で母音を長音化し始めていた．この改新は，西ロマニアの他の地方では大した結果を生んでいない．しかし，フランク族自身の言語は，長母音と短母音とをはっきり区別するものであった．この区別が必要だったのは，幾つかの語が母音の長さによってしか相互に異ならなかったからである．フランク族はこの強い区別をロマン語の母音にも拡大し，ロマン語では意味の区別という同じ機能を果たしていなかったにもかかわらず，長短の違いを強調した．さらにゲルマン語の強勢母音は，俗ラテン語よりもずっと強いアクセントを持っていた．開音節での母音の長音化と，ゲルマン語的アクセント法 accentuation というこの2つの事実は，非常に重要な結果をもたらした．これによって北ガリアでは元の1母音に対応する2つの異なった形を生じることになり，またこの現象がのちの進化をすべて条件づけることとなった．

事実オクシタン語とフランス語の間の最も重要な相違の一つが，開音節における強勢母音に関するものであることは，われわれがすでに見たとおりである(66

ページ参照). オクシタン語の母音は，音節の性質とは無関係であるが，フランス語の母音は，開音節では閉音節とは異なった修正を受ける. オクシタン語の bas (＜bassus「低い」〔閉音節〕), nas (＜nasus「鼻」〔開音節〕)に対して，フランス語では bas, nez となる. またオクシタン語では cǫrs (＜corpus「身体」〔閉音節〕), cǫr (＜*core〔開音節〕, cor「心臓」の対格)となるのに，古フランス語で cǫrs〔＜corpus〕の母音は cuer〔＜*core〕の母音とは異なっている，など[13].

北フランスの二言語併用

すでに見たように北部のガロ・ロマン語では，俗ラテン語から受け継いだ音声は，500年から900年までの間に完全に混乱してしまい，この時期の終わり頃には初めとは大変異なるものになっていた. しかしこの同じ時期に，言語の形態法と統辞法の体系は，比較的わずかしか変化していない. したがって形態法と統辞法の歴史は，音声の歴史とは著しく相違している.

この違いをどのように説明したらよいだろうか？ フランク族の音体系が北ガリアの特有言語に与えた深刻な影響は，ゲルマン人が完全に同化する以前に，民衆の大部分が3世紀にわたって2言語を併用していた結果である. フランク族の宮廷はつねに2言語を用いており，指導者としての役割を果たそうとする者は，双方の言語に通じていなければならなかった. このようにして，社会の中に2つの言語を話す上流階級が形成された. 周知のように，言語の中で音声は最も学びにくい分野である. しかも正しい発音を望む気持ちは，衰退した時代とは無縁のものである. フランク族の指導者たちは，ラテン語の語彙や形態法や統辞法はどうにか学んだものの，純粋なゲルマン訛りでそれを話した. ラテン語に対して抱いていた敬意と，より一層複雑なことばを話す習慣のために，フランク族はラテン語の形態法と統辞法の体系を大幅に変更することはできなかった. そして彼らはこの新しい言語を最終的に採り入れる前に，まず自分たち自身の言語と併用したのである. しかしながらフランス語の形態法と統辞法の体系も，やはりフランク語の影響をこうむった. たとえば，3種類の人称を区別し (hic「これ」―iste「それ」―ille「あれ」〔それぞれ，1人称, 2人称, 3人称の指示代名詞と呼ばれる〕), イベロ・ロマン語と中部・南部イタリアで維持されたラテン語の指示代名詞の体系は，ゲルマン語の体系にならって，2つの人称を持つ体系に置き換えられた (古フランス語 cist「これ」―cil「あれ」, 近代フランス語 celui-ci―celui-là). 同様に動詞が文中で第2番目の位置を占めるという規則 (*108*ページ参照)は，ロマン諸語の中ではフランス語にしかない. これはゲルマン諸語と共通のものである. しかし発音習慣の癖は，それがうちに根ざしたものだけに，その矯正は形態法, 統辞

法よりもずっと困難である．フランク族の努力は，もっぱら発音以外の言語の表現体系へ向けられたのであった．フランク族自身の母音体系は，長母音と短母音がはっきり対立するものだったので，彼らはラテン語の母音をガロ・ロマン人よりもずっと長く（あるいは，場合によってはずっと短く）発音し，ラテン語を話す際に，非常に鮮明な彼らの強弱アクセントを保持した．また指導階級の大半をフランク族が占めていたことは確かであって，そのため同じ階級に属していたガロ・ロマン人は，次第にフランク族の発音習慣を受け入れていった．彼らは一体となって，徐々に新しい発音をあらゆる住民層に広めたのである．

長いあいだ北フランスでは2言語が併用されたが*，指導階級の中でとくに重要な地位を占める極めて少数の者と，自由農民のごく一部は，相変わらずゲルマン語だけを話していた．このわずかな者たちもほどなくロマン語を使い始めるが，フランク語はヌーストリ Neustrie 〔ネウストリア〕では9世紀になってもまだかなりの生命力を持っており，このためイシドール Isidore 〔イシドールス〕[14] のテキストの翻訳は，古高地ドイツ語で行なわれたほどであった．ヌーストリのフランク族のローマ化がついに完了したのは，ようやく900年頃になってからと考えられる．ロマン語の伝統とゲルマン語の力の間のこの強い相互浸透作用は，たとえスペインへのアラブ語の侵入を考慮に入れるとしても，古代ローマ帝国の他のどの地方にもこれに匹敵するものがない．そしてこれは，なぜ北フランスが，当時形成中の新しい文明によって，西洋の中心となったかを説明する．このようなわけで，南ガリアと北ガリアの間に言語的障壁を設けたのはフランク族の侵入であり，またロマン語に，フランス語という名で知られる周知の特殊な形を与えたのも，同じくフランク族の侵入である．

3. 6世紀から10世紀までのフランスの一般的進化およびの言語進化との関係

メロヴィング王朝とカロリング王朝

われわれが言語上の出来事を述べてきた時代のすべてにわたって，フランスは

---

* この問題については，とりわけシュタインバッハ F. Steinbach とペトリ F. Petri 『フランク族によるヨーロッパ統一の始まりについて』 *Zur Grundlegung der europäischen Einheit durch die Franken*, ライプツィヒ，1939年；ヴァルトブルク W. v. Wartburg 『北フランスへのフランク族の移住』 *Die fränkische Siedlung in Nordfrankreich*, 『ロマン語学雑誌』 *Zeitschrift für romanische Philologie*, 59, 284～301 を参照．

果てしない内乱に揺さぶられていた．メロヴィング王朝 Mérovingiens の王には息子たちに領土を分割する風習があったので，分割のたびに国土は次第に細かく分かれ，国境が移動した．地方によっては，1世紀に主人が5度も6度も変わった．さらに兄弟たちはおのおのが他を犠牲にして自己の領土を拡張しようとしたために，戦いに明け暮れていた．時には王の一人が，暗殺や裏切りによって兄弟や従兄弟を抑え，フランク族の王国の統一に成功することもあった．しかし中央集権化したこのような王国が，長続きすることは決してなかった．クロテール1世 CLOTAIRE I[er 15] の王国は，561年に彼が死んだ時には，作られてから3年目であった．ダゴベール1世 DAGOBERT I[er 16] は11年間(628〜639年)フランス全土を支配するが，634年以後はオーストラジ Austrasie 〔アウストラシア〕(王国の東の部分)に別の王を立てねばならなかった．彼が死ぬと，ヌーストリとオーストラジの間に新しい内戦が始まり，南フランスの大部分は，地方王朝に支配されて独立した．したがってメロヴィング王朝が衰退の一途をたどるにつれて，事態は貴族にとって有利に展開していった．地方の貴族は，このため次第に強力になった．生活はますます地方色を深め，領土の細分化が続いた．その結果多くの方言 dialectes と下位方言 sous-dialectes が形成されることになるが，これについてはのちに触れる．

　王の弱さは，7世紀の初め以来，宮宰(メール・デュ・パレ)(マイヨルドムス)を次第により重要なものとした．宮宰は有力な家系から選ばれるものであり，王国の諸地方を支配した．彼らはいわば宰相であり，より正確に言うならば，独裁権を持つ摂政であった．メロヴィング王朝の王が無力だったため，宮宰は王に完全に取って代わりたいという誘惑に，つねに駆られていたに違いない．8世紀の初め，オーストラジの有力な一家がこの誘惑に屈した．この一家はフランスに，アラブ人の侵入からこの国を救った(732年，ポワティエ Poitiers の戦い)シャルル・マルテル CHARLES MARTEL[17] という大指導者を送り出していた．彼の息子のペパン短軀王 PÉPIN LE BREF[18] は，家門の威光を利用してメロヴィング王朝最後の王を廃位し，王座を奪った(752年)．こうしてできたカロリング王朝 Carolingiens は，2世紀半のあいだ君臨することになる．一族の最大の代表者であるシャルルマーニュ[19] は，王笏(おうしゃく)の下にエルベ川 l'Elbe までのドイツ，イタリア，そしてスペインの一部を統一し，西ローマ帝国を再興する(800年)．

カロリング・ルネサンスとフランス語

　シャルルマーニュの威光は広大無辺であった．それは彼の政治勢力や軍事的成功にもとづくだけではなく，失われた文明の恩恵を帝国の人びとに取り戻すため

3. 6世紀から10世紀までのフランスの一般的進化および言語の進化との関係

彼が払った努力にもよる．彼が設立した多くの学校や，当時の最も優れた代表的文人を集めた彼の宮廷が，人びとの記憶に残っている．ラテン語を使用するにあたって不純正語法(バルバリスム)を追放しようという復古運動も，彼の業績である．この復古運動は，カロリング・ルネサンス renaissance carolingienne と呼ばれる．この時代に，われわれがすでに述べた主要な言語変化は，すでに終わっていた．古典ラテン語と当時の口頭言語との隔たりは大変大きくなっていたので，真剣に研鑽を積まなければ，ラテン語のテキストを理解することはもはや不可能であった．古典ラテン語の復活は，したがってこの事態を改めることになった．この時代まで人びとの書くラテン語は，正しく書いているつもりでも次第に間違ったものになっていた．7世紀の文書の中で，写字生は，vestis「衣服」の代わりに rauba, curare「配慮する」の代わりに soniare と平気で書いている．シャルルマーニュの宮廷の学者たちは，キケローのラテン語を書こうと努めた．このことからラテン語は学者語となり，庶民の口話とははっきり異なったものとなる．学者や聖職者が，庶民の口話であるロマン語を，粗野で劣ったことばとみなしていたことは言うまでもない．にもかかわらず，それがいまやラテン語と決定的に対立するものになったことは確かである．したがってカロリング・ルネサンスのおかげで，フランス語は自己に目覚めたと言えるだろう．その後も長い間，フランス語は未成年のままである．しかしすでに独立の個人として認められたものになっている．

われわれが今説明したことは，多くの手掛かりによって確かめられる．最も重要なものの一つは，トゥール Tours の宗教会議(813年)の決定である．それは，聖職者が聖書を民衆のことばで説明するよう，次のように定めている：transferre in rusticam Romanam linguam, aut in theotiscam, quo facilius cuncti possint intelligere quae dicuntur「皆が話をより容易に理解できるよう，〔説教を〕地方のロマン語かゲルマン語に移すこと」．この813年という年は，したがって，宗教上俗語の使用を認めたものであって，記憶すべき重要な年代である．

同じ頃，人びとはまた，難語辞典を編纂することによって，ラテン語の学習を容易にしなければならないと感じたらしい．この種の資料の中で最も重要なものは，『ライヒェナウの注解語録』Gloses de Reichenau であるが，このように呼ばれるのは，その写本が長い間ライヒェナウ修道院に保存されていたからである．この注解語録は，『ウルガータ聖書』のテキストをわかりやすくするために作られたもので，約1200語あり，庶民がもう理解できなくなっていた語が収めてある．そしてそれは，ピカルディー地方，恐らくはコルビー Corbie で書かれたものであろう．その例を幾つかあげれば，次のようになる：oves「羊」—berbices (フランス語 brebis); vespertiliones「こうもり」—calvas sorices (フランス語

chauve-souris); onustus「荷を積んだ」—carcatus（フランス語 chargé）。当然のことながら，ここではロマン語にラテン語の語尾が着せられている．しかし衣装は，もはや，ぴったり身についたものではない．

　純然たる俗語，すなわちフランス語で書かれた最初のテキストは，有名な『ストラスブールの誓約』 *Serments de Strasbourg* である．シャルルマーニュの息子であり後継者であったルイ好人物王 LOUIS LE DÉBONNAIRE[20] が没すると (840年)，彼の3人の息子，ロテール LOTHAIRE，ルイ (ドイツ王) LOUIS (LE GERMANIQUE)，シャルル (禿頭王) CHARLES (LE CHAUVE) の間に，激しい争いが始まった．ルイとシャルルは，長兄ロテールの主張に対抗して力を合わせた．彼らが広大な帝国を分割するよう求めたのに対して，ロテールは統一の維持を望んだのである．ロテールは敗れ，翌842年，2人の弟はロテールに抗して同盟を結ぶため，ストラスブールに会する約束をした．彼らはこの地に互いの家臣を集め，ルイはゲルマン語で，シャルルはロマン語で演説した．続いて彼らは，ロテールに対抗して互いに助け合うことを聴衆の前で宣誓する．ルイはシャルルの家臣によって理解されるようロマン語で誓い，シャルルはドイツ語で誓った．次に主君のことばを保証するために，ルイの家臣がドイツ語で，シャルルの家臣はロマン語で宣誓した．

　この数行の文章が，われわれに残された最初のフランス語のテキストである．

843年以後のフランス

　翌843年，3人の兄弟はヴェルダン条約を締結した．ロテールは戦いに疲れて，帝国の3分の1と皇帝の称号を手にするだけで満足した．彼が維持したのは中央の地域で，ムーズ川 la Meuse，エスコー川 l'Escaut，ライン川に囲まれた地方，ソーヌ川 la Saône 流域，ローヌ川流域，そしてプロヴァンスとイタリアであった．ドイツ王ルイはドイツを手に入れ，シャルル禿頭王は，ロテールの国の西側に位置するフランスを得た．ロテールの帝国は，長さ1500 km，幅200 kmの広がりを持つものであった．このような国が存続することは不可能であった．事実この国は急速に分裂して，離合集散を繰り返したあげく，結局は大国の一方に併合された．しかしこの分割はより永続的なもの，すなわちフランスとドイツを創り出した．これが現代の両国家の起源である．したがってフランスは，フランス語とほぼ同じ頃に形成され，己を自覚したことになる．フランキア Francia という語の持つ意味が，次第に狭くなるのはこの時からである．なおもしばらくの間は，東フランキア Francia orientalis (ドイツ)，中部フランキア media Francia (ロタリンギア [ロテールの王国])，西フランキア Francia occidentalis

3. 6世紀から10世紀までのフランスの一般的進化および言語の進化との関係

(フランス)という呼び名が用いられたが，フランキアという名前は，とりわけメロヴィング王国の真の中心であったセーヌ地方と結びつけられた．

カロリング王朝もメロヴィング王朝と同じ運命をたどった．シャルルマーニュがいかに強大な勢力を持っていたとしても，彼の孫や曾孫はすでに弱少君主であり，貴族たちは昔の独立を速やかに取り戻した．987年に，カロリング王朝最後の王が没した．同じ年，王国の有力貴族たちは，パリとその周辺を治めるフランス公ユーグ・カペ HUGUES CAPET[21] を王に選んだ．この出来事がフランス語の歴史に与えた重要性については，のちに触れる．

最初の文学作品

われわれにフランス語の最初の記録をもたらした世紀は，さらに最初の詩のテキストをも残した．『聖女ウーラリの続唱』 Cantilène de sainte Eulalie[22] である．これは乙女ウーラリの殉教を述べた28行の物語で，その詩句は母音押韻(アソナンス)によって2行ずつの対になっている．この続唱は，ほぼ880年頃のものである．このテキストおよび以下に述べる作品の韻律形式は，この時代のラテン詩，とくに続唱と賛美歌に由来するものである*．しかしこれらフランス語の最初の詩は，対応するラテン語のテキストと比べると，根本で著しく異なっている．聖女ウーラリに捧げられたラテン語の続唱が，純粋に叙情的な性格を持つのに対して，フランス語のテキストは，彼女の殉教を語る短いが印象的な叙事詩である．同じように，10世紀の終わり頃作られた『キリスト受難伝』 Passion du Christ[23] (4行詩，129節)からも，いっさいの宗教的感動が取り除かれており，聖書の叙事的な部分だけが残されている．同じ時代の『聖レジエ伝』(6行詩，40節)も，その強い叙事詩性が目立っている．初期のフランス文学は，何よりも叙事詩的な点に特徴がある．最古の記念碑は上述のように，宗教文学に属するものである．それは庶民の宗教教育に資するためのものであった．宗教が当時の精神生活にどれほど支配力を持っていたかを，これほど如実に示すものはない．書記言語 langue écrite はなおもラテン語であり，学問はすべてラテン語で行なわれていたが，庶民向けには俗語 langue vulgaire が用いられた．司祭が庶民に福音書を解説したのは，俗語によってである．その珍しい証拠が，予言者ヨナ Jonas についての講話の断片である．それは説教の最中に筆記されたノートで，半ばラテン語で，半ばフランス語で書かれている．しかしこのテキストが，当時の散文としてはわれわれの

---

* ベッカー Ph. A. BECKER『ロマン語作詩法の起源』 Die Anfänge der romanischen Verskunst,『フランス語・文学雑誌』 Zeitschrift für franz. Sprache u. Lit, 56, 257～323 を参照.

所有する唯一のものであって, 厳密な意味でのフランス語の散文は, 13世紀の初頭まで待たねばならない.

最初のラテン語法

すでに見たように, カロリング・ルネサンスはフランス語の歴史の中で一時期を画したものであり, この時代に人びとは, ロマン語がラテン語とは異なった特有言語であるという事実を真に自覚する. このことはフランス語の語彙の歴史にとって重要である. この時代までは, 聖職者でさえ口語のロマン語形と, 彼らが苦心してやっと書き記すラテン語形とを, あまりはっきり区別してはいなかった. stipulatione「契約」を表わす estiblacione のような書記法 graphie は, 俗語の発音とまだわずかに知っていたラテン語とを, 人びとがどのように結びつけていたかを示すものである. 2つのことばは互いに平行して用いられていたので, ある語が一方から他方へ移るのはかなり容易であった. シャルルマーニュの改革以後, この種の交換は真の借用を構成することになる. この時期以後フランス語は, 新しい概念を表わさねばならぬ場合に, ラテン語という便利な源泉から汲みとることを, もはや決してやめようとはしなかった.

教会のラテン語と庶民のロマン語との間のこの絶え間のない接触は, 多くの語形を説明する. angelus「天使」のような語は, 信者の唱える祈りの中では絶えず繰り返されていた. 古フランス語の angele は, 庶民の中につねに生き続けていたのだから, 単なる借用語とするのは誤りであろう. 庶民はこの語を儀式で耳にするとおり, そしてほぼ真のラテン語形どおりに, 繰り返していた. それゆえ angelus は, 少なくとも部分的には, 音声変化を受けずにすんだ. virgene「聖母マリア」<virgine, veritet「真理」, trinitet「三位一体」などや, esperit<spiritu「聖霊」のような語も, 同じように考えねばならない. chapitre<capitulum「〔集会の初めに読まれる〕聖書の一節」のような語についても, 同様である. この語はまず教会の影響によって, p から b への変化が妨げられた. chapitre のこの -p- は, その後は, cŭppa>cupa>cope「杯」の -p- のように扱われた.

シャルルマーニュ以後になると, 借用語を見分けるのは一層容易である. 翻訳の宗教書にはそれがとりわけ豊富になり, abominable「憎むべき」, cantique「聖歌」, rédemption「贖罪」, opprobre「恥辱」, solennité「祭典」のような聖書の中の語が, 『ウルガータ聖書』の翻訳によって, フランス語に入ってくる.

4. 新たな侵入

ノルマン人

ノルマン人の国家の建設

すでに見たように，シャルルマーニュの時代にはフランク族とガロ・ロマン人の融合は終わっており，フランスにおいては，もはや一つの言語，すなわちラテン語から出たものだが，数多くのゲルマン語要素を散りばめたフランス語しか話されていなかった．しかしこの時期にも，侵入の波はまだせき止められていなかった．北方のゲルマン人，すなわちスカンジナヴィア人は，まだ移住を始めていなかったのである．800年頃，ヴァイキング Vikings が初めて英仏海峡に出現する．彼らは時どき現われては主として海賊行為を働いたが，海岸地方にも上陸して，川（ソム川 la Somme, セーヌ川 la Seine, ロワール川）沿いにさかのぼる．そして豊かな修道院と町を略奪して一帯を荒らし，何度かはパリやブルゴーニュ地方までも侵した．フランスに猛威をふるっていた内戦が，彼らに対する抵抗を弱めた．時には撃退に成功することもあったが(881年の，ルイ3世 LOUIS III[24] のソクール Saucourt における勝利)，彼らは敗北しても必ずすぐまた戻ってきた．かなり前から事実上占領されていた英仏海峡沿岸地方を，この北方人 Normanni〔=Normands「ノルマン人」〕に譲ってしまおうという巧みな考えをシャルル単純王 CHARLES LE SIMPLE[25] が抱いたのは，この時である．彼はこのようにして，この獰猛な略奪者たちを王国の守り手に変じた．この地方はこの時以後ノルマン人のものとなったので，この地方の廃墟からの復興を彼らは当然望むようになった．彼らの首長ロロ ROLLO はキリスト教徒となり，臣下もこの例に倣った．この地方は，彼らにちなんでノルマンディー Normandie（首都はルアン Rouen）と名づけられた．高地ノルマンディー地方 Haute Normandie と低地ノルマンディー地方 Basse Normandie 北部に頻出する北欧語起源の地名は，低地ノルマンディー地方の南部では，ほとんど全く見られない．このことからヴァイキングの植民地は，現在のオルヌ県 Orne にも，マンシュ県 Manche とウール県 Eure の南部にも，達していなかったものと結論を下すことができる．2世代か3世代を経ると，ノルマン人は完全にローマ化してしまった．しかしそのために，彼らが冒険や，海路による好戦的な企てへの好みを失ったわけではない．ノルマンディー地方に定着してから1世紀半後に，ノルマン人はイギリスに上陸し，そこへフランス語をもたらした．ほとんど同じ頃，この冒険者たち

の小グループが，イタリア南部とシチリア島 Sicile からサラセン人を駆逐して，ここに強力なノルマン人の王国を建設した．このように，かつてはあれほど頻繁にフランスを火と血の巷と化したこの北方人たちは，急速にフランス語とフランス文明の，最も積極的な伝播者となったのである．

フランス語語彙の中のノルマン語の要素

スカンジナヴィア人はかなり急速に彼らの言語を忘れていったが，ロマン語を相当な数の語で豊かにしなかったわけではない．フランスが彼らに負っているのは，何よりもまず，海の発見である．フランク人は海に少しもなじんでおらず，ガロ・ロマン人もそれに賭けるだけの進取の気象に富んではいなかった．セーヌ河口へのスカンジナヴィア公国の建設は，フランスにそれまで欠けていた海洋的要素を与え，ノルマン人は航海術を新しく発展させた．したがってフランスの船乗りとなることによって，ノルマン人が彼らの海洋に関する語彙を保存したことは容易に理解できる．また海洋航海について，パリはノルマンディーに依存していたために，パリのフランス語は当然これらの語を受け入れた．

ノルマン人が身を隠すのをつねとした狭い入り江は，古スカンジナヴィア語で kriki と呼ばれていた．ここからフランス語 crique「入り江」がでている．vague「波」という語は，古スカンジナヴィア語 vagr を示す．速力の速い彼らの小舟の名は，かなりの数が古フランス語に伝わった (esneke「小舟」< snekkja など)．しかし中世末に，別種の舟がノルマン人の小舟に取って代わり，これらの名も同じ頃，姿を消していった．だが舟の部分の幾つかは，ノルマン名を残している：tillac「甲板」< thilja, étrave「船首材」< stafn, étambot「船尾材」< *stafn-bordh, bitte「繋柱」< bita, hune「檣楼(しょうろう)」< hūnn, tolet「橈承(かいうけ)」< thollr, ris「リーフ」< rif, guindas「(抜錨用の)水平巻き上げ機」< vindass．航海術を示す語も一部は古スカンジナヴィア語である：cingler「航行する」< segl, guinder「(帆柱を)立てる」< vinda．海でとれる魚の名も幾つかは古スカンジナヴィア語から来ている．たとえば，turbot「かれい」< *thornbūtr, marsouin「ねずみいるか」< marsvīn．

戦いはノルマン人の主要な活動領域の一つだったので，彼らは戦争用語もフランス語に加えた．その中で最も注目すべきものは navrer「ひどく心を痛めさせる」で，初期のテキストには nafrer として出ており，古スカンジナヴィア語 *nafra「突き刺す」が起源である．フランス語の意味は，最初「傷つける」であった．精神的な意味は，のちに発展したものである．ゲルマン民族が皆そうであったように，ノルマン人も彼らの法慣習と法手続きを非常に重んじた．周知のよ

うに重罪裁判所の制度は彼らによる．フランス語 nantir「抵当を入れる」は古スカンジナヴィア語 nām「取る行為」にさかのぼる（ほぼ同義のフランス語 gage「抵当物」，garantir「保証する」，古フランス語 plevir「保証する」もゲルマン語起源である）．

　スカンジナヴィア人の植民は沿岸地方だけにとどまらず，内陸部でも大規模に行なわれた．これを想起させる地名は非常に多い．モーパッサン MAUPASSANT の小説の読者や，この地方を徒歩で横切る旅行者は，ボルベック Bolbec, コドベック Caudebec (<bekkr「小川」), エルブフ Elbeuf (<būdh「小屋」), ベックダル Becdalle (<dalr), ル・トール Le Torp (<thorp「村」), トゥールヌト Tournetot (<toft「あばら屋」), イヴト Yvetot のような地名や，たとえばトルーヴィル Trouville (<Tōrolf-villa) のように，-ville という語尾で終わり，語の前半にスカンジナヴィア人の所有者名を持つ地名に，絶えず遭遇する．

アラブ人

アラブ人の西洋への侵入

　古代ローマ帝国の地に定着した民族は，何よりも経済的理由に強いられて移動を始めた．彼らは皆，滅びゆくローマ帝国の公の宗教であるキリスト教を受け入れた．このようにして地中海西岸は，古代の統一性をある程度保持していた．この地方は依然としてキリスト教世界であり，またラテン文明圏にあった．

　ところが7世紀の終わり頃，新しい民族が地中海地方に侵入した．アラブ人 Arabes である．彼らは宗教心に駆り立てられて，すべてを覆した．北アフリカになおも残っていた古代文明も，彼らの前には姿を消してしまった．711年に，彼らはスペインの西ゴート族の軍勢を打ち破り，わずかな間にこの国のほとんどすべてを占領した．これこそ西洋の統一性を破壊する一大事であった．アラブ人は独自の宗教を持っており，自分たちの言語を失わなかった．1000年以上の間，地中海の両岸は一つの世界によって分離したものとなり，始終大小の戦いが行なわれたために，互いに大変隔たったものとならざるをえなかった．この事情は，フランス人がアルジェリアに定住しても，一時的にしか変わらなかった．

フランス語語彙の中のアラブ語の要素

　回教諸国が非常に洗練された文明を急速に獲得し，キリスト教徒が彼らの教えを受けたという事実を，われわれは知っている．キリスト教徒と回教徒の接触が最も強かったのは，スペインである．したがってアラブ語からの借用語は，すべ

てスペインから来たものと，長い間考えられてきた．しかしこれは正しくない．今日では，同一の語がしばしば異なった2つの道を通ってロマン語諸国に入ったことを証明することができる．たとえば sukkar「砂糖」というアラブ語に，一方ではスペイン語 azúcar, ポルトガル語 açucar が（語頭母音はアラブ語の冠詞から来ている），他方ではイタリア語 zucchero, フランス語 sucre が対応している．この2つの系列は，アラブ人が砂糖きびの栽培を2つの地方，アンダルシアとシチリア島で試みた事実によって説明される．この2つの地域は，この語を隣接語に伝えた．したがってフランス語の sucre は，ドイツ語の zucker と同じく，イタリアから来たものである．アラブ語をフランスにもたらした幾つかの源泉と流れを区別することが，実際に可能である．

　西洋がアラブ人によって知った植物は，砂糖きびばかりではない．彼らはたとえば，シチリア島とアンダルシアで，綿の木（アラブ語 quṭun）も育てた．ここから，一方ではイタリア語 cotone, フランス語 coton が，他方ではスペイン語 algodón が来ている．砂糖きびと綿の木は，シチリア島でもアンダルシアでも長続きしなかった．しかしアラブ名は残った．アラブ人によってもたらされたその他幾つかの植物も，西洋で市民権を得ている．たとえば次のものがそうである：safran「サフラン」（＜シチリア方言；スペイン語 azafrán＜アンダルシア方言），artichaut「朝鮮あざみ」（＜alḫaršūf）, carouge「いなご豆」（＜ḫarrūb）, orange「オレンジ」（＜nāranǧ, この語自体はまたペルシア語に由来する）．

　これらの栽培植物は，すべてアラブ人によってもたらされたものである．したがって，アラブ名も一緒に借用されたのは当然であった．しかし nénufar「すいれん」（＜アラブ語 nēnūfar）のような，土着の野生植物までがアラブ名を持っているのは不思議である．東洋風の響きを持つこの美しい名前は，われわれにバグダッドの庭園のすばらしさを夢見させてくれる．残念ながらこの植物の名は，多くの詩人に霊感を与えたその美しい花から来ているのではなく，水面下に隠れた球根によるものである．アラブの医者はこの部分が反催淫作用のあることを知っており，そこから薬剤を作り出した．この植物のアラブ名が西洋に広められたのは，アラブ人の科学のおかげなのである．

　というのも10世紀と11世紀には，アラブの医学がキリスト教諸国の医学よりずっと優れていたからである．サレルノ Salerne とモンペリエ Montpellier の学校は，長い間アラブ人の伝えた医学を教授し，また医学上の文献は，主としてアラブ語で書かれた著書の翻訳であった（11世紀のコンスタンティーヌス・アフリカーヌス CONSTANTINUS AFRICANUS[26]）．したがって多少とも医学に関係あるかなりの数の語が，フランス語に入ったとしても驚くにはあたらない：

4. 新たな侵入

soude「ソーダ」＜sōdā'「頭痛」, musc「麝香」＜misk, momie「ミイラ」＜mūmiyā'（最初は）「屍体を保存するための樹脂状物質の一種」, sirop「シロップ」＜šarāb「飲み物」. アラブ人の解剖学書の翻訳は, nuque「襟首」＜アラブ語 nuḫā'のような語をもたらした. raquette「ラケット」＜アラブ語 rāḫet「手のひら」も同じである.

アラブ人によって実践された学問は医学だけではなかった. alchimie「錬金術」も彼らのもとで生まれたものであり, この学問の名がそれを証明している. 錬金術はとりわけスペインで流行したので, 錬金術に関する語の大部分はスペイン語から移された. そのためこれらの語はほとんどすべて, アラブ語の冠詞を備えている : alambic「蒸溜器」, alcool「硫化鉛」（これは女性が化粧する際まぶたを黒く染めるために用いられた, ここから「ものの最も微細な, 最も精製された部分」, ついでとりわけ「ぶどう酒の最も精製された部分」）, borax「硼砂」＜bōrak.

このほかに数学の領域の語がある. たとえば algèbre「代数学」＜al-ǧebr という語を思い出すとよい. アラブ人は彼らの数字の書き方をヨーロッパにもたらした. ローマ数字では十進法の計算は不可能であったろう. アラブ人はインド人から, ゼロの助けを借りた数字の表記法を学んだ. 「ゼロ」を表わすインド語は śūnya「空虚な, ゼロ」であった. そこでアラブ人もアラブ語の形容詞 ṣifr「空虚な」に, 「ゼロ」の意味を与えた. フランス語の chiffre はここから来ており, 最初は「ゼロ」を意味したが, 15世紀以来「数字」の意味で用いられている. これと同時に, 代わって「ゼロ」の意味で用いられるようになったのは, zéro＜イタリア語 zero＜後期ラテン語 zephirum である. zephirum は同じアラブ語 [＝ṣifr] を表わすものである.

アラブ人は西洋人に学問を伝えただけでなく, 私生活の贅沢と楽しみをも教えた. キリスト教徒はつねに回教徒の豪奢な宮殿を賛美したが, それに比べれば彼らの館はあばら屋同然であったに違いない. 一度ならずキリスト教徒は, このような生活の快適さに引きつけられた. このことが matelas「羽根布団」＜maṭraḥ や aucube「天幕の寝具」＜al-qobba (alcôve「アルコーヴ〔寝台を置く壁のくぼみ〕」は17世紀にスペイン語から借用された）のような語の借用を説明する.

さまざまな回教国との通商関係は, 北アフリカが海賊の巣窟となるまでは大変盛んであった. そこでマルセイユの商人はアルジェリアの町々に「倉庫」を設け, それをアラブ名で maḫāzin (＞magasin) と呼んでいた（東方ではこれを fondique と呼んだ）.

第3章　古フランス語

1.　カペ王朝治下の政治・社会制度

政治と地方の解体

　カロリング王朝末期の諸王のもとで荒れ狂った紛争は，すっかりそのまま地方の貴族たちに有利な結果をもたらしていた．忠誠の制度(フィデリテ)，つまり主君と家臣，保護者と被保護者の個人的な関係は，土地保有の関係と領地の封建制にその地位を譲っていたのである．貴族は以前よりもはるかに強く土地と結びつき，真の権力の代表者となった．中央の機関は極度に弱化し，宗主権は細分され，公権力は分散された．人びとはもはや地方の権力にしか服従しない＊．
　「われわれはここで，この緩やかな解体作用の最後の段階に達する．もはや国家の外的統一が細分されるだけではない．公権力の職能や特権もまた寸断され，分割される．裁判，警察，貨幣年貢(センス)，租税，軍隊，すべてこれらの束になってつながっていた権利がばらばらに切り離され，ますます小さな断片に砕かれてしまう．それは権力のかけらにすぎない．
　権力が私有財産になったことから，それはあらゆる個人的な専有の法則に従った．それはもはや職能ではなく，一つの経済価値であり，所有者の好き勝手に，都合によって分割される商品なのである．所有者は思うままに売り，与え，遺贈し，交換し，抵当に入れる．そして彼が思いどおりにするものとは，ここでは市場であり，あちらでは裁判権であり，また賦役でもあるのだ．フランスはもはや宗主権が売買される広大な市場にすぎない… 裁判は無数の断片に切り離された．領主は民事裁判は譲渡するであろうが，放火罪，殺人罪，窃盗罪は手もとに残しておくであろう…
　国王特権，公共物，租税，道路，河川，市場，港湾，水門，橋梁も同じ細分化の法則に従うであろう．土地や人間と同様に，すべてが分裂しこなごなに砕かれるのだ．一人の国王と一つの王国が存在している．しかしそれは権力のない国王であり，統一のない王国である．一つの地方か一つの州の大きさの公国，一つの

＊ （アノトー G. HANOTAUX 監修『フランス国民史』*Histoire de la nation française* の中の）アンバール・ド・ラ・トゥール IMBART DE LA TOUR『政治史』*Histoire politique*, 1, 278 を参照.

県，一つの郡，一つの小郡の大きさしかない主権国，一城市，二三の村，一市域しか含まないちっぽけな国家，一つの街路や一軒の家にしか及ばないほんのわずかな裁判権や警察権，これが 11 世紀初頭の領主制フランスなのである．それは極端な多様性であり，極端な地方主義である．しかもその上に，勝ち誇った不安定さが…」

封建政体

　封建政体は家臣と封建宗主のもろもろの関係の上に成り立っている．そこには同輩の間の関係は何一つ定められていない．これらは垂直方向の関係であって，水平方向の関係はほとんど存在しないのである．これについて歴史家リュシェール LUCHAIRE[1] は次のように言っている：「封建宗主と家臣の間の関係，社会階層の上下の関係は法によって立てられた．しかし，同輩の間の横の関係を作り出すことは忘れられたのである．これらの貴族たちは，同じ階層に属しながら，お互いに無関係に生活している．彼らの間の関係といえば，封建宗主に対して共通の義務を果たす必要からたまたま近づくことがあるだけである．ここでは孤立が平常のことであり，ほとんど規則でさえある．」

　さらにまたアンバール・ド・ラ・トゥール IMBART DE LA TOUR は経済生活について次のようにのべている（原本 282 ページ）：「この領地の組織の秘密は，ただ物質的生活を確保することにある．そしてそれ自体，当時の経済的条件から説明できる．農産物，原料，人手，領主はこれらをどこで手に入れるのか．国内は無政府状態となり商業は崩壊した．道路の状態は悪く，盗賊に荒らされ，通行税がいたるところで課せられる．もはやそこにはまれに隊商が──そのほとんどは僧院に属するものであるが──通過するだけであった．都市にはもはや産業は存在せず，田舎には手に職を持って生活し，手仕事で賃金を稼ぐ自由な職人はいなかった．経済生活はその場で発展せねばならなかったのである．領主は食糧の自給だけでなく，ものを作り出さねばならない．衣類も，道具も，建築も，すべてが彼の領地の中で作られることになるだろう．」

2. 古フランス語の方言

　このような社会的・経済的構造を考慮に入れなければ，言語の上でフランスに何が起こったのか理解することはできない．

　言語が分化するとき，それは垂直か水平かの 2 つの方向に行なわれる．もし水

平に働けば，同じ社会階層の人びとが同一のことばを話すことになる．その働きがむしろ垂直であれば，さまざまな地方の間の関係が弱化したのである．つまりこの場合には，地域的口話が形成されることになる．今われわれが述べているような時代では，領主は隣の地方の領主とほとんど何の関係も持っていないが，反対に自分の農奴とはたびたび話さなければならない．したがって，彼は農奴とほぼ同じことばを話すことになるであろう．ただし，あとでみるように，時代が変われば，地方的分化の効力が社会的分化に比べて劣る場合もあるはずである．言語の発展は，全体から見れば，ほとんどいつもこの2つの力の結果なのであるが，ただ時代によって，ある時は一方が，またある時は他方が優勢となるのである*．北フランスの，この地域的・社会的・経済的発展は，その言語の細分化を十分に説明している．

つけ加えておかねばならないのは，この国には中心地として，その言語が国全体に模倣され，採用され得るようなものが存在しなかったということである．カロリング王朝はその宮廷をあちらこちらに移動した．地方でも都市でも，他より優位を認められたものは一つもなかった．各地方は自然に形成され，それぞれが小中心地を持っていた．もちろん隣接した2つの地方の間では，遠距離にわたる地方よりも相互の連絡は容易であった．そのため，方言の分化には非常に多くの段階が見られる．この段階は，距離や自然の障害物(山，大森林，河など)，政治的境界，また多くの場合，司教管区の間の宗教的境界からも生じている．こうして北フランスには，多数の方言や下位方言が形成され，それらは互いに，多かれ少なかれはっきりと区別されている．地方のなかには，たとえばノルマンディー地方のように，極めて高い知的生活を維持してきたものがある．これらの地方は自己の個性を意識していたのであった．この分割の状態は，メロヴィング王朝時代から生まれているが，カロリング王朝とカペ王朝 Capétiens 治下でさらに強化され，しかもこの時代にはそれに加えて，これらの方言のおのおのの内部で一層著しい分化が生じた．

フランコ・プロヴァンス語

最も明確に区別される地方は，フランコ・プロヴァンス語 franco-provençal

---

* この問題については，エットマイヤー氏 ETTMAYER の興味深い小論文『フランスの諸方言において明らかにされた方言形成の本質について』 Über das Wesen der Dialektbildung, erläutert an den Dialekten Frankreichs, 『ウィーン科学アカデミー紀要』 Denkschriften der Akademie der Wissenschaften in Wien, 66, 3 (1924年) を参照．もっともこの論文では，これらの原理の適用の仕方が少々独断的にすぎるのは事実である．

の地方である．この地方には，リヨンとジュネーヴ Genève の周辺の土地，すなわちロワール，ローヌ，アン Ain，イゼール Isère（南東端を除く）の各県，サヴォワ県，オート・サヴォワ県 Haute-Savoie，ジュラ県 Jura の一部——さらにスイスのフランス語地域（ベルン州ジュラを除く），大サン・ベルナール峠 Grand Saint-Bernard の南のアオスタ渓谷 la vallée d'Aoste およびポー川 le Pô 支流渓谷の上流でストゥーラ川 la Stura までの地域を加えねばならない——が含まれる．

以下の3つがこの方言群の最も顕著な特徴である：

1° 開音節のアクセントを持つ a は，プロヴァンス語の場合と同じく，a のまま残される (cantáre＞tsătá「歌う」，プロヴァンス語 cantar——フランス語 chanter，と比較すること)．しかし口蓋音のあとでは，古フランス語の場合と同様，口蓋音化される (carricáre＞tsardzyé「積み込む」，古フランス語 chargier——プロヴァンス語 cargar，と比較すること)．

2° 語末の a は，プロヴァンス語と同じく，a のまま残される (tela＞taila「布」，プロヴァンス語 tela——フランス語 toile，と比較すること)．しかし口蓋音のあとでは，フランス語のように，口蓋音化される (vacca＞vatse「雌牛」，フランス語 vache——プロヴァンス語 vaca，と比較すること)．

3° 二次アクセントを持つ語末の u は，フランス語のように弱化して -e にはならず，-o として残される (cúbitù＞códo「肘」——フランス語 coude)．そこでフランコ・プロヴァンス語には，他のガロ・ロマン語には見られない多数の語末母音が保存されることになる．古フランス語がすべての語末母音を -e に縮小し，古プロヴァンス語が -e または -a とするのに対して，フランコ・プロヴァンス語は少なくとも語の末尾に4つの母音を保存している．古フランス語 erbe「草」，fille「娘」，coude「肘」，puce「蚤」および古プロヴァンス語 erba, filha, code, piuze とフランコ・プロヴァンス語 erba, filli (-i は前の口蓋音のために生じた), codo, pudze を比較すること．この音声的様相から見ると，フランコ・プロヴァンス語はイタリア語に近い．

この3つの特徴が見られるのは正確に，469年以前のブルグンド王国[2]と，メロヴィング王政下にその住民が手に入れた二三の征服地（ヴァレ・ダオスタ州など）の境界線の中である．しかもこの同じ境界線が，これらの地方の口話のなかに残されているブルグンド起源の語によっても守られている (61ページ参照)．そこでフランコ・プロヴァンス語の極めて特殊な位置は，ブルグンドの要素に起因すると結論することができる．このことは，ブルグンド族が初めに占領していた全地域の俚語の中に母音 ĕ と ŏ の変形が見られ[3]，音声の面にまでブルグンドの強

い影響の名残が現われていることによって一層確かになる*.

　政治の上では，これらの地方は非常に遅くフランス領となった．その一部は今日まで独立を保ってきた．これらの地方は，古フランス語の文学の緩やかな創造にはほとんど参加しなかった．

本来のフランス語領域の主な諸地方

地方間の関係

　北東部はパリのフランス語から幾つかの特徴によって区別されるが，その特徴はかなり広いが変化に富んだ地域にわたって現われている．これらの特徴は2つの事実，すなわちその位置が中央から遠く離れていることと，ゲルマン語の影響をより強く受けていることにもとづいている．たとえば，鼻音の前の母音 e と a は，フランス語の全領域にわたって鼻母音化されるが，中央部ではこれが合体して一つの ã の形になる(フランス語の ã＜annus「年」と vã＜ventus「風」を参照すること)．この改新はかなり後期に生まれたものに違いなく，北部と東部までは及んでいない．北部と東部ではこの2つの母音は今日まではっきり区別されたまま残されている：

　　ventus—ピカール方言，ヴァロン方言 vẽ，ロレーヌ方言 vo.
　　annus—ピカール方言，ヴァロン方言 ã，ロレーヌ方言 ã.

　ピカール方言 picard，ヴァロン方言 wallon およびロレーヌ方言 lorrain はまたゲルマン語の w の発音を保存している：warder (＝garder「保存する」)，これに対して他の地域では w の前に g をつけてロマン語化する (guarder, gwa- と発音される)．またこれらの方言には m'l, n'r, などの間にわたり子音 consonne transitoire の挿入の現象が見られない：フランス語 tiendront，古ピカール方言 tenront「(彼らは)持つだろう」．シャンパーニュ地方とブルゴーニュ地方もこの点では東部と一致している．

　ピカール方言がヴァロン方言と一致する場合が多いとしても，ピカール方言にはまたノルマン方言 normand と共通の2つの重要な特徴がある．それは，1° a の前の c は k のままで残される (canter「歌う」，ただしフランス語では chanter) ことと，2° ti と e, i の前の c は ch となる (caelu [＞kelu]＞ピカール方言

---

* この問題については，ヴァルトブルク W. v. WARTBURG『ことばと人間について』 *Von Sprache und Mensch* (ベルン，1956年)，127〜158 中の試論『フランコ・プロヴァンス語の問題について』 *Zum Problem des Frankoprovenzalischen* を参照．

chiel「天」，ただしフランス語では ciel；captiare＞cacher「狩りをする」，ただしフランス語では chasser) ことである．a の前の c が口蓋音化する現象は，kief「頭」(＜caput, 古フランス語 chief) などの形の i が示しているように，ここでも発生していたのである．しかし恐らくその発展は，この口蓋音になじまないゲルマン語の強い要素によって妨げられたのに違いない．ノルマンディー地方においても k が回復されたのはゲルマン人，もっと正確に言えばスカンジナヴィア人に負うている．それが厳密に，彼らが侵入した境界内に限られているからである (77 ページ参照).

　東部の地域(ヴァロニー地方，ロレーヌ地方)にゲルマン語の要素が強かったことは，第三末音節強勢語 proparoxytons のアクセント法にも現われている．たとえばガロ・ラテン語 gallolatin の *emputa (ギリシア語 emphyteuein に由来する，25 ページ参照)からフランス語 ente「接ぎ穂」が生まれたが，この語中音消失の現象は最初と最後の母音を保存していることによって，ガロ・ロマン語が最初の音節に主アクセントを持つほかに，最後の音節に二次アクセントを置くことを示しており，この点でガロ・ラテン語 *émputà に一致しているが，これに対してロレーヌ方言の形 empe は，最後の音節の消失によって漸減アクセント法，すなわち émpùta であったことを明らかにしている．同様に，hirpice，フランス語 herse「耙」などの語には，ヴァロン方言とロレーヌ方言では herpe の形が対応する，など．これらの口話の第三末音節強勢語の進化にこのような異なった方向を与えたのは，ゲルマン語のイントネーションの習慣であり，その名残はまたアラマニ族の支配地を越えて，北部イタリアやスイスのグリゾン州の幾つかの口話の中にまで見いだされる．

ブルゴーニュ地方

　フランコ・プロヴァンス語の北には，ブルゴーニュ地方 Bourgogne が，フランシュ・コンテ地方 Franche-Comté とともに，極めて重要な位置を占めている．この地は中継地であって，ドイツとプロヴァンス地方，パリとロレーヌ地方の街道の要である．そのために，ここには何か全世界的なものがあるのであって，シトー修道会 Cisterciens やクリューニー Cluny の偉大な宗教運動はこの地から発したのである．この土地から，シャルル豪胆王 CHARLES LE TÉMÉRAIRE[4] がロテール LOTHAIRE の試みをもう一度やり直し，フランスとドイツの間に半ばドイツ，半ばロマンの国家を建設しようとする壮大な計画が生まれることになるのである．——この方言はシャンパーニュ方言やロレーヌ方言と共通の特徴を幾つも持っている．しかしそれを正確に限定することはむずかしい．最も顕著な特徴

2. 古フランス語の方言

の一つは接尾辞 -et(te) が -ot(te) となることである：chaussote「半靴下」〔= chaussette〕など．ブルゴーニュ地方では土着の口話が文学に用いられる値打ちがあるとは考えられなかった．したがって，ブルゴーニュ方言で書かれた文学的文献はほとんど残されていない．この方言は文学語を作るために，他の地方と張り合ったことは一度もなかったのである．

シャンパーニュ地方

ブルゴーニュ地方から北と北西に通じている街道を進んで行くと，シャンパーニュ地方 Champagne にいたる．中世の後半期を通じて，シャンパーニュ地方の諸都市は西洋の商業にとって極めて重要な役割を演じた．大市が開かれ，ほとんど全ヨーロッパの商人が集まった．イタリアやイギリスやドイツの商人たちがこの地を途中の集合場所としていたのである．その上，ポワトゥーのエレオノール ÉLÉONORE DE POITOU の娘，シャンパーニュ伯夫人マリ MARIE の宮廷のおかげで，トロワ Troyes はフランス文学の主な中心地の一つになった．シャンパーニュ地方の方言はパリの方言にいつもかなり近いものであった．この地方はイル・ド・フランス地方 Ile-de-France を東から半月形に取り囲んでいる．もう一つの首都，ランス Reims は国王のためにつねに献身的に仕えてきた．その大聖堂で国王の聖別式が執り行なわれたのである．シャンパーニュ地方がイル・ド・フランス地方と異なっているその特質の大部分は，ブルゴーニュ地方かロレーヌ地方と共通している (m'n>m の代わりに m'n>n となる，fenne (=femme「女」); eil>oil, consoil (=conseil「忠告」)).

ロレーヌ地方

ロレーヌ地方 Lorraine はゲルマン人の地域に通じている2つの川，ムーズ川 la Meuse とモーゼル川 la Moselle の土地である．それは気候がきびしく，森林に取り囲まれ分断された，交通の困難な土地である．中世では，この地域はフランス国民の生活にほとんど関係がなかった．この国の他のどの部分と比べても，より地方的な生活を生きてきたのであった．したがって，その方言がこれ以上に多様で雑多な地方は他にない．ロレーヌ方言はヴァロン方言の延長である．それゆえ，ヴァロン方言と同じようにドイツ語の語彙要素がふんだんに詰め込まれており，また同じように w の音を借用している．のちには χ の発音さえ習得することになるであろう．an と en は区別され，ie は i に変えられる (pied>pi「足」)，さらにまたヴァロン方言と同じく，半過去 -abat>-eve も保存される〔68ページ参照〕．――このように他の地方から孤立し，多くの小国に分割され，交

通が困難であるために，ロレーヌ地方は文学フランス語の形成には，言うまでもなく，何一つ影響を与えなかった．パリと張り合うことなど決してできるはずがなかったのである．

ヴァロニー地方

ロレーヌ地方の北の土地はヴァロニー地方 Wallonie と呼ばれる．ヴァロン人 Wallons とは，隣国のドイツ人たちが隣接の地方の住民を指すのに慣習的に用いた名称である(ヴェルシュ Velche など)．ヴァロニー地方は原則としてベルギーのロマン語地域である(最西端と南東のゴーメ地方 Pays Gaumais を除く)．両側からゲルマン人によって取り囲まれていたが，とりわけ交通の困難さが幸いしてそれに抵抗することができた．東側はファーニュ Fagnes の沼沢地(ヴェン Venn)と森林地帯で守られている．

ヴァロン方言 wallon はきわめて保守的であって，一定数のラテン語がここにだけ保存されているところにその特徴がある．それはその位置が中央から遠く離れていることと，政治的にフランスからいつも分離されていた事実から説明される*．文学語が生まれるのはまた，このヴァロニー地方からではない．ヴァロン方言の特徴のなかで，すでに述べたもののほかに，なお u の保存 (ou であって，ü ではない)と，閉音節で，とくに s と r の前の e の二重母音化 (festa＞fiesta「祭り」〔＝fête〕)をあげておこう．もっともこれらの現象のいずれも，ヴァロン方言の全域にわたって広がっているわけではなく，またあるものはその領域を越えている．さらにまた，これらの特徴の多くのものが言語の境界線の反対側，つまりフラマン語の口話 parler flamand の中にも見いだされることが明らかにされた**．これは進化の傾向が共有されたまれな一例であり，2 つの民族の共同生活が極めて密度の高いものであったことを示している．

ピカルディー地方

ナミュール Namur から西の方に進んで行くと，フランドル地方 Flandre とピカルディー地方 Picardie にいたる．今までに述べた地方のなかには，フランス

---

*　ヴァルトブルク W. v. WARTBURG『ロマン語口話の全体の中のヴァロニー地方の諸口話』*Les parlers de Wallonie dans l'ensemble des parlers romans*——『第 2 回ヴァロン文化会議議事録』*Actes du 2ᵉ congrès culturel wallon*（リエージュ，1955 年）——を参照．

**　ヒネケン P.G. VAN GINNEKEN『ヴァロン方言とピカール方言の音声的平行性』*Waalsche en Picardische Klank-Parallelen*,『我が言語の園』*Onze Taaltuin*, II, 289〜302 を参照．

2. 古フランス語の方言

語に著しい影響を与えたものは一つもなかった．いずれの地方もその局地的特有言語を文学語に仕立てあげようと試みはしなかったし，いずれもイル・ド・フランス地方の競争相手になったことは一度もなかったのである．しかし，ピカルディー地方とフランドル地方では事情が異なる．この2つの地域は肥沃な平野からなり，住民は，飲料水が少なく入手困難であるところから，村や町や都市に集中している．アラス Arras, アミアン Amiens, ボーヴェー Beauvais, リル Lille, アブヴィル Abbeville, トゥールコワン Tourcoing などの多数の都市が早くからこの地方に生まれたのはこのためであった．地形上の理由から北部の平野は幾度も侵略をこうむった．中世期全体を通じてこの土地の領有をめぐって争いが続けられ，皇帝やフランス国王，伯や司教やその他の者たちまでが横領の機会を狙っていたのである．一方これらの都市も，このような状況に乗じて自分たちの自由を拡大しようとする．これが，ピカルディー地方とフランドル地方に，初めて進取的な都市市民層の活発で，勤勉，快活，かつ民主的な気風が生まれる理由である．それはフランス史における新しい勢力の登場であった．

このような，より洗練された文明への覚醒，自己の力の自覚，自意識の目覚めはまた，文学的・政治的・宗教的生活の中にも現われている．ピカルディー地方がフランス文学の創造に果たした役割は極めて大きい．国民的叙事詩 épopée nationale である武勲詩 chanson de geste[5] は大部分がこの地で書かれた．南仏の吟遊詩人（トルーバドゥール）たちの模範が，ピカルディー地方とフランドル地方の貴族たちの間ほどに強い反響を見いだしたところはどこにもなかった．多少とも庶民的な文学のあらゆるジャンル——ファブリョー fabliau[6], 喜劇，ルナール Renart[7] を中心とした風刺的叙事詩——がこの地に中心地を持っていた．13世紀においては，ピカルディー地方の文学生活はパリのそれよりはるかに優れていたのである．これが，ピカルディー地方で書かれた作品の中に多数のピカール方言の要素が浸透し，ここで書記言語 langue écrite に与えた形が，しばらくの間フランシアン方言 francien〔イル・ド・フランス地方の方言〕にとって真の競争相手となった理由である．この方言が勝利をおさめなかったのは，まずその位置があまりにも中央から遠く国境に近すぎたためであり，そして何よりも特殊な性質，特徴を持っていて，その多くが他の口話には見られないものだったからである．以下にあげるのがその最も重要なものである：1° a の前の c>k, たとえば cose〔<causa〕(=chose「もの」); 2° a の前の g>g, たとえば gambe (=jambe「脚」), gardin (=jardin「庭」); 3° e, i の前の c>š, たとえば chele (=celle〔指示代名詞女性形〕), rachine (=racine「根」)(以上3つの特徴はノルマン方言にも見られる); 4° わたり子音の欠如，たとえば tener>tenre (=tendre「柔らかな」); 5° en>ẽ, たと

えば vẽ (=vent「風」); 6° -ęllus＞-iaus, たとえば caviaus (=cheveux「髪」); 7° ゲルマン語の w の保存, たとえば warder「保存する」〔=garder〕; 8° ǫl＞au, たとえば solidus＞saus「丈夫な」; 9° la＞le〔定冠詞, 補語人称代名詞女性形〕; 10° mon, ton, son＞men, ten, sen〔所有形容詞〕; 11° 複数形 noz; voz からの新しい単数形 no, vo の形成〔所有形容詞——フランス語, 単数 notre, votre, 複数 nos, vos〕; 12° e のあとの -eir (不定法の語尾)＞-ir, たとえば keïr (=choir「落ちる」), v(e)ir (=voir「見る」), s(e)ir (=seoir「適する」)[8]*.

ノルマンディー地方

ピカルディー地方の南西に, 海岸に沿って, ノルマンディー地方 Normandie が広がっている. すでに述べたように, ノルマン人は, ローマ化されるとすぐにフランス文明の最初の伝播者になった. 彼らは不撓不屈の勇気と新鮮な活力をそれに傾注したのである. この情熱は文学にも現われている. まずそれは宗教的作品から始まる: およそ1050年頃にさかのぼる『聖アレクシの歌』*Chanson de saint Alexis*[9]. 12世紀にはノルマン方言 normand は極めて豊かな文学を持ち, その作者たちはノルマンディー公の宮廷の庇護を受けた. ノルマン方言に属することがはっきりしているテキストの数は非常に多い(『エネアス物語』*Enéas*[10], 詩人ヴァース Wace[11] など). したがってノルマン方言は, パリのフランス語にとって容易ならぬ競争相手であった. その主な特徴は, 1° から 3° はピカール方言の場合と同じである; 4° 口蓋音の前の ę＞ie, たとえば sies (=six「6」); 5° ei (＜ę) は oi にはならない, たとえば teile (=toile「布」); 6° 第1群動詞活用の半過去形は保存された, cantout＜cantabat〔68ページ参照〕; 7° 動詞1人称複数形の語尾は -ons の代わりに -um (=-on) である.

アングロ・ノルマン語

ノルマン方言の重要な分枝としてアングロ・ノルマン語 anglo-normand がある. 1066年にイギリスを征服した時, ノルマン人は彼らの言語を導入した. その言語は, この国で, ことに宮廷と貴族社会の中で, イギリスとノルマンディー地方が同じ君主の下に合併されていた間, つまり13世紀の初頭まで支配したのである. その後威勢は衰えたが, しかし裁判と行政の面では15世紀まで存続した. ア

---

* くわしくは, ゴッセン Ch. Th. Gossen『古ピカール方言小文法』*Petite grammaire de l'ancien picard*, パリ, 1951年を参照.

ングロ・ノルマン語の基礎はもちろんノルマン方言である*. しかしそれはやがて, ことにノルマンディー地方がイギリスから分離されたのちには, かなり雑多な要素を含んだ特有言語になった. そこでアングロ・ノルマン文学はノルマン方言から独立し, しかも文学フランス語に近づくことになる. 13世紀には人びとは大変な苦労をしてパリのフランス語を書こうとするのである. フランス語はイギリスで存続することはなかった. しかしたとえ消滅したとしても, 英語の中に多数のフランス語語彙を遺すことになったのであった.

西 部

西部の他の方言, たとえばアンジュー地方 Anjou やメーヌ地方 Maine やトゥーレーヌ地方 Touraine の方言には, 上に述べた諸方言ほどの明瞭な特徴はかつて一度も存在しなかった. 中央の言語の影響がこれらの方言にはやがて顕著に現われる.

われわれはすでに南西部についての研究を行なった (69ページ参照). ポワトゥー地方が, 初めはアキタニア地方 Aquitaine と同じ発展をたどったが, その後それから分離し, フランス語の地域となったことを学んだ. しかしポワトゥー方言には, 極めて顕著な幾つかの特徴が保存されている: c のあとの a は一般に e になる (ie とはならない), たとえば cher<carus「親しい」(しかし Poitiers「ポワティエ」<Pictavis); 語末の -a は最も古いテキストでは保存されている; 中性代名詞としての el (<illum) が見られる, たとえば si com el est dreiture「それが規則であるように」.

3. イル・ド・フランスの方言　国民語

言語上の理由

われわれはフランス語の各地域を全部一巡したわけだが, ただ中央部だけは除外していた. 3つの大河 (セーヌ川, マルヌ川 la Marne, オワーズ川 l'Oise) が合流する地点に, この国の自然の中心が形成された. 初めの数世紀間は, 言語の上ではフランスはロワール川までしか及んでいなかった. イル・ド・フランス地方が, あらゆる点から見て, その中心だったのである. フランスの南部地方で

---

* ノルマン方言の主な特徴のほかに, a が鼻子音に伴われると aun になる現象を加えること. たとえば aunte「伯母」(古フランス語 ante; ここから英語の aunte が生じる).

は，異なった言語，すなわちオクシタン語が話されていた．しかもそれは豊かな文学を作り出して，北部に対立していた．南フランスの人たちにとって，自分たちが言語の上で，北フランスとつながりがあるなどとは夢にも考えられなかったであろう．地理的にパリはイル・ド・フランス地方の中心であった．――交通路もパリに向かって集中していた．だからその方言が一種の中間的性格を保っていたとしても不思議ではない．12世紀と13世紀において，たとえばノルマン方言とピカール方言の立場がどんなに強力なものであったとしても，これらの方言は他の方言にとって何か常規はずれの，粗野で取っつきにくい性格を持っていたに違いない(たとえば cacher (＝chasser「狩りをする」))．これらの方言的特徴のどれをとっても，何か外縁的で奇妙に感じられ，他の地方にとっては不快なものであったに違いない．そのため12世紀の後半からすでに，自分の特異な地方訛りを直そうとする作家たちが見られる．たとえばクレティヤン CHRESTIEN DE TROYES[12] は，初めは韻に fanne (＜femina)「女」: sanne (＜synodu)「司教区会議」を用いていたが [*89ページ参照*]，のちにはいつも fam(m)e と書いた．この世紀の末になると，ピカルディー地方の詩人たちも自分の本来のものを捨てて中央の形を用い始める．blanke「白い」と書くのをやめ，blanche の方を選ぶのである．できるだけ広い地域で用いられる形を選び，狭い地方に限られたものを避けようとするわけである．ピカルディー地方の作家はピカール方言に特有のものを避け，シャンパーニュ人はシャンパーニュ方言にしかないものを捨て，ノルマンディー地方はノルマン語法を犠牲にする．こうしてすべてが共通の土台の上に集められることになる．この土台は中央の，イル・ド・フランス地方の，そしてパリの口話にほかならない．しかし，こうした統一が実現されたのは，とくに方言的特異性を避けたこと，つまり否定的選択によってであった．パリの方言を共通語 Koiné に仕立てあげるには，中庸の精神，釣合の欲求が大いにあずかって力があったと言うことができる．もちろんそうなるためには，時には譲歩する必要があったし，諸方言から加えられる幾つかの修正を認めないわけにはいかなかった．

歴史上の理由

　他の地方を抑えてイル・ド・フランス地方が勝利を占めたのは，それゆえ，大部分はその地理的位置のおかげであった．しかしまたこれには歴史上の理由も存在する．ここで言いたいのは，イル・ド・フランス地方がこの国に新しい王朝をもたらしたという事実である．987年はフランス語にとって極めて重大な年である．それは1000年頃または1050年頃に，王権が極めて強大であったなどという

ためではない．それどころか，国王の大家臣たちはたいてい，国王よりもはるかに有力であった．実際には国王の支配権は王家の所領にしか及ばなかったのである．しかもその領地は均質的にまとまらず，ばらばらに分散されていた．ノルマンディー公，ブロワ伯やシャンパーニュ伯，アンジュー伯やフランドル伯は極めて独立心の強い家臣であって，多くは自分たちの君主のことなど意に介さず，時には戦争さえしかけるのであった．しかしたとえ国王には現実に大した権力がなかったとしても，それが精神的な力であったことには変わりがない．この力の存在は，何よりもまず，カロリング王朝の無政府状態から王国を救い出し，フランスの国に一つの中心を与えた人たちのおかげなのである．当時唯一の永続的な機関は教会であった．そして教会の高位の代表者たちが，ユーグ・カペの擁立を推進したのである．11世紀の間，王を助け，実りのない王の職務に援助を与えたのは多くは彼らであった．王に課された最も高貴な役務は，正義を行ない，強者の暴力や残虐から弱者を保護することであった．しかしそれには，国王はあまりにも微力であった．そこでカペ王朝最初の王が擁立された2年後に，フランスの司教会議が神の平和 Paix de Dieu を規定する布告を発する．この布告は，教会に押し入り強盗をした者，助祭や神学生を殴打した者，百姓や貧乏人の金を盗んだ者を破門するというものであった．さらに1027年には神の休戦 Trêve de Dieu が加えられたが，これは一定の期間中，たとえば土曜日の夜から月曜日の朝までの間，戦争や暴力行為を禁止するものであった．こうして教会は，少しでも国中に安全を保とうと努力したのである．このことから，王権と教会の最高位の代表者たちの間には，カペ家の即位の初めからすでに，同盟と協力の関係があったことが理解される．「それは，ランスの大司教がカロリング家の王座の上にすえた半ば聖職者的君主制であった」（リュシェール）．このように当初から，国王にはほとんど宗教的な性格が備わっていたのである．司教たちは神の平和と休戦を守るために，しばしば一種の民兵を組織した．しかもこの民兵を時には国王への奉仕のために提供した．このようにして国王と聖職者の間に永続的な同盟が確立されたわけであるが，これは同時代のドイツに見られる状況とは全く正反対のものである．すでに見たように，商業もまた大部分は僧院の手の中にあった．したがって国王と聖職者だけが，国中のいろいろな地域の間の関係を幾分とも維持し，多少とも安定と安全を与えようと努力していたのである．クリュニーの改革やシトー派の改革という，すべてこれらの11世紀の大運動も，その目指すところは国王と同一の方向なのであった．これらの僧院はそのまま国王の機関でもあったのである．

　教会と国王は，強者に対して弱者を守ろうと尽力した．したがって庶民は，こ

のどちらをも同じように保護者として愛することができた．ここにもカペ王家の庶民的な性格が見られる．その結果，庶民には政治的理想と宗教的理想，国民感情とキリスト教的情熱の間の緊密な連帯が生まれる．ここに『ロランの歌』*Chanson de Roland*[13] を初めとして，武勲詩の政治的・宗教的性格がある．武勲詩は，ことに大市場に集まった庶民や巡礼たちの面前で歌われたものであって，戦闘的な信仰の布教のためのものであったことを忘れてはならない．最も古い武勲詩は恐らくイル・ド・フランス地方で作られたのであろう．『ゴルモンとイザンバール』*Gormont et Isembart*[14] は明らかにフランシアン方言であり，『ロランの歌』と『シャルルマーニュの巡礼』*Pèlerinage de Charlemagne*[15] も部分的にはそうである．すでにイル・ド・フランス地方は，この国の宗教的中心であり，理想の地であった．いや，より正確に言えば，それはサン・ドニ修道院 abbaye de St-Denis であったと言わねばならない．この修道院が宗教・政治・経済の面でどれほどの圧倒的な役割を果たしたかは，オルシュキ氏 OLSCHKI によって明らかにされた＊．サン・ドニは，ことに 1082 年にヴェクサン地方 Vexin を獲得して，国王がこの修道院の擁護者（アヴエ）となって以来，この国の真の理想の中心となった．フランス王国とサン・ドニ修道院の旗印，あの「緋の旗印（オリフラム）」と呼ばれた旗印はここに保存されていたのである．

したがってパリは，王国の物質的な力の中心となるはるか以前に，その理想の中心であった．この特別の地位が，イル・ド・フランス地方を他の諸地方の列から引き出し，その特有言語に特別の威信を与えるのにあずかって力があったのである．11 世紀末以後，パリ地方の特有言語の威信は増大し，俗語を用いて書こうとする者はすべて，その魅力のとりことなった．12 世紀にはフランスの多くの地方に文学生活の開花が見られる．しかも，その活動はほとんどどこでも，イル・ド・フランス地方をしのぐものであった．けれども，それにもかかわらず，これらの作家の大部分はパリの特有言語に近づこうと努める．言うまでもなく，それはうまくいっても部分的な成功にすぎず，多数の要素(音声，動詞形，パリには見られない語など)が彼らの出身地を暴露している．こうしてほとんどの地方においても，共通フランス語を書こうとする努力がなされていながら，なおそこにはそれぞれに固有の，国民文学語の変種が発展したのである．そこで，たとえばフランコ・ピカール語 franco-picard ということが言われたが，これは当を得ている．つまりそれは，基礎はパリのフランス語だが，強度にピカール語法が混入

＊『中世におけるフランスの理想の中心』*Der ideale Mittelpunkt Frankreichs im Mittelalter*, ハイデルベルク，1913 年．

している書記言語のことである*. 書記言語のこれらの変種の間には,地方によってその生命力に大きな違いがある. 一般にはそれは14世紀まで維持されるが,パリの指導的口話にますます屈服していくのである. 国王の物質的な力が増大するとともに,パリの口話の勝利は一層明らかになるであろう.

4. 古典期の古フランス語

　12世紀には,北フランスの土地に,この上もなく豊かな文学が生まれるのが見られる. この文学には数種類のジャンルが含まれているが,言語の慣用という面から見て,ことにわれわれの興味をひくのは,この世紀の末においてすでに,2つの違った社会階層のための2つの文体,2つのジャンルが存在していることである. この分化は,一つは南フランスのプロヴァンス語とその吟遊詩人(トルーバドゥール)たちの影響によるものであるが,また一部はこの国の内的発展にも由来している. つまり言語の使用には非常に違った2つの用法があったわけで,1つは庶民的な,素朴なもの,もう1つは入念な,宮廷風(クールトワ)の,効果を意識したものであった. このことは言語がすでに完全な円熟期に達していたことの証拠である.

　ともあれ今ここで,この時期の言語がどんな状態であったかを研究しておかねばならない. 問題は,この章で出来事や変化を述べることではなく,12世紀の言語の形を概観し,この形と時代精神の関係はどうなのかを見ることである. この形は,言うまでもなく,前の時代に起こった変化の結果である. 今ここでわれわれに興味があるのは,この結果なのである.

表現手段使用の自由

統辞法上の慣用

　何よりもまず注意をひくのは,古フランス語の持つ大きな自由であり,その形が極めて弛緩していることである. 同じことを幾つもの方法で表現することが可能であるが,また反対に同じ表現が幾つもの意味を取ることもできる. 思想と表現,内容と形式の間の関係は明確ではなく,状況を正確に定義する必要が感じら

---

* ルイ・ルマクル Louis REMACLE『古ヴァロン方言の問題』 *Le problème de l'ancien wallon*, リエージュ,1948年; ゴッセン Ch. Th. GOSSEN『中世の文学語,フランコ・ピカール語論考』 *Considérations sur le franco-picard, langue littéraire du moyen âge*（『ベルゴ・ロマン諸方言』 *Les dialectes belgo-romans*, 13, 97～121 に収録)を参照.

れてはいない．話し相手の想像力をあてにして，それが必要なものをつけ加え，話し手の考えを再構成してくれるだろうというわけである．

そこでたとえば，古フランス語は近代フランス語と同様に，半過去，単純過去，複合過去，大過去，前過去という多数の過去時称を所有している．近代フランス語ではこれらを物語の中で浮き彫りをつけ，遠近を与えるために用いる (Il *lisait* [ou *lut*] le journal qu'il *avait acheté* la veille. 「彼は前の日に買った新聞を読んでいた [あるいは，読んだ]」)．ところが古フランス語では，物語の中に現在，単純時称，複合時称を混合して用いることがはるかに多い．この点，複合過去と現在をしばしば大胆に結びつける近代の会話の言語と類似している．たとえば，『ガンガモールの短詩』*Lai de Guingamor*[16] の 106～114 行を見よう：

 Vers lui le tret (現在), si l'a besié (複合過去).
 Guingamor entent (現在), qu'ele dist (単純過去).
 Et quele amor ele requist (単純過去).
 Grant honte en a (現在), tout en rogi (単純過去).
 Par mautalent se departi (単純過去).
 De la chambre s'en vost (単純過去) issir
 La dame le vet (現在) retenir.
 Par le mantel l'avoit saisi (大過去)
 Que les ataches en rompi (単純過去).

「王妃は彼を引きよせ，接吻した．ガンガモールは彼女の言ったこと，そしてどんな愛を彼女が求めたのか理解する．彼はとても恥ずかしく思い，顔を赤らめた．腹を立てて彼女と別れた．部屋から出て行こうとしたが，王妃は彼を引き止めようとする．彼の外套を押さえていたが，その縫い目がほころびた．」

作者の視点は自由自在に移動する．出来事に対するその距離が変化するのである．もっとも散文のテキストを読むと，このように時称が極端に入り交じる場合がはるかに少ないことは事実である．フーレ L. FOULET[17] が指摘しているように，この点に関して，『オーカッサンとニコレット』*Aucassin et Nicolette*[18] の散文の部分と韻文の部分の間には大きな違いがある．そこで時称の用法のこのような不規則さには，詩的許容にもとづくものがかなり大きな部分を占めていると結論することができる．上に引用したテキストでは，同じ面の上に起こった事柄を述べるのに 3 つの違った時称が用いられているわけだが，他方また非常に違った時期に発生した出来事を物語るのに，ただ 1 つの時称を用いる場合も多い．

4. 古典期の古フランス語

たとえば：

> Dis blanches mules fist amener Marsilie
> Que li tramist (現代フランス語 avait envoyé) li reis de Suatilie.
> 「マルシル王は10匹の白い雌らばを連れて来させた．それはシュワティーユの王が彼に送ったものであった．」　　〔『ロランの歌』89〜90行〕

仮定文においても，全く同様の遠近法の欠如が見られる．ラテン語の接続法半過去〔未完了過去〕は消滅したものの，すでに俗ラテン語以来，現在の仮定的時称としての意味を接続法大過去〔過去完了〕に伝えていたのである〔47〜48ページ参照〕．そこで，« S'il venist, nous chantissons.» は « S'il venait (maintenant), nous chanterions.» 「もし彼が(今)来たなら，われわれは歌うのに」と « S'il était venu, nous aurions chanté.» 「もし彼が来ていたなら，われわれは歌っただろうに」という2つの意味を表わしている．それゆえ，ここではただ1つの表現で2つの観念が示されているわけである．たとえば『ロランの歌』の1769行：« Unc nel sonast, se ne fust combatant.» は il ne sonnerait pas...「もし戦うのでなければ，彼は決して笛を吹かないだろう」を意味し，3439行：« Sempres caïst, se Deus ne li aidast.» は il serait tombé aussitôt...「もし神がお助けにならなかったら，彼はすぐに倒れていただろう」の意味である．古いフランス語には，われわれ近代人なら1つの文が2つのこんなに違った意味を持つのを見て感じるような不安は，存在しなかったのである．

1150年の少しあとで，« S'il fust venuz, nous oüiss(i)ons chanté.» 「もし彼が来ていたら，われわれは歌ったのに」という新しい型が現われる．しかしフランス語は，この型を2つの意味の区別のためにすぐに用いるわけではない．古い型はなお数世紀の間，2つの意味に用いられ続けるのである．したがって12世紀の末においては，違った2つの意味に対してただ1つの表現があるのと同時に，またただ1つの同じ観念を2つの違った仕方で表現できたのである．

```
s'il venist      ⎫  ⎧ s'il venait      「もし彼が来れば」
s'il fust venuz  ⎭  ⎩ s'il était venu  「もし彼が来ていたら」
```

このように観念から表現へ，また表現から観念へのいずれの関係も明確ではなかったことがわかる．

また古フランス語が，メロヴィング王朝時代のガロ・ロマン語が作り出したもう一つ別の型の仮定文を知っていたことを思い出さねばならない．それは半過去を用いるものであって，特殊なニュアンスが表わされる．つまりそれは非現実で

も可能性でもなく，supposé que「…の場合には」なのである．たとえば『ルー物語』 *Roman de Rou*[19]: «Truver les purrez ja, s'alkes vus hastiez.» (= supposé que vous vous dépêchiez un peu「少し急げば彼らをすぐ見つけられるでしょう」．)主文の動詞はまだ未来に置かれている．それは行為が実現される蓋然性を表明するのでないからである．しかしすでに12世紀から，これが条件法と結合したものも現われる．

      se ceste eve passee avoie
      de la ma mere troveroie.   *(Perceval)*
      「もしこの川を渡っていたら，そこで私の母を見つけられるだろうに．」
                                          (『ペルスヴァル』[20])

こうして，この新しい型は非現実の領域に侵入することになった．近代の仮定文が構成されたのである．しかし古フランス語で興味があるのは，この2つの意味が互いに共存していることである．つまり次のように言うことができるのだ：

    S'il venait, j'irai avec lui. (=supposé qu'il vienne...)
      「彼が来れば一緒に行こう．」
    S'il venait, j'irais avec lui. (=s'il venait...)
      「もし彼が来るなら一緒に行くのだが．」

12世紀には主節についても，条件法か接続法かがはっきり定まらない．条件法は『ロランの歌』以来すでに用いられているのである．そこで現在の非現実性を表わすためだけでも，古フランス語は次のような3つの仮定文の型を持っていたことになる：1° «S'il vînt, j'allasse avec lui.» [si＋接続法半過去，接続法半過去]（これには2つの意味，「もし彼が来れば一緒に行くのに」と「もし彼が来ていたら一緒に行ったのに」がある！); 2° «S'il vînt, j'irais avec lui.» [si＋接続法半過去，条件法現在]「もし彼が来れば一緒に行くのに」; 3° «S'il venait, j'irais avec lui.» [si＋直説法半過去，条件法現在]「もし彼が来れば一緒に行くのに」．

  この3つの型は，12世紀から17世紀前半までのあいだ共存するが，しかし頻度の上からは上記の順になる．

最上級

  動詞のほかにもまた，境界がはっきりしない多くの場合がある．したがって表現に欠けているものを読者は自分で補うことを求められる．たとえば比較の plus

4. 古典期の古フランス語

grant は 2 つの機能を併せ持っている．すなわち比較級であると同時に最上級でもある (=plus grand「より大きい」または le plus grand「最も大きい，非常に大きい」)．たとえば《Passent cez puiz et ces roches plus hautes》「彼らはこれらの山々やこれらの非常に高い岩山を越える」(ロランの歌)．

接続詞

ローマ帝国末期のラテン語の時期に，大部分の接続詞が消滅してしまったことはすでに述べたとおりである．その代わりに quod がどんな場合にも用いられた．古フランス語は quod から que を作った．そしてこの que が，今日なお持っている意義のほかに，多数の意義を担っていたのである．たとえば，

  ki seroit loials amis, k'il ne fust fols ne vilains ne mal apris
                (COLIN MUSET)
  「彼が気違いでも下賤でも下品でもないかぎり，立派な友と言えるだろう」   (コラン・ミュゼ[21])

では，ke=pourvu que「…さえすれば」であるが，

  ne teus biens n'avient mie a toz que ce est joie sanz corouz
                (*Châtelaine de Vergi*)
  「こんなよいことは誰にでも起こることではない，なぜならそれは申し分のない喜びなのだから」   (『ヴェルジー城主の奥方』[22])

では，que=car「なぜなら」であり，

  Colchiez dous deniers, que li uns seit sor l'altre.
           (Jean BODEL, *Jeu de saint Nicolas*)
  「2 つのドニエ貨を一方が他の上に乗るように置きなさい．」
           (ジャン・ボデル[23]『聖ニコラ劇』)

では，que=de sorte que「…するように」なのである．

しかし古フランス語は，失ったラテン語の接続詞の一部を，ほかに新しいものを作り出して——しかもその数はとても多い——補った．そしてそれらを絶えず変化させながら用いる．postquam「…のあとで」の代わりに puis que が作られたが，puis は同時に前置詞でもあるので，puis と que の間にしばしば名詞が導入される：puis ce di que「…の(日の)あとで」，puis l'ore que「…の(時の)あとで」，puis cel tens que「…の(時の)あとで」，puis ce que「…の(ことの)あとで」など．このようにただ形が変化するだけではない．もともとある状況

のために作られた接続詞が，異なった状況に移しかえられて用いられることもある．たとえば, tres que は après que「…のあとで」の意味だけでなく，depuis que「…以来」，さらに lorsque「…の時に」の意味にもなる．des que はすでに現在持っている機能と同じ機能を持っていたが，しかしまた aussitôt que「…するやいなや」，puisque「…だから」, lorsque「…の時に」や quant au fait que「…という事実に関しては」の意味にも用いられる．これらの接続詞にはそれぞれ，主要な，中心的な意義が備わっているが，しかし隣のものの領域にまで侵入する場合が多い．そこで接続詞は幾つもの観念に，文脈に応じて対応することになるが，また一方でただ一つの同じ観念が極めて違った仕方で表現されることもあるのである．その結果，文を互いに結びつける絆がひどく弛緩していることになる．状況が接続詞によって明らかにされるのではなく，多くの場合，状況の方が接続詞の価値を明らかにしなければならないのである*.

　これでわかるように，古フランス語は近似値で十分に満足をする．理解してもらえればそれで十分なのであって，完璧な論理の規則に従ってすべてを表現する必要を感じない．一つの語の助けで，何らかの事物や人物を喚起すれば，もうこの語に完全な正確さや厳密さを与える必要は感じないのである．たとえば:

　　　li chevaliers le feri
　　　de sa lance e fist grant enui

(=Le chevalier le frappa de sa lance et lui causa une grande douleur.「騎士は彼を槍で突き，彼に激しい苦痛を与えた」)では，代名詞の le によって問題の人物が喚起された．著者にとってはそれで十分なのである．2番目の動詞と代名詞を一致させることなど彼は気にしはしない．——関係代名詞についても同様である: cele a cui il samble...ne du jor ne se loe point (=Celle à qui il semble que...et *qui* n'est pas contente de voir paraître le jour.「彼女には…と思える…彼女は夜が明けるのが嬉しくないのだ」)．自由奔放に，古フランス語は，ここで主格の関係代名詞を反復せずにすませている．

　時には関係代名詞を完全に省略してしまう場合さえある: «Plus sui liés ke tels a chastel.» (=Je suis plus content que tel *qui* a un château.「私は城を持っている人などよりもっと満足だ」) 2つの文の関係がこのように自由なことは，次のような接続詞の que が必要な表現においても見られる: «Je cuit plus

---

　　* とくにインブス氏 P. IMBS の基本的な書物『古フランス語におるけ時況節』*Les propositions temporelles en ancien français*, ストラスブール大学文学部出版物，1956 年を参照．

bele de ti n'i a.» (=Je crois *qu'* il n'y a pas de plus belle que toi. 「そなたほどに美しい人はいないと私は思う」.)

語 彙

古フランス語の語彙においても，統辞法の場合と同じように表現の豊かさが見られる．ことに心情に関することや，軍隊生活と社会生活に属する事柄の表現では，古フランス語は極めて多様な語彙を存分に用いている．しかし，かつて行なわれたようにゴッドフロワ GODEFROY [『古フランス語辞典』 *Dictionnaire de l'ancienne langue française*, 10 巻，パリ，1880~1902 年] があげている類義語をそのまま列挙するようなことは避けなければならない．この辞典には 10 種類もの方言の語彙が含まれ，しかもそれは 6 世紀もの期間にわたっているのである．

古フランス語の語彙の豊富さを測るためには，一人の同じ作家の語彙を調べねばならない．その時に初めて，この時代の一人の人物の言語意識にはどんな語が共存していたかを知り得るであろう．中世の人間が生活の楽しみにどれほど執着していたかを示すために，生きる喜びを表わす古フランス語の動詞を 27 語集めた人がいる．しかしブノワ・ド・サント＝モール BENOÎT DE SAINTE-MAURE[24] は，12 世紀のあらゆる作家のなかでとびぬけて豊富で多様な語彙の所有者であるが，この意味の動詞は 2 つ，sei esjoir「喜ぶ」と esleecier「楽しむ」しか持っていない．もっともこれには他動詞 enhaitier (=réjouir qn「人を喜ばす」) をつけ加えてもよい．その代わりに，fou「気違い」には類義語として少なくとも 7 語，chagrin「悲しみ」には 10 語，courir「走る」，s'élancer「突進する」には 10 語 (sei abandoner, sei ademettre, sei apondre, eslaissier, sei eslancier, sei embatre, sei traire, sei treslancier, branler, brochier vers), tuer「殺す」には 10 語，combattre「戦う」には 17 語 (chapler, combatre, estriver, fornir bataille, joindre, joster, rejoster, recombatre, torner, torneier, entremesler, sei entrembatre, sei entreferir, sei entredoner, sei entrassembler, sei entrabatre, sei entraler), attaquer「攻撃する」には 18 語，combat「戦い」には 37 語などを彼は知っている．ことばに関する創造的想像力が，戦いや肉体的活動や苦痛の領域において，とくに著しく豊かであることがわかるのである．その性質からみて人間が誇張しがちな観念には，豊富に類義語が備わっていることは言うまでもない．たとえばブノワ・ド・サント＝モールは，beaucoup「たくさん」に対して 15 の違った語 (ades, assez, espessement, estrangement, a fais, foison, fort, fortment, grantment, maint, a grant maniere, une grant masse, mout, plenté, trop) を用い，foule「大勢」には 10 語，longtemps「長い間」には 8 語

(grantment, lonc tens, longement, longes, une grant masse, grant piece, une piece, une grant pose) を用いている．

　この最後の例はまた，語の構成にとって可能な方法がどれほどたくさんあったかを示している．というのは，同じ形容詞の lonc によって，3つの類義語的表現が構成されているからである．接尾辞で作られる派生語もまた同様に多種多様である．接尾辞は，今日でもなおイタリア語やオクシタン語に見られるのとほぼ同じように，極めて容易に語幹につけ加えられた．同じ作家が同じことを表わすのに，時によってあれこれと異なった接尾辞を使う．たとえば，ブノワ・ド・サント＝モールは，fin「終わり」の意味で動詞 definir (=finir「終える」) からの派生語を用いるが，definement と言うほかに，また le definail や la definaille とも言っている．また retard「遅れ」には demore, demoree, demorance, demorier を用いている．fou「気違い」に対応する抽象名詞としては，すでに folie 「狂気」があったが，また folor と folage も用いられた．このようにこれらの接尾辞は，極めて容易に取り外したり取り替えたりできたのである．

音　声

　表現手段の多様性はこのようにどこにでも見られるが，それはまた古いフランス語の音声の特徴にもなっている．1100年頃のフランス語には少なくとも13の母音と19の二重母音 diphtongues または三重母音 triphtongues が数えられた．これに21の子音を加えれば，全部で50を超える音素数に達する．

形の独立性

母音交替

　古フランス語が持っていた表現の大きな自由から，おのおのの形には，ことに同じ語の他の形に対して，極めて大きな独立性が与えられることになる．文献以前のフランス語の音声的発展から，同じ一つの語の幾つかの形の間に大きな相違が生じていたのである：

　　　　laver (<lavare)「洗う」〔不定法〕: leve (<lavat)〔3人称単数〕．

　この相違は母音交替 alternances vocaliques と呼ばれる．屈折語にはすべてこれが現われるが，またどの言語にも逆の方向に働く力，変化した形を互いに近づけようとする力が存在する．chanter「歌う」〔不定法〕: chante〔3人称単数〕の類推から，laver : lave と言うことが要求されるのである．もし言語がこの傾

向に反抗し，相変わらず leve と言い続けるとすれば，それはこの先祖伝来の形が，それを用いる人びとにとって強い個性を持っているからである．ここには 2 つの関係が存在しているのであって，そのどちらがより強いかを見分けることが大切である．1 つは行為とその行為をする人との関係 (a) であり，もう 1 つはいろいろな人びとによって行なわれる幾つかの類似の行為の間の関係 (b) である．

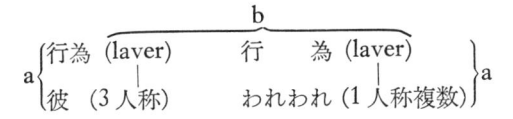

$$a\begin{cases}\text{行為 (laver)} & \overbrace{\text{行為 (laver)}}^{b} \\ | & | \\ \text{彼 (3人称)} & \text{われわれ (1人称複数)}\end{cases}a$$

問題は話し主が (a) の関係と (b) の関係のどちらの方を捕らえるかを知ることである．もし彼がとくに (a) の関係を捕らえるならば，先祖伝来の形 leve が維持されるであろう．もし彼の頭脳を支配しているのが (b) であれば，2 つの形は互いに反発し合うであろう．そしてはるかに数の多い形 lavons〔1 人称複数〕，lavais〔半過去 1, 2 人称単数〕，laver〔不定法〕，laverai〔単純未来 1 人称単数〕が leve に反作用を及ぼし，ついにはそれを lave に変えてしまうであろう．ところで，関係 (a) は瞬間的に現われる．行為はつねに行為者に結びついているのであるから，ただ感覚機能によるだけでも，関係 (a) は必ず出現する．これに対して関係 (b) は行為を行為者から引き離し，それを他の行為と結びつけるのであるから，一種の抽象化の努力を要求することになる．

事実，古フランス語の特徴は，ほとんどすべての母音交替が維持されていることにある．母音交替の数は非常に多く，少なくとも 12 世紀においてはそうであった．このことは古フランス語が，とくに人物と行為を同一化していることを意味する．ここでは行為者と行為が不可分の一体をなしているのである．古フランス語はほとんど知的な抽象作用を知らなかった．それはとくに具体的で，素朴で，印象主義的な言語なのである．母音交替の例をみよう[25]：

俗ラテン語の母音：			
ǫ	plorons	ploure	「泣く」
ǫ	movons	muet	「動く」
ǫ+l	volons	veut	「欲する」
ǫ+口蓋音	apoions	apuie	「よりかかる」
a	lavons	leve	「洗う」
a+鼻音	amons	aime	「愛する」
ę	crevons	crieve	「裂く」
ę+口蓋音	neiions	nie	「おぼれる」
ę	esperons	espoire	「待つ」

	ę＋鼻音	menons	meine	「導く」
	a＞	achetons	achate	「買う」
ある時は強勢母音，ある時は強勢間母音となるもの		parlons	parole	「話す」

　この行為と行為者の同一化は，ラテン語と同じように，動詞のさまざまな人称がそれ自体で人称を区別するものを持っている事実にも現われている：chant「私は歌う」，chantes「君は歌う」，chante(t)「彼は歌う」．したがって，主語代名詞は必要ではなく，たいていの場合用いられない．

曲用——2格の使用

　名詞の曲用にも，動詞の活用と同じような特性が見られる．音声上の発展によって，ある種の名詞や代名詞には，それが採るいろいろの形の間に非常に大きな距離が生まれた．たとえば lere (＜látro)「どろぼう」〔主格形〕：laron (＜latróne)〔対格形〕．この点でフランス語は他のどんなロマン語よりも豊富である．ただプロヴァンス語だけがフランス語に近い．——もっともプロヴァンス語もフランス語にははるかに劣っている．プロヴァンス語では，フランス語に見られるように，母音がアクセントを持つ場合と持たない場合によって，その取り扱いに変化が起こることがないからである．——その理由は，この2つのガロ・ロマン語が対格 accusatif と主格 nominatif の2つの格を保存していたことにある．以下に示すのが男性名詞の曲用である．それは2とおりに分類することができる：

　1° 主格単数に -s を持つ名詞と -s を持たない名詞．2° 音節の数によるもの(等数音節語と不等数音節語)．この2つの原理は組み合わされ，そこで4つのクラスができる：

			I. -s を持つ		II. -s を持たない	
1° 等数音節語	単数主格	murs「壁」		pere「父」	
	対格	mur		pere	
	複数主格	mur		pere	
	対格	murs		peres	
2° 不等数音節語	単数主格	cuens「伯爵」	nies「甥」	ber「貴族」	emperere「皇帝」
	対格	conte	nevout	baron	empereour
	複数主格	conte	nevout	baron	empereour
	対格	contes	nevouz	barons	empereours

　2° のクラスの多くの名詞ではアクセントが変化することがわかる．この場合，

4. 古典期の古フランス語

主格と対格の間の隔たりが著しく増大される (compain「仲間」—compagnon; ancestre「先祖」—ancessour).

女性名詞についても同じ分類をすることができる．ここでも主格単数で -s を持つものと -s を持たないものがあり，また等数音節語と不等数音節語がある．もっとも複数では女性名詞には主格と対格の区別が全く見られない．これは，複数主格が対格と同じく feminas であった古体ラテン語の用法を古フランス語が受け継いでいるからである．

			I. -s を持つ	II. -s を持たない	
1° 等数音節語		単数主格	flours「花」	rose「ばら」	
		対格	flour	rose	
		複数主格	flours	roses	
		対格	flours	roses	
2° 不等数音節語		単数主格	（例なし）	suer「姉妹」	ante「伯母」
		対格		serour	antain
		複数主格		serours	antains
		対格		serours	antains

ここで I. 2° のクラスにはその例がなく，II. 2° のクラスには，男性の不等数音節語の場合と全く同様に，人を示す名詞だけしか含まれていないことがわかる．

代名詞のなかにも，この語のカテゴリーが同様の独立性を持っていることを示すものが見られるであろう：quieus—quel「どんな(もの)」；cist—cestui—cest「この(もの)」(指示代名詞〔形容詞〕)；mes—mon—mi—mes「私の」(所有代名詞〔形容詞〕).

同様に，形容詞にも男性と女性がかなり違った形を採るものが多い：anti—antive (=antique「古代の」)；pieus—pie (=pieux「敬虔な」)；lonc—longe (=long「長い」)；lois—losche (=louche「やぶにらみの」)，など．

この 2 つの格をまた主格 nominatif と斜格 oblique，あるいは主語格 cas-sujet と被制格 cas-régime とよぶ習慣がある．主語格は主語と主語の属辞として（《 Il est mes pere.》「彼は私の父です」），あるいは誰かを呼ぶ(呼格 vocatif) ときに（《Ha, biaus dous fis.》「ああ，立派な優しい息子よ」）用いられる．被制格は直接被制辞を示すのに使われ，また前置詞のあとでは必ず用いられるものである．しかしこれにはなおほかに，2 つの特殊な用法がある．人物の場合には，被制格はそれだけで十分に所有を表わすことができる：la feme maistre Thomas「トマ親方の妻」．この特性から極めて微妙な区別が可能になる．たとえば，le corouz son ami (=le courroux de son ami「彼女の友の怒り」) と le corouz de son ami (=le courroux qu'elle avait contre son ami「彼女がその友に抱いていた怒り」) を比較すること．また時には，もっともこれも人物の場合に限られるが，被制格が，とくにある種の動詞のあとで (40 ページ参照)，間接目的として用いられることもある：« Son oncle conta son afere.» (=Il raconta son affaire à son oncle.「彼は自分の問題を彼の伯父に話した」).

文

文の主な要素

語形のこの独立性のおかげで，古フランス語は文の構成に極めて大きな自由を保持している．文の 3 つの主要な要素は，主語 (s) と動詞 (v) と被制辞 (r) である．この 3 つの要素の間には 6 つの組み合わせが可能である：« Vous waiterés le coc.» (s—v—r)「君たちは雄鶏に気をつけなさい」，« Li dus la carole esgarde.» (s—r—v)「公はその踊りを眺めている」，« Amistié grande Guillaume vous mande.» (r—s—v)「大いなる友情をギョームがあなたに送る」，« La damoisele ne convoie nus.» (r—v—s)「誰もその姫君のお供をするものはいない」，« Or ai jou malvais gage.» (v—s—r)「いま私は悪い担保を持っている」，« Lors ne pot garder ses paroles la duchoise.» (v—r—s)「そのとき公爵夫人は黙っていることができなかった」．

詩のテキストには，これらの組み合わせのすべての例が現われる．しかし散文を調べると，古フランス語は，曲用によって提供されるほとんど無制限の自由を決して乱用していないことがわかる．ただ詩人だけが，詩句に柔軟さを与えるためにこれを利用するのである．散文，つまり日常の言語では，動詞は文の 2 番目の位置におかれるという法則に従っている．たとえば：« Je ne quit mie.» (s—v—r)「私は決して考えない」，« Les deniers prendrons nos.» (r—v—s)「その金をわれわれはもらいましょう」，« Biaus estoit et gens.» (述語—v—述語)「彼は美しく気高かった」，« Or dient.» (状況補語—動詞)「いま彼らは言う」*．この結果，動詞には特別の地位が与えられ，他の要素は言わばその家臣なのである．

---

* 文がたとえ述語や状況補語で始まる場合でも，動詞には第 2 番目の位置が保留されていることがわかる．この問題のすべてについて，トゥルネイゼン R. THURNEYSEN の優れた研究『古フランス語における動詞の位置について』 *Zur Stellung des Verbums im Altfranzösischen*, 『ロマン語学雑誌』 *Zeitschrift für Romanische Philologie*, 16, 289 以下を参照．

動詞の観念が文を支配し，それが文の固定点であり，主軸であって，他の要素はその周囲を回転する．それは中世の人間が，熟慮反省するよりもはるかに行動のなかで生きていたからなのである．事実，この動詞の優越性はまた中世の他の言語，ことに中世高地ドイツ語においても見いだされる．行為を人物から発し，人物と同一化するものとして，瞬間的に視覚化して捕らえること，これが精神と言語を支配していたのである．

主節と従属節

行為を瞬間的に視覚化して捕らえることの結果として，またさまざまな文の並置が生まれる*．事実，古フランス語は，主節と従属節を伴った長い総合文 période をほとんど知らない．従属節は近代フランス語に比べてはるかに少数であり，関係文や仮定文を除けばそれはかなりまれである．古フランス語は短い主節が連続する並列構文 construction paratactique の方を好む．しかしこれをあまり誇張して考えてはならない．これは単に比率の相違であって，古フランス語は決して従属文を排除するわけではない．ただその数が，のちには増加するのに比べて，少ないだけである．たとえば，『ロランの歌』ではすでに 10 ほどの従属接続詞が用いられている：ainz que「…する前に」，des que[26] (=pendant que「…の間に」), mais que (=pourvu que「…さえすれば」), puis que (=après que「…のあとで」, puisque「…だから」), quant (=lorsque「…の時に」, puisque「…だから」), tant que (=aussi longtemps que「…する限り」, autant que「…と同じくらいに」), tres que (=jusqu'à ce que「…するまで」). しかしそれでもなお，古フランス語が，近代フランス語なら好んで主節に従属節を続けるところを，単なる並置によって表現することは事実である．並置というより多くの場合，対立という方がより正確かもしれない．たとえば: « Et bien vos poist, si i iroiz.» (=bien que cela vous soit désagréable...「あなたにとってそれが不愉快だとしてもあなたはそこへ行くだろう」.) あるいはまた，近代フランス語が « Je regrette qu'il soit malade.»「彼が病気なのは残念だ」と言うところを，古フランス語は « Est malades, ço me poise.»「彼は病気である，それが私を悲しませる」と言う．

---

* 私の考えでは，フォスラー K. Vossler がこれらの事実から引き出している結論(彼の書物の 50 ページ)は極端すぎると思われる．『ロラン』の作者は事実の一般的描写からは決して物語を始めないと彼は主張しているのだが，しかしそれは間違いである．たとえば第 110 節 (1412 行以下): La bataille est merveilluse et pesant / Mult bien i fiert Oliver e Rollant / Li arcevesques...「戦いはすさまじく，苛烈である．オリヴィエとそしてロランは実によく戦う．大司教は…」を参照．

このように古フランス語は従属文よりも並列文を好むのであるが，これはまた民衆語の性格の一つの特徴である．それは散文に，何かきびきびした印象を与えるが，同時にまたこま切れの感じも起こさせる．この切れ目の多い文体は，ヴィルアルドゥアン VILLEHARDOUIN[27] やロベール・ド・クラリー ROBERT DE CLARI[28] を初めとして，すべての散文作家において見いだされる．ヴィルアルドゥアンの次の文を参照すること(ブリュノ BRUNOT〔『フランス語史』〕第1巻，356ページから引用)：《Et vinrent a une cité qu'on apeloit la Ferme ; la pristrent, et entrerent enz, et i firent mult grand gain. Et sejornerent enz par 3 jorz, et corurent par tot le païs, et gaaignierent grans gaaiens, et destruistrent une cité qui avoit nom l'Aquile.》「そして彼らはラ・フェルムと呼ばれる町に来た．それを占領し，市中に入り，そこで大きな戦利品を得た．そして市中に3日のあいだ滞在した，それから国中を駆けめぐり，多数の戦利品を得た，そしてアキルという名の町を破壊した．」これらの文は，その一つ一つが現実のほんの一断片を喚起するにすぎず，あたかも偶然に，でまかせに投げ出されたかのようである．

表現手段の具体的性格

叙　法

　動詞と名詞のさまざまな形が大きな独立性を保持していることをわれわれは見たのだが，その結果古フランス語では他の時代に比べて，これらの形自体がより多くの可塑性 plasticité と表現力を持つことになる．たとえば接続法は，現在では多くの場合内容の空虚な形にすぎない．それを用いるかどうかは何かしら全く外的なものに依存する．たとえば思考と発言の動詞のあとで，もしこれらが肯定形に置かれていれば直説法が用いられ，従属文の内容が現実か非現実かは考慮されない．たとえその意見が間違いであっても，《Il dit que nous avons menti.》「彼はわれわれが嘘をついたと言っている」と言われる．しかし古フランス語ではそうではなかった．《J'ai creü que vous fussiez de bone foi.》(*Châtelaine de Vergi*, v. 160〜161)「あなたが誠実な方だと思っていました」(『ヴェルジー城主の奥方』160〜161行)；《Chascuns qui veit dist qu'il seit morz.》(*Rou*, 1, 585)「見た人は誰も彼が死んだと言った」(『ルー』1, 585)と言う．実際には「あなた」は誠実ではなかったし，「彼」は死んではいなかったのである．したがって，ここで接続法か直説法のいずれを用いるかによって，思考の微妙な違いが表わされていたわけであって，それはもはや今日では存在しない．近代フランス語

に比べて，古フランス語の接続法にはなお，その表現力と具体的価値が完全に保たれている．

このように古フランス語は，接続法の価値について極めて鋭い感覚を持っていた．そこで叙法と時称が著しい対照をなしていることを確かめてみると面白い．すでに見たように，時称の価値についてはかなり漠然とした観念しか存在せず，時称は遠近法のために，つまり事実と行為の年代順(クロノロジー)を整理するためには用いられなかった．それだけに一層，現実性と非現実性，疑わしいものと確実なもの，相対的な価値しかないものと絶対的価値を持つものの間の区別が明らかにされたのである．行為の価値や意味や重要性が，話し手の目には明確に現われ，その表現の色合いが接続法か直説法かというこの微妙な選択によって異なってくる．そのため，古フランス語の時称と叙法の間には大きな相違があった，むしろ完全な対立があったとさえ言うことができるのである．近代フランス語では反対に，時称の観念が極度に正確であるのに対して，叙法の観念は極めて漠然としたものになっている．

身振り

表現手段のこの強度の視覚性，この具体的性格が，この時代のもう一つの一般的特徴を構成している．なお幾つかの例をあげてそのことを説明しよう．古フランス語は近代フランス語に比べて，確かに身振りが派手であった．表現のなかにはそれに伴う身振りを考えなければ理解できないものがある*．たとえば：《Tant soit granz, jo le veintrai.》「彼がそんなに大きくても，私は彼を打ち負かすだろう．」この文は2つの主節から構成され，初めの節はもともとは願望を表わしている．最初の語の tant は身振りを伴っていたのである．

同じような理由から，武勲詩には冠詞の代わりに指示代名詞が使われる場合が多い．『ロランの歌』，1032 行以下：Luisent cil elme... / E cil escuz e cil osbercs safrez / E cil espiez, cil gunfanun fermez「その兜(かぶと)がきらきら輝く，そして楯も金襴の鎖かたびらも，また矛(ほこ)も穂先につけた吹き流しも」を参照すること．これらの指示代名詞は，近代フランス語ではすべて冠詞で翻訳しなければならない．これらの詩句は，物語を生き生きと描いて聴衆を魅了し，熱狂させようとする旅芸人が朗誦したのである．ここに散りばめられている指示代名詞は，光

---

* ロマッチュ氏 LOMMATZCH の研究『古フランス語における指示的要素』 *Deiktische Elemente im Altfranzösischen* (『ロマン語学文学研究の主要問題』 *Hauptfragen der Romanistik*, 『ベッカー記念論文集』 *Festschrift f. Ph. A. Becker*, ハイデルベルク, 1922 年)を参照.

り輝くこれらすべての武器の間接的な再現であると言ってよい.

　同様の指示的要素は《Amis, et je l'otroi.》「友よ,私はそれに賛成します」の表現にも見いだされる．この呼びかけの語に重みをつけるために，接続詞の et を入れて文の他の部分から分離している．これによって呼びかけの語 amis は, ほとんど, 完全な一つの文が持つ力と浮き彫りを与えられているわけである.

強さの表現としての再帰動詞

　古フランス語のこの具体的な性格は，さらにまた再帰動詞にも現われている．今日では再帰形は主語の上に行為が再び帰ることを示す：《Je couche mon enfant.》「私は子供を寝かせる」,《Je me couche.》「私は寝る」；《Je lave le linge.》「私は下着を洗う」,《Je me lave.》「私は(身体を)洗う」など．ところが古フランス語は，もう一つ別の再帰代名詞の用法を知っていた：《Dunc s'aparut li jorz tuz clers.》(BENOÎT DE STE-MAURE)「そのとき明るい日が現われた」(ブノワ・ド・サント=モール)；《Ore s'an est fors issue.》(CHRESTIEN)「そこで彼女はそこから外に出た」(クレティヤン)；《Ore s'en rit Rollanz.》(Roland)「そこでロランがそれを笑う」(『ロラン』).

　これらのいろいろな例で，動詞の意味は，代名詞があってもなくても (an est issue など)同じである．しかし，再帰代名詞を用いて，主語が行為に対して自分の全力を，あらゆる活動力を投入していること，彼がそれに特別の関心を抱いていることが示されている．再帰代名詞は動詞に特殊な強さを与えるのである．なおこのような強さの表現は，イタリア語では今日まで保存されている (《Godo del sole.》,《Mi godo il sole.》「私は太陽を楽しむ」).

比喩に富んだ言い回し

　古いフランス語は色彩の鮮やかな言語であって，直接的な再現を好み，聞き手の知能よりもむしろ感覚や想像力に訴える言語であることがわかるのであるが，しかしこれは何も不思議なことではない．それはこの言語にはまだ，文学的な伝統がなかったからである．そこにはまだ庶民的起源の跡が残されている．たとえば装飾として用いられている比喩や比喩的な言い回しを調べてみよう：「骨折り損をする，むだ骨を折る」の意味で batre Seine「セーヌ川をたたく」, peser le vent「風の重さを計る」, semer en gravele「砂利に種をまく」と言う．「自分の行動に自信を持っている人」のことを《Cuide tenir Dieu par les piez.》「神の足を押さえていると彼は思っている」,「だます」ことを vendre vessie por lanterne「膀胱をランプと言って売る」,「卑下する，謙遜する」意味で faire es-

4. 古典期の古フランス語

tain de son or「自分の黄金で錫を作る」と言う．また，話し手の好みや評価がそれとわかるような用語が好んで作られる．たとえば，酒飲みは《Quel outre-vin !》「なんとすごく上等の酒だろう」（これはそれなりに19世紀の surhomme「超人」を予想させる）と叫ぶだろうし，想像をはるかに越える喜びは passejoie「法外な喜び」となる，など．——どんな民衆語でも同じであるが，古フランス語も類語反復 tautologie を好む．一つの表現にその類義語を加えて強調するのを好むのである．こうして一種の最上級が作られる．たとえば fol et musart「気違いでばかな」，lié et sain「陽気で健康な」，mener et conduire「導き案内する」，sovent et menu「頻繁に迅速に」，vieil et antif「古くて昔の」など．頭韻 allitérations もまた非常に多い：sain et sauf「無事につつがなく」，tempre et tart「遅かれ早かれ」，ne rime ne raison「むちゃくちゃに」，de lonc et de lez「遠く広く」，poi et petit「わずかで少ない」，ne pain ne paste「パンもパイも」．庶民はまた比較を用いて断言し強調する欲求をいつも感じている．そこからたとえば，vrai come patenostre「主禱文のように真実の」，plus vert que fueille d'ierre「きずたの葉より緑の」，plus amer que suie「煤より苦い」，plus ivre que sope「ぶどう酒に浸したパン切れより酔っぱらった」のような比較表現が無数に生まれる．庶民の想像力は否定を強調する場合にもまた極めて豊かである．ラテン語から受け継いだ虚辞的否定辞：goutte, mie, pas, point〔50ページ参照〕はすでにその表現力の一部を失ってしまっていた．そこで今度は庶民は，ne prisier une amende「アーモンド一個にも値しない」と言い，同様に areste「魚の骨にも」，beloce「野生の西洋すももにも」，biset「えんどうにも」，bufe「つまはじきにも」，cime「梢にも」，cincerele「小さな蝿にも」，clo「釘にも」，dent「歯にも」，don de sel「塩の施こしにも」，eschalope「かたつむりの殻にも」，flocel de laine「羊毛の房にも」，fraise「いちごの実にも」，fusée「棒にも」，hututu「かんなくずにも」，mince「若芽にも」，more「桑の実にも」，nieule「雲にも」，penaz「鶏冠にも」，plomee「鉛つき棍棒にも」，rostie「炙り焼きしたパン切れにも」，siron「シロン〔一種のゲーム〕にも」，trait de croie「白墨の線にも」値しないと言うであろう．

ラテン語の影響

文字を書くことができ，その伝統を守ってきたのは聖職者と役所の写字生であった．もっともこの後者も多くの場合聖職者であった．彼らによって多数のラテン語の用語が次第にフランス語の中に導入されたことは極めて当然である．ま

ず初めに宗教語彙がその影響を受けた．たとえば救世主の生涯の大きな出来事の名称はラテン語から借用された：résurrection「復活」，ressusciter「復活させる」，crucifix「キリスト十字架像」（初めは crucefis という古フランス語にもっと適応した形であったが，のちに他の多くの語と同様に再びラテン語の形に近づけられた）．神に付与される特性についても同じである：omnipotent「全能の」，trinité「三位一体」，déité「神性」（この語は，この時代には humanité「人間性」とはっきり対立する．フィリップ・ド・タン PHILIPPE DE THAON[29] の次の詩句を参照すること：Sulunc humanitet; Nient sulunc deitet「人間性に従って，神性に従ってではない」），majesté「尊厳」（この語が国王に用いられるのはもっと後代になってからである），createur「造物主」．聖職者たちがキリスト教的人生観を消滅させないようにどれほど努力したかは，語彙によって知ることができる：componction「悔恨」，confession「告解」，consolation「慰め」，contrition「痛悔」，corruption「堕落」，déprécation「禍を免れるための祈り」，dilection「慈愛」，grâce「恩寵」，rédemption「救い」，religion「信仰」，rémission (des péchés)「免罪」，salvation「救霊」を参照．なお，ドイツのベネディクト会の修道士たちに比べると，フランスの聖職者たちの努力はまだ劣っていたような気がする．ドイツの修道士たちは多くの場合，彼らの母国語の宝庫の中から，Zerknirschung「悔恨」，Beichte「告解」，Trost「慰め」，Gnade「恩寵」，Erlösung「救い」などのような，キリスト教の救いの偉大な真実を表わすことができる表現を捜し，見つけ出したからである．祭儀そのものも多数のラテン語の用語を含んでいた：adorer「礼拝する」（古い aorer に代わって用いられた），alleluie「アレルヤ誦」（のちにさらにラテン語化されて alléluia となる），calice「聖盃」，célébrer (une fête)「(祭典を) 執り行なう」，procession「行列」，sacrement「秘跡」，sépulcre「聖墓」，testament「聖約」，solennité「盛儀」．

　宗教の教えは，いつの時代でも道徳的教訓に達するはずである．キリスト教徒の倫理，少なくとも倫理に関する理論はすべてその信仰に由来している．したがってまた，これらの観念が聖職者たちの教えの影響を受けたとしても当然である．patient「忍耐強い」，patience「忍耐」，superbe (=orgueil)「尊大な」，perfide「不実の」，vanité「虚栄」（初めは「つまらぬこと」の意，ことに vanitas vanitatum「空虚の中の空虚」の表現において），juste「正当な」，avare「欲深い」（これが古い aver に代わる），tribulation「苦悩」，humilité「卑下」，miserie「惨めさ」（のちに misère になる），illusion「錯覚」（初めは「嘲笑」の意），vitupérer「批難する」のような語を参照すること．――聖職者，ことに修道院の修道士たちはまた，かなりの困難を感じながらも，古代が持っていた知識の記憶をと

4. 古典期の古フランス語

もかく保存していた人たちであった．たとえば暦の日付の計算にその知識が用いられた．ここに solstice「(夏至・冬至の)至」, équinoce「昼夜平分時」(のちに équinoxe となる), calendier「暦」(のちに calendrier となる), occident「西」, orient「東」が由来している．

　典礼の影響は民衆起源の語の中にまで現われる．ことにそれがまだラテン語に近く，同一の語であることが見分けられる時にはそうである．たとえば古フランス語の esvanir「跡形もなく消えうせる」が，ラテン語の動詞 evanescere に相当する語であることは誰でも知っていたが，このラテン語動詞のいずれかの形が教会で発音されるのを人びとは耳にしていたからである．そのうちの一つの形がとくに頻繁に庶民の耳に響いた．それはキリストの昇天を語る文句，《Et ipse evanuit ex oculis eorum.》「こうして彼らの見ている前で彼の姿は見えなくなった」の中にある．司祭はガロ・ロマン語の流儀でこの語の最後の音節にアクセントをつけて発音した．これが手本となって esvanir は esvanouir に変わったのである．こうして聖書は教会用語以外にも著しい影響を与えた．聖書の最も古い翻訳を見ると，司祭たちが聖書を説明する時に，原文とあまり違ったものになるのを恐れていたことがわかる．たとえば1120年頃に翻訳された最も古い2つの詩編集は，しばしば本当の翻訳というよりはむしろ単なる語の置き換えと言うべきものと思われる．たとえば『ウルガータ聖書』が《Exterminavit eam (scil. vitem) aper de silva.》「林のいのししはこれ(＝ぶどうの木)を荒らした」と言っているところが，詩編集では《Extermina la li vers (=le sanglier) de la selve.》となり，あるいはまた substantia mea「私の財産」は la meie substance で表わされている．この戸口を通って，exterminer や substance やその他の多くの語がフランス語の中に入ったのである．escabeau「足台」という語は恐らく『ウルガータ聖書』の中に，大地が神の「足台」(scabellum pedum meorum「私の足台」)と呼ばれている箇処がたくさんあることから出たものであろう．聖書の権威と教会で儀式の行事を聞くことから，宗教的領域には属さないとしても教会で頻繁に耳にされる多数の語が，こうしてフランス語の中に導入されることになったのである．

文明と言語に及ぼした南フランスの影響

武勲詩の言語と聴衆

　われわれは古フランス語の本質的な幾つかの特徴を明らかにしたが，それはすでに見たとおり，何よりもまず民衆語であった．もっとも11世紀の末以来，か

なり豊かな連続した一つの文学が存在したことは事実であり，それは武勲詩であった．しかし旅芸人(ジョングルール)たちがその目の前でこれらの詩を吟じた聴衆は，巡礼や戦士たちであって，つまり優れた文明の上品さなどは皆目わからず，味わうこともできないような聴衆であった．したがって，旅芸人たちは民衆の言語にかなり近いことばを使い，詩句に優雅な形を与えることには大した努力を払わなかった．彼らはせいぜい表現に強さを求めるだけで，しかもそれを本来の源，つまり民衆語の中から汲み出すのであった．民衆は桁(けた)はずれのことを聞くのを好む．想像を超える力と勇気を持った英雄の話を聞くのを好むのであった．彼らは物語の中で，途方もなく大きなスクリーンに自分の姿が拡大して映し出されるのを見ることができれば，喜んで耳を傾ける．しかし作中人物の心理が自分たちと違っていれば，もうそんな話などを喜ぶはずはなかった．

宮廷風詩(クールトワ)

言語の形を定め，微妙なニュアンスで言語を豊かにする必要が感じられるようになるには，これとは別の聴衆，異なった環境がなければならなかった．自分の言語をもっと練り上げたいという願いを起こさせたのは，宮廷風詩 poésie courtoise の功績であった．クレティヤン以前では，詩人たちの言語にはまだ多くの場合なにかごつごつしたところがある．彼らはまだ，言語に備わっている手段のすべてを知りつくしてはいなかった．彼らの努力は何よりもまず，物語の内容に向けられていた．クレティヤンとともに詩もまた言語に関して創造者となるのである．

周知のように，この新しい時代はある程度まで南フランスの影響から生まれた．より洗練された文化と，より柔和でより文明化した風習の理想は，南部のフランスからやって来たのである．われわれは南フランスと北フランスの仲介者となった幾人かの人物を知っている．最初の吟遊詩人(トルーバドゥール)であるポワトゥーのギヨーム9世 GUILLAUME IX DE POITOU[30] の孫娘，エレオノール・ダキテーヌ ELÉONORE D'AQUITAINE[31] は2度目の結婚で，アンジュー伯でイギリス王のプランタジュネット家のヘンリー2世 HENRI PLANTAGENET の妃となった．彼女の娘の2人がフランスの親王と結婚した．アリス ALIX がティボー・ド・ブロワ伯 THIBAUT DE BLOIS と，マリ MARIE がアンリ・ド・シャンパーニュ伯 HENRI DE CHAMPAGNE とである．この2人によってそれぞれの新しい宮廷に，文学趣味や微妙な感情，自由で洗練された生活への好みがもたらされた．マリの被保護者がまさにこのクレティヤンであった．彼とともに文学の中に異なった文体の理想が導入されたことが理解できる．

フランス文学に及ぼした南フランスの影響には,言語に対する影響も伴っていた.ここでは宮廷風詩によってフランス語に導入されたプロヴァンス語を幾つかあげるにとどめよう: abelir (=plaire「気に入る」——プロヴァンス語 《 M'es bel.》=Cela me plaît.「私はそれが好きだ」), ballade「バラード」, jaloux「嫉妬深い」(＜プロヴァンス語 gelos), amour「恋」(これに対して ameur の方は意味が退化して,しまいには動物の発情の意になる).なおのちには,プロヴァンス語の影響は一層強くなる.アルビー派 Albigeois の敗北[32]の結果,ラングドック地方はフランス王領に併合されることになり,この時期以来多数の語がフランス語の中に入った.フランス語に地中海沿岸の生活に関する用語が豊かになったのは,ことにプロヴァンス地方とラングドック地方を通じてである (asperge「アスパラガス」, artichaut「朝鮮あざみ」, yeuse「うばめがし」, orange「オレンジ」など).

5. 外国におけるフランス語

11世紀の末以来フランス語は連綿として途絶えることなく,文学語として書かれ,用いられてきた.それがヨーロッパにおいて並外れた威信を獲得するには2世代の間で十分であった.いろいろな理由からフランス語の知識が全ヨーロッパ大陸に,さらにその外にまで広まった.いたるところでフランス語はその優雅さ,柔軟さ,他のどんな言語にもまさる上品さを認められる.外国人たちが,なかでもとくにイタリア人がフランス語で書くことを始める.たとえば,ダンテ DANTE の師であるブルネット・ラティーニ BRUNETTO LATINI[33] は,1260年頃に一種の中世の百科辞典,『宝典』Tresor を編纂したが,彼はこれをフランス語で書いた.それについて彼は次のように弁明している:《 Et se aucuns demandoit por quoi cist livres est escriz en romans, selonc le languange des François: l'une, car nos somes en France; et l'autre porce que la parleure est plus delitable et plus commune à toutes gens.》「そしてもし誰かがなぜこの書物がロマン語で,つまりフランス人の言語によって書かれているのかと尋ねるならば,その理由の一つはわれわれがフランスにいるからであり,そしてもう一つはこのことばが最も魅力があり,あらゆる人にとって共通のものであるからである.」彼と同時代の多くの人も同じ判断を繰り返している.マルコ・ポーロ MARCO POLO は1298年ジェノアの牢獄で無聊に苦しんでいた時,ダッタン地方や中国の旅行記をフランス語で口述したのであった.

この威信は何にもとづいていたのか．まずそれはフランス文学に，つまりほとんどすべての国々で筆写され，翻訳され，模倣された武勲詩と，とくに宮廷風物語ロマン・クールトワによるのである．次に忘れてならないのは，早くから多数の外国の学生を引き寄せて，フランス語の普及に貢献したパリ大学である．最後に，この文学の隆盛期は大きな軍事的・政治的拡張の時期と一致していたということである．

イタリア

イタリアではフランス文学の影響は極めて大きかった．シャルルマーニュ物語やブルターニュの題材と呼ばれた一連の物語が急速にイタリア半島に浸透し，強く根を降ろして人びとになじみ深いものにさえなる．北イタリアでは，フランス語にかなり近い方言が話されているが，文学語としてフランス語とプロヴァンス語とイタリア語のいずれを採るかしばらくのあいだ躊躇された．ピエモンテ地方 Piémont では，サヴォワ地方との密接な関係のために，トリノ Turin の宮廷の言語としてフランス語が公用語にさえなった．多数のフランスの詩がイタリアで，混合語や少なくともイタリア語法だらけの言語で写された（『ロラン』Roland[34]，『ブオヴォ・ダントナ』Buovo d'Antona[35] など）．フランコ・イタリア語 franco-italien と呼ばれる半ばフランス語，半ばロンバルディア語の人工的な方言――これには二三のテキストしか残っていない――さえ生まれたのである．ナポリにおいても，シャルル・ダンジュー CHARLES D'ANJOU がホーエンシュタウフェン家 Hohenstaufen から王位を奪った時，国王の行政上の言語はフランス語になった．フランス語はここでおよそ半世紀にわたって維持されたが，恐らくナポリ Naples の市民や商人たちもしばらくの間はフランス語を話していたに違いない．

東洋とギリシア

11世紀の末，ことに12世紀になってから，十字軍 croisades によってフランス語は東洋にまでもたらされた．周知のように西洋諸国のこの共同事業に，フランス人は圧倒的な役割を果たした．そのためフランス語はこれらの征服された国国の公用語・法律語となった．しかし征服は長くは続かず，やがてフランス語は消滅した．フランス語が力をふるうことができなかったのは，一つはその目の前に，より高度の文明が存在していたからであった．アラブ人とギリシア人はフランス人より文明が進んでいた．そのため彼ら固有の言語が守られたのである．アルメニア語 arménien にはなおフランス語の影響の幾つかの痕跡が残されている．しかしそれはアルメニア人が共通の信仰を奉じていたおかげで，十字軍兵士たちの同盟軍であったからである．

第4次十字軍 (1204年) ののち，コンスタンチノープル Constantinople とギリシアに残されたフランス語の運命も同じようにはかないものであった．ただキプロス島 Chypre だけがフランス語からより深い影響を受けたが，それは3世紀にわたってこの地がフランスの王朝，リュジニャン家 Lusignan[36] の支配下にあったからである．1489年にこの島はヴェネツィア領となり，フランス語の影響は途絶えた．

イギリス

イギリスほどフランス語がその国語となる機会に恵まれた国はほかにどこにもなかった．ヘースティングズ Hastings で勝利をおさめたのち，ウィリアム征服王 GUILLAUME LE CONQUÉRANT は彼につき従ったフランスの諸侯にこの国を分け与えた．しばらくの間フランス語は英語を圧倒した．12世紀の後半，マリ・ド・フランス MARIE DE FRANCE[37] や他の多くの作家たちが著作を続けていた頃，英語は文学語としてはほとんど消滅したように見えた．しかもフランスからの移民が征服後も長いあいだ引き続いて行なわれていたために，英語にとってフランス語は一層恐ろしい競争相手であった．ただしかし，1203年にフィリップ・オーギュスト PHILIPPE AUGUSTE[38] がノルマンディー地方とアンジュー地方を没収した時，イギリスのノルマン人植民地とフランスとを結びつけていた絆が断ち切られた．この事件でイギリスにおけるフランス語の地位が大いに弱まったのである．2つの言語は14世紀の中葉までほぼ同じ状態のまま維持される．1300年には，まだ『正義の鏡』Miroir de Justice は「一般の人びとに最もよく理解される」le plus entendable au common people ことばとしてフランス語を選んでいる．そして貴族たちは海の向こう側から持って来た彼らの言語を絶えず使い続けていたのである．クレシー Crécy の勝利者，国王エドワード3世 EDOUARD III[39] は，儀式の席上で英語の文章を正しく発音することさえできなかった．しかしこの同じ国王のおかげで英語は決定的な勝利をおさめることができた．このクレシーの戦い (1346年) が百年戦争の始まりとなり，この戦争によってわずかの間にイギリスにおける2つの文明，2つの民族の完全な融合がもたらされたのである．しかしそれはフランス語を犠牲にして初めて可能であった．フランス語は急速に日常の使用から姿を消すことになる．ただ周知のように，裁判所では18世紀にいたるまでフランス語が維持され，また今日でもなお，« Le Roi le veult.»「国王がそれを望む」というきまり文句で，国王は法律を認可するのである．英語に採り入れられたおびただしい数のフランス語についての歴史を書く仕事は，英語学者にまかせよう．

こうしてフランス語は，イギリスで英語と並んで3世紀間，生き続けたのである．イギリスほどに，この第2の国民語を正しく話すことを学ぶ必要が痛感されたところは他にどこにもなかったろう．その結果，フランス文法の研究はイギリスで生まれることになった．14世紀に数冊のフランス文法の理論的手引き書が書かれる．13世紀の末頃にゴーティエ・ド・ビベスワース GAUTIER DE BIBBESWORTH[40] がフランス語の単語の膨大な記録簿を作成した．これがフランス語辞書編纂の始まりである．ついで旅行者のための会話の手引きが書かれた．最後に1400年頃にジーン・バートン JEAN BARTON[41] が『フランス語のドーナートゥス』*Donait françois* を出版する．それゆえ，フランス文法はフランスで生まれたのではない．フランス人が自分の言語の文法に興味を抱き始めるのは16世紀を待たねばならない．

ドイツとネーデルランド

　ドイツは武勲詩とブルターニュ物語 romans bretons を大歓迎で受け入れた．12世紀と13世紀にはフランス文明の影響はドイツにおいてこの上もなく強大であった．中世高地ドイツ語の語彙にはその影響の多数の痕跡が見られる．とくにフランス語がしみ込んでいるのは宮廷風(クールトワ)のことばであり，次に封建組織の用語 (baron「諸侯」, prinz「君主」, vassal「家臣」), 軍隊組織，装備 (panzer「甲冑」) などである．ドイツ語は幾つかの接尾辞さえフランス語から得ている．たとえば -ieren: stolzieren「誇る」; -îe>-ei: arznei「薬剤」[42]．

　ネーデルランド Pays-Bas ではこの影響はさらに一層大きかった．中世ネーデルランド語の語彙の多くの部分はフランス語起源のものである．フランス語は統辞法の中にまで強い影響を与えている．たとえば，原因文の分詞構文 («Étant malade, il ne peut pas venir.»「病気なので彼は来られません」) がフランス語からネーデルランド語に入った．——もっとも，これらの国では，フランス語の影響が庶民の間にまでは浸透しなかったために，完全にフランス語化される危険は一度もなかったことを言っておかねばならない．

第4章　古フランス語から中期フランス語へ

1. 13世紀から15世紀までのフランス史概観

君主制と封建制

　フランスはその最初の古典期を12世紀に迎えた．この時代に作られた多数の文学作品は，封建社会の精神状態を忠実に反映している．それを見れば，一定の安定が保たれた理想的な状態に到達したという印象を持つことができる．それゆえ，この古典期と封建社会は次の世紀にまで延長され，そこでは封建社会が生み出した最も気高い人物，聖ルイ SAINT LOUIS[1] が現われるのである．しかしこの世には何一つ永続的なものはない．たとえ時おり，永続性の錯覚が抱かれるとしても，それは変化が表面に現われにくいからであって，一度その効果が明らかになると，突然の大混乱に出会った時のように人びとは驚く．

　確かにルイ9世〔聖ルイ〕のフランスとルイ11世[2]のそれとの間には，底知れぬ深みが横たわっている．13世紀と14世紀がこの国の様相を一変させてしまったのである．すでに見たように，12世紀には王の権力はまだ極めて弱く，各地方はそれぞれ固有の生活を送っていた．封建的構造は，ほとんど上下の関係しか知らず，国王を，真の力の源泉である臣下から非常に高くまた遠くに位置づけていたのである．ところが，聖ルイの後継諸王は知らぬ間に権力の拡大を図っていた．その主な手先となったのは，徐々に彼らが作り上げていた官僚組織である．官僚が王国における王の代表者だったのである．彼らが強力となり，権勢をふるえばふるうだけ一層，封建時代が専ら縦の組織であったのに対して，新しい横の組織がそれに加えられることになった．完全に地方的な，あるいは局地的な権力に対して，こうして中央の権力が対立することになる．この発展に力を貸したのは，ローマ法研究の再開であった．13世紀に学問研究の2大中心，パリ大学とモンペリエ大学が創設されたが，ことに後者が2つの法律〔ローマ法と慣習法〕の研究において卓越していた．有名となった新しい公式：「国王はその王国における皇帝である」はここから出たのである．この文には次の2つの原理が結びつけられている：1° ローマ皇帝と教皇に対する王国の独立と，2° 王国における国王の至上権，すなわち Voluntas regis suprema lex esto「王の意志は最高の法であれ」である．フィリップ美男王 PHILIPPE LE BEL[3] の，あまりにも有名な宰相ノガレ

NOGARET——彼は国王のあらゆる罪を法文を引証して正当化した——が最初はモンペリエの法学の教授であったことには理由がないわけではない．彼は，古い貴族階級の地位を奪おうとして，少なくとも現実の権力の大部分を巧妙に横領した新しい階級の代表者なのである．14世紀には，これらの新しい学校で養成された法曹家 légiste の大群が一挙にフランスを襲い，枢要な役職を占めてしまう．彼らは初めから新しい政体の鼓吹者であると同時に，奉仕者となる．法官たちがのちになって，この国の運命に測り知れない影響を与えたことは周知のとおりであるが，その根はここから出ているのである．

王権の組織

13世紀の後半と14世紀の初頭にはまた，近代国家の組織の基礎が築かれた．封建制の専ら総合的な形態から新しい分析的形態への移行が，しかもかなり急速に行なわれるのがこの時代である．封建政体はあらゆる権力を同一人物に集中させていた．さまざまな権限の間に区別を設けていなかったのである．国王とその廷臣，つまり彼の顧問官たちはどんな仕事にも区別なく従事していた．12世紀にはこの廷臣たち(クリア・レギス Curia Regis「王会」)は完全に均質のものであった．13世紀に，ことにその後半になると，その中に区分が生じ，14世紀にはほぼ自立的な団体(コルポラシヨン)に分かれることになる．それは近代の三大権である司法権，立法権，行政権に相当する．13世紀の半ば頃には，国王はしばしば特別委員会を招集したが，これは国王のために政務の準備をし，そこで得られた結論を国王に提案するためであった．しかしやがてまた，これらの委員会の権限を明瞭に区別する必要が感じられるようになり，1300年の勅令はこのような権限の分離を裁可している．政治の立法上の職務は「顧問会議」Conseil の責任であり，そこでは勅選の評定官たちが皇族たちと同じ机を囲んでいる．行政は「会計院」Chambre des Comptes に集中され，とくに財政の運用が監視される．最後に，司法団は君主制フランスの最も独創的で長続きした制度であるが，それは「高等法院」Parlement であった．もっともやがてオック語の領域に第2の高等法院が設立され，さらにのちには必要に応じて他の高等法院も作られることになったから，それは幾つも存在したわけである．しかしパリの高等法院がつねに他よりも上位の地位と権威を保っていた．

以上の組織がますます強力となったために，まず打撃をこうむったのは領地の封建制であった．群小領主たちにはもはや自己の主権を守る力がなく，日一日とそれは縮小されていった．彼らには法曹家というこの新興の連中と争う力などあるはずはなかった．封建領主で古い記録がきちんと整理されていないか，羊皮紙

1. 13世紀から15世紀までのフランス史概観　　　　　　　　　　　　　　　　*123*

を紛失した者は財産を剥奪される危険にさらされていた．なおまた都市も，大きな自由を獲得し，自治権を保持していたが，領主たちと同様に，次第にその特権的地位を失うことになった．

　最後にもう一つの制度がこの同じ時代から始まっている．それは全国三部会 Etats généraux と地方三部会 Etats provinciaux である．これは国民を政治に参加させようというフィリップ美男王の意志から生まれた．つまり彼は，聖職者や貴族たちだけでなく，のちに第三身分と呼ばれる平民階級の意見も聞いたのである．もっともそれは意見聴取というよりは，少なくともその初めにおいては，むしろ国王の大胆な政策のプロパガンダの手段であった．これらの国家の代表者たちが招集されることになったきっかけも，その最初の頃は，教皇との不断の抗争であり，聖堂騎士団の事件であり，そして絶え間のない財政の欠乏であった．事実，新しく組織された行政機関が最初に手がけた仕事の一つは，国に規則的な税金(たとえば特別税)を課すことだったのである．

社会階層

　1300年頃には不穏な貴族たちも中央政権に対して危険な悶着を引き起こすことはなくなっていた．国王の徴税処置に反対して反乱が生まれることはまだあるにはあったが，しかしこのような反抗の試みも，その地方の全力を結集できるほどの人物が指導者にいなかったために，実を結ぶことはなかった．国家の組織は今ではいたるところにその触手を張り巡らしていたが，同様のことが社会のさまざまな階層，聖職者や町人や同業組合の組織にも見られたのである．これらの組織はいまや小さな封建領土や地方の境界を越え始める．これが，国王の徴税権濫用に抗議して構成された連合団同盟 Ligue des alliés (1314年) のような，国全体を抱き込んだ同盟を組織することができた理由である．

　こうしてこの国の社会的・政治的組織は，それに先立つ数世紀とは反対の方向に発展することになった．9世紀から11世紀の間は，ますます垂直方向に組織化が進んだ．12世紀と13世紀の前半は封建制の古典期であって，そこではあらゆる関係が封建宗主から封臣へ，つまり上から下へそして下から上へと向かっていた．新しい時代は反対の方向，つまり水平の方向に向かうのである．地方の生活は重要性を失い，その結果，公的・私的生活の新しい組織が生まれ，それがことに社会階層を発展させることになる．

　あとで述べるように，言語の発展もかなり忠実にこの変化を反映している．多くの点から見て，その発展は前の時代とは逆の方向に向かうのである．

知的生活

　知的生活もまた，13世紀と14世紀には，全く新しい道をたどった．この時代の特徴は科学的研究の再開にある．まずそれはアリストテレス哲学の復興から始まるが，これはパリ大学の創設と同時代(1220年頃)に属する．12世紀と13世紀初頭の社会は武勲詩や宮廷風詩の理想的世界にうつつをぬかしていたが，今では純粋の文学はその魅力を失っていた．それに対する興味は減退し，興味の対象は他に移ってしまった．十字軍戦士の英雄的な生涯に熱狂する代わりに，人びとは物質的な成功を求めてますます激しく狂奔するのである．聖ルイは時代おくれの人物であって，人びとは賞賛するにしても見習う気持ちはあまりなかった．偉大な文学作品の美しさを賛美するだけでは，もはや新しい時代の批判的で理知的な精神に抗することはできなかった．新しい文学の力が，ことに社会批判の中に存する理由はそこにある．生活の古い地方的形態は失われた．大いなる息吹と大いなる感情に沸き立つ世紀は終わったのである．なかには郷愁を抱き，それをまるで失われた天国のように惜しむ者もいる．たとえばリュトブフ RUTEBEUF[4] の場合がそうである．またある者は同時代の人間を研究し，その弱点や粗暴な利己主義や狡猾さを描いて喜ぶ．『きつね物語』Renart や『バラ物語』Roman de la Rose[5] とともに文学はとくに風刺的になる．文学は何か推論的なもの，教訓的なものを持つようになる．これはまさに弁護士や法曹家の新しい階級が生まれた時代である．しかもこの時代は15世紀の末まで続くのである．

　けれどもまた，人生に対して異なった態度，もっと現実主義的な態度を表わし，新しい社会の基礎を受け入れる文学もある．しかしこの文学はすべて散文であって，同時代の出来事をただ忠実に記述しようとするものである．それはジョアンヴィル JOINVILLE[6] やフロワサール FROISSART[7]，とくに15世紀の無数の覚書作者たちのような年代記作者 chroniqueur である．この人びとは自分の時代を批判するのではなく，それを観察して，その正確な概念を与えようと努める．科学的精神が文学の中にまで浸透したのである．描写の技術が発達し，ますます重要な位置を占めるようになる．15世紀のフランスの小説があのような飛躍的発展を遂げたのは偶然ではない．小説の生命は，ある程度まで描写の技術にあるからである．

百年戦争

　1328年にフランスは，フィリップ美男王の息子たちとともにカペ王朝直系の血統が絶えるという不幸に見舞われた．いまや誰が王位を継ぐかが問題であった．最後の国王の妹はイギリス王と結婚していた．しかしフランスの諸侯はフィリッ

プ美男王の甥, フィリップ・ド・ヴァロワ PHILIPPE DE VALOIS[8] を国王に宣言したのである. これが発端となり, 戦争は, 2度中断されはしたが, 1339年から1453年にいたるまで続けられることになる. そして, 周知のようにフランス王が落ちぶれて, どん底の状態にあった時, ロレーヌの片田舎から出てきた少女 [ジャンヌ・ダルク JEANNE D'ARC] に助けられたのであった.

この恐ろしい戦争が, それにはさらに残忍な内乱や, 疫病や, 絶え間ない荒廃が加わって, フランスの様相を一変してしまった. 1340年には, フランスはヨーロッパの最も繁栄した国であった. その人口は2000万と評価され, 他国のそれをはるかに越えていた. それが1世紀後には国土は廃墟と化し, 国家の独立さえ失いかねない状態になっていたのである. 貴族たちの多くが新しい支配者を受け入れた. ヴァロワ家 Valois の諸王も親王采地として公領を設ける彼らの方式によって, 事態を一層複雑にしていた. 彼らは幾度も繰り返して, 国王の手に帰した領地をその息子たちに与えた. こうしてブルゴーニュ公とオルレアン公という傍系の王朝が作られることになり, 古い封建制を抑えつけたのちに, またもや王国は新しい危険をはらむことになったのである. さらにこの危険は王位についた人びとの弱さのせいで重大化した. シャルル6世[9]は狂人で, 摂政を置かねばならず, シャルル7世[10]は生まれつき臆病で, 柔弱で, 無気力な性格であった. けれども王朝はその資格がないにもかかわらず, ほとんどその意に反して救われた. 王朝が救われたのは, 庶民の目から見ると, それが諸大家や諸地方の利害を越えたあるもの, いわば国家の観念を代表していたからである. それはフランスという国の存在を示す唯一の目に見える印であった. イギリス人もオルレアン人もブルゴーニュ人もアルマニャック人も, すべてが残忍狂暴の限りを尽くして争い, いずれの党派も己の利益しか眼中になかった. 彼らは厚顔無恥にも権力の一部を横領しようとしていた. ただ国王だけが無気力なままで, 争いには加わらなかった. 荒れ狂う激情の中で国王だけが聖人であるかのように見えたのである. この無為無能, 暴力に対する恐怖が庶民の同情を買ったことは間違いない.

したがって新しい形の国民感情の誕生が百年戦争の所産であった. この国民感情は12世紀においてはことに戦士や諸侯を鼓舞したが, 今ではすべての庶民の中に, ことに下層階級の人びとの中に浸透していた. 12世紀の百姓はほとんど自分の領主以外は知らなかったが, 15世紀になると田舎の人びとはとくに王朝に味方したのである. ここから君主制の観念には民主的要素が加味されることになる. 人民は国王に味方をする. 国王も人民たちと同じように権勢家どもの暴力に苦しんだのだ. 国家と王朝はこの長い苦しい歴史の間に, いわば互いに溶接されたのである. このように国家統一の観念は上から押しつけられたのではなく, それは

国王と国民との共同作業の成果であった．危機に際して，国王には共同作業を続けるための必要な力も独立もなくなった時，国民が国王に代わり，本当に自分たちの仕事としてこの数世紀にわたる作業を続けることになるのである．1477 年にシャルル豪胆王が死んだあとに，国家の統一は決定的に守られることになった．16 世紀の初めに，一人の詩人，ピエール・グランゴワール Pierre GRINGOIRE[11] が新しいフランスのこの理想を次のように要約している：《 Ung Dieu, une foy, une loi, ung roy.》「唯一の神，唯一の信仰，唯一の法，唯一の国王．」

2. 13 世紀から 15 世紀までのフランス語

概　　観

文学フランス語の発展

　13 世紀からすでに，フランス語は国の内部で著しい発展を遂げた．ことにそれは法律文書や公文書の中にますます浸透して地歩を占めることになる．俗語 langue vulgaire による文書の作成が始まるのは 13 世紀である．なお南フランスでは，ずっと以前から行政上の言語としてラテン語は用いられなくなり始めていた．どこでもそれはまず公証人の証書から始まる．なかでもラテン語を捨てて土地の俗語を用いるのは，いつでも，どんな場合にも進歩の先頭に立つピカルディー地方の諸都市であった（ドゥエ Douai, 1204 年）．次いで現れるのは法全集である．フィリップ・ド・ボーマノワール PHILIPPE DE BEAUMANOIR[12] はピカール方言で『ボーヴェジ慣習法』 *Coutumes du Beauvaisis* (1283 年) を作成する．聖ルイの治下になると国王書記局もこの一般の大勢に従がう．1254 年以降，文書の少なくとも一部はフランス語になる．

　ラテン語がその地位の一部を失ったのは，ことにパリのフランス語がそれに代わったからである．すでに見たように，カペ朝初期の王たちは柔弱であった．パリが言語の上で威信を持ち得たのは，その政治的な力や文学の影響力よりもむしろその地理的位置のおかげである．13 世紀の末頃にパリは文学運動においても先頭に立つことになる．しかしこの場合にもまた，自身の能力によるよりも他の中心地が次第に衰えていた結果であった．トロワの宮廷の燦然たる輝きは，1285 年にシャンパーニュ伯家の家系が絶えたとき消滅する．1300 年頃にはピカルディー地方の富裕な諸都市も徐々に衰退の時期に入る．最後にノルマンディー地方も，1203 年以来すでにかつての役割を演じてはいなかった．イギリスから分離され，

2. 13世紀から15世紀までのフランス語

フィリップ・オーギュスト PHILLIPPE AUGUSTE に併合されてその文化的独立を失っていたのである．このようにしてパリは文学の中心となり，1300年以来パリの言語の覇権は確立された．フロワサールは1400年頃に作品を書いているが，語や形に方言が入り交じった言語を用いた最後の重要な作家である．百年戦争そのものも，言語的統一を破壊するはずだと思えるのに，事実は逆に統一への運動を促進した．1400年以後になると，諸方言は作家たちから見捨てられ，ますます俚語の地位に落ちていく．

言語の変形

われわれは封建社会が知らず知らずのうちに形を変えていくのを見た．また古いフランスを変化させて近代的な国家を作り上げたいろいろな事件を思い起こした．これほどの大きな変化は当然言語にも類似の変化を及ぼしたはずである．事実13世紀の初めからすでに，言語は徐々に新しい状態に移行している．しかしこれらの変化は動乱の時代になるとことに著しく目立つようになる．封建時代はヴァロワ王朝の出現とともにその幕を閉じる．同様に古フランス語の古典期以後の時代もほぼ同時期に終わるのである．ガストン・パリス Gaston PARIS は中期フランス語を1328年から始めているが，言語については恐らく14世紀の半ば頃まで下らせる方がよいであろう．なぜなら言語の発展には，百年戦争の始まりの方が新しい王朝の出現より重要な段階をなすからである．しかし言うまでもなく，13世紀に始まった変化の大部分は15世紀まで延長され，この世紀の末になって初めて完成される．フランス語が再び大作家たちの時代，一定の安定が保たれているような錯覚を与える時代に到達するのは，16世紀になってからのことである．そこで言語の記述的研究は，ルネサンス期にいたるまでは差し控えることにしよう．差し当たっては，13世紀から15世紀の間のフランス語がこうむった一般的な変化はどうかを見ることにしよう．ただしかし，われわれの用語では，13世紀と14世紀の前半を古フランス語に入れ，14世紀の後半と15世紀は中期フランス語に属させる．

音声の進化

音声の変化は，6世紀から10世紀の間に起こった変化の激しさとは比較にならないほど弱い．それは一部は前の時代の大きな変化の最後の結果であるが，しかしその大部分は新しい，前のものとは全く逆の傾向である．したがって，相矛盾する2つの動きが存在することになる．まずここで古い傾向の最後の反響を見

よう.

子音と母音の脱落

古フランス語は，たとえば唇音や軟口蓋音のような，音節を閉じる子音の大部分のものを消滅させていた (septem＞set「7」). これらの子音の最後に残ったのは s であった. s の弱化は，ことに有声子音の前にある場合に，11 世紀から始まる——英語の dine〔＜disner〕「夕食をとる」，ただし feast〔＜feste〕「祝祭」と比較すること. 13 世紀の末にはこの脱落が完了する. ただし文字の上では s は 18 世紀まで残される.

同様に非強勢の e の弱化も，ことにそれが r か l の前後にある場合には，継続される：sacramentu＞sairement (12 世紀)＞serment (14 世紀)「誓約」, derrenier＞dernier「最後の」. この e の脱落は前の時代の無強勢母音の発展の最後の結果にすぎない. もっともこの脱落は開音節にしか起こらず，閉音節では e は落ちない：vertu「美徳」. これとほぼ同じ時代に，古フランス語ではまだ残されていた語末の -e が発音から消滅する (pere＞per「父」). このため音声組織は甚大な変化をこうむることになった. 今ではもはやアクセントのない母音で終わる語が存在しなくなったからである. しかし，この指図に従わない一群の口話がある. それはフランコ・プロヴァンス語である. このためフランコ・プロヴァンス語は，今では，かつてよりさらにフランス語から離れ，反対に一層イタリア語に近づくことになる. したがって，もはやフランス語には，ラテン語から受け継いだ古い語彙財では 1 音節か 2 音節の語しか存在しなくなった. たとえば a-le-bastre のような語は今では albâtre「雪花石膏」(albatr と発音される)となったからである. 同じ発展によって，古フランス語で最後から 2 つ目の音節にアクセントがあった語は今では語末音節強勢語 oxyton となる. そしてこの型のアクセント法 accentuation だけが可能なのである. 以上が，ラテン語から新しく借用された語がつねに最後の音節にアクセントを持っている理由である (ラテン語 fácilis はフランス語で facile「容易な」となる).——また口蓋音のあとの ie が単純化されて e になるのも 15 世紀である：mangier＞manger「食べる」.

かつては音声の進化は，いろいろな時代の一般的傾向に何の躊躇もなく従ったのであるが，この時期に現われた一定の変化に対しては，今度は文学語が伝統を代表して拘束を加えることになる. 改新か伝統かのこの争いにおいて，ある時は前者が，またある時は後者が勝を占める. たとえば，formi は fourmi「蟻」となったが，fossé「溝」はそのまま残され(ある種の俚語では foussé である)，古い asparge は asperge「アスパラガス」となるのに対して，lerme は larme「涙」

となる．名詞の eür (<augurium) は，古フランス語では形容詞の meür (< maturus) と同じ母音を持っていたが，今では一方は heur「運」となり，他方は mûr「熟した」になった．

単母音化

われわれは前に 12 世紀フランス語の母音の極端な多様性を見て驚いたが，それは二重母音化 diphtongaison とわたり母音の発生による結果であった．1100 年頃に，それ以前の時代に発展したのとは逆方向の動きが始まる．二重母音や三重母音が単母音化 monophtongaison される傾向が現われるのである．たとえば，ai>ęi>ę (初めは閉音節において：maistre>mestre「先生」，のちには pais>pes「平和」においても)[13]；au>ǫ (たとえば autre「他の」，この変化は 16 世紀になって初めて完成される)；eu>œ (たとえば fleur「花」)；ue>œ (jeune「若い」，すでに 13 世紀から)；ẽi, ãi>ẽ (すでに 12 世紀から)．

母音間の子音が脱落した結果，多数の母音接続 hiatus が生まれていたが，この新しい時期になると，これらの母音接続はすべて縮約される：eage>âge「年齢」，meür>mûr「熟した」，août [u]「8月」，soûl [su]「満腹の」，faon [fã]「子鹿」，chaîne [šęn]「鎖」，gaagner>gagner「儲ける」，raençon>rançon「身の代金」，feïs>fis「君はした」．他に縮約されなかった二重母音が 2 つある．がこれらはその代わり集中化の作用を受け，その結果アクセントがあとの部分に移された：üi>üí (nuit>nuít「夜」，huí「今日」)，ói>wę́．すでに 13 世紀から estoiles「星」—eles「彼女たち」(estwę́les—ę́les と発音されなければならない)；estoit〔être の半過去 3 人称単数〕—ait〔avoir の接続法現在 3 人称単数〕(=estwę́t—ę́t) のような脚韻が見られるのである．15 世紀の後半になると，時には書法が音声の発展に従う場合がある．たとえば roe (=roi「国王」)，assavoer (=assavoir「すなわち」)．

この最後の例もまた一つの集中化の場合であって，幾つかの母音や二重母音がもともとは別個のものであったのが，たまたま出会い，同一化したのである．

cruce   >croi s「十字架」
nausea   >nǫise「物音」   } oi>wę́
credis>creis>crois「君は信じる」

子音の歴史にも同様の集中化あるいは単純化の動きが観察される：ts>s (ciel「天」)，tch>ch (charbon「炭」)，dj>j (jardin「庭」)．

形 の 進 化

　古フランス語の時代は，同一の語のさまざまな形が極めて大きな独立性を持っていることが特徴であった．名詞でも，形容詞でも，代名詞でも，また動詞でも，それが実に多様な様相を示すのを見て，われわれはいつも驚かされる．こうして同じ語が，たとえば emperere と empereour という2つの形を区別しているのである．emperere は観念（empereur「皇帝」）と同時に，この語が文中で果たす役割を表わす．つまり観念と機能(主語，被制辞など)が同時に表現されていたのである．ところが，新しい時代は一つの語のさまざまな形をますます近づける傾向を現わす．形の驚くべき多様性は類推 analogie の作用で徐々に平均化されるのである．

活 用

　動詞の形では，類推の働きには2つの方法が現われる．それは古フランス語の自由な音声的発展の結果，動詞の形は2つの方式に分かたれていたからである：

　　1° canto＞chant「私は歌う」↔ {intro＞entre「私は入る」
　　　　　　　　　　　　　　　　　dubito＞dote「私は疑う」

　　2° lavas＞leves「君は洗う」↔ lavatis＞lavez「君たちは洗う」

　つまり，同じ活用に属する2つの動詞が違った語尾を採ることがあり，他方また多数の動詞の語幹には交替が生まれやすかったのである．したがって問題となるのは，一つはあるグループの動詞が他のグループに及ぼした類推的反作用であり，他方は同じ動詞の内部に起きた平均化である．
　初めの現象について二三の例をあげよう：現在1人称単数では，chant 型の動詞は他のものよりはるかに数が多かった．したがって dote のような動詞はそちらの型に移行する（＞dot）ことが当然予想されるところである．事実この種の形は時おり見いだされる．しかしすでに13世紀から，chant は chante によって次第に取って代わられていく．どうして数の少ない方の類が他より勝ちを占めたのか．一般には数の多い方の形が他の形に勝つはずであるが，しかしそこには数学的な厳密さがあるわけではない．この理由は一つには，第2の類には絶対に変形できない一定数の動詞が含まれていた事実にある．それは entre, tremble「私は震える」などの型の動詞であった．ここに含まれている支柱母音 voyelle d'appui は，これらの動詞にとって絶対に必要不可欠のものであった．したがって相手の類の方が譲歩しなければならなかった．13世紀からすでに treuve「私は見

2. 13世紀から15世紀までのフランス語

いだす」のような形が頻繁に現われるようになる．そしてこの動きは 1500 年頃にはほとんど完成される．16 世紀にはまだ時おり je pri「私はお願いする」, je suppli「私は懇願する」が見られるが，しかしこれらは例外にすぎない．

接続法の現在においても古いフランス語には 2 つの系列があった：

chant	entre	dorme
chanz	entres	dormes
chant	entre	dorme

ここでもまた第 1 の類が第 2 類に 徐々に引き寄せられる．しかしこの動きははるかに緩慢である．なぜか．直説法では争いに巻き込まれたのは 1 人称だけであった．2 人称の chantes と entres, 3 人称の chantet と entret が形態論的に同一であることが，この動きを速めるのに大いに役立ったことは間違いない．ところが接続法では，一塊をなしている 3 つの形を一挙に変えねばならないわけである．このためこの運動は 15 世紀になっても完了しなかった．

以上の 2 つの場合では，一方の系列の形が他方を消滅させたわけである．しかしまた，相反する 2 つの系列がどちらも勝利を占めない場合もある．複数の 1 人称と 2 人称にその興味深い例が見られる．古いフランス語ではこの 2 つの動詞類にはそれぞれ 2 つの語尾があった．その一つは口蓋音のあとで生じたものである：

    1° metons「われわれは置く」 — 2° faciens「われわれはする」
       metez「君たちは置く」   faciez「君たちはする」

フランス語はこの 2 つの系列のどちらをとるか長いあいだ躊躇した．時には 1° が 2° を侵害するが，またその逆の場合もある．この争いはついに妥協によって解決された．-ons と -iens の結合から混成形 -ions が生ずるのである．14 世紀以来この形は非常に頻繁になる．

完了〔単純過去〕は 12 世紀において極めて多様な形を持っていた．それは少なくとも 8 つの型を含んでいる．これが次の数世紀の間に互いに大いに近づけられる．ある時はその原因が類推の作用であり，またある時はそれは音声の発展に助けられる．たとえば，母音接続をなす母音が同化され，そのため 2 つの完了形が統一される：

    vi「私は見た」   vëis「君は見た」   } vis, mis[14]
    mis「私は置いた」   mesis「君は置いた」}

これらの型の統一は，他のロマン語では保存されている不規則性，すなわちアクセントの変化も同時に消滅させた．——なかには完了を現在形から作り直した動詞さえある：mors「私は噛んだ」，morsis「君は噛んだ」＞mordis[15]．このように同じ動詞の内部にも統一が現われる．あるいはまた，vendiet「彼は売った」は dormit「彼は眠った」に従って vendit になる．1人称ではこの2つの動詞は同じ語尾を持っていたからである[16]．

　多数の母音交替のために古いフランス語の活用は雑多な様相を呈していたが，ここでもまた言語は大きな集中化の作用を受ける．13世紀から15世紀の間にこれらの交替の大部分は消滅する．たとえば lieves＞leves「君は起きる」，espoires＞esperes「君は待つ」，など．語尾にアクセントを持つ形が非常に多かったために，たいていの場合この形の方が優位を占めたのである．これとは逆のよく知られた一例は，動詞 aimer「愛する」の場合である．claime「私は叫ぶ」—clamons「われわれは叫ぶ」は clame—clamons となったが，しかし aime「私は愛する」—amons「われわれは愛する」では初めの形の方が勝利をおさめた．それは，この動詞の活用がことに単数の1人称と2人称で用いられるからであった．——幾つかの交替は保存され，今日までそのまま残された．それは pouvoir「できる」，vouloir「欲する」，tenir「保持する」，venir「来る」などの極めて頻繁に用いられる動詞で，そのすべての形が話し手の記憶に明瞭に刻み込まれているために，このような贅沢が許されたのである．

　なおこの時代においても，幾つかの新しい交替が生まれていることを黙過することはできない．無強勢の e が脱落したために apele「私は呼ぶ」—apelons「われわれは呼ぶ」には区別が生まれて apęl—aplọ となった．これらの交替は矯正されずそのまま残されたが，しかしその数は活用が統一された動詞に比べればはるかに少ない．そこで一般には，活用において集中化の動きが極めて大きな発展を遂げたと言ってよい．

　　曲　用

　このような動きは，曲用においても同様に顕著である．あらゆる形を一様化しようとする努力が払われるのである．たとえば所有代名詞を見よう．古フランス語では，女性形は男性形と対立し，また2人称と3人称が1人称に対立していた：

```
mien「私のもの」← tuen ← suen
 ↑
moie ←―――――― toue ← soue
```

　類推によってこの4つの型のうち3つが除去される傾向が生まれる．13世紀に

2. 13世紀から15世紀までのフランス語

は toue, soue に代わって toie, soie が用いられ始める (リュトブフ). しかしこの動きが完成される前に, 今度は mien が他の代名詞, 他の人称形, 同様にその女性形もみずからに引き寄せ始める. ここから近代フランス語の統一化された所有代名詞が生まれるのである:

mien tien sien
mienne tienne sienne

もっとも15世紀には, まだ時おり moie (シャルル・ドルレアン CHARLES D'ORLÉANS[17]) のような古い形が見られるのは事実であるが, しかし新しい体系の勝利は決定的になる.

形容詞では, 古フランス語には男性と女性を区別するものと, どちらにも同一の語尾しかないものの2つの類があった: 1° bon—bone「良い」; 2° grant「大きい」.

第1類の方が数が多く, 次第に第2類を引き寄せる. それは人物に関する形容詞から始まった. すでに12世紀には douce amie (=chère amie「親しき女友達よ」) が見られる. しかしこの動きは16世紀になって初めて完成される.

graignour「より大きい」, pesme「最も悪い」のような, 幾つかの総合的な比較級と最上級も消滅する.

幾つもの意味を持った形があると, それらを分化する努力がなされる. たとえば, 比較級の plus grant「より大きい」は同時に最上級としても用いられたが [101ページ参照], 今では最上級には冠詞を前置することで比較級と区別されるようになる: le plus grant「最も大きい」.

数形容詞では, 序列数形容詞は次第にその独立性を失う. quart「4番目の」や quint「5番目の」などの語は孤立した語であって, 互いの意義上の親族関係を示すものは何一つない. 1300年以来これらの語は, 序列数形容詞を長い系列に配列する新しい構成法に席を譲ることになる: quatrième「4番目の」, cinquième「5番目の」など*.

このようにいたるところで同じ傾向, つまり, 形の集中化と, 以前に比べてより明確な分化と境界画定 délimitation が見られるのである.

最も重大な出来事は恐らく2つの格を持つ曲用の喪失であろう. この喪失をどう説明すべきであろうか. それは体系に重大な欠陥があったからである. まず主格と対格の区別をしない多数の名詞が存在した: pere—pere「父」, rose—rose

---

*　この接尾辞の起源については, ジリエロン GILLIÉRON『フランス文献学雑誌』*Revue de philologie française*, 32, 101 以下を参照.

「ばら」．これらの形の類推が2つの格を備えた名詞を圧迫し，そこで動揺が起こり，次第に格の観念をぐらつかせることになった．さらにこれに語末子音が無声化し始めた事実が加わる．この語末子音の脱落は，それだけでは曲用の崩壊を説明できないだろうが，それに力を貸したのである．

　曲用は13世紀にはすでに動揺していたように思われる．そして14世紀の初めには，口頭言語ではもはやそれは存在しなかったと言ってよい．書記言語ではまだ長い間 -s を採る格と採らない格が漠然とした記憶として保存され，15世紀の著作ではこの -s はでたらめにつけられて，le bon homme「善人」に対する le bon homs や le crueus dangier「ひどい危険」のような互いに矛盾する結合が見られる．テキストにはこのような混乱の例が無数に現われるのである．16世紀の初頭にいたって初めて，人びとはついにあきらめて，書記言語にもこの口頭言語の発展を認めるようになり，間違った -s だらけの書物を書くのをやめるようになる．

統辞法の進化

構文の自由の喪失

　この変化は，ただ屈折に対してだけではなく，統辞法にとっても同様に，極めて重大な結果をもたらしたはずである．12世紀には事実，文は極めて頻繁に直接被制辞で始まった．ところが，2つの格の区別がなくなったために，当然フランス語は構文の自由も失わねばならなくなり，14世紀以後には文中の位置が主語と直接被制辞を区別する唯一の方法となる．こうして被制辞―動詞―主語の構文は甚大な打撃をこうむることになった．『ロランの歌』では，この構文はまだ文全体の中で42%を占めているが，この比率はジョアンヴィル(13世紀末)になると11%に落ちる．したがって主語と被制辞を区別するのは，もはや屈折ではなく，統辞法上の方法である．しかし，主語と被制辞を区別するこの新しい方法がどうしても必要となるのは，ただ混乱が生ずる恐れのある場合だけである．この理由から，フィリップ・ド・コミーヌ Philippe de COMMYNES[18] はまだ《Peu d'espérance doivent avoir les pouvres et menus genz.》「哀れな貧しい人びとはほとんど希望を持っていないに違いない」と十分言い得たわけである．15世紀の散文の著作には，《Un autre parlement assembla ce duc.》「この公爵はまた別の評定を開いた」といった文がたくさん現われる．この語順が，統一の名のもとに，文の理解には何の危険もない場合でも禁じられるようになるのは，17世紀に入ってからにすぎない．――しかしこのように語順を固定する必要は，動詞に対

して再び重大な結果を及ぼすことになった．12世紀には，一般に，動詞は文の第2の位置を占めていた．つまり動詞は文を支配していたのである．ところがいまや動詞はこの位置を主語に譲ることになる．12世紀には《*Maintenant s'agenoillent li six message.»「即座に6人の使者はひざまずく」と言ったであろう．だがジョアンヴィルは《Maintenant li six message s'agenoillent.»と書いている．こうして動詞は古いフランス語の古典期に占めていた支配的な位置を少しずつ失っていく．新しい時代は封建時代古典期に比べて熟慮反省と計算に熱心であって，このように動詞に中心的な位置を与える必要を感じなかったのである．

言うまでもなく，この発展は，結果として前置詞構文には有利に，そして単なる並置によって関係が示される構文には不利となった．15世紀の末までは，前置詞なしの被制辞には所属を示す機能が残されていた：Robert filz Philippe「フィリップの息子ロベール」；Marguerite seur Philippe le beau, et fille de la roynne Marie「フィリップ美男王の妹で，王妃マリの娘マルグリット」．しかしながら，この構文は，いつの時代にも人物を示す名詞に関してだけ用いられたが，次第に地歩を失っていく．

動詞に代名詞を付加する必要

無強勢母音の脱落はまた統辞法にとっても，ことに動詞の取り扱いに関して，重大な結果をもたらした．古フランス語では，chant「私が歌う」，chantes「君が歌う」，chantet「彼が歌う」，chantent「彼らが歌う」の形は容易に区別されていた．もっとも主語代名詞がかなり頻繁に動詞の前に用いられたことは事実であり，古フランス語では主語代名詞はつねにアクセントを持っていたのである．古フランス語は無強勢の語や重みのない語で文を始めることを拒んだ．そして動詞にはつねに文中の第2番目の位置を与えていた．そのため必要な場合には代名詞が用いられたのである：《Nous poons plus perdre que nous n'avons conquis.»「われわれは征服したものより多くのものを失うかもしれない．」この用法が頻繁になって代名詞を弱化させることになり，そのため代名詞にアクセントをつけようとすれば，主格から生まれた形よりも，対格に由来する形が好まれることになった．14世紀以来すでに，アクセントを持つ主格形としてilとluiの間に迷いが起こっている．1400年頃に語末の子音と母音が消滅し，上にあげた4つの形が発音上同じものになった時，主語代名詞の使用は一般化された．15世紀には，最も優れた散文作家でもまだ時おり代名詞を省略しているが，しかし彼らの用法は矛盾だらけであって，伝統と当時の口頭言語の慣用の間に迷いがあったことを暴露している．したがって，15世紀には主語代名詞は口頭言語において必須

のものとなるのである．たとえ16世紀に逆方向の動きが起こるとしても，それはラテン語の学者的模倣なのである．代名詞はついに動詞の欠くことのできない一部になる (265ページ参照).

　表現において行為者と行為を分離しようとするこの傾向はまた，非人称構文を大きく発展させることになった．論理的主語と文法的主語の2つの主語を持つ文が多くなるのである．たとえばコミーヌは《Il n'est creable la hayne.》「その憎しみは想像もできないほどだ」と書いている．この時代のテキストにはこの種の文が極めて多数現われる．

　15世紀に受動の観念を表わすための全く新しい言い回しが出現する．それは代名動詞形である：《Et se peut congnoistre le bon vouloir.》「そしてその善意は知られ得る」〔コミーヌ〕；《Nostre gentilhomme qui mignon se pouvoit nommer》「お小姓と呼ばれ得たわれらが貴族」〔『サン・ヌーヴェル・ヌーヴェル』 *Cent nouvelles nouvelles*〕.

　これはまさに行為の人格化と言わねばならない．このことはまた，ce と動詞 être で構成される言い回しにも明らかに感じられる．《Ce ne suis je pas.》「それは私ではない」；《Je cogneu bien que c'estiez vous.》「それがあなたであることはよく知っていました」のような文が見られるが，しかしこれは次第に，ce が主語となるのに対して本当の主語が属辞とみなされる別の言い回しに取って代わられる：《C'est moy.》「それは私です.」

　理性の目覚めはいたるところに秩序を打ち立てようとするが，それはことに時称の用法において顕著に感じられる．古フランス語はすでに，近代フランス語のすべての時称を持っていたが，それを物語の整理のためには用いなかったことを思い出そう．ヴィルアルドゥアン VILLEHARDOUIN は《Distrent lor message ensi com manderent li baron.》「彼らは諸侯が命じたように伝言を述べた」と書き，avoient mandé とは書かなかった．新しい時代になると思考はよりよく整理され，物語の中に遠近法が導入される．そこで今では《Il *recorda* tout le voiage qu'il *avoit fait*.》「彼は行なったすべての旅行を物語った」（フロワサール）；《Quant chascun *ot beü*, as dames s'en *alérent*.》「彼らはめいめい酒を飲むと，婦人がたのところへ行った」（『ブラン・ド・ラ・モンテーニュ』 *Brun de la Montaigne*[19]）と書かれるようになった．周知のように，絵画においてもほぼ同じ時代に遠近法が現われる．12世紀には絵や細密画(ミニアチュール)の中の人物や事物はすべて同一の面上にあるように見える．そのため他の人のうしろにいる人物の頭はまるでその上に置かれているような具合である．14世紀の末以後，面の違いを区別する技術が習得される．絵はルネサンス期のように，第三次元を持ち始めるの

2. 13世紀から15世紀までのフランス語

である．同様に文法の時称も相対的な価値をとり始める．その本当の価値はその周囲にある動詞を斟酌して初めて理解されるのである．ことに半過去は近代フランス語に見られる役割，つまり過去における現在の役割を持つことになる．たとえばジョアンヴィルの次の文を見よう．《En ce point que li roys estoit en Acre, se prirent li frere le roy a jouer aus deiz.》「国王がアクレにいたちょうどその時に王弟たちはさいころ遊びを始めた．」

この時代にはまた，一つの行為に含まれる相 aspect のニュアンスを示すための他の表現が作られた．様態句 locution modale が極めて多くなるのはこの頃からである*．aller faire「まさに…しようとする」という近い未来の迂言法の価値を持つ成句はこの時代から生まれているのである．

従属節

古フランス語では，等位文をただ並置するだけでさまざまな思考の間の関係を表現する——あるいはむしろそれを漠然と指示することが十分にできた．熟慮反省が目覚めたことから，人びとはこれらの関係をより一層強調するようになる．しかし語形が独立性を失った結果，孤立した語や短い文は思想の表現には不適当になった．このため文は総合文として引き延ばされ，従属節が付け加えられる．つまり従属文がますます頻繁になるのである．文がこの方向に発展すればするだけ，ある種の表現は一層接続詞の性格を帯びるようになった．それは bien「良く」，combien「どれほど」のような副詞や quoi「何が」などのような代名詞である．事実，combien que「…とはいえ」，bien que「…にもかかわらず」，quoique「…ではあるが」の譲歩接続詞がテキストの中に現われるのは14世紀になってからである．俗ラテン語で quamquam「…ではあるが」と quamvis「たとえ…であっても」は消滅してしまったが，14世紀に作られたこれらの語に相当するフランス語の表現は，フランス語の内的発展の産物なのである．これらの接続詞は，ラテン語の研究がより深く行なわれ，そのためフランス語にそれに対応する表現の必要性が生まれた結果であると主張する人がいるが，しかしその説明としては，この時代の一般的傾向を考えるだけで十分だと思われる．

否定

否定についての特徴的な事実は，虚辞の pas がますます不可欠となったこと

---

* この問題については，グーゲネーム G. GOUGENHEIM『フランス語動詞の迂言法に関する研究』*Etude sur les périphrases verbales de la langue française*, パリ，1929年を参照．

である．すなわち pas はその表現力を失い，普通の語になってしまった．13 世紀にはまだ，ne...pas による節が 10 に対して ne だけのものが 90 も数えられる．15 世紀の末になると，この比率はほぼ逆になる．

指示代名詞と冠詞

このように明確さを求めて強調する欲求はまた，指示代名詞の歴史にも現われている．古フランス語では cist と cil は区別され，前者は近くの人やものを指示し，後者は隔たりを示すのに用いられていた．14 世紀になると，この方法は不十分だと考えられ始め，代名詞に副詞の ci か là が付加される．この新しい形式が完全に古い単純形に取って代わるには 3 世紀の間が必要であろう．しかし 15 世紀からすでにフランス語において，代名詞には cil を用い，そして形容詞には cist を用いる好みが明らかに現われるのが見られる．このような選択が生まれたのは，cil が隔たりを示すことから，当然，関係代名詞 qui とともに用いられることがはるかに頻繁であった事実による．cil qui「…ところのそれ」の結合のおかげで cil は代名詞になり，形容詞の機能を cist に譲ることになった．こうしてフランス語は 2 つの指示代名詞から指示代名詞と指示形容詞を作ったのである．ここから celui-ci「これ」—celui-là「あれ」, cet homme-ci「この人」—cet homme-là「あの人」が生まれる．

古いフランス語では定冠詞は明らかに指示的な価値を持っていた．定冠詞は個別化のために用いられたのである：li murs は le mur que voilà devant nous「そら，われわれの前にあるその塀」の意味である．したがって定冠詞は指示詞や限定詞の代わりにしばしば用いられる．たとえば ton cheval et le Perceval (= ton cheval et celui de Perceval「お前の馬とペルスヴァルのそれ」)．そこで，古フランス語は，ここでもまた，ほとんど類義語的な 2 つの表現と，そして反対に 1 つの表現のための 2 つの異なった機能を持っていたわけである．14 世紀にはこれが整理される．冠詞は限定代名詞の機能を捨て，また一方，指示代名詞 cil も冠詞の代わりに用いられることがますますまれになる．こうしてこの 2 つのカテゴリーの語の境界がますます明確化される．la St-Jean「聖ヨハネの祭日」などはこの古い状態の名残にすぎない．――定冠詞自体もまた，ただ個別化のためだけに用いられることはなくなり，ほとんどあらゆる場合に，語が普通名詞でなく固有名詞の時でさえも用いられる．そこで le Nil「ナイル川」, le Rhin「ライン川」, la France「フランス」などと言われるようになるのである．ただ抽象名詞だけがなおしばらくのあいだ抵抗するが，16 世紀になるとこれも一般の規則に屈する．

同様の機能の拡張が不定冠詞についても観察される．不定冠詞には2つの用法が可能である．それは，
1°　人がまだ言及していない名詞を個別化するために：《J'ai vu un paysan dans la rue.》「私は通りで一人の百姓を見た」，
2°　一般化するために：《Un paysan n'est jamais content.》「百姓というものは決して満足しないものだ」――用いられる．

古フランス語が知っている不定冠詞はただ第1の場合だけである．第2の場合にその用法を拡張する仕事は14世紀と15世紀に残された．15世紀以後，不定冠詞の使用は定冠詞と同じくほとんど必要不可欠となる．

定冠詞の機能の拡張は同様に部分冠詞にも影響を与えた．12世紀にはこの冠詞は，ただある限定されたものの限定されない分量を述べる時にだけ用いられた．《Mangiéz del pain.》は《Mangez du pain.》「パンを食べなさい」ではなく，《Mangez de ce pain que voilà devant vous.》「そら君の前にあるそのパンの幾らかの分量を食べなさい」の意味であった．したがってそれはまだ指示的な価値を持っていた．ところが14世紀と15世紀に定冠詞はますますその指示的な表現力を失っていく．そしてそれに応じて部分冠詞も次第に弱化する．すでに13世紀の末頃には，冠詞のない名詞と部分冠詞を前置した名詞が交互に現われているテキストが見られる．ことにこのような用法の例が見いだされるのは，『葉蔭の劇』のような演劇のテキストである．したがって部分冠詞の起源は会話のことばの中に求められねばならない．それは一つは定冠詞が弱化したことにもよるが，また一つは語末の -s の無音化にも原因がある．スペイン語では語末の -s が保存され，イタリア語ではつねに単数と複数が区別されていたため，これらの言語では不定冠詞はほとんど必要ではなかった．se hai libri〔イタリア語〕「もし君が幾冊かの本を持っていれば」と si tienes libros〔スペイン語〕はそれ自体で完全に明瞭な表現である．se tu as livres は，語末の -s が脱落したあとでは，単数でも複数でもあり得ることになる．この混乱の可能性が部分冠詞の用法を一般化するのに大いに役立ったに違いない[20]．

語　　　彙

プロヴァンス語からの借用語

われわれがいま述べているこの数世紀において，その最も顕著な特徴の一つは，地方の生活が衰退し，その結果いろいろな地方間の相互の連絡が緊密化したことである．この発展のおかげで，パリのフランス語がいたるところで支配的と

なったが，これはまた国民語の語彙の中に地方の用語が侵入する道を開くことにもなった．パリの口話は音声と形態の面では規範と認められていたが，しかし他の地方から持ち込まれる語彙を拒みはしなかった．フランス語がとくに南フランスからもたらされた用語で豊かになるのはこの時代である．salade「サラダ」, escargot「かたつむり」, ciboule「薬味として用いられるねぎの一種」, merlus「干した鱈の一種」などの語は，プロヴァンス地方から借用した料理の名であり, cable「錨索」, cap「岬, 船首」, gabare「はしけ」, goudron「タール」は，とくに大西洋沿岸がイギリス人に占領されていた時代にあって，フランス航海術の発展のためにプロヴァンス地方が果たした役割を思い出させる．また aubade「朝の曲」のような語は文学的影響がまだ完全には絶えていなかったことを示しているし，dôme「丸屋根」, bastide「小別荘」, cabane「小屋」, bourgade「小部落」, estrade「壇」は南フランス特有の建築物を表わしていて，北フランスのフランス人がオック語の諸国とより密接に接触した結果知ることができたものである．プロヴァンス地方はまた，時にはみずからがイタリアから借用した語をフランス語に与えたこともある．たとえば courtisan「朝臣」はイタリア語 cortigiano の借用語であるが，アヴィニョン Avignon の教皇庁で見習い期間をすませたあとで北フランスのフランス語に入った．

隠　語

ところがここで葬っておかねばならない，幾人かの学者が後生大事に抱いてきた意見がある．それは15世紀に隠語 argot が生まれたとする意見であって，17世紀の作家，オリヴィエ・シェロー Olivier CHÉREAU[21] が述べていることから生まれた誤りなのである．シェローは，乞食組合の創設者たちが ordonnèrent un certain langage「ある種のことばを作り上げ」，その管理を piliers「柱」, souteneurs「支柱」, poteaux「大柱」, archisuppôts「大黒柱」などという立派な肩書きを与えられた隠語の教授たちの全階級組織に任せたと述べている．これこそまさに甚だしい瞞着である．隠語は，人が言うように，化学物質のように分解された言語ではない．確かに当時の一般の傾向に従って，乞食や物もらいが大規模な組織を作り上げたことは事実であり，しかも彼らの特殊な言語に関する多少ともまとまった最初の文献が現われるのもこの時代である．それはディジョン Dijon で貝殻乞食団（コキヤール）の裁判が行なわれたとき (1455年～1458年) 作成された小さな語彙集である．しかし盗人たちの秘密のことばの存在は，すでに『聖ニコラ劇』*Jeu de saint Nicolas*[22] (1200 年頃) によっても明らかにされているのである*．

ラテン語法

　文学が中期フランス語の時代にこうむった大きな変化については，すでに述べた．教養のある読者層の興味が変化し，今ではそれは科学や学問的な真面目な文学に向けられるようになったのである．このような文学を作り上げるにはどうしてもラテン作家の翻訳の助けが必要であった．そのため14世紀にはかなり重要な翻訳文学が生まれるのが見られる．その最も有名なのはティトゥス・リーウィウス TITE-LIVE を「翻訳した」translator ベルシュイール BERSUIRE[23] と，アリストテレス ARISTOTE の翻訳をフランスに与えたオレーム ORESME[24] である．法学者たちも同じくローマ法のあらゆる原典(『ユスティニアヌス法典』 Code de Justinien, 『学説彙纂』 Digestes など)を翻訳する．また科学的研究の成果を一般読者にもわかりやすくする必要が感じられた結果，天文学の入門書が書かれ，フィリップ美男王の外科医，アンリ・ド・モンドヴィル Henri de MONDEVILLE[25] は外科学に関するかなり重要な概論書を書くのである (1314年)．

　この種の仕事に従事した学者たちはラテン語に完全にかぶれていた．しかも，彼らが取り扱わねばならない観念は大部分がフランス語には欠けていた．したがってこれらの学者は，ラテン語の用語に相当する語をどうしてもフランス語で作り出さなければならなかった．この新しい用語法には2つの方法が可能であった．一つはラテン語の語に相当するものを俗語で考え出すこと，つまり観念に完全にフランス語の衣服を着せることであった．しかしもう一つの方法の方が好まれ，これらの作家や翻訳者たち全員が一致して，必要なラテン語をそのまま保存したのである．もしその語がテキストの他の部分とひどく不調和である時には，それにフランス語の語尾がつけられた．14世紀の学者はフランス語に備わっている手段を利用しようという気持ちは大して持っていなかったらしい．むしろ反対に，無数のラテン語法 latinisme で満たされていることほど，彼らの母国語にとって大きな名誉はないものと考えていたのである．オレームはこの問題に関する理論を完全に説明して，次のように述べている：《 Une science qui est forte, ne peut pas estre bailiee en termes legiers à entendre, mès y convient souvent user de termes ou de mots propres en la science qui ne sont communellement entendus ne cogneus de chacun. 》「堅固な科学はわかりやすい

---

*　ドーザ A. DAUZAT『隠語』 Les argots, パリ, 1929年; ヴァルトブルク W. v. WARTBURG『隠語の起源と本質について』 Vom Ursprung und Wesen des Argot, 『ゲルマン語―ロマン語月刊雑誌』 Germanisch-Romanische Monatsschrift, 18, 376~391 を参照.

用語では表わされ得ないものであって，多くの場合，それぞれの人には一般に理解されず，知られてもいない，その科学に固有の用語や語を用いることが適当なのである.」こうして 14 世紀と 15 世紀にフランス語はラテン語によって豊かになった．そしてこれらの語の大部分は近代フランス語にも保存されている．この時代から，フランス語のテキストに見られる雑多な様相が生まれたのであって，語彙の多くの部分から，フランス語はまだラテン語に極めて近い言語のような錯覚が与えられるようになったのである．

　このような動きの全体に判断を下すには，これらのラテン語法の膨大なリストを作製してもそれだけで十分ではない．これらが土着の語彙とどんな関係にあるかを研究しなければならないであろう．容易に理解できるのは，哲学の研究から spéculation「思弁」, limitation「限定」, existence「実存」, évidence「明証」, déduction「演繹法」, réflexion「反省」, prémisse「前提」, causalité「因果性」, unanimité「一致」, régularité「規則性」, attribution「属性付与」のような用語が必要となり，ギリシア語の経験から作られた政治的用語が正確なために，démocratie「民主政治」, aristocratie「貴族政治」, oligarchie「寡頭政治」や，これらの語に -ique がつく形容詞の使用が勧められ，数学には concave「凹面の」, convexe「凸面の」, géométrique「幾何学の」, curve「曲線」, proportionnel「比例する」のような極めて明確で連想的価値の全くない用語が必要であったことである．まさにこれらのものは，このように正確には当時までは知られていなかったか，あるいは全く存在しなかった観念であった．しかし多くの場合，なぜここでフランス語を用いることができなかったのか，との疑問が起こる．学者たちは大した努力を払わなかった．いやむしろ反対に，ラテン語法の習慣からやすやすと発掘できるこの宝庫を捜したらしい．彼らはまず初めにフランス語のなかを捜すという努力を怠ったのである．オレームが certitudo という語を翻訳する時，certaineté や sëurtance のようなフランス語を使うことができたはずである．だが彼は，輪郭が多少ぼやけたこの 2 つの民衆語を軽蔑して，それよりも certitudo にフランス風の衣服を着せて，certitude「確実性」を作ったのである．のちになって certitude の使用が一般化され，普通の言語の中に入り込んだことは周知のとおりである．オレームでは，この語は哲学の専門用語の中で相応の小さな位置を占めているだけであり，certaineté の存在をおびやかすものではなかった．しかしその意味の厳密さのおかげで次第に一般の語彙の中に入り込むことになったのである．なおまた，オレームがラテン語法を導入するためにかなり頻繁に用いた方法は，1 つの観念を表わすのに 2 つの類義語を並列するという，中世において完全に一般化していた文体上の習慣にもとづいている．この習慣は，も

のを書くことができる人びとが，学校で教えられる修辞学の規則を学んで身につけたものだが，それはまた一般に中世の心的態度にもとづく風潮とも一致するものであった．たとえば，オレームは agent et faiseur「行為者と行なう人」，la puissance auditive ou puissance de oïr「聴力すなわち聞く力」，confidence ou confiance「信用すなわち信頼」，persister et demourer「固執して踏みとどまること」，la velocité et hastiveté du mouvement「運動の迅速さと速さ」と書いたが，これによってフランス語に agent, auditif, confidence, persister, vélocité などが導入されることになったのである．

　国王の行政権が拡大され，法律上の思考が精密化され，ローマ法の研究によって法律が改新されたことから，フランス語の中にかなりの数のラテン語表現が導入された．domicile「(法律上の)住所」のような語はこの時代になって初めて必要となったものである．expédier un acte「証書の写しを作成する」は明らかに行政上の成句である (expédier の意味が拡大される〔「派遣する，発送する」の意味になる〕のはもっとあとになってからである)．confisquer「没収する」と restituer「返還する」(confiscation「没収」と restitution「返還」)は所有権の新しい考え方，封建世界にはあるはずのなかった考え方を示す語であった．同様に nomination「任命」という用語は封建時代の法律では まだ意味のない語であったが，おびただしい数の役人たちに管理された国家においては極めて重要な語となる．以上は観念が全く新しいか，あるいは著しく変化した場合であるが，しかし疑問に思えるのは，はたして incarcération「禁固」を導入することがどうしても必要だったかということである．ラテン語の familia「家族」の意味を表わすには，法律家たちは手もとに mesnage や mesniee という美しい語を持っていたが，彼らはそれよりもこのラテン語をフランス語化する方を好んだ．そこで famille が生まれる．このため ménie は消滅し，ménage はただ特殊な意味〔「家政」〕でだけ残されることになった．古フランス語は accuseur という語を持っていたが，その意味は完全に明瞭であった．なぜこれをラテン語法の accusateur「告訴者」に取り替えたのか．なぜ diffameur を消滅させて，diffamateur「中傷者」の方を選んだのか．これらの場合，ラテン語法熱がその唯一の理由である．宗教語彙についても同様の批判をしなければならない．ラテン語が教会の言語であったことは認めよう．しかし民衆語となった語も用い続けていくことはできたはずである．たとえば古フランス語には動詞 raembre「贖う」から派生した名詞の raembeeur「救い主」があったが，なぜこれを rédempteur に取り替えたのか．ここでは理由は次の事実にある：ラテン語 redemptio「救い」に対するフランス語は rançon であるが，この語は「捕虜の身の代金」の意味になっていた．

そこでこれを別の宗教的な意味の語で取り替える必要があったが，それは当然 rédemption「救い」であった．そしてこれに引きずられて rédempteur「救い主」も生まれたのである．ラテン語法が氾濫しているのを見てもわれわれが一番驚かない領域は，医学である．中世の解剖学や医学の観念は曖昧なものであった．そのためこの新しい科学の語彙は，ほとんど隅から隅まで作り出さなければならなかったのである．digérer「消化する」，digestion「消化」，diaphragme「横隔膜」，furoncle「疔（ちょう）」，contusion「打撲傷」，infection「伝染」，inflammation「炎症」やその他の10ばかりの語がこの時代に生まれている．医学を職業とする人たち自身が，もはや mire「医者」（＜ラテン語 medicus）という古い肩書きでは満足しようとしなかった．今ではみずからをラテン語の名称の médecin と呼び，権威を高めようとしていた．しかしなおこの場合でも，かなりの数の庶民の用語を保存することができたはずである．たとえば，庶民の用語には pourrisson があったのに，なぜ人びとは putréfaction「腐敗」と言ったのだろうか．ラテン語法は必要不可欠のものとして生まれたが，しかし早くもそれは目標を追い越してしまった．必要なものだけで満足しなかった．それは全くの偏執狂となったのである．こうしてそのために多くのフランス語の用語が消滅してしまった．

多数の語の消失

　この時代のフランス語の語彙史を総合的に研究した人たちがみな，専らフランス語の中に新しく導入された語だけを取り扱っているのを見ると全く驚いてしまう．彼らは新語の誕生のなかにしか，その生命や動きを見ていないように思われるのである．しかし，実際には，ある時代の特性を記述しようとすれば，語の死亡登録簿もそれに劣らず重要である．そしてなによりもまず，立ち去っていく語と新しく席を占める語の間の関係を明らかにする必要があるだろう．この仕事はまだ何一つなされていない．しかしながら，そこには文明の歴史が完全に反映されているのである．非常に多くの語が，その対象そのものが消滅したために消えていく．こうして，たとえば戦士の武具や装備には完全な革命が生じた．fautre「鉄の胸甲についている槍受けで，馬に乗って突撃する時に槍の柄を支えるもの」のような語が1400年頃に姿を消すのはこのためである．そしてこの語とともに，動詞 desafautrer（＝désarçonner「落馬させる」）も消滅する．あるいはまた，貨幣制度に変化が起こったために ferlin「4分の1ドニエ」のような語は消滅した．言うまでもなく，このように文明の発展の結果による場合のほかに，純粋に言語上の理由によって消滅した語も多い．こうしてたとえば名詞 fais「束」は1400年頃に派生語の faisceau「束」に取って代わられた．なぜか．それは，この時代に

語末子音が消滅するからである．この頃までは fais と fait「事実」の2つの名詞には区別があったが，しかしこの時期以後この2つが同音異義語になったため，明瞭な形の faisceau の方が選ばれたのである．——消滅した語の中には名詞 fielee「苦悩」(fiel「胆汁」に由来する)やその他の情意的生活に関する多くの表現のように，極めて絵画的なものが少なくない．

学者語と民衆語

しかしながら，語彙が改新されたのには他にどんな理由があったとしても，その主な様相は疑いもなくラテン語法である．この最初のルネサンス——これはまた挫折したルネサンスとも呼ばれた——は1400年頃に始まるが，論理的にはこれは1世紀以前に学問研究の再開によって始まった動きを継承するものであった．15世紀の作家たちは，彼らのテキストにやたらにラテン語句を詰め込んで喜んでいる．これらの語の多くはほんのわずかの間しか生き残らなかったが，しかしそのかなりの部分が共通語の中に採り入れられた．次の数世紀の間に，これらの語は閉じ込められていた狭い枠内から徐々にはみ出し，すべての人びとの財産となったのである．aspect「様相」，collègue「同僚」，abnégation「犠牲」，client「顧客」，corpulent「肥満した」，copieux「豊かな」，consoler「慰める」などの語は今日では日常の言語に属している．しかしそれには長い時間が必要だったのである．なお当時の人びとは，このラテン語熱のために庶民の言語と学識者の言語の間に隔たりが起きていたことを，漠然とながら意識していたように思われる．たとえば『旧約聖書の聖史劇』*Mistère du Vieil Testament*[26] では，作中人物に従ってことば遣いがはっきりと変化している．バラーム Balaam が動こうとしないろばに言うことばを聞いてみよう (26884行以下):

Qu'esse cy?

Devons-nous demourer icy?
C'est trop tiré le cul arriére,
Si n'y a il point de barriére
Encontre toy, je n'y vois rien.
Hay, Hay, Hay, Hay, J'aperçoy bien
Que tu es une fauce beste.

　「どうした，ここで止まっていなけりゃならんのか．むやみに尻をうしろに引きやがる．おまえの前にじゃまものがあるのかないのか，わしには何も見えぬ．やあ，やあ，やあ，わかったぞ，おまえは悪い奴だ.」

次にこの馬方のしゃべり方と天使のことばを比べてみよう (165 行以下) :

> Souverain roy de la gloire felice
> Que chacun doit en honneur collauder,
> Mercy vous rends de cueur sans nul obice,
> Pour vostre nom en tout bien exaulcer.

「在天の至高の王よ，何人もそなたを真心をもってほめたたえねばなりません．何事によらずそなたの御名をたたえることによって，私は進んで心からそなたに御礼を申します．」

15 世紀の後半において，押韻派 Rhétoriqueur[27] の人びと，ことにブルゴーニュ地方とフランドル地方のこの派の人びとの言語にはラテン語法がいっぱいに詰め込まれていて，それは全くの特殊語 jargon に変わってしまっている．以下にその例としてコキヤール COQUILLART[28]* からの引用文をあげよう：

> « Je vous recommande noz loiz paternelles en vous *obtestant* et *requerant* que d'icelles ne soiez *transgresseurs*, mais en soiez vrais *custodes* et gardiens, soiez *memoratifs* de l'*entencion* et vouloir de vostre pere, gardez les *rites* et usages du pays.»

「私は諸君にわれらが父祖の法律を勧め，諸君がその違反者ではなく，真の番人であり守護者であり，諸君の父祖の意図と意志を忘れず，国の慣習やならわしを守るように懇願し，要請する．」

この派の成功はめざましかった．一般の読者はこれらの「ラテン語の剽窃者(ひょうせつしゃ)たち」écumeurs de latin の作品に感嘆し，作者たち自身はまた有力者たちからこの上なき栄誉を与えられた．人びとは，このように言語に統一が欠けていて，底知れぬ深みが学者語と民衆語の間に，そして同時にこのような文学を味読できる人たちと庶民の間に，うがたれつつあったことに気づいてなかったらしい．ただ一人の詩人がこの状況に残酷な打撃を受けたと思われる．しかし彼の例からわかるのは，真の詩人の自然に発露する霊感をこの時代は理解できなかったことである．この時代は，彼のような，単純で，ラテン語法や学者ぶった引喩 allusion のないことばの良さがわからなかったのである．ヴィヨン VILLON[29] が，どこにも不変のものは見つからない，そして詩を解さない世の中など我慢できないと言い放ったあのバラードほどに，この時代の曖昧な性格をよく映し出しているものはない．この種の詩は，同じ詩行の中に相矛盾した 2 つの観念をはめ込むことで作

---

*   ブリュノ BRUNOT〔『フランス語史』〕1, 582 から引用．

2. 13世紀から15世紀までのフランス語

られるのだが，古くから行なわれて人気があった．そしてその主題はブロワ Blois の宮廷で競作(コンクール)に用いられたものであった．しかしそれがヴィヨンの手にかかると，何か彼独特のもの，真の詩人の作品となったのである．この詩は，個人的な感情の誠実さとともにその文体によっても注目すべきものである．言語は日常の言語であり，いかなるラテン語法も含まれていない．どの語も一般の人びとの言語に属すものである．

> Je meurs de seuf aupres de la fontaine.
> Chault comme feu, et tremble dent à dent,
> En mon pais suis en terre loingtaine,
> Lez ung brasier frissonne tout ardent,
> Nu comme ung vers, vestu en president,
> Je ris en pleurs et attens sans espoir,
> Confort reprens en triste desespoir;
> Je m'esjouis et n'ay plaisir aucun,
> Puissant je suis sans force et sans pouvoir
> Bien recueilly, debouté de chascun,

「泉のそばにいながら，喉の渇きで私は死ぬ．火のように暑くて，歯を鳴らして震えている．自分の国にいながらも，私は異国にいるのだ．真っ赤な炭火のそばで，燃えながら寒さに身震いする．裁判官のように正装して，虫のようにまる裸，泣きながら笑い，希望もなく待っている．悲しい絶望のうちにいながら，元気をとり戻し，浮かれ興じながらしかも何の喜びもなく，力もなく権力もなくて私は強力であり，誰からも排斥されて，喜んで迎えられる…」

いやに大仰なこの時代とは全く相入れない人物であったために，あまりにも単純で自然なことばを語ったために，同時代の人びとから冷遇され，理解されなかった男の，これは苦悶の叫び声である．人間がその本性を取り戻し，自分の身につけることのできないものは投げ捨てるようになるには，もう一つのルネサンス，あの本当のルネサンスを待たねばならないであろう．

第5章 16 世 紀

1. フランス語の解放

イタリアの影響

　15世紀は重大な一事件で終わることになった．それはシャルル8世 CHARLES VIII[1] の指揮したイタリア遠征であった．この王は，空想的な考えにとりつかれて，大征服を夢見ていた．彼はナポリ王国に対して権利があると主張していたが，これを占領して，そこからコンスタンチノープル攻略の一大十字軍を起こそうとさえ思っていた．1494年，王はこの計画を実行に移した．事実ナポリ王国の占領には成功したが，イタリア全土が連合して彼に当たったために，間もなく退却しなければならなかった．彼は敗残軍を引き連れて，やっとフランスに戻ることができた．この第1回遠征は，政治的には何の成果も収めなかったが，フランス文明の発展上の重要性は極めて大きかった．このイタリアとの接触によって，真の人文主義(ユマニスム)がフランス人に啓示されたのである．フランス人は，イタリアにおいて，より美しく，より人間的な生活様式を知った．人生を高めるのに，諸芸術にはどんな力があるかがわかったし，また世の中には，本能による動物的な満足や，自国の押韻派詩人たちの学者的な，もったいぶった詩(レトリクール)などとは，別個のものが存在するのを認識した．フランスを沈滞した状態から救い出したのは，イタリアとの接触であった．15世紀の末頃には，フランスは情熱を失ってしまっていた．ごく実際的な，潤いのないブルジョワ精神がいたるところに勝ち誇り，芸術の観念は全く消えうせていた．フランスの軍隊がイタリアから持ち帰ったのは，芸術のこの新しい概念であった．その影響がただちに成果をもたらしたというわけではない．一国民全体の精神状態は一日や二日で変えられるはずがない．しかし，より一層自由な人生の観念が，人びとの頭に芽生えだした．その上，さらにまた戦争が企てられ，約30年間におよそ6回にわたって，フランス侵入軍の波がイタリアの国土に流れ出た．1525年頃には，イタリア文明のフランスへの浸透，その国民精神への同化が既成の事実となる．フランスは大いにイタリアに師事し，この国に遊学するのが習慣になったほどである．1520年から1560年の間に，フランス文明の発展に主要な役割を演じた人は，ほとんどすべて，少なくとも一

度はこの半島に滞在しており，イタリアの諸大学には，フランスの学生が満ちあふれていた．

これらの事実は，言語面で二重の重要性を持つ．すなわち，まず，ラテン・ギリシア語研究の復興，次いで，ますます増大するイタリア語の影響であった．

ルネサンスとフランス語

ラテン語の再生，その増大する威信は，フランス語にとって致命的であったに違いない，と考えたくなるかもしれない．ところが，決してそうではなく，ラテン語研究のこの復興がフランス語を益することになる．その理由はこうである．人文主義は人間の個性に訴えるものである．この個人主義の名によって，フランス語は自分の権利を取り戻す．この時代の一般的傾向が，国民語の解放に役立つことになったわけである．このような一般的な理由のほかに，もう一つの事実をつけ加えなければならない．すなわち，当時の状況が，カロリング王朝の文芸復興期に認められた状況と幾らか類似しているということである［73ページ参照］．15世紀のラテン語は日常用語として存続し，あらゆる要求に順応していた．すべての新しい思想，知識，古代には知られなかった事物にも，命名する必要があった．そのために，15世紀のラテン語は，ラテン語の語尾をまとった近代的な語でいっぱいであった．人びとは，それを古典ラテン語の完全な純正さに復することによって，この言語が当時の思考の道具としては存続できなくしてしまったのである．以上の2つの理由で，人文主義はフランス語の地位を固めるのに貢献した．

その結果，フランス語は次第に生活のあらゆる分野に浸透していく．それはちょうど，沿岸全体が同時に等速度で一面の水に覆われていく，上げ潮のようなものである．なるほど16世紀以後になっても，長い間それに侵されなかった小島も幾つかは存在する．しかし全般的な動向はもはや阻止することができない．

裁判におけるフランス語

例として，裁判の面でどのようなことが起こったかあげてみよう．国王フランソワ1世 FRANÇOIS I[er 2] は，古典研究に極めて好意的であったが，一方，国家を統一して国力を増強しようとする欲望にも駆られて，1539年8月15日，裁判の改革を図る有名なヴィレル・コトレの勅令 Ordonnance de Villers-Cotterets[3] を発布した．ところで，この勅令の第110条・111条の規定は次のとおりである：

1. フランス語の解放

「また，判決の理解に疑惑が生じないように，余は，判決がいとも明白になされ記されて，いかなる曖昧あるいは不確実も，解釈を要する余地もなく，また，ありえぬことを欲し，かつ命ずる．

また，かかる事態がしばしば判決文中のラテン語の理解に関して生じたがゆえに，余は今後，すべての判決，またその他すべての訴訟手続き…が，フランスの母国語のみにて言い渡され，記載され，当事者に付与されるべきことを欲する．」

なおこの2箇条は，ラテン語だけではなく，地域的口話も拒否するものであったので*，とりわけ王国の統一に役立った．この日以後，大学では依然ラテン語を用いることができたが，裁判所ではフランス語だけが認められることになったのである．

教会におけるフランス語

フランス語の出会った障害は，教会においてはるかに大きかった．ここでは，どんな言語改革でも，ただちに異端の汚名をこうむった．激しい闘いが起こり，殉教者さえ出た．礼拝はすべてラテン語で行なわれ，聖書の翻訳も禁止されていた．ローマ教会が12世紀以来，聖句の通俗語化の阻止に専念したことは，周知の事実である．人文主義は，個人の力に訴えて，どんな人にも，自分の宗教感情を母国語で表現したいという欲望を起こさせることになった．もちろん，これはフランスだけの問題ではなく，国際的な動向にかかわることである．1515年から，エラスムス ERASME[4] がまず叫びをあげる：「福音書を，自分が生まれた国の，自分にわかる言語で述べるのに，何の不都合があろうか．たとえば，フランス人はフランス語で…」この呼びかけは，ドイツにもフランスにも響きわたった．最初の翻訳が，両国でほとんど同時に行なわれた．ただフランスでの動きは，さしあたりあまり効果がなかった．フランスには，ルター LUTHER[5] のような人がいなかったからである．1523年，ルフェーヴル・デタープル LEFÈVRE D'ETAPLES[6] が新約聖書の，次いで1530年に全聖書の翻訳を刊行した．この翻訳をめぐって革新派の小グループができあがり，その中心地はモー Meaux[7] であった．しかし，聖職者たちは特権をおびやかされると考えて，独占権を守ろうとした．それゆえ間もなく反動が起こり，宗教用語としてフランス語を支持することを表明した人びとに，迫害が加えられ始めた．かくて，コンデ・シュル・サルト Condé-sur-Sarthe（ノルマンディー地方）の主任司祭〔エティエンヌ・ルクール Etienne LECOURT〕は，聖書が長らくラテン語の形のもとに隠されていたが，めいめいがフ

---

* オーギュスト・ブラン Auguste BRUN は，『近代フランス語』誌 *Le français moderne*, 19, 81～86 において，このことをみごとに立証した．

ランス語の聖書を持つべきだと述べたために，1533年火刑に処せられた．改革の動きは，つまり暴力で抑圧されたのである．カトリック教会は，この最初の動きを阻止する力が十分にあった．その上，教会は，極めて保守的なソルボンヌ Sorbonne に支援されていた．何度も，パリ大学神学部は全員一致して，翻訳を絶対に禁止すべきであると宣言した．闘争は世紀末まで続いた．反宗教改革 Contre-Réforme[8] が翻訳に反対を表明して，以後カトリックの国フランスでは，聖書の通俗語化が禁じられた．このことは，確かに，国民の宗教・道徳思想の発達に，また国語の発展にも重大な結果をもたらした．ドイツでは，いったん聖書が皆にわかることばに移されると，言語が聖史への暗示を含む比喩的な言い回しや表現によって豊かになったのに対して，フランス語には，聖句を思い起こさせるものが極めて少ない．聖書のイメージが，ドイツ語よりもはるかにまれである．

　どんな改革の試みにもきびしい弾圧が加えられたために，強硬派の人びとは新教派に投じることになった．しかし今は，フランス宗教改革史を述べ，新教徒(ユグノー)の悲劇的な雄々しい闘いを語る場合ではなく，言語の問題だけを取り扱わねばならない．スイスにのがれたフランス人は，そこに宗教改革運動を持ち込み，教会の中にフランス語の使用を広めた．ファレル FAREL[9] はフランス語による真の礼拝式を定め，カルヴァン CALVIN の従兄オリヴェタン OLIVETAN[10] は聖書を翻訳した．このカルヴァン派の聖書は，1535年，ヌーシャテル Neuchâtel の近くのセリエール Serrière において，ピエモンテ Piémont のヴァルド教徒 Vaudois[11] の出費で印刷された．オリヴェタンはフランス語を用いて，ヴォー地方 Vaud の方言を用いなかったが，それはまず，彼自身が生まれながらのフランス人であったからであり，また，とりわけ布教上の理由からであった．カルヴァンはこの翻訳の序文を書き，諸公およびすべてのキリスト教国に向かって，神をして俗語で語らせる権利を守るようにと呼びかけた．

　フランス宗教改革の首領であるカルヴァン[12]自身は，初めラテン語で闘争的な主著『キリスト教綱要』*Institutio christianae religionis* (1536年) を著わしたが，その後まもなく，*Institution (de la religion) chrestienne* (1541年) の題でフランス語訳を発表した．ラテン語版が諸国の神学者用に当てられたとすれば，フランス語版は民衆向きであった．この書は，フランス語散文の発達上重要な一時期を画する．その影響は甚大だった．カトリックの神学者たちも，信者の魂を争うために，フランス語で闘争の文学を作り出さねばならなくなった．こうして，カトリック神学の文学が生まれた．ドレ DORÉ[13] はフランス語で『反カルヴァン論』*Anti-Calvin* を，ド・サント DE SAINTES[14] は『カルヴァンとベーズの無神論告発』*Déclaration d'aucuns athéismes de Calvin et de Bèze* (1572年) を書いた．

1. フランス語の解放

カルヴァンの例がなかったならば，はたして聖フランソワ・ド・サル saint FRANÇOIS DE SALES[15] は，彼の『信仰生活への手引き』 *Introduction à la vie dévote* (1608年) をフランス語で書いたであろうか．カルヴァンなしには，パスカル PASCAL すら，また17世紀の神学論争も，ありえなかったであろう．

学校におけるフランス語

学校は，フランス語の自由な普及にとって，大きい障害であった．フランス語は初年次にしか認められず，その後は学寮から遠ざけられ，子供たちは遊ぶ時でもラテン語を話さねばならなかった．latine loqui, pie vivere「ラテン語で話し，敬虔に生きる」のきまり文句には，学問への道と信仰という教育課程のいっさいが含まれていた．モンテーニュ MONTAIGNE[16] が育てられた方法を思い出そう．彼の父はドイツ人の家庭教師を呼び寄せて，乳母の手を離れたばかりの彼をゆだねた．この教師はフランス語を知らず，幼いモンテーニュにラテン語でしか話しかけなかった．父も母も召し使いも，家中のものが，ミシェル Michel 坊やとしゃべれるように，ラテン語の単語を幾つか習得せねばならなかった．村の農夫さえ，館で教えられるラテン語の分け前にあずかった．モンテーニュの語るところによれば，彼は6歳になってもラテン語しかわからなかった [『エッセー』 *Essais*, I, 26]．多くの父親は，自分の息子たちもこのように育てたいと熱望した．しかしこの世紀の後半には，このような教育方式の優秀性が疑われ始める．王立学院 Collège Royal (のちのコレージュ・ド・フランス Collège de France) の教授ルイ・ル・ロワ Louis LE ROY[17] は，1575年に，ある演説で次のように発言した：「人びとがつねとするように，古代語に多くの歳月をかけ，事物を知ることに用いるべき時間をことばの習得に費やして，もはや事物に専念する方策も余裕もなくなってしまうのは，大きな誤りではなかろうか… いつになれば，われわれは，青草を麦と，花を果実と，樹皮を樹木と取り違えるようなことをやめるのであろうか… だから，全く学識があり，本当に国政に有用な人物となるには，ただ古代語と，それにかかわる珍品奇物にとどまっているだけでは十分でない，今日人びとの間に使用される近代語も勉強して，現在の事情に通じていなければならないのである．」

医学におけるフランス語

医学にもまた，俗語の慣用が入り込むことのできる間隙が幾つかあった．それはまず外科学であった．周知のように，当時外科学は理髪師たちにゆだねられていた．彼らには教養がなかったので，手引き書を彼ら用にフランス語で書く必要

があった.この種の手引き書の最初のものはギドン Guidon (著者ギ・ド・ショーリヤック Guy de Chauliac[18] の名から)と呼ばれ,1478 年以来印刷されて,多くの版を重ねていた.16 世紀になると,近代外科学の祖とされる真に天才的な外科医アンブロワーズ・パレ Ambroise Paré[19] (1510 年頃〜1590 年)が現われた.彼はラテン語を知らなかったので,全著作をフランス語で著わした.なお医者たちも,ラテン語で教えることが絶対に必要とは,もはや確信しなくなりだした.この問題について,パレの師カナップ Canappe[20] は次のように述べている:「医学および外科学の術は,決してことばによるものではない.なぜなら,術がよくわかりさえするならば,それを,ギリシア語,ラテン語,アラブ語,フランス語,あるいはブルトン語で解しても同じことだからである.コルネーリウス・ケルスス Cornelius Celsus[21] の金言によれば,病気は能弁ではなく医薬で治るものなのだ.」

パレ自身は,フランス語で著述したために医術への尊敬を欠いたという理由で,医者たちの論難をこうむったが,そのような攻撃をものともしなかった.

医学書がフランス語で書かれだしたもう一つの理由は,多くの流行病であった.癩病,性病,ペストが,16 世紀に猛威をふるった.そこで,ごく日常的な医薬を皆に知らせることが必要になった.

最後に,薬屋は,もともと単なる薬味売りであった.彼らは,公衆を威圧してみるだけのラテン語を,どうにか心得ているにすぎなかった.1553 年に,極めて鋭い風刺文が現われさえした.作者のコラン Séb. Colin[22] は,哀れな薬剤師たちの無知について,過酷な逸話を語っている.『薬屋の誤謬欺瞞の告発』*Declaration des abuz et tromperies que font les apothicaires* と題するこの風刺書は,モリエール Molière の痛烈な風刺を予告するように思われる.

文学におけるフランス語

いわゆる文学は,16 世紀初頭には,まだ愉快な気晴らしとみなされていた.多くの人びとは,ラテン語による詩作がフランス語の詩よりも優れているとさえ考えていた.問題は,フランス語に不利なこの最後の偏見を打ち破ることであった.それが,プレイヤッド派 Pléiade[23],とくにデュ・ベレー Du Bellay[24] の仕事であった.彼は,有名な『フランス語の擁護と顕揚』*Défense et illustration de la langue française* (1549 年)において,どんな題材でも国民語で取り扱うことができなければならないという原理を立てた.実のところ,この著作の価値は,とりわけその態度にある.まず,デュ・ベレーの表明した考えは,少しも新しいものではなく,ペルティエ・デュ・マン Peletier du Mans[25] が彼に先んじてい

る (1543年). しかし, プレイヤッド派の詩人たちは, 巧みに革新者と, さらには革命家とさえ自任した. この作品は, 国民語の将来に無限の信頼を示している. フランス語は, いつかは, まだラテン語が占めている地位を完全に獲得することになるだろう. フランス語に約束されているこの偉大な運命への予言者的な感情が, この著作に異常な躍動を伝えている. それこそ, 『擁護』の刊行が, フランス語とフランス文学史上の重大な日付の一つにされる ゆえんである. このことは, フランス語に向けられた賛辞が, 今日ではどんなに誇張した, 誤りのあるもののように見えるとしても, やはり真実である. この書物が興味深いのは, とりわけ, 国民感情の表明としてであり, また, 一国民の言語と, 文明諸国民の間でのその役割との関係を, 著者がよく理解していることを示しているからである.

2. 16世紀におけるフランス語

フランス文法の研究

したがって, フランス語は, 16世紀にラテン語の後見を離れた. これが, ルネサンス期の第1の大きな事象である. 第2の事象は, 多かれ少なかれその結果であって, 文法研究の出現である. それまでは, 少なくともフランスでは, 文法研究はラテン語に限られていた. いまや, 人びとはフランス語も検討して, その文法を打ちたてようと努める. この努力は1530年頃に始まり, この世紀の全般にわたって継続されることになる. 17世紀における文法論争の持つ重要性や, その論争がどのような成功を収めたかは周知の事実であるが, 17世紀の文法家たちの大仕事は, 実は, その根を16世紀に下ろすものである. 16世紀の著者たちは, 幾つかの理由をあげて, 彼らの企てを正当化している. その理由の一つは, 当時, 事物は研究対象とならないかぎり尊重されなかったということであり, もう一つの理由は, フランス語の絶え間のない大変化が気遣われたということであった. 諸作家があまりにも早く時代おくれになってしまうのを防ぐために, 言語の固定が望まれたのである.

フランス文法家のうち, 少なくとも年代的に最初の人は, ジャック・デュボワ Jacques DUBOIS[26] であった. しかし, 最も本格的な文典は, リヨンのメグレ MEIGRET[27] の著作で, そこには, すでにフランス文法の主要な要素が認められる. メグレは, 良い慣用と悪い慣用とを区別した最初の人である. それゆえ, 口頭言語にさえ, 一つならずの文体が存在すること, また, あらゆる文体が等しく

推奨に値するわけではないことに気づいていた．宮廷のように話さねばならないという考えが，すでに彼において現われさえしているが，この考えは，17世紀に広く行なわれることになる．メグレは，また，綴字法 orthographe にも専念した．彼は発音どおりに書こうとして，明晰で洞察力に富んだ，驚くべき方式を考案した．たとえば，スペイン語のセディーユを採用し，開母音を鉤で区別する (mortęl, doęt〔=doit〕) などである．あいにく，あまりに反対者が多く[28]，はなはだ正当な彼の方式も，勝利を得るにはいたらなかった．文法の発展に平行して，語彙も研究され，本格的な辞書の出版が始められる．もちろん，ラテン語習得のために辞書を用いるというのが，根本的な考えであった．辞書編集の基礎を築いたのは，有名な人文主義者の一族エティエンヌ家 Estienne である（羅仏辞書1538年，仏羅辞書1539年[29]）．

語　彙

イタリア語法

16世紀には，フランス語の進化は，とりわけ語彙の面に及ぶ．ルネサンスは，外部からのあらゆる影響に対して，フランスの門戸を開放する．このフランス語の傾向に乗じたのは，もちろん，とくにイタリア語の要素である．16世紀初頭に両国の関係がどのようなものであったかは，すでに述べた．この関係は，ますます強まっていった．王侯や高官たちは，イタリアで見いだした奢侈の中に暮らそうとして，あらゆる種類の芸術家，建築家，彫刻家，職工や職人たちを多数呼び寄せた．地方の都会にまで，イタリア人の小居留地が出来上がった．1533年，アンリ2世 HENRI II とカトリーヌ・ド・メディシス CATHERINE DE MÉDICIS[30] との結婚は，雲霞のごとくイタリア人を引き寄せ，宮廷は長らく半ばイタリア風になった．イタリア文学もまた大いに威勢をふるった．最も有名な作品，ペトラルカ PÉTRARQUE，ボッカッチョ BOCCACE，カスティリョーネ CASTIGLIONE の『廷臣論』 Cortegiano が，フランス語に訳された．この最後の書物は，上層階級の風習に多大の影響を与えた．マキアヴェリ MACHIAVEL の『君主論』 Le Prince 〔Il Principe〕さえ翻訳された．フランスのあらゆる都市のうちで，仲介者として最も大きな役割を演じたのは，リヨンであった．ルネサンスは，いわばリヨンに宿営したのである．イタリアとの貿易はとくにリヨンの商人に握られていたが，しかし，この町はまた文学の中心地でもあった．

　1560年以後，イタリア語法に対して反動が現われる．それには，幾つかの原因があった．まず，ヴァロワ王朝末期の半ばイタリア化した宮廷は，カトリーヌの

2. 16世紀におけるフランス語

息子たちが堕落し，放埓，無力であったために，威信が衰えたことである．カトリーヌ太后も，決して，あまり人に愛されてはいなかった．サン・バルテルミー St-Barthélemy の夜の事件[31]は，その一部が，マキアヴェリの同国人たちの影響のせいにされた．その上，イタリア・ルネサンスの盛時は過ぎ，その凋落が威光を減じないわけにはいかなかった．イタリア人の侵入にまんまとしてやられたフランス市民階級は，最も報酬のよい職を占めている侵入者たちに対して反発し始めた．この反動は，フランス語中のイタリア語法に対して始められた闘いにおいても，同様に感じられる．以上のほかに，一般的な理由をつけ加えねばならない．すなわち，人文主義がフランス人の国民的個体主義を呼び覚ましたので，国語の中の外国要素に対して反動が生まれることになったのである．皆がイタリア語の「きざっぽさ」に抗議する．この動きの真の代表者はアンリ・エティエンヌ Henri Estienne[32] であった．彼は，フランス語の卓越性を示すために，次のような本を著わした：『フランス語のギリシア語との合致』 *Conformité du langage françois avec le grec* (1565年)，『イタリア化し変容せる新風フランス語についての2つの対話』 *Deux dialogues du nouveau langage françois italianizé et autrement déguizé* (1578年)，『フランス語の優秀性』 *Précellence du langage françois* (1579年)．彼は，これらの著作において，フランス語をイタリア語風にする宮廷人たちをあざけり，フランス語が他のすべての言語よりも優れていると主張する．彼の努力のおかげで，イタリア語化は，この世紀の後半に阻止された．

それにもかかわらず，多数のイタリア語が残存し，もはやフランス語から排除されなかった．それらの語は，イタリア文明の影響をかなり忠実に反映している*．とりわけ，技術の領域に多い．たとえば, architrave「台輪」, balcon「バルコニー」, corniche「軒蛇腹」, façade「(建物の)正面」, arcade「アーケード」．イタリア文学は, sonnet「ソネット」, madrigal「恋歌」, cantilène「詠嘆曲」をもたらした．軍事面では，60以上の語が今日まで保持された：escorte「護衛隊」, cavalerie「騎兵」, colonel「大佐」, caporal「伍長」, redoute「角面堡」, infanterie「歩兵」, casemate「穹窖」, vedette「騎哨」, embuscade「伏兵」など．南フランスの港から，若干の航海用語がフランス語に伝わった：arborer「檣を檣座に立てる」, accoster「埠頭に横着けになる」, frégate「フリゲート艦」, gondole「ゴンドラ」, boussole「羅針盤」, remorquer「綱で引く」．イタリア人は商業を新しい方法で組織していた．とりわけ，銀行制度は彼らのおかげである．

---

* ヴィント B.H. Wind『16世紀フランス語に導入されたイタリア語』*Les mots italiens introduits en français au XVIe siècle*, Deventer (日付なし)を参照.

したがってフランス語は，banque「銀行」，escompte「割引」といった語や，banqueroute「破産」，faillite「支払い不能」もまたイタリア語に負っている．洗練されたイタリア流行の服装がヴァロワ王朝の宮廷に広まり，caleçon「パンツ」，capuchon「頭巾」，camisole「(化粧着の)短い上着」，parasol「日傘」，soutane「長衣」などの語がもたらされた．社会生活もまた，イタリア人の影響を強くこうむった．そのために，人間の長所や欠点を示す多数の語がイタリア語から借用された：brave「勇敢な」，ingambe「達者な」，leste「機敏な」，caprice「気まぐれ」，poltron「臆病な」，mesquin「けちな」，brusque「粗暴な」，jovial「陽気な」，bouffon「おどけた」，burlesque「滑稽な」．イタリア人の凝った娯楽がフランス人に採用された．ballet「バレー」，masque「仮面」，mascarade「仮装舞踏会」，travestir「仮装させる」，carnaval「謝肉祭」は，半ばイタリア風のフランス宮廷生活を反映している．問題となるのは多くの場合，新しい事物，あるいは，とくにイタリア人に著しい性質を示す語であることがわかる．しかし，若干のフランス語は，競合するイタリア語によって排除された．たとえば grenons「口髭」という語は，たぶんイタリア風の生やし方のために moustache に取って代わられ，また，soudart は，イタリア語からの soldat「兵士」の方が好まれたために，貶下的 péjoratif な意味〔すなわち「兵隊あがりの乱暴者」〕を帯びた[33]．

ラテン語法

押韻派詩人たちの間にあれほどはびこったラテン語熱も，国民語についての意識が深まるにつれて，必然的に消えうせた．しかし，ラテン語法なしにはすますことができなかったに違いない．15世紀以来，ラテン語は，フランス語が何らかの障害に苦しんだり，あるいは，民衆の用語では明確さが十分とは思えないような観念を表現しなければならない時に，助けを求める言語だったのである (recouvrer—récupérer「取り戻す」[34]，viscères「内臓」，rusticité「田舎風」，structure「構造」など)．理論上，16世紀はラテン語法と闘い，また実際に15世紀の借用語を多数除去したが，今度は他のラテン借用語によって，フランス語を豊富にしたのである．

地方的語法

ルネサンスによって宣言された個人の自由の主張は，また，語彙の発展上にも奇妙な効果をもたらした．数世紀来，詩人たちはパリの慣用に従うことに専念していた．ところが16世紀の作家は，ラブレー RABELAIS を初めとして，あえてお国ことばを作品中に採り入れようとする．とりわけプレイヤッド派の著作家

2. 16世紀におけるフランス語

は，それについて大理論を作り上げた．ロンサール RONSARD[35] 自身，この問題を3度取りあげている．たとえば，彼は『フランス詩法要約』*Abrégé de l'art poétique françoys* において，次のように述べている：「君の国のことばが，十分に適切でも表現的でもない時は，わがフランスの方言の中から，最もはっきり意味を表わすことばを巧みに選んで，作品に適合させればよかろう．そのことばが適当で，君の言わんとすることを適確に表わしさえすれば，ガスコーニュ，ポワトゥー，ノルマンディー，メーヌ，リヨン，または，その他の地方の方言であろうと，気にかける必要はない．」モンテーニュでさえ，フランス語で思想のニュアンスをすべて表わせない時には，あえて南部の言い回しを用いる．「フランス語で用が弁じないならば，ガスコーニュ語がやって来る」〔『エッセー』I, 26〕という彼のことばは，人の知るところである．

こうしてルネサンスは，著作家を，散文家も詩人も，17世紀初頭から優勢になる方向とは全く反対の方向に向かわせた．俗語の解放は，まず大きな自由に達するが，この自由は新しい規律の必要を感じさせることになるであろう．

音声変化　強い保守的傾向

16世紀には，一部分，15世紀と同じ傾向が認められるが，進化が反対の運びを示すこともしばしばある．

子音

最も顕著な例の一つは，子音群の取り扱いである．古・中期フランス語には，2子音のうちの最初の子音を消滅させて子音群を軽減する，極めて著しい傾向があった (fête「祭り」〔古くは feste〕)．16世紀は，これらの子音中，当時までなお持ちこたえていた最後の子音，rにいどむ．rの脱落の例は豊富で，押韻から見て疑う余地がない：embrace「抱擁」―farce「おどけ」; bourse「財布」―courrouce「〔彼は〕怒らせる」; garde「守護」―escalade「よじ登り」など．しかし，2つの出来事が反対の方向に働きかける．まず，無強勢の e が多数脱落したことである (achetons [aštõ]「〔われわれは〕買う」)．このような母音の消滅のおかげで，新しい子音群が形成される．その上，ラテン語からの借用語によって，子音群を含む語の数が非常に増加する．obscur「暗い」, docte「博学な」〔ラテン語 obscurus, doctus〕のようなラテン語法のおかげで，フランス人は再び子音群になじむことになった．だから，子音群を妨げる開音節へのフランス語の傾向を阻止したのは，大部分ラテン語の影響であった．ラテン語は，フランス語の発音傾

向を著しく修正することにも寄与したのである．しかも，このラテン語の影響は，まさに最後の子音群が誘いに屈しようとしていた時フランス語に及んだので，子音群が建て直された．事実，この世紀の終わりには，r は確固として，揺るぎなくなったように思われる．したがって，先に引用した語はいずれも r を保存した．

　このラテン語の影響は，また別の仕方でも現われる．15 世紀の末以来, 語源的な子音字で語を飾るという，すでにかなり古くからの習慣が，極めて熱狂的に行なわれるようになり，人びとは escripvre「書く」, sçavoir「知る」などと書き始めた[36]．ところで，このような子音の幾つかは，首尾よく発音上にも課せられて,かなり多くの語が，多かれ少なかれラテン語風になった: adversaire「敵手」, admonester「説諭する」, restreindre「制限する」, rescousse「奪回」, dextre「右手」, exemple「例」. ラテン語法をフランス語の発音習慣に従わせようとする反対の方向も同様に存在した．しばらくの間, adjectif「形容詞」か ajectif か, obvier「予防する」か ovier か, resplendir「輝く」か réplendir か，定まらなかった．しかし，ラテン語がフランス語の習慣を制するにいたった．

　子音の脱落は，とくに語末において認められる．しかしこの場合には，16 世紀が 15 世紀を継承していることが明らかである．すでに見たように，14～15 世紀の文は，12 世紀の文とは別のリズムを持っていた．12 世紀には，語に大きな独立性があった．しかしいまや，語はそれを一部失ってしまい，文が主要な単位を構成する．語末子音は，まるで語の内部にあるかのような扱いを受け始めた．すなわち，語末子音は，子音で始まる語の前で脱落し，母音の前や，たとえわずかでも休止のある箇所では残る．アンリ・エティエンヌは，どこで語末を発音し，どこで脱落させるべきかを示すために，一つの文章を書き写した．それは次のとおりである：«Vou me dite toujours que votre pays est plu gran de beaucoup et plus abondan que le notre, e que maintenan vou pourrie bien y vivre à meilleur marché que nou ne vivon depui troi mois en cette ville : mai tou ceux qui en viennet, parlet bien un autre langage : ne vou deplaise.»「あなたは，あなたの国が私たちの国よりずっと大きく豊かで，今そこでは，私たちが 3 か月前からこの町で暮らしているよりもっと安く暮らせるだろうと，いつも私に言います．しかし，はばかりながら，そこからやって来る人はみな別の言い方をします．」[37] この例は，発音単位が今では文であることを示している．

保守勢力

　二重母音 oi の歴史は，大きな変動を呈する．16 世紀初頭には wè と発音され

2. 16世紀におけるフランス語

ていたが，この世紀には，さらに他に2つの発音もあった．すなわち，ẹ と wa である．これら2つの発音は，俚語あるいは下層社会から起こった．ディヤーヌ・ド・ポワティエ DIANE DE POITIERS[38] は，学識ある女性ではなかったが，つねに asseurèt〔=assurait〕などと書いていた．パリッシー PALISSY[39] のような西部出身の他の著作家たちも，同様の書法を用いている．したがって，問題は，西部の方言に関することである．これに反してパリの人びとは，wa と発音し始めた．ポルズグレイヴ PALSGRAVE[40] は，すでに1530年に，彼らが boas〔=bois「森」〕，gloare〔=gloire「栄光」〕と言うのを確認している．文法家たちは，この2つの革新に激しく反対した．彼らの抗議のおかげで，この2つの新しい発音は，教養のある人にふさわしくない発音とみなされた．その結果，wè が正しい形態として17世紀末まで維持され，一方，wa と ẹ は，むしろ民衆の中に生き延びた．周知のとおり，wè は最後には消滅し，wa と ẹ が遺産を分け合ったが[41]，その配分が何らかの規則に則しているようには思われない．それゆえここに，フランス語の音声進化に対する文法家たちの干渉の，最初の結果の一つが見られる．彼らは，国民の下層部と地方から起こった自発的な進展に反対する．さしあたり進展を阻止するのに成功するが，それはついに妥協に終わるのである．

子音組織においても同様に，上層階級から拒否されたために挫折してしまった一つの動きがあった．それは母音間の r を z に変えるもので，この変化は，幾つかの地域では14世紀から（ノルマン方言では12世紀からさえも）証明される．ただしかし，大いに普及するにはいたっていなかった．ところで，それが16世紀には首都に伝染し，民衆は Pazi〔=Paris「パリ」〕，mon pèse〔=mon père「私の父」〕，mon mazi〔=mon mari「私の夫」〕などと言い始める．しかし，間もなく反動が起こった．上層階級は抵抗して，下層階級から生まれたこの変化を受け入れなかった．この反動の結果，下層階級の人びとは，いつ r を発音すべきなのか，もはやわからなくなりさえした．彼らは，批判の的になることを恐れて，語源的に正当な z まで r に代え始めた．したがって，rairon〔=raison「理由」〕，courin〔=cousin「従兄弟」〕のような形が見られる．しかし，全般的に，修復は正しく行なわれた．周知のとおり，chaire「講壇」—chaise「椅子」の二重語〔ともにラテン語の cathedra「肘掛け椅子」から出た〕が残っている．

したがって，この世紀の音声上の動きの特色は，いずれの動きも頑強な抵抗に遭遇したことである．15世紀まで音声変化は，多少とも無意識な進展の結果であった．傾向に逆らい，それを矯正しようという努力はなかったし，少なくとも，そのような反動はあまり強くはなかった．いまや状況が変わった．教養階級，上層階級の人びとは，文法家や理論家たちの潔癖主義(ピュリスム)に導かれる．言語の純正の名

のもとに，彼らは言語の革新と闘い，それを卑俗にすぎるものとして非難する．フランス語は，いまや，とりわけ本能によって進展していた時代を脱したのである．フランス語は新しい時期に入る．すなわち，理性が指導権を奪い，無意識の行動をくいとめようと努める時期である．すでに見たように，極めてしばしば，理性はそのことに成功した．上述の諸変化は，大部分が矯正された．そして，17世紀以降，音声上の進展が以前に比べてはるかに緩慢になる．

統 辞 法

語 順

統辞法は，一方では15世紀の傾向を継続するが，他方では，この時代の特色である個人主義が，諸作家にかなり重大な破格を行なわせる．すでに見たように，15世紀に，語順は昔の自由さを失っていた．ところが16世紀は，この自由の一部を擁護しようと試みた．モーリス・セーヴ Maurice Scève[42] の詩句がしばしば引き合いに出される：

Est de Pallas du chef ingenieus
Celestement, voulant Dieu, departie.
「〔彼女は〕パラスの利発な頭から，
神が嘉（よみ）したまいて，天使のごとく離れた．」

ロンサールは，詩人たちに，こうした自由な構文をやめるように勧めている．しかし，それでもなお，若干の場合に主語の転置が頻繁で，規則でさえあったのは事実である．たとえば，文章が状況補語あるいは接続詞で始まる場合，主語は極めてしばしば動詞のうしろに置かれる：«En celle heure partit le bon homme.»「その時間に善良な男は出発した」，«Alors descendit Gymnaste de son cheval.»「その時ジムナストは馬から降りた」．デュ・ベレー自身も，フランソワ1世に関して次のように書いている：«et si a nostre langaige, au paravant scabreux et mal poly, rendu elegant.»「かくして〔国王は〕これまで粗雑で彫琢の施されなかったわが国語を優美なものにした」〔『フランス語の擁護と顕揚』第1の書，4〕．

しかしながら，このような構文は，次第に正常な語順に席を譲る．どこでこの構文が最もよく持ちこたえているかを見るのは興味深い．たとえば，デュ・ベレーでは，それは文章全体の16パーセントしか占めていないが，モンリュック Monluc[43] やブラントーム Brantôme[44] では42パーセントを占める．けれど

も，あとの2人はデュ・ベレーよりもずっとのちになって書き，しかも散文で書いたのである．この2つの理由からすれば，彼らは近代の慣用に一層近いはずであろう．この古い構文の維持は，彼らにあっては地理的に説明がつく．すなわち，彼らは2人とも南フランスの人なのである．

代名詞

すでに見たように，15世紀に，代名詞は動詞のさまざまな人称を区別するために不可欠のものとなっていた．16世紀には代名詞の省略が，たぶんラテン語の影響で，再び一層頻繁になる．しかしながら，この省略が，同じ力で，あらゆる人称に及んだわけではない．語尾によって明らかな形態: voulez, diriez, a pris などでは，好んで代名詞が省略されるが，人称間の混同が起こりうるような場合には，省略がまれである．——この点に関する16世紀の特徴は，命令法では代名詞が全く排除され，一方，疑問文では代名詞が強制的になったことである: 1° Fay tu！＞Fay！「せよ」，2° Qui estes？＞Qui estes-vous？「どなたですか」．したがって，代名詞は，ただ呼格のような場合には省略されるが，主格の場合には保持される．

接続詞

すでに見たように，フランス語の多数の接続詞は1400年ごろ生まれた．16世紀は，この豊富さをさらに増大し，ほとんど類意義であるか，あるいは全く類意義の極めて数多くの表現を自由に用いる．したがって，原因を表わすのに，aussi que, car, comme ainsi soit que, considéré que, de quoi, dont, puisque, ores que, parquoi, pour ce que, parce que のうち，どれを選ぼうと随意であった．これらすべての表現間の意味上のニュアンスは極めて微妙で，しばしば，全くの類義語の場合さえある．17世紀は，これらの言い回しを制限して選び取り，他をすべて放棄することになるが，16世紀は，このような多様性がテキストや口頭言語にもたらす雑多な外観を好んだのである．

3. 散文の技法

16世紀の2つの大きな思想運動，ルネサンスと宗教改革は，フランスに，この国が持った最大の散文家2人をもたらした．すなわち，ラブレーとカルヴァンである．ラブレー以前には，芸術的散文はほとんど存在しなかった．13〜14世紀の

年代記作者や，15世紀の小説家は，ほぼ彼らが話したとおりに書き，文体の点では苦労をしなかった．ラブレーとともに，それが変わる．だから，ここで立ち止まって，これらフランス散文の創造者たちの文体を簡略に検討するのが適当である．

ラブレー

ラブレーの普遍性

ラブレー[45]はしばしば，大写実主義者とか自然主義者と呼ばれたが，それは間違っている．そのような尺度は，この強大な気質の作家にとっては非常に小さすぎる．「すべての物の寸法を採り，もし物の大きさを，一つの線でも伸ばしたり縮めたりすれば，もうだめだと思う」ような，こせこせした写実主義ではない．彼の自然主義もまた，自然主義理論の唯物論と何の共通点もない．この大人物の広い視野は，すべての主義，すべての理論を包括し，そのそれぞれの活力，価値を計って，自分自身にかなったものを採り入れる．彼は，人文主義者たちの普遍主義の真の代表者である．偏狭な道徳とか人生に無関係の学問がもたらす束縛を除けば，人生のあらゆる形態が彼にはすばらしいもののように思われる．といっても，彼が相対論者だというわけではない．彼は実在を，とりわけ自我の純一性を信じている．いまだかつてフランスには，彼以上に完全に，全自然を，同時代のすべての学問を，人生のすべての表現を包括した人は生まれていない．彼は，それらのいずれも拒否しない．彼の作品の中では，最も卑しいものがこの上もなく崇高なものと肘をつき合わせている．彼は，この上もなく微妙な哲学理論と人糞とを，同じ文中で語ることができる．彼にとっては，偽造を除いて，卑しいものは自然の中には存在しないからである．

彼の言語は確かにこの普遍主義の忠実な表現である．いまだかつて，自分の言語の語彙を彼以上に完全に把握したフランス人はいない．ラブレーの語彙の豊かさは前代未聞である．せいぜいヴィクトール・ユゴー Victor Hugo が彼と比べられるくらいであろう．しかしラブレーは，彼の使っている用語の精密，明確，正確という点で，ユゴーをしのいでいる．彼は決して涸れることのない2つの泉から汲んだ．それは，彼の学問と彼の人生経験である．彼はすべてを見，すべてを読み，すべてを理解した．それゆえに，彼の作品から，ルネサンスの真の百科全書を引き出すことができたのである＊．彼はフランス語の多様性をすべてわき

＊　セネアン L. Sainéan『ラブレーの言語』*La langue de Rabelais*, 第1巻, パリ, Boccard, 1922年.

まえており，その職業的，社会的，地方的，歴史的なニュアンスを心得ていた．長い遍歴のうちに，ラブレーは，フランスの国土の大部分を見た．彼の心を打ち，記憶にとどめた地方の用語によって語彙を豊かにした．アミアン Amiens の一人の修道僧が，古代の彫像に自分の国の娘たちの美しさを対比する時，次のように言う：«Ces statues anticques sont bien faites, je le veulx croire. Mais par Sainct Ferreol d'Abbeville, les jeunes bachelettes de nos pays sont mille fois plus advenantes.»「これらの古代の彫像は，確かによくできている．私もそう思いたいのだが，しかし，アブヴィルの聖フェレオール[46]にかけて，わが故郷の若い娘らの方が千倍も結構だ」〔『第4の書パンタグリュエル』 Pantagruel, 11〕．トゥーレーヌ語のような西部の俚語は，とりわけうまく表現されている．モンペリエやリヨンに長く滞在したために，多数のラングドック語，プロヴァンス語，フランコ・プロヴァンス語が，彼の語彙に入った．このように，彼の訪れたフランスの全地域が，何らかの形跡を書物の中に残している．——ラブレーは，ラテン語および古典作家に精通していた．しかし，そのために，彼がフランスの古い時代の作家たちの文章を味わえなくなったと考えるのは，間違いであろう．彼は，とくに『ばら物語』に親しんでいた．そして，この読書から，ちょうどのちのラ・フォンテーヌ LA FONTAINE と同じく，幾つもの古語法を自分のものにした．ラブレーは，その上，当時のあらゆる職業にも通じている．武芸，航海，応用芸術，建築の専門用語が，彼の本の中にあふれている．動物学と植物学についても，驚くべき知識を持っている．プリニウス PLINE[47] を完全に理解したが，彼自身もまた大いに観察した．フランスに生息するあらゆる魚の名前を知っており，事実，とくに美味な魚の名を好んであげている．彼の作品は，語彙の謝肉祭 carnaval lexical と呼ばれた．実際に，そこでは，最もちぐはぐな諸要素が肘をつき合わせ，ただ一つの同じ思想の表現の中に解け合っている．

ラブレーは，彼の時代が提供しえた語のニュアンスと豊かさを，誰よりもよく知っている．しかも，記憶力に決して欠けるところがない．彼はつねに語を最も適切なころあいに置くすべを心得ている．しかも，いかなる語も恐れない．彼はあらゆる語を使用する．彼にあっては，みだらな語や猥雑な表現が無数にある．しかし，それらを全く無邪気な笑いとともに用いるので，彼の文章には決して淫奔なところがない．

彼にとって自然を一つの大きな有機体とする内的統一性は，また，極めてちぐはぐな要素の混合においても現われる．したがって，一人の修道僧と数人の射手との闘争の奇怪な物語のさなかに，彼は，修道僧が敵に与えた致命傷について，解剖学的分析を行なっている．解剖学の講義でも，これ以上明確に表現されるこ

とはあまりないであろう．この奇怪な場面におけるこのような科学的正確さは，一つの奇妙な効果を生む：《Lors d'un coup luy tranchit la teste, luy coupant le test sus les os petrux, et enlevant les deux os bregmatis, et la commissure sagittale, avec grande partie de l'os coronal ; ce que faisant, luy tranchit les deux meninges et ouvrit profondement les deux posterieurs ventricules du cerveau ; et demoura le craine pendant sus les espaules à la peau du pericrane par derriere, en forme d'un bonnet doctoral noir par dessus, rouge par dedans.》「そこで〔修道僧は〕，一刀のもとに相手の首をはねたが，側頭骨岩様部で頭蓋骨を切断し，頭頂骨2つと矢状縫合部を前頭骨の大部分とともにもぎ取ってしまった．そのために，2枚の脳膜が切られ，脳の後部側面室2つが深く口を開いた．そして，頭蓋は，外が黒く内が赤い博士帽のような形になって，うしろで骨膜でくっついたまま，肩の上に垂れ下がった」〔『第1の書ガルガンテュワ』*Gargantua*, 44〕．

ラブレーの独創性

しかしラブレーは，ただフランス語が提供した財宝の用い方によって偉大なだけではなく，またその独創性，創造力によっても偉大である．彼ほど多くの新語を作り出し，これほど自在にことばを使いこなせた作家はほとんどいなかった．

彼は語に語源的意味を与えて，意外の効果を引き出すことを知っている．動詞 avaler「飲み込む」〔古くは「降ろす，降りる」〕の場合がそうである．彼はパニュルジュ Panurge にこう言わせている：《Si je montasse aussi bien comme je avalle, je feusse desjà au dessus la sphere de la lune.》「もし私が飲むのと同じくらいの勢いで空へ昇って行ったら，もう月の世界の上に着いていることだろう」〔『第2の書パンタグリュエル』14〕．——しばしば彼は語を変形して，他の系列語に近づける．たとえば彼は，カルヴァン主義者に対する軽蔑を示すために，彼らを démoniaque「悪魔のような」と呼んでいるが，この語を，宗教領域の語が多い -acle の系列 (tabernacle「聖櫃」，cénacle「最後の晩餐の部屋」)に近寄せる．そこで彼は, les maniacles pistolets, les demoniacles Calvins, imposteurs de Geneve「気違いじみた小人ども，ジュネーヴの詐欺師で悪魔にとりつかれたカルヴァンども」〔『第4の書パンタグリュエル』32〕について語る．こうして彼は，démoniaque を，神聖なものを示す語と同化させている．悪魔を示す語幹と，反対の意味を持つ接尾辞との対照が，ジュネーヴの教義中にある，ラブレーの目には欺瞞と見えるものを，ことごとくあばき出す．

時々，ラブレーは，ただ意味のアクセントを移動させて，一要素の意味を全く

3. 散文の技法

変えてしまうことがある．われわれにとって，filiforme「糸状の」のような語は，2つの部分，すなわち fil「糸」と -forme「形」からなっている．主要な観念は「糸」であり，この語は，「糸」と話題の対象との比較を表わす．ところで，ラブレーが vériforme「真実らしい」という語を作り出すとき，彼は意味のアクセントを語の後半部に移している．この語は，ただ形だけ，見かけだけ真実らしいものを示すことになる．vériforme は，いわゆる vérité「真実」と，真実として通用させたいものとの隔たりを完全に計算に入れている．-forme の要素は，アクセントのなかった時には積極的な意味であったのが，制限的なものになっている．

ラブレーはあらゆる言語素材に自分の印を押す．大多数の人にとって語や成句は凝結したものであるが，ラブレーはつねに，言語の中に生きているものを感じ取る．他の言語から借用したものを強化する．ラテン語では，pedibus ire in sententiam「〔歩いて〕動議に投票する」と言った．この表現からラブレーは一種の最上級を引き出して，« Vous n'approchez ne de pieds ne de mains à mon opinion.»「君たちは足でも手でも私の意見に近寄らない〔あくまで私と意見を異にする〕」〔『第1の書ガルガンテュワ』序詞〕と言う．

ラブレーはとりわけ，同一の観念をさまざまな方法で反映する語を，長々と並べ立てるのが好きである．その時，彼は新語を作り出し，巧みにそれを用いる．いまだかつて言語がこのような祭典に出会ったことはない．たとえば，ソルボンヌの教授を嘲弄するために，sorbonagre「ソルボンヌ野郎」(Sorbonne＋ギリシア語 ónagros「ろば」)の語を作る．その基本的な考えは，たぶん，第1の語の語末音節と第2の語の語頭音節との同一性から浮かんだのであろう．しかし，この語だけでは足りなかった．彼は，この語に，あらゆる種類の複合法や接尾辞を用いた多数の変化を与える：maraulx de sophistes「ならず者の詭弁家」, sorbillans, sorbonagres, sorbonigenes, sorbonicoles, sorboniformes, sorbonisecques, niborcisans, borsonisans, saniborsans〔『第2の書パンタグリュエル』18〕．これらの新造語は，新しい時代から身を守るスコラ哲学の愚かさが呈する，多様な外貌を描写しているように思われる．これらの接尾辞はいずれも，神学部のこせこせした，衒学的な論争の反響のようなものである[48]．

今までに見た例では，ラブレーは，語幹は全く同一で，接尾辞を変えることによって数多くの語を作り出したのであるが，これとは反対のやり方も見られる．すなわち，語幹を変えて，接尾辞を保つ方法である．たとえば，処女を守るのが問題とされる修道女たちに関して，ラブレーは virginité「処女性」の語から接尾辞を借り，語幹を取り替えて，garder leur sororité「修道女性を守る」と言

う．ラブレーは，彼女らの処女性を保証できないために，〔ラテン語の〕soror「修道女」の語によって観念の置き換えを行ない，彼としては何の責任も持つ必要のない何ものかを言い表わしている[49]．── virginité の場合には真の接尾辞 -ité が問題で，この接尾辞は他の名詞とも結合できる．しかしラブレーは，語の一部分をまるで接尾辞であるかのように，勝手に切り離すことがある．それはとくに，下卑た語を際立たせることができる場合である．思弁哲学を愚弄するために，彼は形容詞 spéculatif「思弁的な」を spé-culatif に分割する．こうして，第1音節を，動詞 torcher「拭く」の命令形に代えることが可能になる: torche-culatif「尻拭きの」．

ラブレーは，彼が使い慣れた語と彼自身の造語とを，ごちゃ混ぜにして読者に投げつける．たとえば偽善者たちについて語る時，彼らの暇つぶしとは，articuler, monorticuler, torticuler, culleter, couilleter, diabliculer, c'est-à-dire calumnier「すなわち中傷する」〔『第2の書パンタグリュエル』34〕ことである．実在する動詞は articuler「罪科箇条を述べ立てる」だけであるが，ラブレーは音声上，意味上などの連想に導かれるがままに，この動詞をいろいろな形に変えているのであって，彼の横溢した想像力の跡をたどることができる（ギリシア語 mónos「単一の」，〔monorticuler 中の〕ort＞tort〔tordre「ねじ曲げる」の観念を含む〕, cul「尻」, couill(on)「睾丸」, ギリシア語 diabolos「悪魔」と diabállo「私は中傷する」との類音から diable「悪魔」＞calomnie「中傷」).

こうしてフランス語の散文は，内容と形式が全く合致した作品から始まる．すなわち内容と形式が，時に粗暴で野卑な同じ生命力，同じ普遍性から発している．内容と形式が，同じ自由，同じ自立性，あふれるばかりの同じ歓喜を表わしている．このような傑作で始まった散文の前途は，洋々たるものである．

カルヴァン

1541年，ラブレーの最初の著作から9年後に，カルヴァンの『キリスト教綱要』のフランス語版が現われた．この力強い教義の書は，フランスに，思想論議の文体の基礎を築き上げた．本書の構成全体が，精密な論理にかなっている．思想の全般的な大綱を，カルヴァンは決して見失わない．議論は，みごとな一貫した精神で進められる．ところで，カルヴァンの文体は，この書物の一般方針に比べて遜色がない．問題は，カトリック教か宗教改革かまだ迷っているキリスト教徒たちを説得することである．公然と表明された中傷からフランスの新教徒を守らなければならないし，キリスト教的信仰告白と信仰の純粋さを全うしなければなら

3. 散文の技法

ない．カルヴァンの言語は，こういったあらゆる要求に適合している．

支配的な性質は，もちろん論理である．カルヴァンは，論証を列挙し，それを編成して，戦闘隊形に並んだ軍隊のように行進させる．たとえば*：

«... au propos de saint Paul...je prens ces sentences... : Premièrement (1) il despoulle l'homme de justice, c'est-à-dire (a) d'integrité et pureté, puis apres (2) d'intelligence, de laquelle s'ensuit apres le signe (b), c'est que tous hommes se sont destournez de Dieu... S'ensuyvent (3) apres les fruictz d'infidelité, que tous ont decliné...tellement (c) qu'il n'y en a pas un qui face bien. D'avantage (4) il mect toutes les meschancetez, dont contaminent (d) toutes les parties de leur corps... Finalement (5) il temoigne, que tous hommes sont sans crainte de Dieu, à la reigle (e) de laquelle nous debvions diriger toutes noz voyes. Si ce sont là les richesses hereditaires du genre humain, c'est en vain qu'on requiert quelque bien en notre nature.» 「…聖パウロのことばから…私はこのような文句を取り上げる… まず (1) 彼は人間から義を，すなわち (a) 完全と純潔とを，次に (2) 知性を取り去る．これ〔知性の欠如〕から生じる印は (b)，すべての人間が神から離反したことである… つづいて (3) 無信仰の報いが生じ，すべての人は迷い… (c) 誰一人として善をなすものがいないほどである．さらに (4) 彼はあらゆる悪行をつけ加える．これによって (d) 人びとはその肢体の一つ一つを汚している… 最後に (5) 彼は，すべての人に神への恐れがないことを証言する．その規範によって (e) われわれの歩みはすべて導かれなければならないのである．もし，このようなものが人類の相続財産であるとすれば，われわれの本性の中に何らかの善を求めるのは，無益である．」

この長い総合文には，ただ一つの出発点，聖パウロと，ただ一つの到着点，すなわち，われわれの惨めさのすべてを数語で要約した最後の文があるだけである．この2つの点の間に，5つのさまざまな文が展開し，各文は結論または説明を伴っている．その結果，非の打ちどころのない均整のうちに，まれに見る力強さを持った図式ができあがる．

---

* この行文は，ルフラン A. Lefranc，シャトラン H. Chatelain，パニエ J. Pannier による優れた刊行本（高等学術研究院叢書 Bibliothèque de l'Ecole des Hautes Etudes, 1911 年）の 69 ページに見られる．

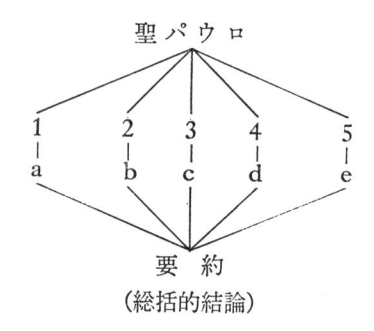

```
        聖パウロ
       /│ │ │\
      1 2 3 4 5
      │ │ │ │ │
      a b c d e
       \│ │ │/
        要 約
      （総括的結論）
```

　この書物には，これと同じ型のくだりが幾らでもある．このことが，確かに，ある種の堅苦しさを書物全体に与えている．カルヴァンは，それまで知られていた散文から遠ざかったとはいえ，そのために彼の書物の成功が減じることはなかった．それどころではない．彼は，当時の宗派論争中の曖昧な錯雑したものを，きっぱりと断ち切る刀のようなものであった．

　しかしながら，こういった論理学者的，ほとんど弁護士的ともいえる特性だけでは，彼の著作の成功をすべて説明するのに十分ではなかろう．カルヴァンはまた語に極めて強い意義を与えることができた．彼は語に特殊な意味を負わせる．とりわけ，具体的事物を示す語に比喩的な意味を与えて使用するのに優れている．このことが，彼の言語に何か力強い，絵画的なものをもたらすのである．彼には強い色彩がある．そのため，フランス語の多くの語詞がなお彼の思想の跡をとどめている．彼はためらわずに，rompre la teste à qn「人をうんざりさせる」のような平俗なことばを用いる．たとえば，間違った推論をしたり，信仰の道を誤った人について，その人は choppé または trébuché「つまずいた」（原本355ページ）と言う．人間に行動を起こさせないような信仰は，foi oisive「無為の信仰」である．彼の何人かの敵は，しばしば，ほえる犬にたとえられる：《Ils circuissent courans çà et là comme chiens affamez: et…par leur abay, ils arrachent par force des uns et des autres quelques morseaux pour fourrer en leur ventre.》「彼らは飢えた犬のようにあちらこちら走り回る．そして…ほえ立てて人びとから無理やり食い物を引ったくり，腹の中に詰め込む」（この fourrer「詰め込む」という俗語にも注意すること）；《Ilz profitent tellement en abbayant sans cesse en leurs escholes.》「彼らは宗派の中でたえずほえ立てて利益を得ている」（原本359ページ）．──ほかの箇所でカルヴァンは，動詞 s'envelopper「身を包む」を，「もはやどう答えていいかわからないほどの誤りに陥る，とんでもない間違いをする」の意味で用いる．そして，このはなはだ適切で絵画

3. 散文の技法

的なイメージは，se développer「(言い抜けまたは他のやり方で)窮地を脱する」という語にも引き継がれる．——réputer toute chose comme fiente「万事を糞尿のごとくみなす」の表現はフランス語の中に入り込み，その後オルゴン Orgon (モリエール〔の作中人物〕)のことばに現われる：《Et comme du fumier regarde tout le monde.》「そして皆を厩肥(きゅうひ)のごとくみなす」〔『タルテュフ』 Tartuffe, 第1幕，第5場〕．幾つかの表現は，異常な力をもって，世界をわれわれの精神生活と同化させる．カルヴァンは，罪と救霊予定(プレデスティナシヨン)の彼の教義が持つ最も陰鬱な，悲惨なもののすべてを，たった一つの表現に糾合することがある．たとえば，彼が《Dieu a encloz toutes creatures soubz peché.》「神は全人類を罪のもとに閉じ込めた」と言うとき，罪は，われわれすべてが閉じ込められて，そこから誰も自分の力で脱出できない天空にも比すべき，一つの大きな鐘のように見えてくる．

このような比喩に富んだ多くの表現は，旧約聖書からの借用である．しかし，カルヴァンにおいては，それらが総合文の熟考された論理的構造と対照的であるだけに，一層表現力が大きい．これらの表現の中に，この人物を支配する冷たい合理的な情念が見いだされる．

したがって，細部では，『綱要』の文体*は確かに「彼の時代」のものであり，ラブレーの作品全体に見渡すかぎり広げられる絵画的な性格も少しはあるといえる．しかし，この書物の全般的な構造は，すでに17世紀の線的技法を予告している．

---

* 『綱要』には，1545年から1560年にかけて，一定の間隔をおいて刊行された他の3つの版がある．それらの版もまたカルヴァンの手になるものである．原典の形態は多数の修正をこうむったが，それは，一部分，哲学的・宗教的省察にあまり慣れていない人びとにもわかりやすくしたいという著者の願望によっている．この問題については，ヴァルヒ Roger WALCH『キリスト教綱要の4つのフランス語版における語彙論的・形態論的異本文に関する研究』*Untersuchungen über die lexikalischen und morphologischen Varianten in den vier französischen Ausgaben der 'Institution de la religion chrétienne'*, 学位論文，バーゼル，1958年を参照．

第 6 章　近代フランス語の時代

1.　17 世紀

16 世紀から 17 世紀への移行

　17 世紀とともに近代フランス語が始まることになっている．この世紀に，近代国家フランスが作られたからである．国民がみずからを認識し，自分の力のこれまでやや無定形であった塊を流し込むべき鋳型を見いだしたのは，17 世紀のことである．文明，政治，文学，言語が，この時代に，今日まで勢力を占めている鮮明な輪郭をとった．

ルネサンスと宗教改革
　この発展は 16 世紀とは反対の方向をたどる．16 世紀は非常に大きな自由によって特徴づけられるが，その自由はついに無秩序と無政府状態に堕してしまう．この世紀の 2 つの大きな事件は外国から，すなわち，ルネサンスはイタリアから，宗教改革はドイツから起こった．イタリアでは，ルネサンスは，2 世紀にわたる有機的な発展の自然産物で，あの天才の世代のみごとな開花に先立って，すでにペトラルカや 1400 年代 Quattrocento[1] 〔の芸術家たち〕が現われていた．フランスは，突如としてこの新しい人文と知り合ったのであり，これを数十年間に吸収しなければならなかった．そのために，フランス・ルネサンスの発展には調和が欠けている．しかもフランスは，新旧両時代の総合を成し遂げ，この改新された世界の中に再び自身を見いだす前に，ドイツから生まれた宗教革命の嵐に見舞われたのである．幾らか模索したのちに，ルネサンスと宗教改革は互いに敵であることを認めた．そしてこのことが，国に内乱が勃発したほどの動揺状態を引き起こした．数回の休戦で中断されたが，この戦乱は 36 年間続き，あとに廃墟だけが残った．エティエンヌ・パーキエ Etienne Pasquier[2] は次のように記している：「40 年間眠りこんでいたとすれば，フランスではなくて，フランスの死骸を見ているのかと思うことだろう．」16 世紀末には，国は病気とあらゆる種類の災難によって荒らされ，貧しくなっていた．財政は混乱し，文学，芸術は恐ろしい衰退状態にあった．

アンリ 4 世とリシュリュー

　フランスを救ったのは，争い合う 2 党派の勇気でも狂信でもなく，国王アンリ 4 世 HENRI IV[3] の感嘆すべき良識であった．カトリック教への彼の改宗は，国の根深い生命力の現われであった．偉大な国王がみずから引き受けたこの犠牲，彼の過去全体とのこの絶縁は，個人が自身の権利を断念したことであり，フランスに平和をもたらす必要の前に個人を放棄したことであった．この時，個人の意志は屈服する．あれほど個人主義的であった 16 世紀が，1593 年に幕を閉じる．この時期に，17 世紀の集団的意志を結晶させるように定められた勢力の集中が始まる．屈することのできなかった勢力については，国はその隔離に，ちょうど異物に抵抗する有機体のように，包被化に取りかかる．それが 1598 年のナント Nantes の勅令の意味であった．

　新しい世紀は，アンリ 4 世の敷いた道をたどる．アンリ 4 世とルイ 13 世 LOUIS XIII[4]，というよりはむしろリシュリュー RICHELIEU[5] とともに，フランスは，しばしば強情を張ったものの，多くの災いをもたらしたあの過度の個人主義に打ち勝つことを学ぶ．人びとは個人的なものを隠すことを習い，隣人と共有するものしか，もはや外に表わさない．16 世紀には，各自が各自の好みに従っていたが，新しい時代は，社会生活の法規——誰もが共通の，唯一の模範にのっとることを命じる法規を，徐々に作り上げる．

　リシュリュー(1642 年末)やルイ 13 世(1643 年)が死んだ時には，国家の権威は確立され，どのような動乱が起ころうとも揺り動かされなくなる．4 年間にわたるフロンドの乱 Fronde[6] は，個人の権利の名において行なわれた最後の反乱であった．フロンド党員たちは自己本位の意見にしか耳を傾けなかったので，彼らの努力を整合することができなかった．その結末は個人主義の完敗であった．その廃墟の上に，これまでフランスが持った最も絶対的な王権が打ち建てられたのである．

新しい精神

　リシュリューの活躍は，他の人びとが他の方法で社会生活・文学・哲学面で表明したものを，政治面で実現する．ランブイエ侯爵夫人 marquise de RAMBOUILLET[7] は，一つの中立地帯を作り出すが，そこではもはや人間を区別するものはあえて呼び起こされない．デカルト DESCARTES[8] が彼の新しい哲学の根拠とした人間意識の直接的な与件は理性であり，それは，われわれの能力のうちで最も個人的ではないものである．プレイヤッド派の最後の詩人たちの私的な叙情味は，一般的思想の表現に席を譲る．もはや，カッサンドル Cassandre[9] への愛情を述べ

1. 17 世 紀

るロンサールではなく，友人を慰めるのに一般論に訴えるマレルブ MALHERBE[10] の時代である．

新しい社会にとって，理性は人間の中で最高の，最も人間的な部分である．理性によってこそ，人は真に人間とみなされるのである．そのことから，われわれの存在の他の諸要素を薄暗がりの中に放置し，われわれが他人と共有するものに注意を集中しようという欲望が生じる．理性はみずからを自覚し，自律的になる．

前期古典主義時代のフランス語

概 観

言うまでもなく，言語の進化もまたこの新しい精神の影響を受けざるをえなかった．事実，17 世紀とともに，言語に対する国民の態度が変わる．16 世紀には，個人の覚醒が見られた．ルネサンスの人間の絶対的自由は，また言語に対しても求められていた．各作家は言語を思うままに取り扱い，文学テキストには，ヴァンドーム方言，トゥーレーヌ方言や専門的表現が満ちていた．17 世紀は，言語をますます厳格な規律に極度に服従させる．

ある点では，実際のところ，17 世紀は 16 世紀の仕事を継続している．16 世紀は，言語の理論を作り出し，初めて国民語の運命について責任があることを自覚した．17 世紀になると，国民精神はその最も重要な表明の一つを言語のうちにますます認めることになる．同様に，17 世紀の文学は 16 世紀の文学の反対者と自任しながら，それから模倣の原理を受け継ぎ，そこにただ理性を加えただけである．17 世紀になって，国民精神はみずからを自覚する．そんなわけで，国民の教育はとりわけ言語を用いて行なわれる．

それは大部分文法を使ってなされる．近代フランスの精神には，この時代に与えられた主要な輪郭が保たれている．17 世紀は，すべてを理性の要求に従わせることができると信じたので，フランス語を理性の方向に変える機会を，論理学に与えたのであろう．今日でもなおフランス語が，他のあらゆる言語よりもずっと純粋論理の要求にかなっているのは明白な事実である．この理性の影響は，ことばの生命の上に限られていない．それはまたフランス思想自体の中にも浸透している．その明晰さは，何よりもまず，この長い努力の結果である．

古典フランス語の作り手——
マレルブ，ゲ・ド・バルザック，アカデミー，ヴォージュラ

国民語にとってまず問題は，曖昧なものをすべて放棄し，語彙を皆に理解しや

すいものにすることであった．この微妙な企てに対して一人の首領がいた．すなわちマレルブである．マレルブは，1605年宮廷に現われ，いわば宮廷の非ガスコン化を担当した．彼の判断はたちまち権威をなした．

　マレルブの綱領はかなり簡単で，皆から理解されない表現はすべて放棄しなければならないというものである．彼は，新語 néologisme や借用語 emprunt とともに，古語法 archaïsme を禁止する．何よりも地方的表現 dialectalisme を語彙から削除する．専門用語もまた排斥する：ulcère「潰瘍かいよう」，entamer「傷をつける」は医学用語であり，idéal「理想」は学校用語で「色ごとでは決して言ってはならない」．これらの語を正しい慣用から遠ざけるには，それで十分であった．彼によれば，あまりに民衆的な表現も差し控えなければならなかった．言語に関して自分の先生は港の人足たちである，というマレルブのことばはしばしば繰り返し言われるが，この警句をあまり文字どおりにとってはならない．フェルディナン・ブリュノ Ferdinand Brunot[11] が，マレルブは人足たちにわからないようなことばを書くのを認めなかった，という意味に解しているのは正しい．ここでもまた，マレルブの主張は全く否定的であり，制限的である．だから，彼が「否定の博士」docteur en négative と呼ばれたのも当然である．ほかの人なら誰でも，言語の源泉を涸らしはしまいかと恐れたことであろう．しかし，想像力があまり大きくなかったマレルブにとっては，あまり豊富な語彙が必要ではなかった．ブリュノは彼について「彼は自分の比喩を，彼の部屋の6つの藁椅子のように，あちらからこちらへと移した．そしてこの移動で，彼の多様性への欲求は満たされた」と言っている．

　文法の面では，マレルブは16世紀の驚くばかりの自由さと闘った．たとえば，彼は代名詞の省略を禁止する．類似した意味の2つの表現がある時には，それを区分して，全く明瞭にその範囲を限定する．たとえば，autrefois「いつか」は過去の意味にも未来の意味にも用いることができたが，マレルブは，この語が過去にのみ適当で，未来には un jour と言わねばならないと決定する (il fut autrefois「彼はかつて…だった」，il sera un jour「彼はいつか…だろう」)．彼の決定の結果，とりわけ言語からその鉱滓が取り除かれることになった．

　マレルブは天才でないとしても，フランスがその時必要としていた人であった．国民は，誰かが言語に対して規範を与えてくれることを望んでいたし，文法に関して法則を受け入れる準備がすっかり整っていた．マレルブ個人というよりも，フランス国民の特性が，みずからに新しい規則を与えたのである．

　もちろん，マレルブの仕事において，言語と文学を区別するのは間違いであろう．彼の場合，作詩法，文体および言語についての観察が，全く一つに解け合っ

1. 17世紀

ている．マレルブ以後，17世紀全体にわたって，形式と内容とに同等の重要性が認められることになる．

マレルブの洞察力のある仕事は，ほとんどもっぱら詩語に関するものである．同じ頃に一人の男が，彼の田舎の奥深くから，フランス語の散文を改新する．それはゲ・ド・バルザック Guez de Balzac[12] である．バルザックは，初めて，整然とした，明晰な，そして豊かな散文を書くことができた．彼以前には誰も，幾らか複雑な思想を，簡素で自然に表現するすべを知らなかった．彼こそ，その書簡文によって，どうして衒学に陥らずに思想を展開させるかの手本を示し，適切な度合いと，整然たる総合文のあの内面的な諧調を教えた．彼とともにフランス語は，抽象的な思想を，次から次へと自然にやすやすと流れ出るかのように表現できるようになる．デカルトのあの明快な文体も，バルザックなしにはほとんどありえないであろう．しかし，それだけが彼の功績ではない．彼はまたフランス文の諧調の秘密を見いだした．彼は耳に休息の必要な時を心得ている．彼にあっては，文章のさまざまな部分が均衡を保っている．彼は，それまで知られなかったリズムと諧調を，彼の総合文に与えている．

マレルブの仕事は，アカデミー Académie[13] およびとくにヴォージュラ Vaugelas[14] によって継続された．アカデミーがリシュリューを創設者としたのは無意味なことではない．最初の評議以来，アカデミーは近隣の諸言語に対するフランス語の支配権を要求している．ファレ Faret[15] は言う：「わが国語は，他の現用語のどれよりもすでに完全であるから，もし表現法に一層気をつければ，ちょうどラテン語がギリシア語の跡を継いだように，ついにはラテン語の跡を継ぐことができるだろう．」この目的を達成するために提議された手段は，辞書と文法書であった．アカデミーの辞書と普通の辞書との相違は周知の事実である．後者は言語の全語彙を記載するが，アカデミーの辞書は規範を与えようとして，上流人士の語彙を収録する．多くの困難ののちに，この辞書は1694年に世に出た．第8版は1931年から1935年にかけて刊行された．この辞書は，多数の不備な点があるにもかかわらず，フランス人にとって極めて重要な著作となっている*．

ヴォージュラは，ただ立会人になることだけを望む．彼は《Il n'y a qu'un maistre des langues, qui en est le roy, c'est l'Usage.》「言語の世界には，その王者たる，一人の主人しかいない．それは慣用である」と言う．なお，彼によ

---

* アカデミーの文法書は刊行に300年を要した．あいにく編纂が無能な人びとに任されていた．この文法書には権威がない．この問題については，ブリュノ『アカデミー・フランセーズの文法批判』 Observations sur la grammaire de l'Académie française, パリ，E. Droz, 1932年を参照．

れば，誰も「ほかの人たちがとがめるものを制定したり，自分の個人的意見を世論の奔流に対抗させる権限」を取得できないし，「…宮廷と市中の話し方が異なる時には，宮廷の方に従わねばならないのが，わが国語の一つの原則である…宮廷の慣用は，理由を求めるまでもなく，市中の慣用にまさるべきもの」なのである．

言語と論理

　これら古典フランス語の作り手たちはすべて時代の要請を理解していた．彼らは国民の中にまどろんでいた傾向の一部を，本能の薄暗がりから引き出すことができたのである．他の時代には，進化は無意識の曖昧な形で行なわれていた．いまや人びとは全般的な動向に気づき，たいていの場合，時代の動向そのものの中に根源を求めねばならない思想に従って，進化を導こうと思った．そこから，これらの人びとの大きな威信と権威が生まれた．

　しかし多くの場合，彼らの規則は事実の確認にすぎない．ところで，驚くべきことは，彼らが確認し，彼らの立法の対象となった諸変化は，彼らが意識していなかった諸現象と同じ性格のものであるということである．そして，それらすべての傾向は，フランスがこうむった変容の反映にほかならない．若干の例をあげよう．

　ルネサンスのあふれるばかりの歓喜，果てしのない享楽への欲望，永遠の青春が約束されていると思っている選良のみごとな確信，こういったすべてが，別の理想，自己放棄の理想に席を譲る．人びとは前時代の自発性に驚き，感情の価値に疑いを抱く*．この時代の理想像は，自分の生活方針や行動にほんの少しでも感情が影響することを許さないような人間である．自分の義務だけに従う人間が賞賛される．このような人生の概念を最もよく表現した哲学者がデカルトである．彼は『情念論』 *Traité des passions de l'âme* において，情緒を，何か非現実的・非理性的・想像的なものとして，純粋意識を曇らせるものとして示している．こうした考えは，この時代全体の考えである．デカルトの功績は，ただそれを明晰に表現したことである．

　ところで，まさに同じ時期に，情意動詞の要求する叙法に一つの変化が生じるのが見られる．17世紀の初めの3分の1までは，とくに情意動詞がただ伝達の導入にしか役立たない場合，フランス語はこの動詞のあとに好んで直説法を用いていた．しかし，この時期に，接続法が直説法を押しのけ始める．それは，気取っ

　＊　この章については，フォスラー VOSSLER，286ページ以下を参照．

1. 17 世 紀

社交界の一つの洗練のように思われるが，この社交界は，なおまたイタリア語の慣用の中に模範を見いだすことができた．こうして，感情の内容が相対的な，不確かなものとして考えられる．自発性を保った作家たちは，相変わらず時々直説法を使用する．セヴィニェ夫人 Mme de SÉVIGNÉ[16] は，《Il est ravi que je suis hors d'affaire.》「私が危機を脱したことに彼は有頂天だ」と言うが，しかしすでに例外である．

人間の本能的・自発的部分に対する理性と意志の勝利は，なお種々の方法で現われる．画一と単純な構文に達するために，感情的ニュアンスが犠牲にされようとする．16世紀および17世紀初頭には，断言を和らげたり，または，それが虚偽であるのを示したい場合，思考と発言を表わす動詞のあとで接続法が用いられた：《Il croit que je sois mort.》「彼は私が死んだと思っている．」しかし次第に，多くのニュアンスを含むこの区別が消滅して，全く論理的ではあるが，もっぱら外面的な規則に到達する．この世紀末には，従属節の接続法は，主節中の否定または疑問の存在による．次の世紀になると，ヴォルテール VOLTAIRE は，コルネイユ CORNEILLE[17] が彼の『嘘つき』Menteur の召し使いに 《La plus belle des deux je crois que ce soit l'autre.》「2人のうちで美しいのは，もう1人の方だと思います」と語らせたのを非難することにさえなる．判断の相対的価値を表わし，コルネイユの韻文では，主人の感情に対する敬意，尊敬を示しているこの接続法は消滅する．その後，確かな事柄に対する確信と，他人のことばに対する無批判な信用との間のあのニュアンスはもはや区別されなくなり，もっぱら合理的な規制に取って代わられる．

17世紀の論理的な性格はまた，とりわけ，16世紀以来存続していた種々の語形の中から言語が行なった選定にも現われる．いまや言語は，余分なものをすべて退け，ぼやけた意味の輪郭をもはや許さない．各語は機能が完全に制限されるが，その機能内では全権を持つ．言語は，あらゆる侵食，あらゆる不確実をありえなくする．たとえば仮定文には，17世紀まで，2つの意味を持つただ1つの構文と，同一の意味に対する2つの構文が知られていた (99ページ参照)．17世紀は，一形態一意味の原則に従って選定し，第1の構文を現在に，第2の構文を過去に充当する．マレルブはなお 《Si je n'eusse empêché leur confiscation, il y a longtemps qu'elle fût donnée...》「もし私がそれらの押収をとめていなかったら，ずっと前にそれは与えられていたことだろう…」と書き，qu'elle eût été donnée とはしていない．この例の興味ある点は，2形態の混合である．それは，消滅する運命にある形態の，最期の不確定さである．その後仮定文は，これまで持っていた曖昧さをなくす．この世紀における言語の合理化のもう一つの

例として，形容詞の統辞法に認められる変化がある．古フランス語は好んで形容詞を名詞の前に置き，性質を問題の人または事物に固有のものとして示した (13世紀には全用例中の84パーセント)．この比率は，16世紀にはまだかなりよく保たれるが(75パーセント), 17世紀に突然50パーセントに落ち，その後の各世紀にはさらに下がっていく．このようにしてフランス語は，ついに，弁別的価値を持つ形容詞を名詞のあとに置き，それに一種の独立性を与える．

いたるところで混同の可能性がなくなり，意味の二重語 doublet sémantique, 自由な構文が廃止される．中世以来フランス語のこうむった変容から，最終的な結論が引き出される．ロトルー ROTROU[18] は最後の一人として，なお《 J'ai sa belle main pressée. 》「私は彼女の美しい手を握りしめた」と書いているが，この絵画的な言い回しは消滅しつつあった．以後，目的語は変わることなく動詞のあとに位置を占めることになる．——16世紀には，指示詞と限定詞の区別がまだはっきりしていない．しばしば，ceux sont と ceux-ci または ceux-là sont や，celle-là qui と celle qui の両形が用いられた．文法家たちは，これらの形のうち第2の方を選び始めるが，両系列の区別は17世紀まで留保される．それ以後，celui は関係代名詞の前で，また，celui-ci は文中に他の限定するものが含まれていない時に用いられる．この場合，単なる言語本能が，いかに論理的な精神をもってするよりも，みごとに問題を解決した，とブリュノが述べているのはもっともである．実際この例は，理性がフランス国民の心の中で，ほとんど本能になっていたことを明らかに示している．

コルネイユのような詩人の成功の秘密も，一部分，そこにある．彼の悲劇の聴衆は，彼の文章の論理的な構成，シメーヌ Chimène [『ル・シッド』 *Le Cid* の女主人公] の口からさえ発せられる donc「ゆえに」や mais「しかし」に美を感じ，しばしば一般的な箴言の形をとって結ばれる主人公のせりふに，好んで拍手を送った．

こうして言語は，表現手段のあまりにも漠然とした輪郭を少しずつ固め，理性と堅固さに首位を与える新しい文明の内容に，みごとに適応する．時には幾分か混乱した精神の曲がりくねった小道は，非の打ちどころのない論理で導かれた思想が切り開いた大通りに席を譲る．その結果，言語の極めて著しい簡潔化が生まれてくる．このような進展は，下層階級の人たちからは起こりえない．そこには，知的努力の習慣がないからである．17世紀のような時代には，国の指導勢力が「上流人士」honnêtes gens のサークルに集中する．16世紀の騒々しい野卑が，もっと上品な，もっと洗練された社会生活に代わる．そして言語は，社会とともに貴族風になる．

1. 17 世 紀

遅参者

しかしながら，こういった変容が，わずかの間になされたと思わないようにしなければならない．確かに，よき社会が次第に磨かれ，洗練され，優雅になっていく．言語は社会よりも進化が緩慢で，つまり社会の変容のあとに残るように思われる．16世紀は，17世紀の言語の上に，かなり前方まで影を投げかけている．その語彙の多様性は，古典期の語彙の画一性と明確さに，そう急には席を譲らない．もちろん，何の文学的意図もなしに書かれたテキストを読んでも，合理的で明晰な秩序への努力に気がつくし，構想において理性的要素が少しずつ感覚的要素を追いのけているのがわかる．しかし，まだ意志の力があまりに感じられる．気軽さ，自由自在さは，もっとのちにしか現われない．ちょうど文学理論の面で，ボワロー BOILEAU[19] によって初めて，趣味 goût の原理が古典主義作品につけ加えられたにすぎないのと，全く同じである．

言語の見地からすれば，リシュリューの信書は*，多数の類義語 (par rapport à 「に関して」の代わりに pour le regard de, au regard de, au respect de, à l'égard de, en considération de と言い，faire savoir 「知らせる」に対して faire savoir, faire entendre, faire connaître, coter, mander, donner avis, donner connaissance, faire adresse, donner part, faire part と言う)，統辞法上のためらい(たとえば冠詞の用法に関して，同じ年に pour sûreté du traité 「条約の保証のために」および pour la sûreté du traité; j'ai pris résolution de faire 「私は…する決心をした」および j'ai pris la résolution de と書き，形容詞として chaque 「おのおのの」または chacun を用いる)の点で，まだ全く16世紀的である．

政策の点ではリシュリューは，王権を絶対主義の方向に，そして国家を統一の方向に導く動きの先頭に立っている．しかし，彼の言語は，まだ古典期の明確さ，明瞭さからは隔たりがある．

語 彙

したがって17世紀に，言語の単純化と浄化の大事業が行なわれたのである．ラブレーのような人にとっては，野卑な語も，破廉恥な語もなかった．いまや，あまりに写実的な語，あまりじかに不快なイメージを喚起する語，たとえば panse 「腹」，charogne 「(獣の)死骸」，cadavre 「死体」，vomir 「吐く」などは禁止され

---

* この問題については，ハシュケ F. HASCHKE『信書から見たリシュリューの言語』*Die Sprache Richelieus nach seinem Briefwechsel*, ライプツィヒ，ロマン語研究室自費出版 (パリ，E. Droz), 1934年を参照．

る．幾つかの語は，しばしば危険な組み合わせで用いられるために使えなくなる．たとえば face「顔」という語は，もはやあえて口に出す人がいない．ある日ちゃかし屋が，身体のある部分〔尻〕を la face du grand Turc「トルコ皇帝の顔」と呼ぶことを考えついたからである．あるいはまた poitrine「胸」の語は，もはやテキスト中に姿を現わすのにふさわしいようには思われない．poitrine de veau「子牛の胸肉」ともいわれるからである．だからこの語は estomac「胃（のあるところ），上腹部」によって置き換えられる．とりわけ，専門用語も排斥される．ラブレーの文体やプレイヤッド派の文体の力強さは，彼らが自然を適切・明確な語で描いたことに負うところが大きい．ロンサールおよびプレイヤッド派の詩人たちは，職人の言語が持つ生気を与える働きを，非常によく感じ取っていた．こういった人たちは，よく田舎で生活していた．17 世紀はこうした明確な用語なしにすませ，むしろ一般的用語を好む（ロンサールは pépier「(小鳥が) ピーピー鳴く」，mugler「(牛が) 鳴く」，craqueter「(こおろぎなどが) 鳴く」，fringoter「(ひわが) 鳴く」などを区別していたが，17 世紀には一様に crier「鳴く」と言う）．

とりわけ古語，というよりむしろ古めかしい印象を与える語が言語から追放される．ブリュノは，理論家たちから古語法と宣告された語のリストを作製したが，それは数百語を数える．確かに，それにもかかわらず，多くの語：angoisse「苦悶」，ardu「険しい」，bénin「恵み深い」，condoléance「悔み」，immense「広大な」が生き続け，また，他のたくさんの語も言語からむざむざと追放されはしなかったが，しかし，言語はやはり多くの美しい表現，たとえば cuider「信じる，思う」(penser「考える」の類義語ではなく，ドイツ語の meinen「思う」に当たる)，guerdon「報酬」，ost「軍隊」などを失ってしまった．

言語の潔癖家たちが古語を認めないのは，用法の一様に知れ渡った語だけを保存しようと思うからである．それがまた，彼らが新語も禁止する理由である．新語は，皆によく知られる時，初めて使用されることになる．だから新語は，まず会話の言語の中で長い準備期間を経なければならない．このことは当然，造語の厳禁という意味を含んでいる．もちろん，この禁止は，文芸作家および大ジャンルにだけ有効である．この点，17 世紀はラブレーと正反対である．17 世紀は新語の創造をやめるが，それは，他の時代には，個性を表明する一つの必要な手段なのである．17 世紀には突飛な語を作り出すことは，許しがたい大胆さであった．

それにもかかわらず作家があえて新語を用いる場合には，ほかの時代よりもずっと共通の基盤からかけ離れることになる．たとえば，前期古典主義時代の末

1. 17 世 紀

にパスカル PASCAL[20] は，慣用に従うべきことを知っていたが，その彼が普通ではないことばを使えば，その効果は一層大きくなるのである．かくて彼は, demi-pécheur「半罪人」という表現を作り出す．彼は言う：《 Point de ces pécheurs à demi qui ont quelque amour pour la vertu ; ils seront tous damnés, ces demi-pécheurs.》「幾らかでも徳を愛するような中途半端な罪人などはだめだ．彼らはみな地獄に落ちてしまうだろう．そんな半罪人どもは」〔『プロヴァンシャル』*Provinciales*, 第4の手紙〕．しかし彼は，読者にこの新奇な言い方への心構えをさせるために，pécheurs à demi という正規の許された表現を用い，さらにそれを関係詞節によって説明する労をとっている．このような用心をしたのちに，初めて彼は新語をあえて呈示するのである．この語は，文末に置かれて，十分にその効果を表わしている．

17世紀の最も実り多い仕事は，恐らく語義の正確な限定にあるであろう．個人的な語形成を極度に制限し，人間の創造力が自由にあふれ出るのを禁じた世代は，言語に対して，できるかぎりのあらゆるニュアンスと明確さとを要求せざるをえなかった．16世紀は，表現の明確さをほとんど意に介しなかった．たとえばデポルト DESPORTES[21] は，différent「異なった」の観念を表わしたい時に contraire「反対の」と言い，unique「唯一の」と言うべき場合に simple「単純な」と言い，assidu「勤勉な」の代わりに continu「(仕事に)絶え間のない」などと言う．マレルブは彼を非難し，そしてマレルブ以後，この境界画定の仕事が続けられる．2語の意味が同じならば，そのうちの一方が他方よりも力が強いと認められる．たとえば souillé「よごれた」は taché「しみのある」の類義語ではなく，もっと力が強い．あるいはまた，sommeiller「まどろむ」と dormir「眠る」との間の程度の差が明確にされる．ニュアンスがもはや感じられない場合には，2つの表現中の一方に決定される．たとえば，原因を表わす接続詞が，16世紀にはいかに豊富であったかをすでに見たが，17世紀にはその数が parce que, puisque, car の3つに減らされ，これら3つの接続詞の機能がはっきりと区別される．人びとはさらに徹底して car を廃止しようとさえ思ったが，これが有名な論争の原因になった．この論争は，ほかの時代ならば偶然にまかされてしまったようなこの小さい問題が，当時いかに真剣に論じられたかを示すものである．ヴォージュラは，ある宮廷人が la raison en est car「その理由というわけは」で文章を始めて，あとの続け方がわからなくなったことを語っている．それで，この短い不完全文は諺風の冷やかしことばになり，屁理屈屋をからかうのに la raison en est car と言われた．そんなわけで，マレルブは car の語を憎み，断固たることばでこの語を禁止した．ヴォワテュール VOITURE[22] は，ランブイエ夫人へ

の機知に富んだ一通の手紙の中で議論に加わった．彼は car を擁護し，文法家に打ち勝った．car は残った．まず何よりも，不可欠の語であったからである．この語は，フランス語の持つ，理由を表わす唯一の等位接続詞である．

　もう一つ例をあげる．17世紀の初頭には，時を表わす接続詞として，avant que, devant que, auparavant que「の前に」がまだ無差別に使われていた（たとえばリシュリュー）．しかし，ヴォージュラは次のように述べている：「auparavant que は正しい慣用ではない．devant que は非常によく用いられるが，avant que はもっと宮廷風だ．」このことは，まず auparavant que が，続いて devant que が消滅するのをすでに予測させるが，実際にそれが17世紀の間に起こったのである．

　17世紀には，一つの観念を示すのに用いる語や語形の数を制限しようとする，極めてはっきりとした傾向がある．たとえば16世紀には，ある時は déconnaître「知らない」，またある時は méconnaître と言い，また，dépriser「軽蔑する」と mépriser のどちらを選ぶこともできた．17世紀は，dé- で作られた動詞を排除し，mé- で作られた方に決定する．16世紀には，麦を cueillir「刈り入れる」または recueillir と無差別に言うが，17世紀は cueillir からこの意味を切り捨てる（もっとも，18世紀に新しい動詞 récolter「収穫する」が作られて，recueillir のひどく複雑な意味から余分なものを削除し続ける）．16世紀は，vieillir「老いる」と envieillir を併用し，また，第1要素によって状況とか，行為・行為者の呈する様相を強調するような複合語を多数持っていた．たとえば，encharger qn de qch「人に何を負わせる」，empoudrer「粉をかぶせる」，enfleurir「花で飾る」，emparfumer「香りをつける」，délaisser un propos「話をやめる」，s'entrebattre「打ち合う」，corrival「競争者」．17世紀には，このような接頭辞はすべて余分であり，意味を明らかにするには話の状況だけでこと足りるという意識が生まれる．いまや，charger qn de faire qch「人に…することを委託する」と言い，状況から実際に物を担うことが問題ではないことが理解されるようになる．上に引用した他の語の場合も，rival「競争者」にいたるまで同様である．この点17世紀のフランス語は，他のロマン諸語からも離れる．ロマン語では，イタリア語 invecchiare「老いる」，スペイン語 envejecer；イタリア語 incaricare「負わせる」，スペイン語 encargar が保存され，行為の呈する様相の強調を続ける．

　17世紀はまた，文章を一層表現的にするため類義語を積み重ねる習慣とも，きっぱりと絶縁する．たとえば《Aussi le fait elle avec plus de pois et plus de gravité que ne le font les inventions et compositions poétiques.》「かくて彼女は，詩的創作物，制作物よりも一層の重みと一層の重々しさをもって，そ

れを行なう」とか，« fut arse et bruslée » 「〔彼女は〕燃やされ焼かれた」のような文章が，アミヨ AMYOT[23] のプルタルコス『対比列伝』PLUTARQUE, *Vies parallèles* の翻訳〔1559年〕中に多いが，こういった文章は初期古典主義作家以後全く不可能となるであろう．

プレシオジテとビュルレスク

しかしながら，言語の潔癖主義的動向は，反対者に出会わないわけではなかった．その動向は2つの傾向，2つの流行の間にはさまれて，ちょうど中間の位置を保っていたように思われる．それは，プレシオジテ préciosité〔気取り〕とビュルレスク burlesque〔道化〕である．プレシオジテは少しはどの時代にもあるが，洗練されたイメージを用いて世間を驚かそうと思う人びとの，気取ったことばである．ただ，プレシュー précieux と言う代わりに，16世紀には affeté「きざっぽい人」といった．英語法が流行して，élégant「優雅な」を smart「スマートな」に代える20世紀には，gens selects「選り抜きの人びと」と言うことになる．しかし，実際は同じことである．いつでもその当時の傾向であり，それ自体は正常であるが，ある種の人たちが衆目をひくために極端に走るのである．ただプレシューズ précieuse〔才女〕は，不幸にもモリエール MOLIÈRE[24] のような男に出くわして，当時および後世の物笑いにされた〔モリエール作『笑うべきプレシューズ』*Précieuses ridicules*〕．ビュルレスクは，大ジャンルと貴族的感覚に対するガリア気質の反動である．だから公式の批評家たちから禁止の宣告を受けるだけで，ある語がビュルレスクにとって貴重なものになる．スカロン SCARRON[25] がどんなに古めかしい，野卑な語で彼の韻文を満たしたかは，周知の事実である．あの喜劇的効果を生んだのは，異なった領域の語，写実的な語と高貴な語との並置による（たとえば « Enéas chamailla comme un forcené.» 「エネアスは気違いのように喧嘩をした」）．しかし，ビュルレスクの流行は長く続かなかった．というのは，ゲ・ド・バルザックの言ったように，「謝肉祭は一年じゅう続くべきでない」からである．

新しい言語の代表者——パスカル

前期古典主義時代の末に，この長期にわたる仕事のあらゆる成果を受け入れる天分を持ち，自分の内面世界の表現に不自由を感じない一人の著作家が，フランスに立ち現われた．パスカルである*．『プロヴァンシアル（田舎の友への手紙）』

---

* 彼の文体については，ランソン G. LANSON『散文の技法』*L'art de la prose*, 71~85 ページを参照．

Lettres provinciales には，多少とも重々しい調子で語る上流社会人の，話す散文がある．だからこの手紙は，当時の言語が用いることができた表現手段の特徴を示すものであるに違いない．『プロヴァンシャル』の議論に類するものが，もし50年前に行なわれた場合の文体を考えると，この言語的集団作業の成果を感嘆せずにはいられない．1600年頃ならば，このような書物は極めて露骨なことばに満ち，時には罵言にまで堕したことであろう．いまや，上流人士の言語は野卑な語彙を忘れた．パスカルの憤慨は強いことばで表現されない．すべては節度があり，情熱は抑えられている．文章構造は全く論理的で，幾何学的に見える．「観念の諸関係が厳密な方程式に組まれている」(ランソン LANSON[26]) のである．しかし，いまや本能の直接的な爆発にもはや費やされない力が，別のやり方で表明される．その力は文章の動きと調子の中に生き，音楽に変貌している．正当にもランソンは，パスカルの句読法 ponctuation の効果にわれわれの注意をひき，この句読法において，声の抑揚が論理上の間隔に応じているのを示した〔『散文の技法』〕．かくて理性は，情熱——ここでは宗教的情熱——がほとんど妨げられることのない，しっかりとした骨組みを提供するだけである．このことは，『プロヴァンシャル』よりも，責苦を受けた人間の苦悶の叫びにしばしば似ているが，しかし表現は当時の言語の枠から脱しない『瞑想録』*Pensées* にとって，さらに一層の価値を持っている．

古典主義時代のフランス語

マザランの統治，過渡期

フロンドの乱が失敗に終わったのち，長年にわたって平穏が続き，その間にフランスは国力を回復することができた．フランスは，何の反抗する気もなく，絶対的権力を持つ枢機卿〔マザラン MAZARIN[27]〕に身をまかせた．専制政治の体制が成し遂げられたのはこの時期である．リシュリューは一度も心を休める時がなかった．反抗が全く消えうせていたわけではなかったからである．フロンドの乱の試練以後，マザランの前にもはや敵はいなかった．年若い国王は彼に政権をゆだね，死が枢機卿から政権を奪うのを待っていた．彼が死んだ時には，確固たる王国，強力にしてよく組織された政体，忠誠な臣下が，ルイ14世 Louis XIV[28] に残された．1661年の春は，だからこの若い君主の真の即位の日である．彼は国を，かつてなかったほどの高さと力に導いていくことになる．

ほとんど同じ頃，文学にとっても言語にとっても，前期古典主義時代が終わる．フロンドの乱からマザランの死にいたる時期は，フランス文学の最も不毛の時代

1. 17 世 紀

の一つである．コルネイユの世代の躍動がくじかれ，これまでに作り上げられていた理想への信頼が消える．1650年から1660年の間には，もはやほとんどこの理想の風刺画だけがスキュデリー嬢 Mlle de SCUDÉRY[29] という人物の なかに残り，そしてこれに嘲笑を浴びせかける人，スカロンがいるだけである．それは，色彩のはっきりしない過渡期である．1660年頃に，新しい意識がついに形成される．

言語の洗練手段

モリエールがパリに戻り，ラシーヌ RACINE[30] が初期の悲劇を上演させるのが，この頃である．まる一世代にわたる不断の努力，サロンと〔上流婦人が客を迎えた〕閨房（リュエル）での議論が，国民の上層部で言語感覚を洗練していた．言語についての議論が，上流人士の目には，非常に重大性を加えた．いまだかつて，言語の社交面がこれほど強く感じられたことはなかったし，人びとがこの時代ほど，言語が皆の共有財産であり，言語によってこそ心が触れ合うのを理解したことはなかった．こういったすべての努力が，余分な，あるいは曖昧な多くの構文や表現を言語から取り除いたが，同時に，言語を必要以上に貧困にしてしまった．しかし言語は，このようにして，今日なお賛美される単純，優雅，自由自在さに達したのである．

言語の歴史において，1660年は重要な年代である．この年に，『ポール・ロワイヤル文法』 *Grammaire de Port-Royal* と一般に呼ばれているアルノー ARNAULD[31] とランスロ LANCELOT[32] の『一般的合理的文法』 *Grammaire générale et raisonnée* が現われたからである．この2つの用語，「一般的」と「合理的」に注目しよう．つまりこの書物の著者たちは，言語の形態の背後に，普遍的理性を捜し求めようとしたのである．彼らは，その後ボシュエ BOSSUET[33] が『世界史論』 *Discours sur l'histoire universelle* において歴史に対して行なったことを，言語に対して行なったのである．彼らは，言語と理性との間に完全な一致があると思っていた．あるいは少なくとも，言語はますます理性にのっとらねばならないと考えていた．この世紀の前半には，人びとは，疑わしい場合には慣用を参考にしたが，いまや，慣用の中に最高の裁定者を認めようとはもはや思わない．実際に，文法家や理論家たちはもはや慣用の前に屈服せず，あえて慣用に反して決定することがしばしばある．そのためボシュエは，アカデミーに向かって次のように言っている：「あなたは規則にのっとった永久の相談役であり，その信望は一般の賛同の上に確立されているので，奇妙な慣用を抑圧し，はなはだ通俗なこの世の不規則ぶりを鎮めることができるのです．」皆は，大作家ですら，この権

威に従う．ラシーヌは，言語に関して第一級の権威者の一人とみなされていたブーウール神父 P. BOUHOURS[34] に，次のように書き送っている：「私の悲劇の最初の4幕を送ります．第5幕は書き写し次第送りましょう．神父さま，どうかお読みくださって，ことばについて犯したかもしれない誤りを指摘してくださるようお願いします．ことばに関しては，あなたはわが国の最も優れた先生のお一人ですので.」

すでに見たように，17世紀の前半に，社会は洗練され，貴族風になった．この傾向は，1660年以後ますます強くなる．非常に細かい礼儀作法によって，国王のそばでの席次が宮廷人の一人一人に割り当てられる．同様に，各団体，各人も，それぞれ要求する権利があると思う敬意に執心する．あらゆる儀式が上席権争いの好機である．社会は，すべてを厳格・厳密な序列に従わせる傾向にある．形式があらゆるものに先んじ，各人の占める社会的地位にそれぞれ応じたさまざまな多数の形式がある．それぞれの地位によって，ある称号，ある種の名称を用いる権利があった．宗教儀式においては，大学のメンバーは scientifique personne「学識ある人」，他の人びとは noble et dévote personne 「高貴・敬虔なる人」と呼ばれた．回想録，見聞談，信書には，このような称号がいがみ合って充満している．確固たる社会的序列にこれほど専念した時代はほとんどない．フランス語には，会話や文通で用いられる儀礼形式に，その跡が残されている．内閣，大法官廷には書式集があり，その本文は極めて綿密に制定されていた．王は個人用に，ごく近い親族との文通のためにさえ，一つの書式集を持っていた．女王には別の書式集があり，王族などもまた同様であった．目下の者に手紙を書く時には Monsieur によって始めるが，すぐ同じ行に続けて書く．相手に払おうと思う敬意は，この最初の行に書く字数によって測られるが，字数が少なければ少ないほど，逆に一層多くの尊敬を相手に表わすことになる．目上の人と一緒に成し遂げた行為を話題にする時には，« Nous avons gagné.»「私たちが勝った」と言うのは無作法であり，自分のことを忘れて，この名誉を全く目上の人だけのせいにしなければならず，« Vous avez gagné, M.»「あなたが勝たれた」と言うことになる．手紙の形式主義から，短信 billet が当時流行したことが理解できる．それは，大げさな書式を免れることのできる新しい発明であった．それには署名をしない，あるいは，ただ « Je suis tout à vous.»「敬具」とだけ書いた．そして手紙は，重大な場合のために取っておかれた．

文学語の語彙の貧弱化

1660年以後は，ヴォージュラや他の人たちが始めた仕事を，ただ継続すればよ

1. 17 世 紀

かった．文学語は，これまでよりもさらに一層排他的になる．人びとは，下品と思われるイメージを直接呼び起こす，やや露骨な語に対して，ますますきびしくなる．誰でも思い出すのは，「せっかくの美しいことばを台なしにしてしまうあの汚らわしい音節」を取り除くために，学会(アカデミー)を創立しようとした「女学者たち」Femmes savantes のみごとな計画のことである〔モリエール作『女学者たち』第3幕第2場〕．モリエールが誇張して書いたと考えないようにしよう．テキストには，こういった言語恐怖症についての証言が多数保存されている．人びとは旧約聖書を翻訳しようと思った時，旧約聖書では周知のとおり，あらゆる事柄が平気でそのものの名前で呼ばれているのに非常に当惑した．ブーウール神父は，ついに engendrer「生む」という美しい表現を削除するにいたる．彼は《Jacob engendra Joseph.》「ヤコブはヨセフを生んだ」とは言わずに，《Jacob fut père de Joseph.》「ヤコブはヨセフの父となった」と言う．写実的な語も同じく嫌われる．人びとは，âne「ろば」，vache「雌牛」，veau「子牛」，cochon「豚」のような語を前にしてたじろぐ．これらの語は，あまりにも家畜小屋や糞尿にまみれた寝藁のにおいがするように思ったのである．それに反して，ホメロス中の対応するギリシア語は，極めて美しく思われた．幾人かの潔癖家は，「どんなに美しい表現でも，下層民に使用されて汚されると野卑になる」とさえ主張した．語彙には，はっきりした差異，すなわち，宮廷人，上層中産階級，下層中産階級，庶民，下層民という社会階級の段階に応じた差異があった．大多数の語はもちろん万人に共通であったが，各階級はそれぞれ若干数の固有の語によって，他の階級から区別されていた．古典主義時代の語彙は，16世紀やロマン主義時代の語彙に比べて，ほとんど劣らず豊かであった．しかし，上層階級の会話では，極めて限られた語彙を選ぶことしか許されなかった．しかもこの階級だけが問題にされたのである．そして，文学は原則としてこのサークルの横暴を受け入れていた．その他の語彙は，市中に流布していた，しばしば卑猥なところさえある風刺書にしか現われなかった．ところが，一人の作家が，適当な場合には民衆の用語を用いることを正当化する．それがモリエールである．彼の言語の特徴は，喜劇の登場人物が，ちょうど現実にモデルになった人たちが話していたように話すところにある．彼は耳を傾け，驚くべき鋭さで観察し，そして，社会で見たり聞いたりしたことを舞台の上に再現することができた．彼の喜劇の主な魅力の一つは，まさに文体の多様性にある．彼は，女中たちが話すのを聞いたとおりにマルティーヌ Martine〔『女学者たち』に登場する女中〕に話させ，彼自身の医者と同じようにディヤフォワリュス Diafoirus〔『気で病む男』Malade imaginaire に登場する医者〕に話させる．語彙の見地からすれば，モリエールは少しも創造者ではない．

彼はとりわけ証人である．

　追放をこうむったのは，あまりに通俗的すぎる語だけではなく，話し方もまた同様であった．民衆は，自分の思想や見解の大部分を諺に託した．諺は，人生から得る諸経験の要点を流し込むために用意された鋳型である．何よりも一般的な思想を好み，個別的なものを隠そうとする世紀には，恐らく諺の大流行が予想されるかもしれないが，それは間違っている．というのは，諺はまさしく民衆の中に生まれたものであり，その形態には民衆の名残が感じられるからである．17世紀の宮廷人は，なるほどドン・ロドリーグ Don Rodrigue〔『ル・シッド』の登場人物〕の発した金言のうちに自分の姿を認めたかもしれないが，しかし，共通語の庶民的・通俗的な形態のもとに表わされた幾つかの真理をわがものにすれば，貴族の資格を失うと思ったことであろう．だから，諺は軽蔑され，文学作品での使用が禁止される．フュルティエール FURETIÈRE[35] すら，アカデミーに対して，諺を辞書に認容しすぎたと非難している．

　文学語，サロンの言語は，さまざまな職業の用語も排除する．フィラマント Philaminte が公証人の「野蛮な文体」style sauvage に気を悪くして，彼に「高尚なことばで契約書を作る」ように要求したことが思い出される〔『女学者たち』第5幕，第3場〕．彼女は法律の術語を追放しようとしたがゆえに滑稽である．しかし滑稽なのは，ただ彼女の誇張ぶりによってであるにすぎない．彼女は，この種の表現を会話の言語からなくすことにだけ努力しているかぎり，万人の支持と賞賛を確信できたはずである．裁判ざたのことばを用いるのは厳禁されている．それは，ある階級，ある職業の特殊な世界のにおいがあまりにする．そういったところの内幕は，ほかの人びとが知らなくても当然なのである．ところが問題は，これが最も尊敬される職業の一つであるところにある．この場合は典型的である．あらゆる専門語が会話の言語から，したがって文学からも排斥されていたのである．

　人びとは，かなり異なる2言語を話すことになる．高等法院の一員は，開廷中には法律家として話したが，いったんサロンの敷居をまたぐと，職務をしのばせるものはすべてなげうった．彼には2つの語彙があった．その1つは自分の職業用であり，もう1つは社交生活用である．

　それは，さらにまた，職業が幾ら高尚であろうと，あらゆる職業用語の運命である．たとえば paysagiste「風景画家」という語は，画家の「特殊語」jargon に属するものとして，アカデミーから禁じられた．学問上の語は嫌悪され，学者は，上流社会ではまだほとんど異邦人である．宮廷人は，学問を知らない，また学問上の発見を知らない権利があると自認していた．学問が，一部分フォントネ

1. 17 世 紀

FONTENELLE[36] のおかげで，幾らかよく知られだすのは，この世紀の末頃にすぎない．このような技術と学問に対するサロンの態度は，人間活動のこれらの領域に固有の専門用語を排斥したアカデミーの辞書になお反映している．しかしアカデミーは，こういった除外が偏狭であるのを感じたようである．というのは，会員の一人トマ・コルネイユ Thomas CORNEILLE[37] に命じて，『技術科学辞典』 *Dictionnaire des arts et des sciences* を作らせたからである．このことは，事態を最もよく明らかにするものである．すなわちアカデミーは，1つはサロンと文学の言語に当てられ，もう1つは技術と職業に当てられた，2つの辞典を刊行したのである．

進歩の完遂

このようにして17世紀は，上流人士の語彙を隔離して，まれに見る明確さで，さまざまな語，とりわけ心理的語彙の意味を確定した．精神界のこの限られた領域において，望みうるかぎりの意味上の明瞭さを完全に語から際立たせることができた．このような語と観念の適合は，いまだかつて見られたことがなかった．その結果，ラ・ブリュイエール La BRUYÈRE[38] は有名な理論を述べることができたのである：「われわれのただ一つの思想を言い表わすことのできるあらゆるさまざまな表現のうちで，適当な表現は一つしか存在しない．話したり書いたりするときに，必ずしもそれに出会うとは限らない．しかしながら，それが存在すること，また，そうでないものはどれも意味が弱くて，自分を理解させようと思う才人を決して満足させえないことは，まぎれもない事実である」[『人さまざま』 *Les Caractères*].

明晰，精密，優雅の特質のために，中世以来いかなる現用語も経験したことのない地位が，ヨーロッパではフランス語に与えられた．すでにこの世紀の初期に，教養のあるドイツ人たちが，どんなにオノレ・デュルフェ Honoré d'URFÉ[39] の『アストレ』 *Astrée* に熱中していたかは，周知の事実である．デュルフェの愛好者は「完全な恋人たちのアカデミー」 Académie des parfaits amants を設立しさえした．次第にフランス語は，軍隊，演劇，宮廷，外交を通じていたるところに浸透する．初めて平和交渉がもっぱらフランス語で行なわれたのは，ルイ14世の治世末，1714年，ラシュタット Rastatt〔西ドイツ南西部にある町〕においてである．

発音の統一

17世紀は，ただ語彙だけに気を配ったわけではない．正確で明瞭な発音も同様

に探求し、どこでも規則正しい発音が行なわれる必要性を宣言した．今日，フランス語では発音が統一されていて，規範に従わないのは危険である．たちまち教養の低い人とみなされる恐れがある．それに反して，イタリアや，ドイツ語を使う国々では，地域的なニュアンスが許容されている．このような結果もまた17世紀の業績である．大切なことは，言語の諸問題を決定したサークルが，大部分社交界の人びと，すなわち，ほとんど書くことのなかった人びとで成り立っていたという事実である．だから発音が，極めて重要な役割を演じなければならなかった．徐々に規準が作り上げられた．もちろんその基礎となったのはパリの発音であったが，俗語法や下層階級の欠点はきびしく遠ざけられた．実のところ，それは今日なお実行されている主張である．前強勢音節における母音 o, ou (proufit —profit「利益」，couronne「冠」，colonne「円柱」，fromage「チーズ」など) のように発音がまだ定まっていなかったものは，いずれかに固定された[40]．17世紀以来，口頭フランス語の音声変化は，従来に比べてはるかにまれになる．言語は，音声上著しい安定段階に達した．

　しかしながら，17世紀に受け入れられ，部分的にはすでに16世紀から始まっていた若干の音声変化がある．17世紀に，鼻子音の前で鼻母音が非鼻母音化される：homme「人」(ōm＞om)．前強勢音節ではこれらの鼻音がなおしばらくの間維持される (année [āné]「年」，『女学者たち』における grammaire「文法」= grāmèr 参照[41])．パリの小市民階級において -ll- 〔湿音の l〕が y になり始めるのもこの時代である (fille「娘」) が，この発音が認容されるには，ほとんど2世紀かかるであろう〔234ページ参照〕．

世紀末

　この世紀の末には，古典フランス語の提供する手段を用いながら新しい道を開き，哲学の世紀を準備する，2人の著作家が見られる．ラ・ブリュイエールとフェヌロン FÉNELON[42] である．ラ・ブリュイエールには古典フランス語の明瞭さがある．彼の文章は短く，きびきびしている．ボシュエの文章のような厚味は何もない．彼の素性，趣味，苦い人生経験から，彼は，暮らさねばならなかった上流社会の優越性を信用しなくなった．また彼の文体からも，彼は新しい時代を予告している．人物の描写に強烈なことばを使用するのを恐れない («Il crache fort loin et il éternue fort haut.»「彼は非常に遠くまで唾を飛ばし，非常に高高とくしゃみをする」；«Le jus et les sauces lui dégouttent du menton et de la barbe.»「汁とソースが彼の顎と髭から滴り落ちる」)．彼は明確な用語を愛し，さらに専門用語すら愛好する．不均等なリズムを導入する．こういったすべ

1. 17 世 紀

ての理由で，ラ・ブリュイエールはすでに18世紀の人である．フェヌロンの散文には，17世紀の他の散文家たちの文章よりも，何かずっと優柔なところがある．ランソンは詳細な分析によって，彼のリズムがボシュエのリズムほどはっきりしないし，ゆったりしていないことを示した〔『散文の技法』〕．フェヌロンは，言語から失われた生彩，かつての奔放を惜しんでいるように見える．彼自身，アカデミーへの書簡中で，次のように述べている：

「わが国語は貧弱にされ，干からび，自由を阻害された．国語は，極めて小心翼々たる画一的な文法の方式に従うのでなければ，あえて歩み進めないありさまである．いつも最初に主格がやって来て，手にとるようにして形容詞を導く．動詞は必ずしろを歩き，それに副詞が続くが，この2つの間には何も置くことを許さない．被制辞にはただちに対格が呼ばれるが，これは決して移動できない．こういったことが，精神のあらゆる休止，あらゆる注意，あらゆる驚き，あらゆる多様性，そしてしばしば，あらゆる華麗な調子を拒むものである．」

2. 18 世 紀

概 観

宮廷と教会の威信の低下

フェヌロンの記述に見られた批判は，すでに，偉大な世紀としばしば対立する新しい世紀を予告している．ルイ14世の治世がどれほどの破滅と悲惨のうちに終わったかは，周知のとおりである．この偉大な国王の末期の戦争は，何一つ利益をもたらさないままに，国に莫大な犠牲を要求したのである．もはや国王は，国に新しい租税を課し，哀れな臣下を最後まで搾取することしか気にかけていないように思われた．国王夫妻の信仰心が重く国にのしかかっていた．彼は演劇や文学から遠ざかり，そのため宮廷は次第に国家の知的生活の中心ではなくなっていた．威信がだんだん低下していったのは，ただこの君主制という制度だけではない．教会も同じ運命を味わう．神学者たちの激しい論争は，彼らの隠れた恨みを示すものであって，教会が新教徒とジャンセニスト派に加えた過酷な追求は，世論の中で教会のためにはならなかった．イエズス会とジャンセニスト派は，論証と合理的推論をふるって，自派の信奉者の魂を獲得しようと争い合った．それは，教義に没頭するように非宗派的理性を勧誘するようなものであった．

理性は 17 世紀の間に増大したものの，当時はまだ，絶対君主制とキリスト教という 2 つの権力の正当性について，身を入れてつぶさに検討することはなかった．いまや理性はこれらの権力を盲目的に尊敬するのをやめ，批判がこれらに向けられ始める．晩年にはルイ 14 世は嫌悪されたが，相変わらず恐れられていた．彼の死後に，王国と教会の衰微が始まる．ルイ 14 世の後継者は誰一人，再び国家の中心人物となるだけの幅の広さを持ち合わせていなかった．往々にして淫乱な放蕩が，摂政〔オルレアン公フィリップ Philippe d'Orléans〕の宮廷にも，ルイ 15 世の宮廷にも支配することになる．そしてルイ 16 世は，あまりに柔弱でまた先見の明がないため，君主制を立ち直らせることはできないであろう．

至上の理性

18 世紀は，それゆえに，17 世紀のあとを受けて，理性の崇拝を引き継ぐわけであるが，それはまた 17 世紀が残した文学の傑作も賛美する．しかし 18 世紀は，理性をあらゆる束縛から解放し，17 世紀が手をつけなかった 2 つの偶像を打ち倒したという意味で，17 世紀とは区別される．以後，国家の生活には，もはや皆から承認された中心がなくなるであろう．宮廷は，もはや文学・学問生活の動向に参与しないし，もはや詩人や学者たちを引きつけはしない．この点，18 世紀の君主制の態度は，12 世紀のカペ王朝の態度に似ている．カペ朝の諸王もまた，クレティヤン，マリ・ド・フランス，ジャン・ボデルといった人びとのみごとな文学活動に対して，全く無関心であった．

18 世紀は，それゆえ，それまでに理性の活動を制限していた障害を除去する．17 世紀が理性をとくに人間自体の研究のために用いたとすれば，18 世紀は，理性を，もはやいかなる束縛も認めない，絶対に至高の，主要な精神作用とするのである．その結果，文学においても，また社会，風習においても，真の革命が生じる．いまや人びとの関心は，政治問題であり，宗教論争であり，史的探求であり，あらゆる事業の機構であり，そして人間生活全体の中でそれらがどんな位置を占めているかということにある．人びとは，諸科学の無限の進歩に陶酔するのである．経済問題が時の話題になる．摂政時代にロー Law[43] が燃え上がらせた投機熱は，大きな期待はずれを味わわされてやや鎮まっていたが，相変わらず商業，工業，植民事業がすべての人びとの念頭を離れなかった．理性がかつて専念し，そして今も専念しつつある事柄全体を，もし一つの形容詞で定義できるとすれば，理性は「心理的」なものから「普遍的」なものになったと言ってよいであろう．ブリュノが 18 世紀のことを，少なくともフランスに関して，ルネサンスという美しい名前で呼ぶことを要求したのは間違っていない．18 世紀はフランス人を

2. 18世紀

自然と人間生活に連れ戻し、人間の力に対する信頼を回復したのである．この世紀は宮廷の威信を剝奪し，その空しい野心の代わりに人生のあらゆる領域における探求への愛を導入した．フランスの古くからの良識がこれまで課せられてきたさまざまな束縛に打ち勝ったのである．しかしそれは，17世紀の場合に，フランス精神があのような拘束を容認したことによって脇道にそれたという意味ではない．17世紀の政体は，フランス精神から，16世紀が残したあらゆる粗雑さを一掃したのである．以後社会はある種の品格を保持するようになる．放逸においてすら，もはや身なりをくずすことはないであろう．優雅，洗練の趣味は残された．しかしいまやこの趣味と世の現実を同一化しようという努力がなされるのであった．そこから18世紀の産業，経済，科学の開花が生まれる．

17世紀と18世紀の言語の関係

われわれは18世紀がどの点で17世紀を継承し，どの点で17世紀と対立するかを見た．ところで，言語の歴史も全くこの発展に類似している．17世紀の大作家たちは非常に大きな権威を持ち，彼らの作品はフランス語の模範とみなされたほどである．ヴォーヴナルグ VAUVENARGUES[44] は次のような感嘆の叫びさえ上げている：「諸君にはラシーヌ，パスカル，ボシュエやそのほか幾人かの人びとがフランス語を創造したと思えないか．」そこから，フランス語が変質し変化するのを見てそれを大いに惜しむ声が，18世紀にしばしば表明されることになる．フランス語はもはやこれ以上高めることのできないほどの完成度に達した．いまやフランス語をその到達点において維持することにあらゆる努力が傾けられるのである．とりわけ憤慨するのはヴォルテール VOLTAIRE であった．彼は取り返しのつかない凋落(ちょうらく)を恐れ，言語を「堕落させる」人びとと闘うことをやめない．もっともだからといって，あとで見るように，彼が言語に新しい道を開くことになるのには変わりがない．とくにここで尺度となりうるのは，持ち出された理想が変化することである．つまりマレルブにとって，彼の目指した純正な言語は未来の言語であったが，ボワローにとっては，それは彼の時代の言語であり，18世紀の言語の潔癖家たちにとっては，過去のものであった．こうして言語の潔癖主義は別の方向をとることになる．すなわち目を後方に，ますます遠ざかっていく過去に向けるのである．これが古典主義作家の注釈という，もっぱら言語を取り扱う新しい文学ジャンルが生まれた理由である．

したがって，18世紀がどんな犠牲を払っても17世紀を継承しようとするのはこの点である．ヴォージュラやブーウールらの示した掟をすべて自分のものにす

るのである．たとえばビュフォン BUFFON[45] は，『文体論』 Discours sur le style において，最も一般的な用語によってのみ事柄を名ざさねばならないし，またとくにあらゆる専門用語，特殊表現を遠ざけねばならない，という教えを自分の主義としているのである．

このような教えは，この大博物学者自身も例外的にしか実行できなかったのではないかと思われる．人びとはこの教えを重要な機会，一時かぎりの演説用にだけとっておき，普段はそのような作法からは解放されていた．18 世紀における言語の発展は，まさに職業的な精密さを求める方向にあったことを，われわれはあとで見るであろう．

言語が豊かになる

言語は人間精神の最も直接的な表現であるから，国家の科学的・経済的飛躍にともなって，深刻な修正をこうむらねばならなかったことは言うまでもない．われわれは 17 世紀には上流人士の語彙がどんなに制約されていたかをすでに述べたが，今では職業用語や専門術語が再び尊重され，やがて誰もがその知識を持ち，それを使用することになる．やがてサロンに経済学者や重農主義者(フィジオクラート)の議論が響きわたり，そこで農業の役割や工業の重要性についての議論が交わされる．家畜の飼育が国民の活動層にはもはや秘密ではなくなる．無数の職業が術語を誇示し，その一部を大衆に押しつける．この華々しい動向から遠ざかっていたのは，宮廷人と道楽者の小グループだけであった．

百科全書

この新精神の最もめざましい表明は，一つの辞典，つまり『百科全書』 Encyclopédie であった．百科全書は 1751 年に初めて現われた．たいていの場合ここで人が考えるのは，ただこの二つ折り判，28 巻中に秘められた攻撃，教会と絶対君主制の弊害に対する攻撃のことである．ディドロ DIDEROT[46] の「よい辞典は皆の考え方を変えることを目的とすべきである」ということばがよく引用されるが，この文章は，彼とその友人たちが準備していた革命のことを暗にほのめかすものである．ところが，他のくだりを引用することもできる．そこでは，フランスが流血を見ずにすでに成し遂げていた革命が，1789 年の革命に劣らぬ重要な結果をもたらした革命が語られているのである．ディドロの記述は次のようである：「前世紀には一般に知られることが最も少なかった知識が，今では日に日に一般化していく．幾らかでも教育を受けた女性であって，絵画・彫刻・建築・文芸用

2. 18世紀

のあらゆる表現を識別して使えないような者は一人もいない．デッサンができ，幾何学を心得，音楽家であり，家で使うことばと同様に技術用語に慣れ親しみ，une lunette d'opéra, une épée, une canne, un carrosse, un plumet「オペラグラス，刀，つえ，四輪馬車，羽飾り」と同様に，un accord, une belle forme, un contour agréable, une parallèle, une hypoténuse, une quinte, un triton, un arpègement, un microscope, un télescope, un foyer「一致，美しい形態，快適な輪郭，平行線，斜辺，5度音程，3全音，アルペジオ弾奏，顕微鏡，望遠鏡，焦点」を口にする子供たちが何と多いことか．人びとはまた，博物学，解剖学，化学，実験物理学に向かうもう一つの全般的な動向にも夢中になっている．これらの諸科学に固有の表現は，すでに極めて一般的であって，当然さらに一般化するだろう．ここから何が生じるのだろうか．つまりは，言語は民衆的なものでさえ様相を変えるだろうし，語がうまく適用されてわれわれの耳がそれになじむにつれて，言語は拡大していくことだろう．」

事実，18世紀は驚くほどフランス語の語彙を豊かにした．どの点から見ても，人間活動のどの部分に関しても，多くの場合，この哲学の世紀こそ，専門語彙を強化し，多数の語を創造したのである．

社交界の生活

人間の身体についての観察が一層精密に，一層ニュアンスに富んだものになり，その結果人間の外観に関する用語が著しく豊富になる．前世紀ならば使用をはばかったような表現が数多く誕生するのが見られるのである．ある女性について，《Elle paie de figure ou de mine.》「彼女は見かけがよい」，《Elle est en beauté.》「彼女はいつもより美しく見える」，《Sa toilette a l'air chiffonné.》「彼女の身じまいは皺くちゃだ」と言う．この最後の表現はのちには容貌にも適用される．――《Elle a la taille joncée ou nymphée.》「彼女は蘭のような，あるいは睡蓮のような身体をしている．」この種の表現はまた，とくに中傷家の食いものにされる：appas recrépis「おしろいをつけた魅力」，gorge étayée「つっかえをした乳房」，beauté délabrée et décrépite「衰え老いぼれた美人」などと言う．化粧の面で毎日新語が作り出されるが，しばらく流行して，大部分がやがて消え去る．流行が毎年服装を新たにする．フランスがますます装身具と凝った衣服の供給源になっていく時代なのである．ロココ式家具が多数の新しい形を作り出す：ottomane「トルコ長椅子」，divan「(背なしの)長椅子」，sofa「ソファー」は，東洋風の優柔と快楽の趣味を表わしている．次々に一層優雅な乗り物が数多く考案される．今日，上流社会でクーペとか高級スポーツ車が話題になるように，当時

は cabriolet「1頭立て2輪馬車」, dormeuse「寝台馬車」, phaéton「4人乗り4輪馬車」, sabot「木靴型馬車」, gondole「ゴンドラ馬車」, berline「ベルリン馬車」, carabas「パリ近郊の大型馬車」, dolente「ドラント馬車」, その他多くのさまざまな乗り物の区別ができなければならなかった. 新しい事物を示す語彙の拡張についてあらまし述べるだけでも, 章を一つ設ける必要があろう. 言語の創造力はいまや全く生活の外面部に集中されるのである*.

商業・農業用語

まず商業をとり上げよう: agio「打歩(うちぶ)」, agioter「相場をする」がこの世紀に生まれ, spéculateur「相場師」が1740年頃に商取引に用いられ始める. papier-monnaie「紙幣」はローの贈り物の一つである. 富の所有者が極めて頻繁に, しかも容易に変わったために, すでに nouveau-riche「成り金」の語が作られた.

これらの語彙のうちで最も変化に富むのはもちろん農業関係の語彙であり, それにはフランス国民のほとんどすべてが力を貸したに違いない.「幾世紀も前から, 土地によって, 土地のために生きる農夫が, 季節ごとに自分の土地のそばを通っては, それに何かをつけ加えてきたのである. 一国民全体がそこに頭と心を用いたのである」(ブリュノ). そしていまや, この作業全体の成果がついに表面に現われる時が来た. 18世紀, とりわけ重農主義者にとっては, 農業だけが国家のなかで生産階級を形成していたのである. 労働大衆のこの無名の創造から, ブリュノは次の美しい文章の発想を得ている:「これらの野生の花のうちで最も美しい花(これは田園の労働を表わす極めて美しいことばである)に糸を通して, その数珠をケレス Cérès〔ローマの豊穣および五穀の女神〕とかポモナ Pomone〔ローマの果実の女神〕にではなく, 大衆に創造の霊感を与えた知られざるフランスの女神に献じたいような気になる.」新しい表現には, かつて作り出された表現にも劣らない造形力が見られる. たとえば, œilleton「新芽」のことを filleule「名付け子」という言い方が始まり, そこから動詞 filleuler「新芽を出す」が作られる. élaguer un arbre「木の余計な枝を払う」に対して amuser la sève「樹液を楽しませる」, rappeler ou arrêter l'arbre「木を呼び戻す, または止める」と言われる. これまで考慮されたことがなかった事物のために新しい名称を捜し求めている国民語に対して, おのおのの地方が絵画的な用語を提供するのである.

---

*　本章とこのあとの大部分の章については, フランソワ A. FRANÇOIS の優れた著作『古典期以後の言語』*La langue postclassique* (=ブリュノ『フランス語史』*Histoire de la langue française*, 第6巻, 第2部), パリ, A. Colin, 1932年を参照.

2. 18 世紀

　18 世紀はまた，フランスが道路を組織し建設した時代であり，そのため言語は新しい用語で豊かになる．あらゆる種類の車が増加し，auberge「旅籠屋(はたご)」の語は hôtel「ホテル」に代わる．多くの運河が掘られて，水運の便も整えられ，そのため全く新しい術語が現われる．なお周知のとおり，この交通網は当初はパリを中心としていた．あらゆる道がパリから発し，そしてパリに通じていたのである．これらの道は中央政権の所在地とさまざまな地方との交通を容易にするのに役立ったに違いない．この組織は革命政府によって確立されたが，19 世紀になると，これが鉄道のために採用される．このような交通路の組織は，明らかにフランスの言語状態を変化させるのに寄与したはずである．それまでは，多くの地方はほとんど近寄れなかったし，また他の地方では輸送に多くの障害があったために，人の移動が極めてまれであった．地方の口話，俚語は国民語におびやかされることがなかったのである．しかし 18 世紀には交通の急速な発達で，これらの口話は次第に消滅の危機に見舞われるようになった．道路と河川交通の発達は，鉄道と自動車が出現するまでは，この国の言語的中央集権の最も有効な手段の一つだったのである．

　なおまれに，このような語を文学作品の中に採り入れている作家もある．ルソー Rousseau の何ページかは田園作業を精密に記述する農業用語で満たされているし，彼の例にならって，ドリール師 abbé Delille[47] が『農耕詩』 *Géorgiques* を著わしている．

自然な民衆的な語

　18 世紀は，それゆえ，言語の中で社会生活のさまざまな領域を分かっていた仕切りを取り払うわけである．手仕事は軽蔑されることがなくなり，この世紀はもはや古典主義時代の他の規則や差別もまた認めはしない．自然な語をもはや恐れないし，直接的なイメージを呼び起こすことも気にしないのである．ルソーは例の激しさで，いわゆる卑猥な語の追放に反対して抗議する．彼にとって言語は，いわゆる破廉恥な言い回しを避けようとすればするだけ一層卑猥になるものなのだ．それゆえ彼は，古典主義的な拘束から解放されて，民衆の率直さをもってあらゆる事柄を語るのである．ほかの人びとが，たとえばディドロのように，あるいは模倣して，あるいは本能的に彼のあとにつづく．自然な語を認めることは同時に，民衆的な語を認めることなのである．

　このような言語の進化は，中産階級のヴォルテールのあと，人心を支配し陶冶するのがプロレタリアのルソーとディドロであることを考えると，さして驚くほどのことではない．ディドロの対話体の小説において，たとえば『ラモーの甥』

Neveu de Rameau の中には，野卑な民衆的な表現が満ちている：être comme un coq en pâte「安楽に暮らす」, une autre paire de manches「全くの別物」, scier le boyau「バイオリンをキーキー鳴らす」, la poire était mûre「機は熟していた」など．ルソーの『告白』*Confessions* を検討すれば，小さな俗語辞典ができるであろう (laver la tête「こっぴどく叱りつける」, perdre la tramontane「途方にくれる」など)*．当時の覚書や信書に目を通すと，会話もこれと同じ口調で行なわれていたことが容易にわかるのであって，有名なダルジャンソン侯爵 marquis d'ARGENSON[48] にしても，彼の『日記』*Journal* は民衆的表現で満たされている：le parlement plus mené par le nez qu'ait jamais été oison「間抜け以上に思いのままに操られた高等法院」, ils grillent d'entrer dans les affaires publiques「彼らは公務につきたくてじりじりしている」, ménager la chèvre et le chou「双方にうまいことを言う」, ces trois ministres s'entendent comme larrons en foire「この3人の大臣は完全に示し合わせている」．このような文体は，ベルニス枢機卿 Cardinal de BERNIS[49] がポンパドゥール夫人 Mme de POMPADOUR[50] に書いた手紙の文体とも異なっていない：barboter dans un bourbier「泥沼にはまり込んでいる」, prendre la lune avec ses dents「できもしないことを企てる」など．民衆語の流行に最も寄与した人物はヴァデ VADÉ[51] であった．彼は中央市場や広場や酒場で聞いたことばの味わいと綾に心を打たれて，下層民(ポワサール)のジャンルを作り出したが，このジャンルは，一般の言語に通俗の表現を混ぜ合わせるだけでは満足せず，民衆の用語だけしかほとんど認めないものであった．ヴァデの影響で，人びとはみずから堕落を楽しみ，上流社会の婦人が下層階級出の娼婦と，ことば遣いに関してどちらが自由かを競うようになる．ここまでくれば，もう隠語とはあまり隔たりがない．事実，パリ市民は自身の言語といわゆる隠語をはっきりとは区別せず，そのため隠語は上流階級の中に浸透する．こうしてこの下層階級の言語の圧力は，たびたび言われたのとは違って，19世紀も，大革命さえも待たずに現われるのである．障壁は取り払われた．しかもそれは，上層階級自身の手によって取り除かれたのである．言語の上から見れば，とりわけこの世紀の後半に，民衆の侵入が始まる．しかもそれは指導階級によって招き入れられたものである．こうして指導階級は，闘争が始まるずっと以前から，すでに敗北を認めているのである．このような態度から見れば，上層社会自体がすでにみずからの存在を断念していたこと，大革命よりもずっと以前に，す

---

*　ゴアン F. GOHIN『18世紀後半期 (1740〜1789年) のフランス語の変化』*Les transformations de la langue française pendant la 2ᵉ moitié du XVIIIᵉ siècle (1740-1789)*, パリ，1903年を参照．

でにその内部がうつろになってしまっていたことが理解される．言語の状態は，上層社会が自己の方向を見失っていたために，その後，大革命の当初から，敗北を認めざるをえなくなることを示しているのである．

心理的語彙――誇張法

上に述べたことはすべて，当時の慣習の驚くべき自由さを表わしている．多くの人にとって人生はまさに快楽の追求となる．事実，人びとはそれを新しい哲学，たとえばコンディヤック CONDILLAC[52] の感覚論によって正当化しようと努める．魂の感覚があらゆる人間活動の出発点になるのである．その結果，あらゆる心理的語彙の意味に変化が起きるが，それは当時の精神状態を強く照し出すものである．すべてがなまめかしさを帯びる．たとえば sensation「感覚」は，元来は魂が外部から受ける印象を示すものであるが，好色作家に横取りされたために，まずそれは恋愛にともなう肉体的印象を示すものになる．最後にクレビヨン CRÉBILLON[53] が sensation を sentiment「感情」と対比させる．つまり彼にあっては(この作家の登場人物に見られる限り)，sensation は魂に軽く触れるだけの一時的な恋愛を示すが，sentiment は深い持続的な愛情のことなのである．――ルソーにとっては sensibilité「感受性」は，深い愛情に侵されやすいところの，あの精神傾向のことである．ヴァラン夫人 Mme de WARENS[54] は気質が冷たいのに，caractère sensible「情にもろい性格」の持ち主である．サド侯爵 marquis de SADE[55] やレティフ・ド・ラ・ブルトンヌ RESTIF DE LA BRETONNE[56] のような作家は，彼らの女主人公たちのもっぱら肉体的な恋愛に向く素質を甘ったるく包み隠すために，sensible と sensibilité を用いている．このように精神生活に関するあらゆる用語がもっぱら官能的・肉体的な価値を担い，この進化の結果，心理的語彙の意味の下落が生まれることになる*．

このように新しい用語を絶えず創造することのなかには，もちろん多くの気取りや凝りすぎがあった．人びとはそれを互いに凌駕しようと競い合った．そのため，17 世紀の気取りの誇大な表現は 18 世紀のだて男やだて女の中に後裔を見いだすわけである．最上級表現が次々に，互いに追い払い追い越し合いながら，積み重ねられていく――しかも，この乱用をとがめるモリエールのような人物はもはやいないのである．だて女たちに与えられた名称を見られたい： les merveilleuses「すばらしい女」, les charmantes「あだっぽい女」, les adorables「ほれ

---

* スコモダウ SCKOMMODAU『18 世紀後半期の心理的語彙』*Der psychologische Wortschatz der zweiten Hälfte des 18. Jahrhunderts*, ライプツィヒ，ロマン語研究室自費出版(パリ，E. Droz), 1933 年を参照.

ぼれするような女」，les incroyables「信じられないほどの女」．誇張法がこの種の社会ではことばの普通の形であることを，次のような幾つかの用例によって知ることができるであろう： « Vous avez une mine qui m'*anéantit*.»「あなたは私を茫然自失させるような顔つきをしている」， « Elle chantait, elle *enlevait*, elle *renversait*.»「彼女は歌い，心を奪い，仰天させた」， « Prétends-tu t'*enterrer* ici jusqu'au souper?»「君は夕食までここに埋もれているつもりか」， « Vous avez tout entendu sans *expirer d'angoisse*?»「あなたは苦悶に死にもせずしまいまで聞いていたのですか」， « Il fut accablé d'un *déluge* de politesses.»「彼は挨拶の洪水ぜめにされた」．

外国の影響

感覚に触れ心に浮かぶすべてのものに人びとが寄せる関心は，今ではただ多数の専門語や，野卑な民衆的な語の侵入によって現われるだけではない．18世紀はまた，フランスの窓が大きく開け放された時代である．17世紀にはこの国は自分の中に閉じこもっていたのに反して，今では人びとはあらゆる外国に関心を抱くのである．どれほどフランス人がイギリスの政体と自由を賛美したか，またフランスの「哲学者」のうちでどれほど多くの者が，隣のこの大きな島国へ巡礼に出かけたかは，周知のとおりである．ディドロとアベ・プレヴォ Abbé Prévost[57]が流行のイギリス小説を翻訳する．社会の上流階級の間ではまさにイギリス一辺倒である．そしてことばの一般的傾向がむしろ写実主義に向かっている時なので，イギリスから来た事物や思想を示す英語が喜んで受け入れられる．そこからまず政治的な影響を反映する英語法の大侵入が起こる：budget「予算」，club「クラブ」，congrès「会議」，franc-maçon「フリーメーソン団員」，loge「秘密集会所」，jury「陪審員」，parlement「(近代的意味の)議会」，session「(議会などの)会期」，voter「投票する」がイギリス海峡を渡って来る．また模倣された習慣の中には，それを示す語と切り離して考えることができないものがある．たとえば，競馬は jockey「競馬騎手」の語を持ち込み，boxe「拳闘」はこの世紀の末から始まる．仕立屋は時々ロンドンに新しい流行，たとえば redingote「フロックコート」を捜しに行く．人びとはイギリス人の愛好する料理や飲み物に慣れる：bifteck「ビフテキ」，grog「グロッグ」，punch「ポンス」，pudding「プディング」．croup「クループ性喉頭炎」が英語名を持っているのは，イギリスの医者が初めてこの病気を研究したからである．

フランス語の語彙に及ぼしたドイツ語の影響は，英語の場合ほどではないように思われるが，それでもやはり顕著であることに変わりがない．若干の学問や技

2. 18 世 紀

術において，ドイツは当時ヨーロッパの先頭に立っていた．とりわけ鉱物学，地質学，鉱山業の場合がそうである．フランスの鉱物学者は，quartz「石英」，gneiss「片麻岩」, feldspath「長石」, cobalt「コバルト」など多数の用語を借用する．15世紀以来すでにフランスの採鉱は大部分ドイツ人にまかされていたのである．18世紀になるとドイツ人は，bocard (<pochwerk)「砕鉱機」, bocambre (<pochhammer)「砕鉱槌」, gangue (<erzgang)「脈石」, rustine (<rückstein)「溶鉱炉の背面」などの語をもたらした．――2つのドイツ語国，アルザス Alsace とスイスは，フランスとつねに極めて密接な関係にあった．何世紀もの間スイスはひどい人口過剰に苦しんだが，それは産業がまだ存在しなかったからである．その救済手段として毎年数千人の若者が兵士としてフランスに送られてきた．彼らはフランス人と同じ連隊で軍務に服したわけではなかったが，しかし彼らの若干の軍隊ことばがフランス語に入った：たとえば le bivac (<biwache)「露営」, la cible (<schibe)「標的」, le képi (<käppi)「軍帽」．スイス兵たちは非常にホームシックにかかりやすかった．そこで bruder lustig「浮かれ男」と呼ばれる滑稽家を雇って，彼らの苦痛を忘れさせるようにした．そこからフランス語 loustic「道化者」ができたが，この語はすでにヴォルテールに見られる．アルザスは，当時はまだフランス国民生活のやや圏外にあった．この国に求められたのは，いずれも美食術上(ガストロノミック)の珍品であって, choucroute (<surchrut, ドイツ語 sauerkraut)「シュークルート」と kirsch「さくらんぼ酒」が人びとに賞味され始める．

イタリアもまた，前の2世紀の間ほどではなかったが，幾つかの語を寄与した．イタリアがなお重きをなすのは，とりわけ音楽の面であって，そこから ariette「アリエッタ」, arpège「アルペジオ」, cantate「カンタータ」, cantatrice「歌姫」, contralto「コントラルト」, contrapontiste「対位法にくわしい作曲家」, piano「ピアノ」が出ている．しかしこの国は，他の芸術においても優れ (aquarelle「水彩画」, pittoresque「絵画の」)，またすでに観光国でもあった (cicerone「ガイド」, campanile「鐘楼」).

近隣の諸言語からの借用語のほかに，海外，とくに植民地からの多くの語の寄与をつけ加えねばならない．それらの語は，新世界からヨーロッパに贈られた新しい事物と一緒にやって来た．これらの事物の幾つかは，極めて普及して，ついにフランス語名がつけられる．たとえば，食物として賞味されだした新輸入の球根について，かなり長い間 truffe, troufle, cartoufle, patate などと名称が定まらなかったが，ついに勝利を占めたのが pomme de terre「じゃがいも」であって，これは恐らくアルザス語 erdapfel [erde「土地」+apfel「リンゴ」] の模倣である．

音声・形態・統辞法上の安定性

　語彙は急速に進化するのに反して，音声，形態，統辞法の方はほとんど安定したままである．17世紀に固定された書記言語が今では基本とみなされ，口頭言語は多かれ少なかれその忠実な再現と見られるようになる．このように古典主義時代の威信が，事柄の自然な順序を逆にしてしまったのである．言うまでもなく言語の変化の自然な原因がなくなったわけではなかったが，しかしその作用が，書記言語から加えられる制約によって阻止されるのである．

　それにもかかわらず達成された若干の変化は，その大部分が17世紀から始まっていたものであって，いまやそれが強化されたにすぎない．ついに変化が公認されるわけである．たとえば，oi から wa への動きは16世紀からすでに始まっていた．パリの民衆は当時すでに rwè の代わりに rwa〔roi「国王」〕と言っていた．17世紀の作家たちはなお wè と発音していたが，民衆から生まれた wa がついにこの世紀の中頃には幅をきかせるようになる．同様に鼻母音においてもある種の変化が生まれる．すなわち鼻母音が鼻子音を伴う時には，一種の異化作用によって非鼻母音化されるのである．この世紀の初頭には，まだ前強勢音節〔シラブ・プロトニック〕において，année「年」は āné, grammaire「文法」は grāmèr と発音されていたが，18世紀の間にこの鼻音の響きが失われた．しかし他の幾つかの傾向は，その自由な進展を教養のある階級の潔癖主義の反動のために阻止された．たとえば，k と g は e と i の前では調音点を前進させる強い傾向を示し，cinquième「第5の」は cintième になるが，しかし文学語は決してこの方向には進まず，ただ一つの語がこれに巻き込まれただけである (tabac「たばこ」から tabaquière の代わりに tabatière「嗅ぎたばこ入れ」が生まれる)．フランスの多くの俚語がこの変化をこうむったが，フランス語はその伝染に抵抗した．フランス語が変化を認めた場合があるとすれば，それはむしろ，類似の語を区別するために行なわれた語末子音の復興である．かくて，以前に sã と発音されていた sens「感覚」が次第に sãs となり，il (i)「彼は」は y「そこに」との混同を避けるために，語末の l を復活する．

　統辞法でも若干の変化が起きるが，それらはただ細部の問題に関するものである．ここでは，まだ体系全体と食い違いを見せていた最後の規則が排除される，つまり croire「信じる」のあとでの接続法の使用が全く廃されるのである．関係代名詞 lequel が，qui を犠牲にしてやや領域を拡大し，再び人と物を表わすために用いられる．影響の最も大きかった変化は，確かに，接続法半過去が衰退し始めたことである．過去時称のあとで接続法半過去よりも接続法現在の方が好ま

れ始めるのである．この世紀の末には《Je voulais qu'il vienne.》「私は彼が来るのを望んでいた」と言われるのであるが，書く時には相変わらず《Je voulais qu'il vînt.》が使われる．一般の慣用からこの形が完全に排除されるには，なお1世紀以上を要するであろう．

文体の問題

いたるところから，それゆえ，新しい用語の文字どおりの侵入が起こる．職業，民衆語，外国語など，すべてがこれに寄与するのである．17世紀の言語と比べれば，18世紀の言語には何か雑多なところがある．ところが，言語の純正についての17世紀の見解は忘れられてはいなかった．古典期の言語は相変わらず，その簡素さと節度によって模範とみなされていたのである．このような見解と現実とを一致させるために，どのようなことがなされたのだろうか．

さまざまな文体

その困難はほとんどこの世紀の初頭から感じられ，そしてその時からすでに，その解決も予見されていた．天分のない人びとに扱われて，17世紀の言語は，全く創意のない月並なものになろうとしていた．いわゆる高貴な文体は，悲劇，叙情詩，雄弁などのあらゆる伝統的なジャンルにおいてぜひとも必要であるが，ドラマや小説のような新しいジャンルすら，時には作者の本性に反してまで，この文体にあこがれるのである．ここで思い起こされるのは，仰々しい，概括的な用語の音に陶酔する革命家たちの，あの調子のよい文章である．はっきりした，危険な語義を隠す，あまりに漠然とした意味論は，恐怖政治の人びととの最も恐ろしい武器の一つとなるであろう．

しかしこの世紀は，われわれがその仕事ぶりを見たとおり，さらにもう一つ別の文体を必要としていた．そこから書記言語と同様に口頭言語についても，2つの文体が区別されるようになる．すでに1713年に，フェヌロンは「一方は訓示やその他の儀式的な著作や演説に見られる高尚なジャンルであって，そこでは職人がそれぞれ自分の技術の細部に関して用いる用語が避けられ，最も高貴なものと考えられる表現が使用される．他方は単純な通俗的でくだけたジャンルであって，そこでは職人たちの用語が一般に使われるのである」と書いている．ヴォルテールも，単純なものと高尚なものという2種類の文体を認めているが，この世紀もあとになるにつれて，理論家たちはさらに多くの微妙な差異を識別するようになる．フェロー FÉRAUD[58] はなかでも最も精細であるが，その『批判辞典』

Dictionnaire critique (1787年) の中で次のような区別を立てている:

「…さまざまな文体とその微妙な差, これはたぶんフランス語ではほかのどんな言語よりも多種多様であるに違いない. なぜなら, 詩の poétique あるいは演説の oratoire 文体や, 高尚な élevé あるいは平俗な familier 文体——これにはさまざまな種類があるが, その区別はいつも立てられているわけではない——のほかに, 弁護士 barreau あるいは裁判所 palais の文体——ここでは全く特殊な言語が話されている——; 凡庸な médiocre あるいは論説の文体; 単純な simple あるいは会話の文体——さらに一段上の気楽さと自由を持つ平俗な文体とこれを混同してはならない——; 論戦の polémique 文体——これには気ままな自由があるが, しかしそれは批判的 critique 文体よりは劣り, 批判的文体自体はまた風刺的 satirique 文体より劣る——; おどけた badin, おかしい plaisant あるいは滑稽な comique 文体——これらの間にはニュアンスの違いがあって, その程度は順番に強くなる——; マロー風の marotique 文体——これには一層多くの自由があるが, しかしそれは道化た burlesque 文体よりは劣る——があるからである.」

文体に関する一冊の概論書を著わしたモーヴィヨン MAUVILLON[59] は, 類義語の目録を作成して, その中でおのおのの語に対してそれが当然占めるべき位置を指定している. 以下に例として, figure「顔」の類義語に関する記述を引用しよう:「face は高貴な文体であり, visage は凡庸な文体, そして garbe, frime, frimouse は道化た文体に属する. physionomie も顔の意味では道化た文体であり, そして minois も同様であるが, これは決して悪い意味では用いられない.」

ヴォルテール

18世紀はこれらのあらゆる文体を次から次に操ることができた一人の天才を生み出した. それはヴォルテール[60] である. 彼はまさにその時代全体の縮図と言ってよい. 彼の広大で辛辣な精神はあらゆる傾向, あらゆる新奇なものを受け入れ, それに彼独特の色彩を与える. しかし彼はまた, その気になれば, みずからは沈黙を守って, 彼が風刺のいけにえに選んだ者たちの文章を完璧にまねることもできるのである. 彼の『市民の意見』 *Sentiment des citoyens*[61] がルソーに当てつけて書かれたものであることは周知の事実であるが, ルソーはその熱狂ぶりと荒々しくきびしい調子から, この作者を彼の敵の一人であったジュネーヴのヴェルヌ牧師 pasteur VERNES[62] だと信じたほどであった. ——ヴォルテールはまた博学な文体の錯覚を与えることも巧みであった. ヴォルテールの犠牲者の一人であるフォルメ FORMEY[63] は, ヴォルテールはかつてベルリンで彼との間に

2. 18世紀

もめ事を起こしたことがあったが，ヴォルテールが彼を嘲弄するために書いた手紙にだまされ，それを自分の手紙だと思い込んだという話があるほどである．

彼独特の文体によって，ヴォルテールはフランス精神に深い影響を与えた．彼は最小限の努力の跡しか見せずに思想を表現することができる．彼の方法は対照法(アンティテーズ)とリズムの不規則さにある．この2つの方式はすでにラ・ブリュイエールに見られるが，しかしヴォルテールはこれらをあらゆる領域，あらゆる議論の中に移入する．つまり『人さまざま』の著者〔ラ・ブリュイエール〕にあっては，これらの方式は心理的な範囲内に多少とも制限されていたが，ヴォルテールはそれを，この枠から外に開放するのである．ヴォルテールは2つの思想の間の対立やその他の関係を示す接続詞をできる限り少なく用いる．たとえば：« Ce qu'on reproche le plus en France aux Anglais, c'est le supplice de Charles Premier, qui fut traité par ses vainqueurs comme il les eût traités s'il eût été heureux.»「フランスでイギリス人を最も強く非難するのは，チャールズ1世の処刑である．彼は彼の勝利者たちによって，もし彼が幸運に恵まれていたなら，彼らを取り扱ったであろうように，取り扱われたのである．」ここには et pourtant「だがそれにもかかわらず」や quoique「といえども」は一つもない．これらを用いれば対照法は重苦しく強調されることになったであろう．この単純な対照法の方が，対照を示すためのより洗練され，鋭く，しかも気のきいた方法なのである．ヴォルテール以来，この方式がフランス精神の習慣の一つになった．国民全体が彼の下で教育されたのであった．しかもそれは，ヴォルテールが論戦や風刺の著作に何か軽妙で通俗的な，時にはひょうきんなものさえ与え，それが会話の調子とうまく一致しているだけに一層容易であった．フランスの思想が他に比べて重苦しさが少なく，もっと気軽に表現されるものだとすれば，それはとりわけヴォルテールのおかげなのである．彼はまるで考えている様子は全く見せずに考えることができるようである．そしてこれが会話や，また文学や政治などの議論の文体の顕著な特徴の一つになるのである．こうしてヴォルテール自身も同じ仕打ちを受ける日が来るであろう．彼が研ぎすました武器を使って，人びとが彼自身や彼の作品を批判することになるからである．ラ・ボーメル LA BEAUMELLE[64] が言った，ヴォルテールは他人が考えたことを書いた世界で最初の人である，ということばはまさにヴォルテールの文体のこだまと言ってよい．

ヴォルテールはまた，一見相入れない2つの用語で意外な組み合わせを作って，敵をたたき，圧しつぶすことも知っていた．これは対照法のさらに鋭い方法である．彼の作品にはこのような例が随所に見られ，その選択に迷うばかりである：

> Un jeune jacobin, nommé Jacques Clément
> Dans le bourg de St-Cloud une lettre présente
> A Henry de Valois, et *vertueusement*
> *Un couteau* fort pointu dans l'estomac *lui plante*.

「ジャック・クレマンというドミニコ派の若い修道士がサン・クルーの村で一通の手紙をヴァロワ家のアンリに差し出し，そして有徳なことにも鋭利な短刀を彼の上腹部に突き立てる．」

この組み合わせは下手人だけではなく，さらにとくに彼を聖人とし殉教者に仕立て上げた人びとを，一撃で圧しつぶす．しかもこの皮肉は被制辞の異例の倒置によって強調されているのであって，それはまたこの暗殺事件が生まれた時代の文体を思い起こさせるものであり，さらにこれによって文末に決定的な語を置くことができるわけである．

> Qu'eussé-je été sans lui? rien que le fils d'un roi,
>   Rien qu'un prince vulgaire.   (*Œdipe*)

「彼なくして私は何であったろう．単なる王の息子，ありふれた一介の王子にすぎぬ．」 (『エディプ』)[65]

時にはこれらの組み合わせが，隠喩的(メタフォール)に用いられた語にその語源的な意味を取り戻させることによって，一層強く心を捕らえるものになる．たとえば，彼がルソーのことを《 Il est *couvert de lauriers et de chardons*.》「彼は月桂樹とあざみを頭にかぶっている」と言う時がそうである．laurier「月桂樹」は栄誉のシンボルであるが，ここでは chardon「あざみ」との接触のために単なる植物に戻ってしまい，しかも同時に「あざみ」は「月桂樹」との接触によって隠喩的な意味〔とげのある，気むずかしい人物〕を与えられているのである．

またある時には彼は，文章全体から一つの語に新しい意味のニュアンスを与えることを知っていた．たとえば《 Quelques ecclésiastiques sont assez heureux pour avoir 5000 livres de rente, et le peuple est assez *bon* pour le souffrir.》「数人の聖職者が幸運にも 5000 リーヴルの年金を受け，そして庶民が善良にもそれを黙認する」がそうである．bon「善良な」はここで bête「ばかな」の意味になる．この換喩(メトニミー)は，この２つがいずれも同じ子音で始まる語であるだけに一層効果的である．この語頭の b をゆっくり時間をかけて発音するこの偉大な愚弄家の声が聞こえるようである．

ヴォルテールの文章の不規則なリズムは，多くの場合，対照法だけに縮約され

2. 18 世 紀

ている彼の単純な統辞法と無関係ではない．彼にあるのは，あの長大・荘重な総合文(ペリオード)ではなく，わずかな筆で人物や出来事を画く，短くてきびきびした小文である．その動きは不規則で不揃いであり，何か熱狂的なものさえある．それは，いわば一瞬も休むことのない鬼火に似ている．しかし文を構成する語の意味はつねに明確であって，不明瞭な，曖昧なところは何一つない．この文章は激しい光彩を放ち，一瞬も落ち着かないヴォルテールの気質のイメージそのものである．たとえば(『ザディグ』Zadig[66])：

«Laissez-moi faire (4)*, / dit Zadig (3) ; / vous gagnerez à cette épreuve plus que vous ne pensez (14). Le jour même il fit publier (7) / au nom du roi (4) / que tous ceux qui prétendaient à l'emploi de haut receveur des deniers de Sa Gracieuse Majesté Nabussan (28), / fils de Nussanab (5), / eussent à se rendre (4), / en habits de soie légère (7), / le premier de la lune du Crocodile (11) / dans l'antichambre du roi (7). Ils s'y rendirent au nombre de 64 (12). / On avait fait venir des violons dans un salon voisin (15). / Tout était préparé pour le bal (9) ; mais la porte de ce salon était fermée (12), et il fallait (4), pour y entrer (4), passer par une petite galerie assez obscure (11). / Un huissier vint chercher et introduire chaque candidat (14), l'un après l'autre (4), / par ce passage (4), / dans lequel on le laissait seul quelques minutes (12). / Le roi (2), / qui avait le mot (5), / avait étalé tous ses trésors dans cette galerie (14). / Lorsque tous les prétendants furent arrivés dans le salon (15), / Sa Majesté ordonna qu'on les fît danser (12). / Jamais on ne dansa plus pesamment (10) / et avec moins de grâce (6) ; / ils avaient tous la tête baissée (8), / les reins courbés (4), / les mains collées à leurs côtés (8). / Quels fripons ! (3), / disait tout bas Zadig (6). / Un seul d'entre eux formait des pas avec agilité (14), / la tête haute (3), / le regard assuré (6), / les bras étendus (5), le corps droit (3), / le jarret ferme (4).» 「"私にやらせてください"とザディグは言った．"この試験では，陛下がお考えになっている以上の利益があると思います."早速その日のうちに彼は国王の名前で，ヌッサナブの御子，ナブッサン陛下の大蔵大臣の職を希望する者は全員，軽い絹の着物を着て，鰐月の1日に，王の控えの間に出頭するようにとの布告を出させた．出頭したのは皆で64人であった．隣の部屋にはバイオリン弾きが呼ばれていて，踊りの用意がすっかり整っていた．しかしこ

---

* 丸括弧の中の数字は各リズム段落の音節の数を示す．

の広間の扉は閉まっていた．そしてそこに入るためには，かなり暗い廊下を通らねばならなかった．取次役がやって来て，志願者を一人ずつこの廊下を案内していったが，皆はこの廊下の中でしばらくのあいだ一人で待たされたのである．王はあらかじめ聞いていたとおり，すべての財宝をこの廊下に陳列しておいた．志願者がすべて広間に到着すると，陛下は踊りを命じられた．これほど動きののろい無様な踊りはなかった．皆は頭を垂れ，腰を曲げ，脇腹を両手で押さえていた．"何という悪い奴らだ！"とザディグは小声で言った．その中にただ一人だけ，頭を上げ，堂々と前を見て，腕を伸ばし，体をまっすぐに，しっかりと足を踏みしめて，敏捷にステップを踏む者がいた．」

ここにはリズム段落が完全に欠けているのが見られる．言語の音楽が読者を夢想に誘うようなところはただの一つもない．思想とイメージは精密で明確である．

なおさらに，もう一つ別のヴォルテールの文体，つまり怒れるヴォルテールの文体がある．いわゆる文学作品の中では，彼はただ選り抜きの語彙しか認めないのに反して，時には憎悪に駆られて，思わず最も卑しい用語を使うこともあるのである．たとえばルソーについて語っている彼の多数の手紙は，軽蔑的な表現で満たされている：«Il eût été un Paul, s'il n'avait pas mieux aimé être un Judas.»「彼は，もしユダになることの方を好まなかったなら，パウロになっていたであろうに．」——«Il n'est pas Diogène, mais le chien de Diogène, qui mord la main de celui qui lui offre du pain.»「彼はディオゲネスなのではなく，パンをやろうとする人の手にかみつくディオゲネスの犬なのだ．」——«Ce singe de Diogène.»「このディオゲネスの猿め．」——«On dit qu'un jour le chien de Diogène rencontra la chienne d'Erostrate et lui fit des petits, dont Jean-Jacques est decendu.»「ある日ディオゲネスの雄犬がヘロストラトスの雌犬と出会って子を生ませたが，ジャン=ジャックはその後裔なのだと言う．」

反対に，ジャン=ジャック・ルソーがヴォルテールについて語っている手紙を読み返していただきたい．そうすれば偉大なる心情の人の表現方法と偉大なる精神の人のそれとの間の隔たりが，どんなに深いかを測ることができるであろう．

ルソー

ヴォルテールの文体は，マレルブとヴォージュラから始まった長い発展の当然の帰結であった．彼に欠けていたもの，それは叙情的な躍動であり，心の奥深く潜むデリケートな感情の全世界の表現であった．しかしフランス語は，このような内的世界を現わすのに必要な手段を持っていたのである．その証拠はわれわれ

2. 18 世 紀

にジャン゠ジャック・ルソー Jean-Jacques Rousseau[67] によって与えられた．ルソーは，あふれ出る感情と夢想の尽きることのない世界の表現が可能な道具として，フランス語を仕立て上げたのである．彼は何のためらいもなく，自分が感じ考えたままを語る．彼自身が認めているように，彼の『告白』の文体は極めて不規則であって，時には重々しくまた時には快活で，簡明かと思えばまた冗長ともなる．そのためその文体は彼の魂の反映であり，それ自体彼の告白の一部をなしているのである．こんなに率直に，このような真心のこもった親しさをもって語っている作家を聞くためには，モンテーニュまでさかのぼらねばならない．ここでは『エミール』 Emile や『新エロイーズ』 Nouvelle Héloïse に見られるように，通俗的で民衆的な表現がいっぱいにあふれている．『社会契約論』 Contrat social では，こういった一見ぞんざいなやり方を抑えているが，これが理論的な著作であるために，彼は潔癖主義の要求に従ったのである．しかしここでも彼は，高度の正確さで多数の政治用語を定義することに意を用いているのである．

感覚と激情の力が，ジャン゠ジャックにあっては，言語の表現方法を一変させてしまった．さまざまに起源の異なった感覚，たとえば視覚と触覚を混ぜ合わせる秘密を発見したのは彼である．彼は，« le frémissement argenté dont l'eau brillait sous un clair de lune »「銀色のざわめきで水面が月光の下に輝いていた」〔『新エロイーズ』〕と言う．frémissement「ざわめき」は運動の名詞であるが，ここでは光を限定するのに用いられており，しかもそれ自体はまた色彩の形容詞によって限定されている．知覚がこのように一つの種類から他の種類に転換されることによって，言語には新しい表現力が付与される．これらの感覚は，その源がさまざまに違うにもかかわらず，魂の中で混じり合い，溶け合っている．こうしてルソーは，あえてみずからの魂を赤裸々にさらけ出すのである．

上に掲げたような表現は，彼においては人間の内的統一の方が，彼の時代の分析的精神よりもまさっていたことを示している．ここにはなお，さらに決定的な証拠をあげることができる．彼が混ぜ合わせるのは，ただささまざまな種類の感覚だけではなく，同様にまた精神的世界と物理的世界もそうなのである．彼にとって精神的印象は，視覚的印象と切り離すことのできないものである．たとえば，« Les doux rayons de la lune »「月の優しい光線」; « Des forêts de noirs sapins nous ombrageaient tristement à droite. »「黒い樅の木の森がわれわれの右手に物悲しく陰を作っていた」〔『新エロイーズ』〕．視覚的形容詞の noir「黒い」と精神的な副詞の tristement「物悲しく」が対をなし，2つは同じ一つの物理的・精神的感覚の中で結び合わされているのである．のちになってロマン派の作家たちが，この方法をどんなに用いたかは周知のとおりである．ルソーととも

に初めてフランス語は，この不可思議な人間の統一性を表現しようと試みたのである．彼とともにフランス語は，印象や人生の経験を抽象的観念の表現に混ぜ合わせることになる．ルソーは大胆にも次のように言っている．«Ce même esprit vous paraît lâche, moite et comme environné d'un épais brouillard.»「この同じ精神があなたには，締まりがなく，じめじめして，まるで厚い霧に包まれているように見えるのです」〔『新エロイーズ』〕．あるいは，«La direction (des allées d'un parc) ne sera pas toujours en ligne droite ; elle aura je ne sais quoi de vague, comme la démarche d'un homme oisif qui erre en se promenant.»「(庭園の小路の)方向はいつもまっすぐなわけではないだろう．それは何かしら漠然としていて，目当てもなくぶらついている暇人の足どりのようだろう」〔『新エロイーズ』〕．

われわれが見たこのような効果は，ルソーが語彙に与えた新しい用法から生まれたものである．ヴォルテールは対立する用語を並置して対照を際立たせ，事柄が相入れないことを示すが，彼にとってそれは批判の一つの方法であった．ルソーもまた，彼以前にはほとんど近づけられたことのなかった用語を結び合わせる．しかしこの新しい結合は内的な一致，秘密の調和を感じさせるものであり，それが存在することさえ彼以前には知られていなかったのである．ヴォルテールは否定するために対比する．ルソーはわれわれの内的世界の不可分の統一を確認するために近づけるのである．

ルソーの散文は，彼の偉大な敵対者〔ヴォルテール〕のそれと比べてリズムが甚だしく違っている．ヴォルテールの文は諧調が不規則で，いつもとぎれがちで息が短く，それが盛り上がりをみせるのはただ嘲弄する時だけであって，刀がカチカチと触れ合う音のような印象を与えるが，ルソーはフランスの文の中に眠っていた音楽を目覚めさせたのであった．

この文章の律動がほぼどんなものかを示すためには，『新エロイーズ』の冒頭の，有名なヴァレー地方アルプス山 les Alpes valaisannes の描写から引用した，ルソーの次のテキストを分析すればよい：

« Je voulais rêver (5), // et j'en étais toujours détourné / par quelque spectacle inattendu (18, 9 9). // Tantôt d'immenses rochers pendaient en ruines / au-dessus de ma tête (16, 10 6). // Tantôt de hautes et bruyantes cascades m'inondaient / de leur épais brouillard (19, 13 6). // Tantôt un torrent éternel ouvrait à mes côtés un abîme / dont les yeux n'osaient sonder la profondeur (28, 17 11). // Quelquefois je me perdais / dans l'obscurité d'un bois touffu (16, 7 9). // Quelquefois, en sortant d'un gouffre, /

une agréable prairie réjouissait tout à coup mes regards (25, 9 16). // Un mélange étonnant de la nature sauvage et de la nature cultivée (20) / montrait partout la main des hommes, où l'on eût cru qu'ils n'avaient jamais pénétré (20). // A côté d'une caverne / on trouvait des maisons (12); // on voyait des pampres secs / où l'on n'eût cherché que des ronces (15), // des vignes / dans des terres éboulées (10), // d'excellents fruits / sur des rochers (8), // et des champs / dans des précipices (9).»「私は夢想にふけりたいと思ったのですが，いつも何か思いがけない風景に接してそれからそらされるのでした．ある時は巨大な岩が崩れかかって頭上に垂れさがっていました．ある時は高いごうごうたる瀑布の深い霧しぶきにぐっしょりと濡れました．ある時は永遠の急流が左右に深淵を開き，目でその深さを測る勇気さえ起きないほどでした．時には密林の暗闇の中をさまよいました．時には窪地から抜け出すと，不意に心地よい草原が目を楽しませてくれました．野生の自然と開拓された自然が驚くほどに入り混じって，人間が一度も入ったことがないところだと思われるのに，いたるところに人の手の跡が見られました．洞穴のそばに人家が見つかり，捜しても茨しかないはずのところに乾いたぶどう蔓が，崩れ落ちた土の中にぶどうが，岩の上にみごとな果物が，そして断崖絶壁に畑が見えるのでした．」

最初の文は出発点であって，まるでこれを踏み切り板にして総合文が飛び出していくかのようである．しかしすぐにリズムは，ほとんど完全にその豊かさを手に入れる．それは長くなり，句切りがたいていの場合中央にくる*．この区切りの位置が重要な役割を演ずるのである．初めはそれは中央にあった (9 9)．次いでルソーは，彼の心を捕らえ次々に彼の気をそらせる，さまざまな対象を数えあげる．が，その時には区切りは，まるでこのコントラストを示そうとするかのように，もはや中央にはない．しかしリズムはますます豊かになる (16, 19, 28)．この3つの文は tantôt「ある時は」で始まっているが，いずれも初めの部分があとの部分より長い．これらの文は生命のない自然の描写なのである．次の2つの文では，ルソーは生命のない自然を離れ，生命のある自然に，まず草木が呈する奇観に移る．この移行は3つの方法で示されている．先行の3つの文の内的統一性は tantôt の繰り返しで示されていたが，次の2つの文は quelquefois「時には」によって結び合わされている．しかもこの全く外面的な方法は，リズムの逆転によって激しく強調される．初めの3つの文では区切りは中央よりあとに，次の2つの文では中央より前にある．さらにここで，何か新しいことが生まれてくるわけだから，

---

* 二次的な区切りはここでは問題にしない．

最初の文は縮められ，次いで第2の文で豊かさが取り戻されているのである．最後に，このリズムは次の文において，2つの部分がそれぞれ長く(20音節)しかも等しいことによって，まことに雄大になる．それまでの不均衡は，広大で最高の調和に代わるのである．われわれは高い台地にたどりつき，そこからあたり一帯を見下ろすかのような印象を受ける．それはこの文が本当にわれわれを創造の頂点にまで導いていくからである．つまり最高の創造物である人間の介入を描くからだ．この頂にたどりついて人は一息つき，左右を見わたし，目に触れるさまざまな事物を楽しみ，休息する．するとただちにリズムは下がる．リズムは短く不規則になるが，しかしそれは活気を与え陽気にする不規則さであって，多数の新しい事物の展望にぴったり合致した波状の線なのである．

ルソーは，それゆえ，彼の音楽的才能の力でフランス語の散文の諧調を明らかにした．彼は言語の音楽と表現された観念との間のあの不可思議な調和を実現することができた．それは彼の全人格が，疾風のごとき彼の天才の力に巻き込まれたからである．とりわけここに彼が与えた影響の秘密がある．ところがまた，古典の束縛から個人を解放したのも彼であった．『告白』の中で，彼は気分が変わるたびに文体を変えることの自由をさえ要求している．人間は次の瞬間にはもはや同じではなく，そしてその言語も彼とともに変化するのである：

「そこで私は，事物についてと同様に，文体に関しても私の方針を定める．つまり私は文体を一様化することには意を用いないだろう．いつも頭に浮かんでくるがままに用いて，それを自分の気分に応じて平気で変えていくだろう．私はおのおのの事柄を感じるがままに，見るがままに，巧まず，気がねせず，雑多な色合いになることもかまわず述べるだろう… 私の不揃いでしかも自然な文体は，時には急速であるかと思えば冗長で，時には慎ましいかと思えば狂気のごとく，また時には荘重かと思えば陽気であって，それ自体が私の物語の一部になるであろう．」

また別の箇所でルソーは，書く時に彼が従う2つの大きな傾向があって，それは彼の作品の表現性をできるだけ遠くまで届かせたいという願いと，曖昧さを避けたいという願いであると，はっきり述べている．事実これはまた，ことばの生命を支配する2つの大きな指導的力なのである．ルソーは彼の『新しい反駁文に関する手紙』 *Lettre sur une nouvelle réfutation*[68] の中で次のように書いている：「人が私の文体をどう考えようと全く気にかけないこの私にとって，まず第一の規則は，私の言うことを理解させることなのだ．たとえ語法上に10も誤りがあっても，それによって自分の考えをより強くあるいはより明瞭に表現できるのであれば，私は決して迷いはしないだろう．」

したがって，ルソーとともに，個人は古典期の言語によって課せられた鎖だけではなく，自分自身の過去が己に加えた束縛をも投げ捨てるのである．ロマン主義時代の言語の巨匠たちは，このことを思い出すであろう．

3. フランス革命と19世紀

フランス革命*

フランスでは，いわば必然的な論理を伴って事件が起こる．18世紀は17世紀を受け継いだものであったが，それと同様，フランス革命は18世紀の掉尾を飾っている．ところで，フランス語についても，それと同じことが言える．18世紀には，17世紀の大作家たちは極めて高い権威を持っていた．彼らは，誰もがほとんど肩を並べることのできない手本(モデル)とみなされていた．当時のフランス人のことばの理想像は古典主義の世紀にのっとって作られ，したがってそれは回顧的なものであったが，ここでもまた，フランス革命は18世紀を継承している．革命は18世紀のことばの理想を否認しない．それどころか，かつて見られなかったほどの熱意と情熱をもって，その実現のために努力するのである．

言語進化の連続性は，その外面史ばかりでなく，内面史においても極めて顕著である．

俚語ならびに非ロマン語系言語に対する闘い

旧制度(アンシャン・レジーム)はフランスの中央集権化に多くの貢献をした．リシュリューとマザランは貴族階級の反抗を粉砕し，各地の地方分権的な傾向を打破した．しかしこの2人は貴族階級と大都市とを襲撃しただけであった．大部分のフランスの民衆は，全く局地的な生活を送っていた．彼らには，中央権力との直接的な接触がほとんどなかった．国全体の組織は，依然として半ば封建的な状態であった．それぞれの州，地域，そしてしばしば，それぞれの地区(ロカリテ)は，都市や隣接地域の風習とは違った，独自の風習を持っていた．度量衡は，地方ごとに，その名称も価値も異なっていた[69]．

---

* ブリュノ Ferdinand BRUNOT〔『フランス語史』〕第9巻『フランス革命と帝政時代』 *La Révolution et l'Empire*, パリ，1927年.──マックス・フレー Max FREY『フランス革命時代におけるフランス語の語彙の変転』*Les transformations du vocabulaire français à l'époque de la Révolution*, パリ，1925年を参照．

ところで，フランス革命は，その建て前からして，そのような地方ごとの特殊性に反対した．自由，平等，友愛という語は，国内における完全な統一，あらゆる障壁の除去という意味にしか受け取られなかった．同一の法律，同一の行政，同一の度量衡単位が求められたのである．階級上どんな特権も認められなくなり，王国の住民は，何よりもまずフランス市民になった．以前には，それぞれの住民は，各自の局地的な特有言語しか話さなくても，何の不都合もなかった．彼らには，地域外の人びとと一回でも交渉を持つ心配がまずなかった．市場で，法廷で，その俚語を使ってものを言えば，それで十分であった．しかしいまや，革命に関連した新しい法律，多くの通達がフランス語で国全体に発令されるようになった．誰もがそれを俚語には翻訳しなかった．地域のありのままの声は，一大祖国の声に取って代わった．人心を得るために，国中を駆け回っていた革命政府の特使たちは，民衆の面前でフランス語による長弁舌をふるった．しかし彼らは，しばしば，人びとが国民語を理解することができないという事実に出くわした．その結果わかったことは，革命の情報宣伝活動に対する障害が，一つには局地の特有言語にあるという事実である．局地の特有言語は，幾多の場所で，その情報宣伝活動に反対する消極的な抵抗の一部をなしているらしい．俚語や非ロマン語系の特有言語に対する闘いが始められたのはそのためである．

　とはいえ，フランス国内の大部分では，革命の福音書〔人権宣言など〕は熱狂的に受け入れられた．各個人は，自分が国家の偉大な運命に参加するよう要請されているのを感じた．そして，国民語を話すか，少なくとも国民語を理解することが国家に対する義務だとみなされるようになった．「フランス語を話すこと」は，多くの人びとから「愛国者」になる一つの方法だという風に受けとめられた．それは，平等と博愛のもとに生まれ変わったフランスに対して，人びとが与えた保証であった．幾つかの地方では，祖国の統一と，その偉大さという祭壇に，みずからの俚語をいけにえとして捧げる意志が表明された．片田舎の百姓たちは，国民語教育を組織することによって，自分たちを俚語から開放してもらいたいと，中央の権力にその援助を求めた．

　以上のような政治的な理由のほかに，幾つかの社会的な理由もつけ加えなければならない．すなわち，原則として，フランス革命は階級的にレベルアップを求めたものであり，レベルダウンを求めたものではないということである．第三身分〔平民〕の地位を引き上げるということが革命の深い意図であり，貴族階級の地位を引き下げることは，二の次，三の次の問題であった．この地位の向上ということは，いわば前世紀の間に成し遂げられた進化の確認であった．なぜなら，以前から勤労は高尚なものとみなされ，それに反して無為な暇つぶしは，少なくと

も大部分の人たちの目に卑しいものと映っていたからである(『ジャノとコラン』 Jeannot et Colin[70])．ことばの統一とか俚語の放棄とかは，平等の一形式と考えられたに違いない．前々から，社交界の人びととの間では，フランス語がじょうずに話せなければ，その人は除者(のけもの)にされた．したがって，民衆の間で，フランス語が全然話せなければ，社会の落伍者と見られても，それは極めて自然だったのである．

言語の問題は，それゆえ，なおざりにすることのできない政治的な側面を持っていた．タレーラン TALLEYRAND[71] は憲法制定国民議会〔1789～1791年〕において，この問題を正面切って提起した．1790年以降，彼は国民教育を強力に押し進めることによって，この問題の解決を図るよう提案する．そして事実，それは最も確実な方法であった，というのは，小学校が，やがて他の何ものにもまして，フランスの言語的統一を推進することになったからである．一方，国民総動員(ルヴェ・アン・マス)はさまざまな地域の人間の混成部隊を作ったが，その混成の度合いは，それ以前には全く想像もできなかったほどのものであった．軍隊の共同生活によって国民語を習い覚えた数十万の兵士たちは，田舎へ帰ると，その知識を広めた．今日でもなお，フランス語を国内に普及させるための2つの方法は，学校と兵役の義務にほかならない．

要するに，フランス革命はフランス語の統一を大きく推進させたのである．この時代から，俚語は意識的に排斥された．フランスの政府は，それ以後どの時代の政府も，俚語を消滅させるための言語政策を採ることになる．

革命時代のフランス語

フランス革命の特質は社会的な地位の向上であるが，その向上はまた革命を動かした人たちの自己表現の方法にも表われている．人びとは，17世紀や，とくに18世紀のすばらしい手本が語ったり書いたりしているのと同じように話したり書いたりすることによって，社会的に階級が一段階昇ったという感情をはっきりと持ったのである．革命時代の大雄弁家たちは，その青春時代に，17世紀や哲学の世紀の作家たちから深い感銘を受けた．彼らは，古典主義時代のフランス語の魔術的な効果を十分に心得ていた．コルネイユやボシュエの朗々とした文章のとりこになっていたが，それを今度は，民衆を鼓舞するため使った．たとえば，ロベスピエール ROBESPIERRE[72] は，その演説の草稿を練りに練って作り上げたが，彼の机の上には『新エロイーズ』が絶えず置かれてあり，その中から彼は迂言法や隠喩(メタフォール)をたっぷりと汲み上げたのである．もちろん，そういった文章や比喩が，しばしばその内容である血に染まった命題や破壊的な思想とはしっくり合わない

場合があったことは事実である．けれども，革命の最高指導者の中に，ただ一人だけ，自分の意見を明確・適切に，ベールをかけず表明するだけで満足する人がいた．それがダントン DANTON[73] である．そのため，彼はディドロの息子と呼ばれている．いずれにしても，革命時代とそれに続く〔第一〕帝政時代には，18世紀の文明自体は時代おくれになったとみなされたけれども，その文明の言語は打倒されるどころではなく，むしろどんどん採用されたのである．

フランス語が革命からの攻撃を受けなかったのは事実だとしても，そのことは，この突風の世界を，フランス語が何の変容も受けずに通り過ぎたことを意味してはいない．その変容は，とくに語彙に関して著しく，その数も多かった．この時代には思想の莫大な消費が行なわれたので，語彙はその影響を受けざるをえなかった．

そのようにして生まれた新語形成の文法的分析は，それらの語が生まれた精神状態を興味深く解明してくれる．そこには党派的精神と対立的観念とが際立っている．-isme という語形成 (robespierrisme「ロベスピエール主義」, dantonisme「ダントン主義」, propagandisme「(政治的)宣伝主義」などが)急激に広まり，それに対応する -iste で終わる語 (robespierriste「ロベスピエール主義者」など)も同様であった．最も流行した接頭辞は対立, 拒否, 対比を表わすもので，たとえば antidémocratique「反デモクラシーの」, anti(-)révolutionnaire「反革命の」, anti(-)patriotique「反愛国の」, anti(-)républicain「反共和政体の」; inabrogeable「廃止できない」; dénationaliser「国民性を失なわせる」; contre-révolution「反革命」; non-patriote「非愛国者」, non-votant「非投票者」; ex-prêtre「前司祭」などがあった．また，強烈な，誇張的な語が好まれた：emprêtrailler「くそ坊主にする」, intrigailler「小細工をする」, calotin「坊主」, aristo (aristocrate の軽蔑的省略)「貴族」, ultra-patriote「過激愛国者」, ultra-royaliste「過激王党主義者」, ultra-révolutionnaire「過激革命主義者」(les ultras「過激派」); archiministériel「極端な政府支持者」．時に，その接尾辞自体は何でもないものであるが，それでいて恐ろしい用語が作られることもあった．たとえば，当時作られた échangeable「交換できる」, discutable「議論の余地がある」という語は，いずれも何ら恐るべきものを持たない．しかしこの中性・無色の接尾辞〔-able〕を名詞 guillotine「ギロチン」につけ加え，一人の人間が guillotinable「ギロチンに掛けるべき」であると指示された時には，この語末には何の悪意もないのに，その人間の生命は，まさに風前の灯ともいうべきものになってしまう．

この分析の中で最も顕著なことは，それらの要素の一部が古典語に起源を持っ

ているということである．ラテン語とギリシア語が，それらの大きな源泉になっていた．たとえば lèse-majesté「(君主に対する)不敬罪」にならって lèse-nation「国家に対する毀損罪」，lèse-révolution「革命に対する毀損罪」が作られたし，また aristocratie「貴族政治」にならって clubocratie「党派政治(クラブ)」，calotinocratie「僧侶政治」が作られた．とくに急速に広がったのは -icide「…殺し，破壊者」による派生語である．革命の敵は républicides「共和政治破壊者」，nationicides「国家破壊者」，peuplicides「民衆破壊者」，liberticides「自由破壊者」たちであるが，とりわけこの最後の派生語の持つ表現効果は絶大であった．こういった新語をギリシア・ラテンの要素によって創造することは，ローマ共和国に対する尊敬の念と合致する．新聞や政治演説では，たえず古代の偉大な共和主義者たちの例が引かれるのであった．

　ここにもまた，フランス革命が，今までのフランス人の慣行を否認していないことが見られる．14～15世紀以来，人びとは新しい用語の必要を満たすために，ラテン語に目を向けるのがならわしだったが，フランス革命もそのフランス的伝統に従ったのである．ただ，革命はそれを極端なところにまで押し進めた (République batave「バタヴィア共和国〔オランダ〕」，helvétique「ヘルヴェシア共和国〔スイス〕」，cisalpine「北イタリア共和国」など)… 帝政時代になってもまた，称号にも，家具の様式にも，法律にも(ナポレオン法典にとって重要であったローマ法)，古代復帰が強調された．このように，古代に執着することは，名前(プレノン)の選択にさえも見られる．この時代から Jean「ジャン」や Jacques「ジャック」は，〔ギリシア語・ラテン語に直結している〕Achille「アシル〔アキレス〕」，Brutus「ブリュテュス〔ブルートゥス〕」，Marius「マリウス」などに席を譲った．

　以上述べてきた語の大部分が，長いあいだ生存しなかったことは言うまでもない．それらは，革命時代の修辞学とともに消えてしまった．革命という異常な事件によって作られた新語は一部分しか残らなかった．たとえば，ヴァンデー地方 Vendée の反乱[74]は vendéiser「反革命運動を行なう」という動詞を生んだが，その語は間もなく消えてしまった．しかし terroriser「恐怖政治 Terreur[75] の政治的処置に従がわせる」は生き残った．なぜなら，その意味が拡大して〔「恐怖でおびやかす」という意味を持ち〕，フランス革命の一時期に属する恐怖政治という特殊な概念から抜け出たからである．

　しかしながら，革命は多数の新しい制度を創設し，また，政治のあり方や行政を変えることによってフランスの様相を一変してしまった．国家の再組織によって，従来とは別の命名が必要になり，département「県」や arrondissement「郡」，préfets「県知事」や sous-préfets「郡長」，municipalité「市町村」などという

語が，そのような革命の再編作業から生まれた．bureaucrate「官僚」，bureaucratie「官僚主義」というような，ある予断を含む用語も，その結果作られたものである．議会政治は，全く新たに創設されたもので，législature「立法権」，session「会期」，motion「動議」，amendement「(法案の) 修正」，la gauche「左翼」，la droite「右翼」その他多くの用語が，この時期から使い始められている．また革命は，健康なあらゆる男性を国民総動員に駆り立てた：recrutement「徴募」，conscription「徴兵(登録)」，conscrit「徴兵登録(適齢)者，新兵」などは一般的・義務的な軍隊勤務に結びついている用語である．さらに disloquer「一軍を幾つかの駐屯部隊に分ける」，dislocation「駐屯部隊に分けること」のような語の中に，〔第一〕帝政時代の絶え間ない戦争の反映が見られる(1811年以降)．ナポレオン NAPOLÉON は，その古参兵の脚力以外には何の軍隊輸送の方法を持たずに，みずからの部隊をヨーロッパの隅から隅まで移動させた．marche forcé「強行軍」ということばが 1802 年に初めて現われたことは驚くには当たらない．

　他方，フランス革命が著しい数の語を消滅させたことはもちろんである．幾つかの領域の用語全体が一夜にしてその流通をやめた．半ば封建的な古い行政組織がなくなると，それとともに多くの表現も姿を消した．élu というのは財政的に定められた一地域の各管区別に「人頭税を割り当てる官吏」だったが，その制度がなくなるとともにその語も消え去ってしまった．parlements「高等法院」は tribunaux「裁判所」に代わった．旧制度は大小さまざまの，面倒な，地域ごとに異なる各種の税金が徴集されていた．finage「管区税」や droit de fortage「敷石税」，さらに taille「人頭税」それ自体もそうだったし，dîme「十分の一税」，chevauché「馬匹車両税」なども含まれていたが，それらすべての名前は，事実もろとも消え去ってしまった．もっとも，それらの税に代わる他の税金は取られまいなどと思っていた素朴な人びとは，たちまちその誤りを悟らざるを得なかったのであるが…

　軍隊，戦術，戦略，装備についても同様であった．flasque と fourniment はいずれも「小さい火薬入れ」であったが，ともに消えてしまった．かつて，廃兵は，税が免除されている幾つかの施設に分けて収容されており，修道院に収容された兵隊は enfant donné「寄託児(兵)」と名づけられていた．しかし，いまやその仕事は国家が直接に扱うことになった．

　商業の組織にもまた影響が及んだ．たとえば jour-nommé「約定日到着〔船〕」というのは，約束した日に目的港に到着することを船長が保証した客船のことであったが，革命とともになくなってしまった．——この領域での最も重要な変更は度量衡の統一である．1793 年の法律によって，mètre, kilomètre, litre, gramme などの用語によるメートル法の全体系が作られた．

　フランス語のレベルを均一化しようとする試みは，他にも事欠かない．その最も顕著なものは，恐らく，vous を tu に代えることであった．それは国民公会 Convention [nationale] [1792~1795 年] によって公布されたが，1795 年以降は取り消された[76]．

19 世紀の文学語*

　18 世紀には，あらゆる面での活動が驚異的に広がったが，それとともにフランス語にも新語の大波が打ち寄せてきた．18 世紀ほどフランス語が豊かになった世紀はかつてなかった．19 世紀は，確かに，なお一層その豊かさを増すことになるであろう．しかし，17 世紀にその理想が作り上げられ，それ以後変わらなかった文学語は，その簡素さ，節度，伝統，形式尊重といった理念を，どのようにして現実と調和させていこうとするのであろうか．

文学語の排他性

　その方法は，18 世紀初頭から見られたものであるが，幾つかの文体 (205 ページ参照) の区別を立てることであった．それによって文学はみずからの伝統に忠実であることができた．文学は新語などのように現実に直結した表現の使用を断念した．ただ，その結果，文学は次第に干からびたものに陥っていった．新しい詩的なイメージは，具体的・現実的な語の比喩的な使用からほとばしり出るものだし，詩的言語は，現実世界の対象の観察の結果培われた想像力の泉から何ものかを絶えず汲み上げることによってのみ，その若々しさを保ちうる．ロマン主義時代以前のフランス語の語彙の状態について，ヴィクトル・ユゴー Victor HUGO の次の詩句を思い起こそう：

　　La langue était l'Etat d'avant quatre-vingt-neuf;
　　Les mots, bien ou mal nés, vivaient parqués en castes.
　　　　　　　　　　　　　　　　　　(*Contemplations*, VII)

　　「言語は，89 年以前の国家そのものだった．

---

*　フェルディナン・ブリュノの大『フランス語史』(シャルル・ブリュノー Charles BRUNEAU が引き継いで仕事を進めている) の完成までは，とくにジュルヴィル L. Petit de JULEVILLE 編『フランス語・フランス文学史』*Histoire de la langue et de la littérature françaises*, 第 8 巻, 704~884 ページにある F・ブリュノの『1815 年から現代にいたるフランス語』*La langue française de 1815 à nos jours* を参照．

語は，生まれの良し悪しに従って，階級制度(カースト)の中にとじ込められていた.」

(『静観詩集』7)

この言葉は，極めて正確に 1820 年頃のフランス語の状態を伝えている. cloche「鐘」と言うことは許されておらず，airain「青銅〔作りのもの〕」と言わなければならなかった. 人には nez「鼻」ではなく，narines「鼻腔」があるのだった. そして，迂言法が見つかる限り mouchoir「ハンカチ」を使ってはならなかった. peigne「櫛」はあまりにも正確・日常的だったので，ivoire「象牙」または écaille「べっこう」と言わなければならなかった. 修道院には nonne「尼さん」や religieuse「修道女」はおらず，vestale「ヴェスタ〔炉の女神〕に仕える女性」が住んでいた. 人を assassiner「暗殺する」ことは許されなかったが，percer le sein「胸を刺す」ことは差し支えなかった. 次のような多くの接続詞〔句〕さえも，あまりにも平板だとみなされていた：afin que「…する目的で」，parce que「なぜなら」，c'est pourquoi「そのために」，car「なぜなら」，pour ainsi dire「言わば」，or「さて」. さらに mari「亭主」と femme「女房」は避け，époux「夫」と épouse「妻」といわなければならなかった. しかし，その理由ははっきりしないが，ある法令が発布されて，動詞 épouser「結婚する」という語は禁止された. pleuvoir「雨が降る」，vieillir「年を取る」，lait「牛乳」，outil「道具」，poussière「埃(ほこり)」など，多くの動詞や名詞は，大衆文学以外の文学からは引き続いて排除された.

周知のように，帝政時代には，文学は天才的でない——というよりも，むしろ才能さえもない，何人かの生きた屍のような作家の手にゆだねられていた. 当時のフランスでは，いわば熱病的な世界が，あらゆる人びとの精神を支配していて，文学の問題などには誰も興味を持たなかった. そのため，最も嘆かわしい因習が，あの，ほとんど天下り的な文学を支配していたのである.

シャトーブリアン

ただ一人の作家だけが，その頃，今までの使い方とは別の使い方をしてフランス語を書くことを心得ていた. その作家とは，長いあいだ国外で生活を送った人間，シャトーブリアン CHATEAUBRIAND である. 彼が，その宗教的な高揚(エラン)の力と激しさによって，いかにフランス人の意識を変革させたか，また彼が，そのことばの魔術とたくましさによって，いかに中世を復活させ，多くの人びとに信仰を取り戻させたかについては，ここで語るつもりはない. それは，活動的な生活に没頭した長い無神論時代のあとの，一つの革命そのものであった.

ところで，シャトーブリアンは，退廃しきっていた古典文学の伝統もまた断ち

切った.もちろん,彼が一日や二日でそこから解放されたわけではない.彼は適切・正確な語を使わずに,しばしば,相変わらず高雅な語を使っている.branche「枝」の代わりに rameau「梢」と言い,poussière「埃」の代わりに poudre「塵埃〔現在の普通の意味は粉〕」と言っている.しかし彼は,ほとんど古典的とはいえない表現を思いきって使用する.ルネ René〔『ルネ』および『キリスト教精髄』 Le génie du christianisme の作中人物〕は目をその mouchoir「ハンカチ」で覆うが,それは,一般におぞましい感じを与える表現であった.彼は sein「胸」の代わりに ventre de ta mère「お前の母親の腹」と言っているが,ここでは,聖書の表現に近づいている.同時にまた,シャトーブリアンは詩的な語と学術用語と民衆語を混用する.彼は,極めて調和のとれた文の中に,それらを溶かし込むことを心得ていて,それらの文の奏でる音楽は,表現の大胆さを忘れさせた:«Les convolvulus, les mousses, les capillaires d'eau, suspendent devant son nid des draperies de verdure ..., le cresson et la lentille lui fournissent une nourriture délicate ; l'eau murmure doucement à son oreille ; de beaux insectes fluviatiles occupent ses regards ; et les naïades du ruisseau, pour mieux cacher cette jeune mère, plantent autour d'elle leurs quenouilles [de roseaux], chargées d'une laine empourprée.» 「ひるがおや苔,しだの類がその〔ここでは鷭(=poule d'eau)を指している〕巣の前に緑の幕をたれ…,クレソンやレンズ豆がその鳥に美味の食物を供する.水は,鳥の耳もとで,かすかな音をたてて囁く.鳥は美しい川の虫に見とれている..そして小川の精はこの若い母親をよりよく隠すために,その周りに緋色の綿毛をつけた〔葦の〕穂を並び立たせる」〔『キリスト教精髄』I〕.

この一節には,以前だったら詩的なテキストの中では用いられなかったような多くの語が含まれている.シャトーブリアンの表現技術によって,それらの語は文学に入り,文学語に組み込まれたのである.彼はまた次のような隠喩や付加形容詞も用いている:la tendre lumière「優しい光」,le jour bleuâtre et velouté de la lune「月の青味がかったビロードのような光」,«Des bouleaux ... formaient des îles d'ombres flottantes, sur cette mer immobile de lumière.» 「樺の木は,この光の動かぬ海の上に,浮かぶ影の島々を作っていた」〔いずれも『キリスト教精髄』I〕.これらの表現は,豊かな色彩に富み,あるいは造形的(プラスティック)であり,特殊な表現力を持っていて,ロマン主義の,そして一般的にいえば近代的散文の近い到来を告げるものであった.

過去の魂の復活を望んだシャトーブリアンが,好んで過去の言語を模倣したことは驚くには当たらない.それは,彼の初期の作品からすでに見られる:«Elle prit un sentier qui la devait conduire chez son père.»「彼女は父のもとへと導いてくれるはずの小道へと進んだ」〔現用：...qui devait la conduire〕；《Il se vient coucher.》「彼は寝にやって来る」〔現用：《Il vient se coucher》〕．彼は tandis que「…する間に，それに反して…」をその語源的な意味（＝tant que「…する限り」）で使っている．――過去のものに対するのと同様に，シャトーブリアンはまた，外国の特異性に対しても非常に際立った感性を持っていた．とくに『ナッチェーズ族』 *Les Natchez* と『アタラ』 *Atala* の中には，この地方色が，mocassins「毛皮製の靴」とか tomahawk「まさかり」といったインデアン語の助けを借りて現われている．それゆえ，言語の観点からもシャトーブリアンはロマン派の先駆者であることが理解される．古語法的な 言い回し，方言的な 表現，大胆で造形的・絵画的な隠喩，非常に 優れた 視覚的な特徴――これらすべては，次の世代よりその度合いは幾らか弱かったとしても，すでに彼の作品の中に見いだされるのである．

ロマン主義

ロマン主義は，なによりもまず，理性の絶対的な支配に対する激しい反発であった．《Il faut déraisonner.》「戯言を 言わなければならない」とミュッセ MUSSET は言っている．それは「自我」の強烈な肯定であった．自我はもはや，パスカルの時代のように，憎むべきものではない．感情やあふれる想像力が理性に取って代わる．そして，よく知られているように，その自我の解放は服装の上にまでも表明された．テオフィル・ゴーティエ Théophile GAUTIER は，自分の衣服を最もけばけばしく彩り，中産階級の人たちの間に恐怖を巻き起こした．灰色のズボンをはき，脇腹に一本の黒いビロードの帯を締め，燃えるような赤の短衣(ジレ)を着，その髪はバサバサであった．

詩人たちのこの新しい態度は，当然のことながら，その他のどこにも増して言語に示された．しかしながら，初期ロマン派の人たちは，そこから一つの教義を引き出すといった状況からはほど遠いところにあった．ラマルティーヌ LAMARTINE は，とくに，言語革命を起こそうなどという意図は全く持っていなかった．彼は詩に対して，みずからの詩に対してそれほどの執着を持っていなかった．そのため，フランス語を作り直す必要を感じてはいなかったのである．彼は詩人が専業ではなかった．芸術の世界の中にだけ生きたわけではなかった．そのために彼は，その天賦の才能を駆使してみずからを文学活動の極致にまで到達させようとはしなかった．彼自身「みずからのむせび泣きによってはぐくまれたのは芸術ではなく，私自身の心の安らぎであった」〔『瞑想詩集』 *Méditations poétiques*, 序

文〕と書いている. それゆえ, 彼自身は, 自分が言語を自由に使ったことに対して, それを投げやりとしか見ていない. 彼はそれを一つの教義とかプログラムにするというにはあまりにもかけ離れており, そのことを『諧調詩集』 *Harmonies [poétiques et religieuses]* (1830年) の序文で次のように書いているほどである. 「私は自分の文体が完璧でないことに対して許しを乞いたい. 繊細な感受性を持った人びとはしばしば不愉快な思いをされるかもしれないが, 強烈に感じられたものは早急に書かれるものなのだ.」

ヴィクトル・ユゴー

けれども, ヴィクトル・ユゴー Victor HUGO 自身も, 文学界にデビューした時から〔フランス語に対する〕使命感を持っていたわけではない. 『オードとバラード集』*Odes et ballades* の序文 (1824年)[77] では, 彼はまだボワローがラシーヌとともにフランス語を固定した抜群の功績を分かち合っていると言っていたのである. 1826年には, 言語の古典的な理想像に対する彼の信仰をはっきりと表明している. そして第2版の序文[78] には大変意味深い次の文が記されている. 「ヴォージュラを支配させるためにしか, アリストテレスの地位を奪ってはならない.」 すなわち, 芸術はロマン主義であるが, 言語は古典主義を求めていたのである.

しかし1827年, 『クロムウェル』 *Cromwell* (1828年[79]刊) の序文を書いた時, ヴィクトル・ユゴーは突如その考え方を変える. 彼はそこで, 作家はみずから持っている個人的な感情を追求する権利があると主張する. 変化や運動は, 言語にとって, その生命を保つために必然的なものだということを昂然と宣言する. 「…フランス語は固定していないし, これからも固定することはないであろう. 言語というものは固定しないものだ. 人間精神はつねに歩みを止めない. あるいは, つねに運動していると言ってもいい. そして言語も人間精神とともにあるのだ. これが事実なのである. 肉体が変化する時, どうしてその衣服が変わらないはずがあろうか. (フローベール FLAUBERT だったらこの考え方を別の言い方で表明しただろう!) 18世紀のフランス語が17世紀のフランス語でないのと同様, 19世紀のフランス語は18世紀のフランス語ではありえない… モンテーニュの言語はもはやラブレーの言語ではないし, モンテスキューの言語はもはやパスカルの言語ではない. それら4人の言語は, それ自体をとってみれば, それぞれすばらしい. なぜならそれぞれが独創的だからだ. 各時代にはその時代に固有の考え方がある. したがって各時代はその考え方に固有の語を持たねばならない. すべての言語は海のようなものだ. それは絶えず揺れ動いている. ある時期に, 言語は思想の世界の一方の岸辺を離れ, 別の岸辺を襲う. 言語の波から見捨てられ

たものは，すべて干上がって地上から姿を消してしまう．幾つかの考え方が消え去り，幾つかの語が死滅するのはそういった仕方によってなのだ．人間言語についても，他のものと同様である．各世紀はそこに何ものかをもたらし，そこから何ものかを持ち去る．それをどうすべきだというのだ．どうしようもないことである．われわれの特有言語の動く様相を特定の形態に固定しようとしてもむだなことだ．わが国の文学者がヨシュア Josués〔モーゼの後継者．みずからの勝利を完全なものにしようとして太陽を止めようとした〕を気取って，フランス語に止まれと叫んでもむだである．言語も太陽も，もはや止まりはしない．言語が固定される日とは，それが死滅する日である．現代のある流派が使うフランス語が死語になっているのはそのためである．」別の箇所で，ヴィクトル・ユゴーは 18 世紀のフランス語を「完全に明晰で，干からびており，固苦しく，中性で，無色・無味乾燥なものである」と言っている．

　ヴィクトル・ユゴーは，その理論だけでは満足しなかった．彼はその実例を示した——しかもそれは何と強力な実例であったろう．いまや人びとは，あえて，すべての物を本当の名前で呼ぶのである．airain「青銅」は cloche「鐘」にも，canon「大砲」にも取って代わることをやめる．(char「車両」の代わりに) voiture「車」といい，もはや cheval「馬」は coursier「駿馬」ではなく，sable「砂」は arène「真砂」ではなく，bateau「船」は nef「屋形船」ではない．古典主義的趣味によって拒否された語や，今までは一般的な用語とか，いわゆる気品の高い語や迂言法とかによって置き換えられていた多くの語が，ここでまさに登場してくる．ロマン派の詩の中では最もむき出しな語が，高尚な用語と膝をつき合わせている．『エルナニ』 Hernani では vieillard stupide「ばかな老人」〔vieillard という語には「尊敬すべき」というニュアンスが含まれていた〕などとも書かれているのである．そして世人がこの新しい大胆な表現に慣れるのに，それほどの時間を必要とはしなかった．古典主義の牙城は，攻撃を受けるとたちまちにして崩れ落ちた．迂言法は専制君主の力と同様，死滅してしまった．そして，恐らくそのことが，詩的な真の迂言法に，あますところなくその力と美とを取り戻させた．真の迂言法は，古典主義時代のきまり文句の中で，その力や美を失っていたのである．ずばりそのものを指し，絵画的・彫塑的な語が，かつての漠然とした，抽象的・一般的な語に取って代わる．もはや doigts délicats「華奢な指」とは言わず，doigts fuselés「紡錘形をした指」と言うのである．そして他方，詩から遠ざけられていた多くの語が，いまや再び詩的な用法として使えるようになった．たとえば，scie「鋸」とか marteau「金槌」といった技術用語は詩から追放されていたが，ロマン派の人びとはそれらの語に席を設け，やがてすば

らしい比喩や隠喩の中でそれらを使用した.『秋の木の葉』Les feuilles d'automne の中で,ヴィクトル・ユゴーは次のように言う：

> Posée au bord du ciel comme une longue scie,
> La ville aux mille toits découpe l'horizon.
> 「空との境に長い鋸のように置かれたこの町は,
> 数多(あまた)の屋根で地平線を切り取っている.」

つまり,人びとは日常言語の味わいのある語彙の助けを借りたのである.それは,あたかも,養分を与えてくれる大地に再び触れた巨人アンタイオス Antée〔身体が大地に触れている限り不死身だといわれた〕のようなものであった.

ロマン派の人たち,とりわけヴィクトル・ユゴーは,日常言語から多数の語の使用を認めたが,彼らがフランス語を豊かにしたのは,それ以上になお一層,その隠喩,比喩(イマージュ)の大胆さと豊かさによってであった.古典主義の擁護者たちは,比喩を含んだ熟語のリストは閉ざされていると宣言していた.「われわれは新しい文飾(フィギュール)を創り出すべきではない.そのような事をすれば,フランス語は変質し,その天賦の才は傷つけられる.」ところで,ヴィクトル・ユゴーの強い想像力とロマン派の人たち一般の繊細な感受性は,フランス語に極めて多くの新しい語の結合をもたらした.yeux de velours「ビロードの目」といった言い方は極めて真実で絵画的であるが,そのような語の結合は彼ら以前には存在しなかった.

ロマン派の人びとは,彼らが自由に駆使したフランス語全体の語彙から,絶大な効果を引き出すことができた.しかし,彼らは,新語の創造に対しては大変控え目であったと言わなければならない.彼らの理論の方が,その実際よりもずっと大胆であった.

古語法と地方的語法

フランス語を豊かにするための方法の一つは,古くなった語を再生させることであった.ロマン派の人たちは,15世紀や16世紀のテキストをたくさん読んでいたため,彼らにとっては多くの古語法的な表現は身近なものであった.しかしながら,彼らは,それらの表現を少しも乱用しなかったと言わなければならない.ヴィクトル・ユゴーは『ノートル・ダム・ド・パリ』Notre-Dame de Paris の中で,ある数の古語法的表現を用いているが,それは,現代語の語彙の中にそれらを入れようとしたものではなく,地方色を保持するためであった.ロマン派の人びとが再生させようとした古語法の語のリストが作られたが,その中で,はるかに他を引き離して,最も多いのはシャトーブリアンである.しかし,それは

『アタラ』〔1801 年〕には少なく，年老いてからの著書である『墓の彼方の回想』 *Mémoires d'outre-tombe* 〔1849〜1850 年〕の方に多い．人びとは，そのため，シャトーブリアンがとくに自分の弟子だとみなしていたロマン派の人びととの例にならって大胆になったのだという印象を持つかもしれない．けれども，ロマン派の人たちはまた，地域的な口話も自由に使っていた．ヴィニー VIGNY は brandes「ヒースの一種」のような語を古い作家に求める必要はなかった．ヴィニーがロシュ Loches〔トゥール近郊の都市〕に生まれたことは知られている とおりであるが，この brande という語は，まさにこの地方の俚語として使われているものである．シャトーブリアンもまたこの語を用いたが，彼についても同じことが言える．ラマルティーヌは colère「怒り」のことを ire「憤怒」と言っている．しかし彼はマコン Mâcon〔中部フランス，リヨン近郊の都市〕の生まれであり，この地方全体で ire という語は現在でもなお生きている．彼にとっては，それは古語法 archaïsme ではなく地方的語法 provincialisme である．もっとも彼は，たとえばクレマン・マロ Clément MAROT[80] の中にその語を見いだしたので，自分の地方のその語を保持する権利があると思っていたのかもしれない．いずれにせよ，そのように，大部分の古語法といわれるものは，むしろ方言的な性格を持っている．ロマン派の人びとは生まれ故郷，その土地(テロワール)に対して愛着を抱いていた．筆を執る時，その愛着が彼らの中に青春時代の声を再現させるのであった．そういったことから，ここで今，恐らく，文学語ではほとんど使われないこれらの語がなぜ『アタラ』よりも『墓の彼方の回想』の中でより多く使われたかが理解されよう．シャトーブリアンには，あらゆる老人に起こる現象が起きたのである．晩年になって，彼は心のうちに，過去の声が再び生まれてくるのを感じ，その青春時代に近づいた．若い日の思い出が，青春時代に彼の耳にこだましていた語と結びついて戻ってきた．quant et lui (＝avec lui「彼と一緒に」)，à la vanvole (＝à la légère「軽々しく」) など，『回想』の中で人びとを驚かせる多くの語は，高地ブルターニュ地方または低地ノルマンディー地方の用語である．その他のロマン派の人たちについても同じことを証明するのは容易であろう．

　それぞれの人は，このようにして，そのみずからの過去に戻る．これは，ロマン派の人たちによって高らかに宣言された個人主義の一つの結果である．いずれにせよ，この個人主義は，いまや言語の中に侵入する．個人主義であるからこそ，それぞれの人は自己固有の特有言語を作ることができるのである．作家が作り上げるフランス語のいろいろな用法間の差異はますます増大していく．そして，何よりもまず文学語を特徴づけているのはその増大する差異であり，そしてそれは写実主義とともにますます発展していくことになる．

バルザック

言語の観点から言うと，ロマン派の人びとの理論（ドクトリヌ）は，その松明（たいまつ）を写実主義の人びとに手渡した日にしか，その実効が現われなかったと言えよう．つねに適切な語を用いたいという理論，正確な用語を用いてその状況を喚起したいという理論は，大変異なった幾つかの結果をもたらすことになったのである．『人間喜劇』 *Comédie humaine* によって，文学が小市民階級や下層階級の多くの人びとに開放された日には，言語の一大オーケストラが必要であった．オノレ・ド・バルザック Honoré de BALZAC は，他の作家がほとんど持てなかったような膨大な語彙をみずからのものとしており，しかも彼はそれを自分ではっきり意識していた．彼は好んで「パリにはフランス語を知っている3人の人間がいる．それはユゴー，ゴーティエと私だ」と言うのであった．バルザックはフランス人の生活の隅々までも心得ており，職業，実験室，仕事場，経済界，物理学，形而上学などすべてを知りつくしている．田舎にいても，パリにいても，またパリの城郭外にあっても，サン・ジェルマン街にあっても，まるで自宅にいるのと同じであった．監獄も，芸術家の世界も，彼にとっては秘密のものではなかった．そして彼は，それらのいろいろな環境の中で通用しているすべての用語を適切に使う．彼の作品は，特殊な語彙が寄り集まる十字路のようなものである．その膨大な，熱に浮かされた創作過程において，その休むことのない仕事の中で，彼の記憶は薄れるようなことが決してなかった．しかしながら，彼は俚語は乱用しなかったと言わなければならない．『ウージェニー・グランデ』 *Eugénie Grandet* の中でも，地方的な語の数は，それほど多くはない．emboiser (=tromper「だます」)，endéver (=enrager「気が狂う」)があり，またとくに標準フランス語に対応する語のない語もある．fripe「パンとともに食べるもの，バター・ジャムの類」，aveindre「背伸びをしたり，腕を伸ばしたりして物を取る」などがそれである．aveindre は，ほとんどフランス全土で通用する語の一つであるが，パリでは拒否された．しかしバルザックは，それらの語を使うことによって本当の意味での空白を埋めた．彼は方言的な語に何ら執着しない．ジョルジュ・サンド George SAND，モーパッサン MAUPASSANT はじめ何人かの作家は，その点ずっと方言的である．けれどもバルザックは，ある語が，パリのフランス語が持っていない正しい色合いをもたらす場合，その語を自分の文中に書き入れることを恐れはしなかったのである．

フローベール

文学的な観点に劣らず，言語の点から言っても写実主義はロマン主義の後継者

である．しかしフローベール FLAUBERT はバルザックからほど遠い所に位置している．ルアン Rouen〔フローベールの出生地．ノルマンディー地方の中心都市〕の巨匠が薬剤師オメー Homais〔『ボヴァリー夫人』 *Madame Bovary* 中の一人物〕に，科学用語と俗語の混交した言語で話させ，その半可通ぶりと，その中途半端な教育の結果の不幸とをみごとに見せてくれるのは事実である．また司祭のブールニジャン Bournisien〔同じ小説の一人物〕は，その人物の凡俗さとはおよそ似つかわしくない高尚な表現で自分の考えを述べている．しかしバルザックの場合，文章は自然のままにほとばしり出るし，また，その速い創作のリズムは彼に何らの調整も許さなかったのに反して，フローベールはそれぞれの表現，それぞれの文，それぞれの総合文（ペリオード）に，最も綿密な調整を加える．写実主義は，多くの語の使用を禁止していた社会的・道徳的・潔癖主義的ないっさいの偏見を覆した．しかし，フローベールは，この新しい自由を使ったけれども，一方ではただちに多くの語の使用に新しい制約を加える．彼はその自由が放縦になることを望まない．なぜなら，放縦は，言語をその起源――それは，人類の知的な本質の中にすべて存在するのであるが――から遠ざけるにすぎないからである．フローベールは，文明と言語の進化によって作られた，魂の状態とその表現，物と語の間の「ずれ」に苦しむ．「人間は，誰しも決して自分の欲求，考え，苦痛をありのままの正確さで伝えることはできない．人間のことばはひびの入った割れ鍋のようなものだ．それを叩いて星までも感動させようと望んでいるのに，せいぜい熊を踊らせるメロディーしか打ち出せないのだ」（『ボヴァリー夫人』〔II, 12〕）．フローベールの生活はすべてこの「ずれ」を消すための闘いに捧げられた．彼は新しい規律を求める．そして彼は，まずみずからにその規律を課する．彼は，かつて誰もが持ったことのない文体を作り上げることを求めるのである．

　自由に駆使できる膨大な語彙によって，いまや，どのような思想のニュアンスに対しても，何らかの表現は見いだせるであろうが，しかも同時に，文は言語のあらゆる美的・韻律的・絵画的・聴覚的価値を明らかに示していなければならない．表現すべき思想と，その思想を取り囲んでいるあらゆる感覚・感情を正確に表現するために，語の選択と文の構造・リズムは一体のものにならなければならないのである．フローベールは，しばしば引用される以下の文章の中で，彼が考えている文体（スティレ）を次のように定義している．「私は次のような一つの文体を考えています．それは美しく…詩のようなリズムを持ち，科学のことばのように正確で，波打つうねりとセロのような響き，火花のような閃光を持つ文体なのです．われわれの思想の中に短刀の一撃のように食い入り，その文体によって，われわれの思考は，追い風を受けて走る小舟のように滑らかに水面をすべって行く――そう

いった文体なのです．散文は昨日生まれたばかりです．このことをぜひ考えなければなりません」〔1852年8月，ルイーズ・コレあての書簡〕．他の人たちにとっては，語は物を喚起するための象徴(シンボル)にすぎないものであり，その役割さえ果たせばそれで十分である．しかしフローベールには，物と語との間には神秘的な統一とでもいうような何ものかが存在していた．彼は語の中に，物自体の秘められた部分を感じていた．彼は「文体だけが事物を見る絶対的な方法なのです」(書簡集 II, 86 ページ〔1852年1月16日，ルイーズ・コレあての書簡〕)と言っている．スコラ哲学の実在論者たちは《Universalia sunt nomina.》「普遍概念は名目である」という唯名論的意見を打破した．彼らにとって普遍は realia「実在」だったのである．フローベールは，彼なりの仕方で，しかもみずからはそうとは知らずに，この昔の論争を言語の領域に持ち込んだ．彼は語と物または概念の間に，文と思想の間に，内部的な統一があるという意識を持っていた．――この語と物の間の内に秘められた一致は，文と言表作用としてのその価値の関係に対応している．語の選択と継起は，作中人物の魂の状態を表わしている．

　フローベール自身，一通の手紙の中でこう言っている：「これらの連中は形式は外套だという昔ながらの比喩を墨守しています．とんでもないことだ．思想が人生の魂であるように形式は思想の肉それ自体なのです」(書簡集 II, 216 ページ〔1853年，ルイーズ・コレあての書簡〕)．フローベールが全生涯を捧げたのは，語と物の間の内部統一を実現するということであった．彼以前には，最も優れた作家たちでさえも，言語のある部分を無意識に使っていた．彼らは表現の実際的価値を完全に心得ていたというよりも，むしろ本能的に仕事をしていた．ところがフローベールは，人間の意識の光によって，薄明かりの中にとどまっていたものを明るみに出すことができたのである．彼の言語に関する役割はデカルトが自我の発見に関して演じた役割に似ている．

　フローベールは文章構造や語の用法，語の意味のニュアンスに変化を与える術をわきまえていた．それらは作中人物の内面を突然明るみに出す．たとえばオメー氏の文体は2つの面を持っている．彼は話す場合とは異質の書き方をする．そしてそのことによって，学問があると自負しているこの薬剤師の性格が実にみごとに浮かび上がってくるのである．

　フローベールの作中に方言的な言い回しがないわけではないが，彼自身は，一般に，地方特有の語の使用を避けようとした．『ボヴァリー夫人』の中で彼が使っているノルマン語法はそう多くはない：pièce de blé (=champ「畑」), crassineux (=bruineux「霧雨に煙った」), clochettes (=liseron「つりがね草，ひるがお」), érifler (=érafler「かする，かすり傷を負わせる」), hétraie (=bois de hêtres「ぶなの林」), bouillerie (=distillerie「蒸溜工場」), fossé (=élévation de terre autour d'une ferme「農家の周囲の盛り土」). 恐らく, それらの語が標準フランス語には属していないということを, 彼は知りさえもしなかったのであろう. しかしまれにではあるが, 彼はその作中人物を性格づけるためにノルマン語法を使うこともあった. たとえば se repasser de bon temps (=mener joyeuse vie「遊興にふける」)〔『ボヴァリー夫人』〕というような表現を使った時などはそうである. この表現は文脈を介して薬剤師の凡俗性を鮮やかに浮かび上がらせている. また, フローベールに見られる地方特有の語の一つに le long de「…に沿って」という意味での selon がある: selon le cours de la rivière「川の流れに沿って」. ところで, 面白いことには, これは selon という語のノルマンディー的用法ではない. フランスの各地方のうち, シャンパーニュ地方だけにこの用法がある. フローベールはシャンパーニュ地方出の彼の親戚の人たちの口から, 恐らくは父の口からもそれを聞いたのであろう. そして恐らくはこの用法がノルマンディー地方の用法ではないので, それを標準フランス語の表現だと思い違いをしたのに違いない.

モーパッサン

モーパッサン MAUPASSANT はフローベールの弟子であったが, その作品の中では彼の師匠とは極めて違った書き方をしている. 彼は, それぞれの作中人物に対して, まるで現実に彼らがそう話したに違いないような話し方をさせる. あのノルマンディー地方の百姓たち, あるいは, あのパリの可愛らしい女工たちの声が聞こえてくるような気がする. そしてそれらの人物が言っていることは, 方言研究や隠語の研究資料に役立つかもしれない.

« Et v'là Brument qui m'pousse la tête quasiment pour me néyer, que l'iau me faufilait dans l'nez, que j'véyais déjà l'Paradis ... Et [pis] pi qu'il aura eu eune peurance ... Mé, je m'ensauve, et j' [m'en] vas courant chez m'sieu l'curé qui m'prête une jupe d'sa servante, vu que(qu') j'étais en naturel... » 「ブリュマンがわての頭を押さえつけて, わてを溺れさせようとしたんです. 水はわての鼻の中へ入り込むし, もうあの世が見えてきたくらいでした… けど, 奴はちょっとたじろいたんで… わてはやっと助かりました. それから司祭様のとこへ走って行きました. 司祭様はわてに女中さんのスカートを貸してくださいました. わてがすっ裸だったもんで…」〔『取引』 *Une Vente*〕.

言語の使用に関して, フローベールの文学とモーパッサンの文学の間にある一歩は, 極めて大きい. フローベールは作中人物の魂の中に, 事物の本質の中に, 事

件の内底に入り込もうとする．それらの人間，事物，事件を示すために，彼の使うフランス語には，ごくわずかな変容が与えられるだけである．それらの存在の内底の理解が大切なのだから，フランス語をほんの控え目に変えるだけで，十分それらの性質のニュアンスは理解できるのである．しかしモーパッサンは別の方法を採る．彼は表面にとどまり，人物がわれわれの感覚，とくに聴覚に訴えてくるものを，直接的な印象で示す．そのあと，外面から内面へ向かう道をたどるのは読者自身の自由にゆだねられている．モーパッサンがその作中人物について与えてくれるのは一つのイメージである．フローベールは，自分の文章に特殊な，しかし彼独自の言い回しを刻みつけ，その言い回しが，ある事物の深い存在を表わしている．彼の文体に対する異常な配慮はそのことに由来しているのであるが，それに反してモーパッサンの短編・長編は彼の最も優れた長所，つまりそのすばらしい観察力を明らかに見せてくれる．

　なお，2人のジェネレーションの差異も考慮しなければならない．たとえば，ゴンクール兄弟 les frères GONCOURT の手法は印象派の人たちが絵画に導き入れた手法である．その手法は，絵画に含まれている深い意味を伝えることをほとんど顧慮せずに，ただ単に色とニュアンスの効果を与えることに心を配る．ゴンクール兄弟が用いた方法は，フローベールのそれとは大変異なっている．ゴンクール兄弟は文の音響性(ソノリテ)を求めようとはしない．語の反復とか，フローベールがその重苦しさをあれほど恐れた関係代名詞の使用を恐れはしない[81]．彼らは表わそうと思う感覚に最もぴったりした表現を捜し求める．たとえば動詞に対して彼らが抱いていた嫌悪は，そのことによっても理解されよう．

19～20世紀のフランス語の進化

　ロマン派の人びとは，言語が永遠の流れの中にあるということを大変はっきりと意識していた．彼らは，文学的な表現が一般の言語のうちから表面に現われ出たものに過ぎず，一般の言語の流れが，他のすべての特殊な言語と同様に文学表現も押し流していくということを知っていた．したがって，文学的な表現をよりよく理解するためには，19世紀および20世紀のフランス語の進化がどのようなものであったかを調べる必要がある．

　この時代を別の時代と比較すると，極めて著しい対比(コントラスト)に驚かされる．6世紀と7世紀にはフランス語は音声上極めて大きい変化を受けたが，動詞の形態上の体系は5世紀から12世紀にかけてほとんど同じ状態であった．言語の構造は必ずしも全体が同じような傷を受けるわけではない．確かに構造の一部分は真の革

命によって覆されるが，他の部分はほとんど無傷のままで残るのである．ところで，今ここで述べる時代にも同じようなことが起こった．ただ，今度は，言語はほとんど音声には手をつけず，語彙を変え，文体の可能性を著しく発展させたのである．したがって，19～20世紀のフランス語の変化を研究するということは，とくにその語彙と文体を研究することになる．

音声変化

新しく起こった音声上・形態上の幾つかの変化をまず簡単に見ることにしよう．16世紀以来，すでにパリの民衆は wę (=oi) といわずに wa と発音し始めていた．17世紀には，上流社会ではまだ wę が維持された．18世紀になるとこの発音は次第に用いられなくなってくるが，しかし宮廷と宮廷に依存する人びとはなお以前の発音に忠実であった．フランス革命が起こり，宮廷を消滅させる．パリでは，もはや誰一人 rwę (=roi「王」) とは言おうとしなかった．ところで，ルイ18世が1814年にフランスへ戻った時，彼は《C'est mwę le rwę.》「余は国王なり」と叫んだ．人びとは，最後の王 (rwę) はルイ16世であり，彼はもはや rwa でしかありえないことを彼に認めさせなければならなかった．パリの民衆はすでに rwę を罷免してしまっていたのである．wa という発音は新しいものではなかったが，革命以前には民衆的な野卑な発音とみなされていた．しかしいまやそれが唯一の正しい発音になったのである．地方では，これに反して，大部分は wę に忠実であった．したがってここでは新しく音が作られたことが問題なのではなく，単に既往の変化が当然なるようになったこと，フランス革命によって早められた音韻変化の完了が問題であるにすぎない．それとほとんど同じことが，かつて存在した湿音の l の進化についても言えよう．17世紀の中頃からパリの民衆は filə (=fille)「娘」とは言わずに fiyə と発音していた．しかしこの発音が上流階級に採用されるためにはほとんど2世紀を必要とした．リトレ Lit-tré[82] はまだ filə と発音するように勧めている．かつての女性音の最後の痕跡が消えるのもまた19世紀の初頭である．その頃までは教養ある人びとは é の音をはっきりと延ばすことによって aimée と aimé を区別していた．しかしいまやその現象も消えうせてしまった．――しかし，そういった昔から存在する民衆の二三の発音を正規のものに採用したということは大した問題ではない．それに他方，義務教育のおかげで，学校という一つの新しい要因(ファクター)がつけ加えられることになる．学校は，発音に関しては，後退的な，あるいは少なくとも保守的な役割を演じることになろう．それを明らかに示している一つの例がある．17世紀には子音の前では il「彼は…」の語末の l は発音されなかった．il a「彼は持ってい

る」に対して，i(l) vient「彼は来る」と言われていたのである．il vient という〔l を発音した〕発音は高雅な文体や詩の朗読の場合に現われるだけで，会話では衒学的で滑稽に聞こえたようである．今でもなおその状態はフランス語の領域全体で普通である．『フランス言語地図帳』 Atlas linguistique de la France における il a と il buvait「彼は飲んでいた」の2枚の分布図を比較しさえすればよい．いたるところで，ほとんど例外なく，人びとは il a と言うが，i buvait と言う．今日正しい発音が il buvait であり，教養ある人たちが子音の前で i と言うのを差し控えているのは，学校教育の影響である．

形態の変化

形態法と統辞法の中で起こった最大の事件は，恐らく接続法半過去の決定的な消滅であろう．それは si je parlais「もし私が話せば」〔si＋直説法半過去〕という形が si je parlasse〔si＋接続法半過去〕に取って代わった遠い過去にさかのぼる〔100 ページ参照〕．接続法半過去は次第にまれになり，その形は次第に奇妙な，滑稽なものにさえなってきた．まず que vous assassinassiez〔assassiner「暗殺する」の接続法半過去〕のように非常に長い形が捨て去られ，その他の形もそれに続いて消えていった．今日その接続法半過去がまだ幾らか命脈を保っているのは，わずかに助動詞の avoir と être だけである．nous chantassions〔chanter「歌う」の接続法半過去〕は口頭言語ではまず用いられない．書記言語の中でさえも，まれになってきている．人びとは《Il aimait mieux que nous chantions.》「彼は私たちが歌う方を好んだ」〔chantions は接続法現在〕と言って，時称の照応の規則を侵犯することをむしろ好む．しかし，ここでもまた，学校は保守的な役割を演じようとしている．学校では子供たちに時代おくれの時称の活用を覚えさせようとし続けているが，実をいうとそれほどの成功はおさめていない．

語　彙

フランス語の音声上・形態上の変化は語彙の変化に比べるとごくわずかなものにすぎない．語彙は，事実，19世紀に異常なほど豊かになった．その原因はいろいろあるが，それをもう少しくわしく調べてみることが必要であろう．

まず第一に，19世紀には，それ以前には誰もが考え及ばなかったほどすばらしい科学研究の開花が見られた．そしてそれは人びとの考え方全般を変えていった．つまり人びとがある意見を述べる場合，いろいろな事実に立脚して行なうという習慣が生まれたのである．昔の修辞学は，次第に，実証的な事実の論争にその席を譲り渡した．そのため，修辞学の用語 (dialogiser「対話をする」，feinte

「詩的虚構」)は消え去ってしまった．その代わりに，19世紀にはdocumenter, -aire, -ation「資料を提供する，資料になる，資料収集」などのような語の出現が見られるのである．

　おびただしい発見によって完全に改新された物理学，化学，動物学，医学の飛躍的な発展について述べる必要はあるまい．これらの広大な領域はそれぞれ特殊な語彙を必要とした．それらの語彙は好んでギリシア語，ラテン語の要素によって作られたが，それらの要素は，どんな要求にも耐えて何とか対応したのである．民衆語が使える場合にさえも，ラテン語を知っている人だけにしか理解できないような語の方が好まれた (bet, bétonの代わりに colostrum「初乳」)．自然科学ばかりでなく，歴史や哲学研究の領域においても，かつては人びとがその研究を思いつきさえもしなかった幾つかの領域が取り上げられた．人種誌学(土俗学)，民俗学，言語学，先史学という名称さえも作り出さなければならなかった．ここではそれらの新しい術語のリストをあげることはできない．ただ，言っておきたいことは，研究が極端に特殊化されると，それぞれの科学は専門家以外には理解できない特殊な言語を使い始めたということである．

　ところで，これらの多くの発見は，幾多の例をあげるまでもなく (électricité「電気」，vapeur「蒸気」など)，技術面に応用された．そして応用されたそれぞれの領域——電信，電気，蒸気船，鉄道，写真，映画，ラジオなど——で，さらにまた特殊な語彙が作られた．これらの語彙は，それぞれの工業が2つの面を持っているのと同様に2つの部分から構成されている．すなわち一方は大衆・消費者向けのもの，他方は専門家・生産者のためのものである．たとえば ampoule「電球」，commutateur「スイッチ」，courant「電流」が何であるかは誰もが知っているが，われわれは，一つの工場施設に設けられている多くの品物の名前は知らない．もちろん，これら2つの部分の用語の上の限界ははっきりしていない．それはまた各個人の科学的な素養の程度にもよる．2つの部分の差異は，語の隠喩的・比喩的な用法に大きく現われる．第一のカテゴリー〔大衆・消費者向けの用語群〕の語からのみ，次第に新しい隠喩を作ることができる．たとえば aiguille「転轍器」と aiguiller (un train)「(列車を)入れ替える，転轍する」といった語に起こったのがそれである．今日では《On aiguille la discussion dans un certain sens.》「議論をある方向に入れ替える→向ける」，つまり議論にある質問を与えて，それを特定の方向に向ける，と言うし，人が職業を変える時，その人は《On s'aiguille dans une voie nouvelle.》「新しい線路に自分を入れ替える→向かう」のである．鉄道の disque「信号機」は誰でも知っている．siffler au disque というのは，機関車が停止信号にぶつかった時，進めの信号を求めて運転手

が「気笛を鳴らす」ことであるが，この運転手が我慢しかねてしきりに要求することからまた siffler au disque という表現は「女性にしきりに言い寄る」という意味にも使われるようになる．

　これらの科学の一部は学校教育でも取り上げられた．たとえば地質学のある用語 (géologie「地質学」という語自身もそうである) が教養のある人たちの世界に入り込んだのも，こういった学校教育によってである．医者の診察室の開いているドアを通って一般の人たちの言語に入っていった他の用語もある：antipyrine「アンチピリン」, aspirine「アスピリン」, antiseptique「防腐剤」, chloroforme「クロロホルム」, entérite「腸炎」, méningite「脳膜炎」, péritonite「腹膜炎」, diagnostiquer「診断する」, microbe「細菌」, névralgie「神経痛」などがそれである．

　19世紀はしばしば，機械時代または工業時代と呼ばれる．しかし商業も同様に，19世紀にその名〔商業時代〕を冠する権利を持っていると言えよう．商業もまた旧制度の無数の制約から解放された．自由競争という新しい概念が各人に活動の場を開いた．かつて人びとは，注文に応じて仕事をし，取引をしていた．いまや商品は倉庫に入れられてあり，多くの人に売りたいと思う商品の需要を作り出すようになる．この新しいやり方を最もはっきりと性格づけるものは，そのやり方の結果，商品を écouler「売りさばく」という動詞が (1835年に) 生まれてきたという事実である．商品を売りさばくことは，当然 stock「ストック」を前提とするが，この語は同じ頃に英仏海峡を渡って来たものである．この商法には膨大な réclame「広告」(この語もまた19世紀のものである) が必要であった．広告は人びとの欲望をそそのかし，しかも絶えず新しい名前で大衆を引きつけようとする．その結果，度を越した新語が生まれてくる．そういった語は大部分，かげろうのようにはかない生命しか持っていない．フランスの新聞広告の一ページまたは服飾品店のカタログに目を通し，それらと2年前の同じものを比較すれば，名前のつけ具合いがすっかり新しくなっているのに気がつくであろう．商業によって作り出される膨大な新語の消費に匹敵するのは，新しいものを見たい，現代的でありたいという，大衆の異常な欲望ぐらいのものである．

　19世紀はまた，ジャーナリズムを創設したとは言わないまでも，それを発展させた世紀である．最も小さい農家にまでも入り込むようになった新聞の普及はフランス語に対して大きな作用を及ぼした．しかし同時に，それはフランス語を大衆のレベルにまで下げることにもなった．ジャーナリストは，民衆にとっては，立派にものを書く人たちである．彼らにとっては，ジャーナリストの文章は，優れた文章の手本である．ところで，ジャーナリストは，絶えず新しいものと，新

しい表現を待ち設けている．それを使ってジャーナリストは使い古された熟語や隠喩を入れ替えるのである．そのため，ジャーナリストほど新語の積極的な伝播者はいない．新聞は，たった1日で，書物が10年かかってするよりももっとはるかに遠くまで新語を運搬する．

外国語の影響——英語

19世紀には交通運輸の方法が極めて多様化した．異なった国の民衆同士がここ100年の間ほど，やすやすと絶えず交流を続けたことはなかったし，これほど海外旅行をしたこともなかった．フランス語の新語の一部が他国語からの借用によっているのはそのためである．フランス語に最も著しい影響を及ぼしたのは，紛れもなく英語である．すでに17世紀や18世紀にも英語の影響力は甚大であったが，いまやそれは真の侵犯ともいうべきものになってくる．ボクシングや馬術のような，ある種のスポーツでは，ほとんど英語のままの用語が使われている．その他のスポーツではその比率はやや落ちるが，football「サッカー」，golf「ゴルフ」，tennis「テニス」，yachting「ヨット競技」，hockey「ホッケー」など，いずれも英語の痕跡が明白である．しかも，極めて多くの用語は一般に非常によく知られていて，比喩的に使っても理解されない心配はないほどであった．sportsman「スポーツマン」でなくても，自分がhandicapé「ハンディキャップを負っている」のを感じるし，愚かさのrecord「レコード，記録」を保持することもできる．イギリスで鉄道が開発されたことを証明する次のような語もある：wagon「車両」，tunnel「トンネル」，express「急行」，ballast「バラス，砂利」，tender「炭水車」，ticket（＝billet「切符」）．技術的な領域でも，イギリスの影響は勝るとも劣らないが，ここでは，数十にわたる語のうちfilm「フィルム，映画」という語だけを取り上げておこう．またイギリス人の政治のあり方もしばしば模倣された．そのためにboycotter「ボイコットする」という動詞がフランス語の中に組み入れられたし，現代のimpérialisme「帝国主義」は，イギリスにおいてしか生まれることができなかったものである．——しかし，そればかりでなく，イギリス人は食事や住居に関しても，社交界の習わしについてと同様に深い影響を与えた．英仏海峡の彼方から来る多くの旅行客，避暑・避寒客の要求に応じて，フランスのホテルはその趣味に合わさざるをえなかった．palace「デラックス・ホテル」からfamily-house「民宿」にいたるまで，イギリス人の歓心を買おうとするあらゆる施設は，彼らに必要なconfort「居心地良さ」を提供しなければならなかった．それは，water-closet「W. C., 化粧室」に始まった．1850年頃イギリス旅行に出かけたフランス人は，豪邸にだけ見られたすばらしい

3. フランス革命と19世紀

贅沢な設備としてこの water-closet に賛嘆している．今日フランスのリヴィエラ海岸 Riviera のどんな小さいホテルにも hall「ホール」があるはずであるが，そこで人びとは flirter「恋にたわむれる」ことができる．smoking-room「スモーキング・ルーム」が fumoir「喫煙室」に取って代わったことなどもそうである．また，イギリス人がどこへ行っても自分の国にいるような生活を好むことは有名であり，彼らにつき添って sandwich「サンドイッチ」，bifteck「ビフテキ」，rumsteak「ランプ・ステーキ」，plum[-]cake「プラム・ケーキ」がどこへでも行くが，こうして，それらはフランスへも入った．イギリス人はまた，彼らが好んで飲む数限りない，そしてしばしば名づけようもないリキュールを持ち込んだ．whisky「ウイスキー」，brandy「ブランデー」，cherry-brandy「チェリー・ブランデー」，cocktail「カクテル」，gin「ジン」，flip「フリップ」〔ワイン・火酒などに砂糖・卵などを加えた飲み物〕や，それらに慎ましやかに従う lemon-squash「レモン・スカッシュ」と soda-water「ソーダ水」がそれである．

植民地の語

19世紀にフランスは海外に領土を拡張した．フランスは文字どおりの帝国となり，ヨーロッパのフランス本国はその中心，母国となった．占領とそれに続く植民地化はとくに北アフリカで顕著であり，アルジェリアに滞在した兵隊の数は非常に多かった．彼らは，ヨーロッパへ戻った時，アフリカでのきびしい軍隊生活のなかで慣れ覚えたある数の語を持ち帰った．そして彼らはそれらの語を民衆の口話の中に持ち込んだ．幾つかの語は，そこからさらに教養ある階級の中にさえも入っていった．《C'est kif-kif.》「結局それは同じことになる」とか maboul「気違い」，gourbi「(木の枝や土で作った)原始的な小屋」，toubib「軍医，医者」などは，現在ではフランスのいたるところで使われている．razzia「(警察の)手入れ」のような語は，初めは強欲な種族が隣の領土へ侵入することを指していたが，その後警察用語に移ったものである．

民衆語と情意語

民衆語や俗語の侵入をくいとめていた垣根がヴィクトル・ユゴーによって取り払われてからは，民衆語や俗語は文学語にかつてなかったほど入り込んだ．とくに日常語に列を作って入ってきたのは誇張的な表現である．un prix fou「気違いじみた値段」(1820年)，un fameux coquin「名うての悪漢」，un chiffre fantastique「とてつもない数字」などという言い方に，誰ももはや驚かない．これらの語は，それ自身，その表現価値を伝える力を持ってはいるが，しかし階級の

平等化や混乱が，その動向を一層促進する役割を演じるのである．文学は，その点に関しては，一般的な傾向に追従しているにすぎない．情意的・民衆的・俗語的表現に対する作家の態度は，彼らの文学観，文学理論に依存する．たとえばフローベールはそういった低俗な語をほとんど使っていない．彼の言語は古典的である．しかしゴンクール兄弟やモーパッサンなどになると，文学語には低俗な言語から来た語がちりばめられている．また，ジョルジュ・サンドがその人生の大半を過ごしたベリー地方 Berry の百姓ことばを大変好んでいたことも有名である．

　民衆語の流行が，語の一つのカテゴリー全般に及ぶこともある．たとえば動詞からの派生語である -ance という語末を持った語は 17 世紀にはほとんど完全に見捨てられていた．しかし 19 世紀にはシャトーブリアンとバルザックがその派生語尾を再生させた．彼らは，音響性の優れたこの派生語の中に，彼らにとっては貴重な情意的な価値を感じとっていたのである．accoutumance「慣習」, compatissance「憐憫の情」, remembrance「追憶」, repentance「悔悟」, souvenance「追想」といった語が文学語に入ってきた，あるいはむしろ復帰したのは，以上のような事情によっている．ロマン派の人びと，象徴派の人びと，ジッド GIDE 自身もこの新しい道を歩む．これらの -ance で終わる語は，大部分，すでに古フランス語に存在しており，古典時代の流れからは遠ざけられたが，地方の口話には生き続けてきた．そのため，それらの語から極めて特殊な魅力，魅惑が伝わってくるのである．nuisance「有害」のような語はノルマンディー，メーヌ，ベリーの各地方の語彙に属しており，そこからシャトーブリアンやジョルジュ・サンドがその語を引き出してきた．また souvenance のような語は，ほとんど一般的に広まっていて，それに対し文学語は，その厳格さによってみずからその使用を禁止したのである．時にはまた，書記言語に再び導き入れられた語が，田舎の口話として極めて特殊な意味的ニュアンスを持ち，そのためかえって作家がその語を受け入れたようなこともある．たとえば ennuyance はル・アーヴル le Havre では「倦怠がひき起こす不快」であり，ロレーヌ地方 Lorraine では「望郷の念」であった．しかしまた，大作家たちはこの語構成の脈絡の中から，ボードレール BAUDELAIRE によって作られた attirance「めまい，魅惑」[83] のように，全く個人的に新語を作り出すこともできたのである．

文体の問題

　語彙の場合とほとんど同様，このように民衆語に再び接触するということは，統辞法的な用法の中や文体においても見られる．ここでもまた，フローベールの

芸術が新しい考え方に道を開いている．彼はフランス語に流動性を与えたが，それは，古典末期作家のアカデミックな言語にも，ロマン派作家の誇張的なレトリックにも欠けていたものであった．フローベールは口頭言語の長い伝統を書記言語に適用した．彼の散文は口頭言語の要素から成り立っているが，それでいて，日常言語の通俗性をはっきりと超越している．それぞれの文はgueuloir「喉」〔フローベールの用語〕を通って出てきているのが感じられるが，しかしその文には古典的な輪郭とリズムが含まれている．彼以後は，この骨組みは捨て去られてしまう．人びとはフローベールが持っていた中で最も安易なもの，つまり口頭言語に近づく傾向だけを模倣した．彼の後継者たちは彼の美に対する渇望を放棄したのである．彼らは彼の美に対する渇望の射程が理解できなかったし，彼ほど芸術的な天賦の才能に揺り動かされなかった．そのため，彼らがフローベールをまねるとき，時には大変な失敗を犯すことになる．たとえば《Une fraîcheur délicieuse s'exhalait.》「さわやかな涼気がわき起こってきた」とか《Un apaisement divin descendait.》「聖なる安らぎがしみ渡っていった」というようなことを言うのはむずかしくはない．つまり，抽象名詞に具体的な価値を与える品質形容詞をつけることであるが，そのためには，その名詞に不定冠詞を先行させさえすればよい．ところで，フローベールは《La Seine jaunâtre, touchait au tablier des ponts ; *une fraîcheur* s'en exhalait.*》「セーヌ川の水は黄色っぽくなり，橋の桁にまで達していた．涼気がわき起こってきた」〔『感情教育』*L'Education sentimentale*, II, 1〕と書いているが，それは，このfraîcheurが同時にまた「吹き始めたそよ風」の意味を持っているからである．それゆえ抽象名詞の具体化は口頭言語の中で作られたものであったが，フローベールはそれを書記言語に導入したのである．しかし彼はさらにこうも書いている：《La lune se levait, un apaisement descendait dans son cœur.》「月が昇り始めていた．彼の心には安らぎがしみ渡っていった」〔『三つの物語』*Trois Contes*（『ヘロディアス』*Hérodias*, II）〕．ここでは，恐らくフローベール自身がこの抽象名詞に具体的な価値，個性的な価値を与えたのである．具体化はdans son cœurという部分で与えられている．この「彼の心に」という言い方は，ほとんど形容詞が持っている機能を果たしている．文のリズムが全体を和らげ，形容詞を伴わないことがその文に対して少しも破格表現の性格を与えてはいない．ところがゾラ ZOLAの場合，彼はこう書いている：《Il avait toujours sa jolie figure inquiétante de gueuse, mais un

---

*　この例は，以下の幾つかの例文と同様，ティボーデ Albert THIBAUDET〔『ギュスターヴ・フローベール』*Gustave Flaubert*〕272ページ〔新版では225ページ〕に引用され，論じられているが，ここは幾らか違った取り扱い方がなされている．

certain arrangement des cheveux, la coupe de la barbe, lui donnaient une gravité.»「彼はいつもやくざ女のような，悪党めいた美しい顔つきをしていた．しかしある種の髪の刈り方や髭の切り具合いが，彼にある種の重々しさを与えていた．」フローベールだったら，このような重苦しい文は決して書かなかったろう．このぎこちない文の末尾は彼の耳を傷つけたであろうし，それによって彼は具体化の形容詞が欠けていることを二重に感じたことであろう．彼のような天賦の才能を持たずにフローベールを模倣すれば，一体どうなるかが，これによってもよくわかろう．

　われわれは，以下フローベールがフランス語の散文に統辞論的・文体論的な転換のきっかけを与えた幾つかのケースを調べてみよう．17世紀の古典的な文では幾つかの関係代名詞と接続詞の que が非常に多く使われている．それらの関係代名詞や que は，文の中で接続点，分節を示す役割を果たしていた．それらの接続点，分節によって，総合文には知的で堅確な構造，有機的な関係による明晰性が与えられていたのである．たとえばパスカルの次の文を見よう： « Si un gentilhomme qui est appelé en duel est connu pour n'être pas dévot, et que les péchés qu'on lui voit commettre à toute heure sans scrupule fassent aisément juger que, s'il refuse le duel, ce n'est pas par la crainte de Dieu, mais par timidité, et qu'ainsi on dise de lui que c'est une poule et non pas un homme, gallina et non vir, il peut... »「もし決闘の挑戦を受けた一人の貴族が信心深くない人間として知られており，また彼が絶えず平然と犯している罪からいって，彼が決闘を拒否するのは，神に対する恐れからではなく，臆病さからだと判断でき，そして，彼について雌鶏であって男ではない，gallina〔ラテン語で「雌鶏」〕であって vir〔ラテン語で「男」〕ではない，と言うならば，彼のなしうることは…」

　こういった強力な骨組みを持った文章は，もはやすでに18世紀の不安な，闘争的な，皮肉な精神とは相入れないものであった．このように意味をはっきり示す重々しい調子によっては，もはや思想的な論争が行なわれない．**論争**のなかには，何かしら熱病的で，弾力性があり，軽やかなものがある．その結果，ヴォルテールの才気に満ちた，動きのある文体が生まれてくるのである(206ページ参照)．ヴォルテールは，その文中で，関係代名詞をごくわずかしか使っていない．彼は短い文を好むが，その文はそれだけで完結し，先行したものにも，後続するものにも，何も求めはしない．それは機知に富んでいて，仰々しさのない，サロンの会話の文である．ルソーの総合文は，これに反して，一層の豊かさを取り戻すが，しかし彼の叙情的な才能のために，しばしば qui や que が避けられるこ

とになる．彼はそれらを大変控え目に使っている．

　17世紀の古典語を口頭言語によって和らげるという傾向をもって現われるのがフローベールである．口頭言語は，確かに，qui や que のような接続詞や関係代名詞を遠ざける．なぜならそれは，息の長い総合文を好まないから．そのため，フローベールは関係代名詞や que を嫌悪する．ティボーデ THIBAUDET は「関係代名詞はフローベールの悪夢だった．彼はその繰り返しを，オランダ人の女中が蜘蛛を追い払うように追い払うのだ」〔『ギュスターヴ・フローベール』226ページ〕と言っている．しかしフローベールはヴォルテール的な文には立ち戻らなかったので，それに代わるものを見つけなければならなかった．その代用物としてまず現われるのは現在分詞である．たとえば彼は『聖アントワーヌの誘惑』 *La tentation de Saint-Antoine* 〔I〕の中で « Sans cesse il y avait quelques batailles dans les rues à cause des Juifs refusant de payer l'impôt ou des séditieux qui voulaient chasser les Romains.»「税の支払いを拒否するユダヤ人や，ローマ人を追い出そうとする暴徒たちのために，通りには絶えずいざこざがあった」と書いているが，ここで2つの関係代名詞文の1つが現在分詞に置き換えられている点に注意したい．なぜ1つだけであり，なぜ最初の方が現在分詞になり第2の方がならないかを考えてみると，それは2つの動詞 (refuser「拒否する」と vouloir「欲する」) との間にかなり著しい意味上の差が認められるからなのである．つまり refuser は否定的な価値を持っていて現在分詞に置かれているが，vouloir は積極的，より活動的なものであるため半過去になっている．そして，このニュアンスは現在分詞の文体的価値によく対応している．当然のことであるが，現在分詞は定形動詞 verbum finitum〔直説法・接続法・条件法・命令法に置かれた動詞〕よりも力が弱く，堅固ではない．つまり，フローベールは，やらなければならない事をやって，それを立派に仕上げたのである．現在分詞は，関係代名詞を避けたいという，単に全く否定的な存在理由だけを持っているわけではない．この偉大な小説家は，文中のいろいろな部分にニュアンスを添え，必要な部分にはある弱さ，柔らかさを与え，その現実性を弱めるためにもまた現在分詞を使っている[84]．

　接続詞 que は，叙述の中では，とくに間接話法を導くために用いられる．フローベールは，ここでもまた，その que を避ける方法を口頭言語に求めた．物語の中で，他者のことばを述べるためには2つの方法がある．すなわち人物が言ったことをそのまま繰り返す直接話法と，〔それを従属節に組み入れる〕間接話法とである：« Il a dit : Je suis content.»「彼は"私は満足している"と言った」〔直接話法〕，« Il a dit qu'il était content.»「彼は満足していると言った」〔間接話法〕．とこ

ろで，第1の話法はとくに書かれた物語に属し，第2の話法は間接話法に移された叙述が長い場合にはかなり重苦しいものになる可能性がある．しかし，フランス語はそれら2つの具合いの悪さを避ける簡単な方法を見いだした．以下に，まず直接話法に書き直されたゾラの一文を掲げよう：«Dès qu'elle parut sous la porte, on l'appela dans la loge: Eh bien, est-ce que le père Coupeau dure toujours? Elle répondit: Mon Dieu, oui, il dure toujours.»「彼女が戸口に現われるとすぐさま門番の部屋に呼ばれて，"ところで，クーポーおやじは達者かね"と尋ねられたので，彼女は"おお，そうなんですよ．相変わらずなんです"と答えた．」それを間接話法にすれば次のようになる：«... dans la loge et on lui demanda si le père C. durait toujours. En poussant une exclamation de douleur, elle répondit que oui, qu'il durait toujours.»「門番の部屋に呼ばれた彼女はクーポーおやじがまだ達者かどうかと尋ねられた．苦痛の嘆声をあげながら，彼女は，そうなのです，まだ相変わらずですと答えた．」ところで，これらの形式のうちの第1のものは，口頭言語の用法に適合しているとは言いにくい．口頭言語は〔地の文と会話の文という〕2つの面が交替する物語を好まないからである．また間接話法の方は，かなり複雑な構造になっている（導入動詞の存在，感嘆詞の挿入が不可能なこと，接続詞の連続使用など）．そのため，次のような中間的な形式が採られた：«... loge. Eh bien! est-ce que le père C. durait toujours? — Mon Dieu! oui, il durait toujours.»「…ところで，クーポーおやじはまだ達者かね．——おお，そうなんです．相変わらずなんです．」この構造は，間接話法のあらゆる不利な点を消し，直接話法のあらゆる流動性，柔軟性を保っている．しかし，ある程度の間接話法の性格は残されており，それによって2つの面，すなわち物語それ自体の面と時の転移を伴って間接話法へ移された叙述の面との違いがはっきり示されているのである．この構造は，自由間接話法* discours indirect libre と呼ばれることになったが，しかしこの形式は，フランス語総合文の論理的・統一的な構造には対応していない．そのためこの用法が多岐にわたるのを見ても驚くには当たらない．

　古フランス語では，2つの間接話法間の差異はそれほど明確ではなかった．なぜなら，まず que が簡単に省略できたし，次に時の転移が今よりずっとはっきりしてはいなかったからである（que je fusse は同時に接続法半過去と大過去の役割を果たしていた）．しかし15世紀には，時称が次第に明確な意味を受け持ったので，自由間接話法はある程度の広がりを持ってくる．たとえば，『ジューヴァン

＊　マルグリット・リップス Marguerite Lips『自由間接文体』Le style indirect libre, パリ，1926年を参照．

3. フランス革命と19世紀

セル』 *Le Jouvencel* (15世紀のテキスト〔ジャン・ド・ビュエイユ JEAN DE BUEIL 作の散文作品〕) の中には次のような文が見られる：« Sy advisa en soy-meismes qu'il seroit bon de faire une entreprinse pour les avoir (les chevaux); car s'il les povoit avoir, il iroit desoremaiz à cheval.» 「彼は自分の心の中で，それら（馬）を持つために一つの企てをするのがよかろうと考えた．なぜなら，もしそれが持てれば，以後馬に乗って行けるからだ．」正規の間接話法だったら，その文は次のようになったであろう（現代フランス語に書き直しておく）：« Il pensa en lui-même qu'il serait bon de faire une entreprise pour les avoir parce que, s'il avait pu les avoir, il serait allé désormais à cheval.» 〔parce que 以下で si+直説法大過去，条件法過去になっている点に注意すること〕．それを直接話法にすると：« car si je pouvais les avoir, j'irais désormais à cheval » 〔si+直説法半過去，条件法現在〕となろう．15世紀のこの作家は，これら2つの形を混合することの方を好み，直接話法から間接話法に変える場合，人称は変えたが時称はそのままにしているのである：« car s'il pouvait les avoir, il irait... »

16世紀には，ラテン語の範例の影響で正規の間接話法が好まれた．しかしラブレーのように自分の芸術を意識していた文体作家は，極めて現代的なニュアンスを伴って，これら2つの間接文体を交互に使うことを心得ていた．17世紀はほとんど完全に自由間接文体を避けているが，その唯一の例外的な作家がラ・フォンテーヌ LA FONTAINE である：

> Il met bas son fagot, il songe à son malheur.
> Quel plaisir a-t-il eu depuis qu'il est au monde?
> En est-il un plus pauvre en la machine ronde?
>
> 「彼は薪束を降ろして，身の不幸を考える．
> この世に生まれてから，何の楽しみがあったろう．
> この丸い地球にもっと貧しい人間がいるだろうか．」

〔『寓話』*Fables*, I, 16〕

彼だけが，17世紀にあって qui や que を避け，作中人物にしゃべらせる．自由間接文体は民衆のことば遣いから生まれたものである．

18世紀には自由間接話法がある程度見られるが，大変限られたものであった．ロマン派の作家たちやスタンダール STENDHAL は時おりそれを使っている．バルザックの作品は，その点ひどく不規則である．ある小説の中にはほとんど自由間接話法の文が見当たらない．それに反して他の小説，たとえば『谷間のゆり』*Le lys dans la vallée* などでは自由間接話法が極めておびただしく使われているが，これはたぶん，作中人物の情意的な生活がしばしば半ばベールに覆われたままの形で現われているからであろう．しかし，自由間接話法から真の効果を最初に引き出したのはフローベールであった．たとえば，彼はしばしば，自由間接文体を直接文体にかえ，対話者を区別している：« Frédéric aborda enfin la question : Arnoux méritait de l'intérêt ; il allait même, dans le seul but de remplir ses engagements, vendre une maison à sa femme. — Elle passe pour très jolie, dit Mme Dambreuse.»「フレデリックはやっと問題を切り出した．アルヌーは配慮してやるだけの価値のある男で，約束を果たすだけのことから奥さんの家を売ろうとしているのです．——奥さんて，とても美人なんですって，とダンブルーズ夫人は言った」〔『感情教育』*L'Education sentimentale*, II, 3〕．フローベールは，別の箇所では，人物が変わらないのにこの2つの話法の一方から他方へと移している．その場合，この移動は心理的なニュアンスを示している．たとえば『感情教育』から引用した次の一節の中で，話し手はいずれもフレデリック・モロー Frédéric Moreau である．しかし，初めと終わりが直接話法なのに対して，その中間は自由間接話法になっている：« Eh bien, oui ! s'écria Frédéric. Je ne nie rien ! Je suis un misérable ! écoutez-moi. S'il l'avait eue, c'était par désespoir, comme on se suicide. Du reste, il l'avait rendue fort malheureuse, pour se venger sur elle de sa propre honte. — Quel supplice ! Vous ne comprenez pas?»「ああ，それはそうです！とフレデリックは叫んだ．僕は決して否定はしません！僕はみじめな男です！聞いてください．自分が彼女を手に入れたのも失望からのことで，自殺のようなもの．それに自分自身が辱められたのを復讐するためにしたのだから，相手をとても不幸にしてしまったのです．——何という責め苦でしょうか！あなたには おわかりでは ないでしょう？」〔『感情教育』III, 3〕自由間接話法に置かれている部分はすべて，フレデリックが人から非難されている現実を和らげ，その重要性を弱めようとしていることを表わしている．それはちょうど，その輪郭をぼかすために何ものかの前に置かれるベールのようなものである．

　これらの例は，口頭言語から提供されたこの手法によって，フローベールがどのようなニュアンスを表現できたかを明らかにしている．しかし，現代フランス語には，彼が持たなかった幾つかの傾向も存在している．たとえば名詞使用*の

＊　ロンバール Alf. LOMBARD『近代フランス語における名詞構文』*Les constructions nominales dans le français moderne*, ウプサラ, 1930年をとくに参照.

3. フランス革命と19世紀

構文の場合がそれである．今日では名詞は，しばしば動詞に代わる．ルグラン E. LEGRAND の『フランス文体論』 *La stylistique française* では，現在ではもはや «L'exploitation s'étend considérablement.» 「開発は著しく伸展している」とは言わずに，«L'exploitation prend une extension considérable.» 「開発は著しい伸展を遂げる」と言うように勧めている．«L'ennemi sent qu'il a trop peu de forces.» 「敵は戦闘力があまりにも乏しいことを感じている」と言う代わりに，«L'ennemi sent l'insuffisance de ses forces.» 「敵は戦闘力の不足を感じている」と言うであろう．この構造は運動の表現を，瞬間的な視覚に訴えるものに置き換える．動詞はダイナミックな表現だからである．もちろん，他の時代にも名詞構文が見受けられはする(たとえばロンサールの l'enflure des ballons 「球のふくらみ」というのは les ballons enflés 「ふくらんだ球」のことだったし，デュ・ベレーの «Sa main branlait l'horreur d'une grand'hache.» 「彼の手は大斧の恐ろしさをふるうのだった」とは une hache horrible 「恐ろしい大斧」の代わりであった)．しかしそれらの名詞構文はまだ19世紀後半以降に認められるような広がりを決して持ってはいなかった．

　この構文の流行の原因は，一部分，現代生活の急速なリズムにもとづいている．新聞記事の見出しは，記事全部を読まなくても発生した事件の概要を与えてくれる．それはまた，メモの，手帳の文体でもある： «Départ à 3 h., arrivée à Bordeaux à 8 h., dîner à l'hôtel de Commerce, avec M. X. ; le soir au cinéma.» 「3時出発．8時ボルドー着．コメルス・ホテルで X 氏と夕食．夜映画へ．」

　ところで，こういった構文はフローベールには全く存在しない．彼の文章は古典的な文の豊かさをそのまま保持している．しかしフローベールに対するゴンクール兄弟は，正確さや文法の規則に合っていることを二の次にして絵画的な力強さを求めている．すでに述べたように，自然主義文学は，もはや事物の観念を与えようとするのではなく，単に事物が感覚に及ぼす直接的な印象を描くのである．もちろん，ゴンクール兄弟の小説中に，純粋な名詞文 («Tout à coup le tintement d'une sonnette retentissante.» 「突然鳴り渡るベルの音」とか «Partout le silence, et partout l'oubli.» 「あたり一面の静けさと忘却」といったような文)が極めて多いというわけではない．しかし，動詞を避けるため，動詞の力を弱めるための，より控え目ないろいろな方法がある．動詞の代わりに動詞から作られた名詞に無色の動詞または助動詞を添えるのもその一つである．たとえば «Vous dites qu'il est sorti? reprit-elle, pendant que ses narines avaient de petits frémissements imperceptibles.» 「彼が外出しているとおっしゃるの，と彼女はさらに言った．その間，彼女の鼻腔には目に見えないほどのかすかな震え

があった」〔frémir の代わりに avoir de petits frémissements が使われている〕.——《 C'est une foule, une mêlée. Ce sont des artistes en bande. On ne voit que des nez en l'air, des gens qui regardent. Il y a des admirations stupéfiées … Il y a des coups d'œil de joie.》「大勢の人の集まり,人の波. 隊をなした芸術家たち. 頭をもち上げた人, 見ている人だけしか見えない. あきれはてた嘆声…　喜びのまなざし…」——ゴンクールの『日記』*Journal* には,こういった名詞文が小説の中よりもはるかに多い.

　ドーデ DAUDET はゴンクール兄弟の強い影響を受けて,彼らと同じ道を歩み続ける.ドーデの仕事の仕方がそれに大きな貢献をしている.彼はいつもメモ帳を携えていて,その中に,いつか,それをどこで,どういう風に使うかも考えずにみずからの印象を書き留めておくのであった.そのため,出来上がったテキストには,そういった断片の跡が必ずしも消えうせてはいない:《 Pendant une heure, ce sont des piaffements, des roulements, des bruits de portières mêlés à des ruissellements d'eau.》「一時間のあいだ,水の流れる音に混じった,馬の足蹴りの音,車のごろごろいう音,あけたてをする扉の音.」

　ゾラはゴンクール兄弟のようには絵画からの影響を受けなかった.彼の方は,科学をよりどころとした.ところが,科学もまた,絵画との奇妙な一致によって,彼を同じ方向に押し進めたと言えるようである.その結果,彼にもまたこの構文の例が多く見られる:《 Sur les deux trottoirs, dans l'étranglement étroit des maisons, c'était une hâte de pas, des bras ballants, une hâte sans fin. 》「家のひしめく両側の歩道に急ぐ足どり.腕をふりふり,果てしなく急ぐ足どり.」——そして感覚派のモーパッサンには,その例がおびただしい:《 Ce fut, de voiture en voiture, un échange incessant de saluts, de sourires et de paroles aimables.》「車から車へ,絶えず,挨拶や微笑や親しげなことばの交換があった.」

　こういった流れに反対する動きが,フランス語からその通俗性を取り去ろうとした作家,とくに象徴派の作家たちの作品の中に見られることを,あるいは期待する人がいるかもしれない.フランス語がこの100年間次第に通俗性に侵害されてきたからである.ところが,その予想に反して,彼らもまたこの点に関しては一般的傾向に従っており,ヴェルレーヌ VERLAINE は次のように書いている:

　　　Briques et tuiles,
　　　O les charmants
　　　Petits asiles
　　　Pour les amants!

Houblons et vignes,
Feuilles et fleurs,
Tentes insignes
Des francs buveurs !...
「煉瓦と屋根瓦
恋人たちにとって
おお　すばらしい
小さい隠れ家！
ホップとぶどう
葉と花
生粋の酒飲みの
この上もない天幕…」

〔『言葉なき恋歌』Romance sans paroles〕

　マラルメ MALLARMÉ の場合でさえ，文はしばしば動詞を持たない．動詞があったとしても，文の中心的な意味を担う語はほとんどつねに名詞である．

　つまり，この名詞構文は文学語を日常言語のレベルに下げた人びとに多く見られるが，その傾向に強く反発した人びとにもまた見られるのである．この2つの事実を近づけてみれば，いかにこの傾向が，現代精神のあり方一般の進展方向にマッチしているかを理解することができよう．

　ゴンクール兄弟以後は，名詞が形容詞の領域も侵食するようになる．人物や事物の特性が非常に強烈な印象を与えるため，その特性が支配的になり，その特性の担い手を二次的な面に押しやってしまい，その結果次のような文が生まれてくる：《 C'est autour de ce comptoir ... que se coudoient toutes ces ivresses d'hommes, de femmes et d'enfants.》「このカウンターの周りには，男と女と子供たちの酔っ払った姿がみな肱つき合っていた.」——《 Des femmes penchées sur la fugitivité de l'eau.》「揺れ動く水の面に身を傾けている女性.」〔初めの方の例では〕これらの人びとの他のすべての特性は，酔態の前に消え去っている．

　自然主義作家の文体は，すでに見たように，口頭言語から多くの啓示を受け，ほとんどそれを写し取ったといえる．その文体にとっては重々しいリズムや古典的な文のしっかりした構造はむしろ異質なものである．そのため，あらゆる種類の付随的な情報を挿入してこのリズムを断ち切ることを好む．古典期の言語だったら avec un bon et doux sourire sur la figure grave 「重々しい顔つきに浮かぶ善良そうで優しい微笑をもって」とでも言うところをエドモン・ド・ゴンク

ール Edmont de GONCOURT は avec, sur la figure grave, un bon et doux sourire と書いている．このように，前置詞とそれに続く名詞を分離することは，全体を一つの複合物として捕らえる．古典期の文では，文を展開するに当たって，ある要素が示されるのは，まとまった観念の要素のあとである．ところが，この新しい文はリズムの流れを断ち切る．sur la figure grave は挿入句のようなものである．この語群は低い調子で発音され，次いで [un bon... は] avec の際と同じ高さの音調に戻る．その結果，2 つの部分はこの挿入句を飛び越え，音調の同じ高さによって互いに結びつけられるが，イメージは，一つのまとまりとなって突然われわれの目の前に現われるのである．それは，より一層分析的になってきた 19 世紀のフランス語の進化を受けて現われた新しい種類の統辞論的統合である．それが何に由来するかは明らかではないが，ある人はそれが民衆語にもとづくものだと説明しようとした．しかしすでにスタンダールの『パルムの僧院』*La Chartreuse de Parme* の中にその構文が見られるという事実は，恐らくは別の起源によると言わなければならないことを示している．そこでは，その構文は法律のテキストの中に挿入されている (avec, au préalable, excuse publique「あらかじめ公的な免除をもって」)．したがってそれは法律家の文体によるという可能性もある．この新しい構文はリズムの流れを断ち切ることによって，一つのまとまりを実現する．恐らくいつかは，頻繁に用いられることによってこの表現方法は正規のものとなり，その挿入句的な性格を失ってしまうであろう．われわれはここで，言語が改新される主要な源泉に触れることになる．確かに，かなり長い間，教育によって書記言語は口頭言語を凌駕することになるだろうとか，文を書くことや読書が移ろいやすい話されたことば以上に大きい影響を与えるはずであるとかいう幻想が抱かれていたのは事実である．しかし今日では幾つかの新しい要素が現われてきた．手紙のやりとりをする代わりに電話をかけ，ラジオや無電が大幅に読書の時間に取って代わった．一人の話し手の中で生きた体系を構成している言語表出の総体は，20～30 年前に比べると，今日ではそれほど視覚的なイメージに依存していない．この口頭言語が再び重要視されてきたことは，交通手段について起こったことに幾らか類似している．1900 年頃には，かつての立派な街道は，鉄道のために，輸送の大部分を失なう運命にあるかのように見えた．しかしそれ以後，機械技術の進歩による自動車のおかげで道路の重要性が取り戻されたのである．30 年前〔20 世紀初頭を指す〕には Hôtel de la Gare「ステーション・ホテル」は魅惑的に旅行者を呼び入れていたが，街道に面した町の旅館は，わずかに貧しい歩行者の宿舎であるにすぎなかった．今日ではしかし，その旅館が活力にあふれており，「ステーション・ホテル」は，もはやわずかに地方回りの店員しか

3. フランス革命と19世紀

迎え入れることはないのである．

しかし，大衆の精神状況に一層よく適合した形に向かうこういった言語の進化は，その結果として，文学からの反動を引き起こした．言語のとどまるところを知らない通俗化は，ある種の作家たちを憤激させた．マラルメやポール・ヴァレリー Paul Valéry とともに，彼らは，作品のために特別な言語，素人を韜晦的に閉め出す一種の秘密言語を作った．他人に全く理解できない言語だけを使ったわけではないが，〔そのような言語を交えて使うことによって〕彼らは文学語を奥義に通じた人のための一言語——もちろん違いはあるとしても，いわば——職域言語のような一特殊言語にしてしまった．ところが，文学は一般生活との接触なしには生きられず，さもなければ硬直状態に陥ってしまう．そのためこういった特殊な文学語は長続きすることはできない．なぜなら，あらゆる文学的な階級(カースト)の上には国民生活という大きな流れがあるからである．そして，その流れこそ，言語が示す様相を決定するのである．言語は国民がみずからの本質に与える最も奥深い形式にほかならない．

第7章　フランス語の現状

1. はじめに

　ある言語の構造について述べようとする時には，幾つかの言語に共通する特質によってその言語を性格づけなければならないという困難さを克服しなければならない．
　現代ヨーロッパの諸言語は，およそ2000年に及ぶ絶え間のない接触の中で生き続けてきた．そのため，一国民と他国民の関係がそれらの諸言語の発展に影響を及ぼしていたことはむろんである．事実，ヨーロッパの幾つかの言語に共通の流れ，共通の傾向を取り上げることもできる．一例をあげるだけにするが，文中の動詞の位置は古フランス語と中世高地ドイツ語では同じである．動詞は，それら2つの言語においては文の第2の位置を占めており，その結果，文全体を支配している．——したがって，ここでフランス語の性格づけを試みたとしても，われわれの判断，とくに他言語（とりわけドイツ語）との比較が相対的なものでしかないということを忘れないようにしたいと思う．

2. 現状の記述

音　声

母音・子音はいかにして発音されるか
　最初にフランス語の音の作り方から見直していくことにしよう．まず，フランス語の発音の中で注目すべきことは，明瞭・明晰・節度をもってあらゆる音素（フォネーム）が作られているということである．そのことは，一部分，フランス語の調音の基盤がとくに口の前部にあるという事実によっている．ドイツ語，英語は，これに反してもっと後部で調音され，その音は，そのために，口腔を通過しなければならない．フランス語の音の方は，口から直接に出るので，何かしらもっと軽快で，もっと直接的なものを持っている．さらにフランス人は，口の内部の筋肉を緊張させるが，イギリス人は調音の際の筋肉がずっと緩んでいる．そのためフランス

人の場合には極めて規律正しく，イギリス人の場合には大変放漫な印象を与える．しかしフランス人の規律の正しさは，その努力を表面には現わさない．緊張の作業はほとんど口の内部で完成される．ところが，ドイツ人のなかには顔の動きにそのような作業が表われるような人もいる．フランス人の顔は平静である．こういった隠された規律がフランス語朗唱法の優雅さの一つの秘密である．

　筋肉の強い緊張は母音に対しても，また子音に対しても影響を与える．フランス語は，英語に見られるような不明確な母音を知らない．一つの母音の調音が続いている間じゅう発声器官はずっとその位置を保持する．したがって，母音は初めから終わりまで同じ性格を保つが，それに反して英語の母音は器官の移動の結果，二重母音あるいは三重母音に変わる．フランス語ではすべての母音が明瞭な音色を持っている．中途半端な，あるいは不明瞭な母音は存在しない．フランス語は，それゆえ，二重母音を持っていない*．

　同じことが子音についても言える．フランス語の子音は力強く，激しいとさえ言えるほどの力で調音される．しかしその力は自制された力である．閉鎖音を例にとろう．フランス語の子音は，有声音も無声音も，また閉鎖音も持続音も，みなほとんど同じ力で作られる．しかし，有声と無声の間の差異はつねにはっきりと示される．ドイツ語の f, s, š はフランス語の f, s, š よりも長いが弱い．feu「火」，fils「息子」，son「音；彼の」の語頭子音や chiffon「ぼろ布」の2つの子音などは集中的な力をもって発音されるが，それに比べてドイツ語の fisch「魚」の普通の f は何か弛緩したものを持っているように思われる．英語とドイツ語の閉鎖音は帯気(アスピレーション)を伴うが，フランス語にはそのようなことはない．フランス人は t を発音する時，まず口腔をあらゆる方向において閉じる．ドイツ人は口腔の下部，つまり声門の部分を開いたままにしておく．その結果，フランス人は t しか作らないが，ドイツ語あるいは英語の t のあとには空気の流れが肺から来続けて th が作られる．フランス語の発音に節度があるという印象が強く与えられるのはそのためである．t, p, k は非常にはっきりと作られるが，ゲルマン諸語のような過剰性はない．その上，フランス語に二重母音が存在しないのと同様に，ドイツ語あるいはイタリア語の ts, tš, dž, pf (イタリア語：razza「民族」，caccia「猟」，raggio「光線」；ドイツ語：zier「飾り」，pfarrer「牧師；主任司祭」) のような一方が他方の中に溶け込んでしまう2つの子音の結合もまた許されない**．

---

*　しかし今日では時おり aéré や réussir のように母音接続をする2つの母音の発音の中に二重母音が聞かれることがある．
**　これらのグループは，たとえば toute chose「すべてのもの」，cette session「この会期」，frappe fort「強く打つ」のように2語が接触する場合には時おり現われるが，そ

2. 現状の記述

音　節

音節を研究してみると，フランス語とドイツ語の間に存在する一つの根本的な差異に打たれる．大部分の音節はフランス語では母音で終わっているが，ドイツ語では子音で終わっている．（フランス語の音節の例：《 Je / l'en/ten/dais / ve/nir / a/vec / ses / gros / sa/bots.»「私は彼が大きな木靴をはいてやって来るのを耳にした．」）フランス語の音節は最もしばしば1つの母音と，それに先立つ1つ，時には2つの子音によって構成されている（détacher「ひき離す」，très「非常に」）．ドイツ語ではそれと反対である．ドイツ語ではかなり頻繁に2つあるいは3つ，場合によっては4つもの子音が音節の末尾に見いだされる（gern「喜んで」，Fürst「君主」，ernst「まじめな」）．あるページ数の散文を調べて計算されたこれら2言語の2つのタイプの音節（開音節と閉音節）の分布は，およそフランス語では 5:1，ドイツ語では 1:3 の割合である．しかも，子音で終わっているフランス語の音節を詳細に検討してみると，その大部分は〔ラテン語からの〕借用語に属していることがわかる：altitude「高度」（これに対して haut「高い」〔古フランス語 halt〕では l は母音化された），justice「正義；裁判」（これに対して fête「祭り」〔古フランス語 feste〕では s は中世の終わり頃消えて去った），excursion「遠足」（これに対して éclairer「照らす」〔俗ラテン語では *exclariare〕）．ラテン語の後世にまで及ぶ影響がなければ，こういったタイプの音節はなお一層多くなっていたであろう．音節の魂，呼気の真の運搬者は母音である．フランス語の大部分の音節が開音節だということは，それらの音節がその力を第2番目で最後の音に集中しているということを意味している．フランス語の音節はアクセントを終末に移動させる．それはオクシトーン〔末尾にアクセントを持つ構造〕である．この法則は，最小単位である音節にも，中位の単位である語にも作用していることがわかる．なぜなら，語全体の中で支配的なのは最後の音節だからである．さらに統辞法の研究を進めていくと，この法則が文中の異なった要素間の関係にも価値を持っていることが明らかになろう．このオクシトーン的性格は，したがって，フランス語の中では，大きい単位においても，また小さい単位においても優位を占めている．ドイツ語の大部分の音節は，それに反して，閉音節である．音

れらはドイツ語やイタリア語の同じグループとは本質的に異なっている．ドイツ語，イタリア語では，事実，古フランス語のように，一息で発音され，同一音節の一部をなしているが，現代フランス語では，それに反して，第1の要素は第1音節の一部をなしている（現代フランス語では tut-šoz であるが，古フランス語では a-tše-ter (acheter)「買う」，イタリア語では kro-tše (croce)「十字架」である）．ただし tsar「ロシア皇帝」，Tchéka「チェーカ，全露非常委員会」のような現代の借用語だけは例外である．

節はその力を初めの部分に集中する．それはバリトーン〔末尾にアクセントを持たない構造〕である．そして，それがまた語のアクセント法においても優位を占めている性格である．

いずれにしても，フランス語の文形成の基礎になっている単位は語ではなくリズム段落 groupe rythmique である．la première offre「最初の申し出」のような一続きの語の中には1つの強さアクセントしかない．一続きの語は一つの全体を構成している．そして，その語群の内部では各語はお互いに離れることができない．声はどこにも止まらない．その結果〔première の〕r は次の音節に結びつく．このようにして，それ自体では子音で終わっているように見える音節の多くは，その子音を次の音節に譲り渡す．つまり開音節になるのである．――ここでもまたドイツ語は完全にフランス語と対立している．ドイツ語では各語が幾らかその独立性を保持している．語頭の母音によって，語にはそれに先行する語と結びつけられる危険性があるとしても，その語には語頭を明確に示す特殊な音が与えられるのである．それは強い声立てである (das 'erste 'Angebot「最初の申し出」)．ドイツ語では語が母音で始まる度ごとに声が中断される．それは母音接続的な効果を生む．フランス語ではそういった種類の声の中断は許されない．フランス語にも語末母音と次の語頭母音の2つの母音を区別し，分けへだてる方法がないわけではないが，それは，高さおよび音調の軽い差異であり大変控え目な方法である：j'ai été [ẹ-ẹ]「私は…であった」，il y a eu un... [a-ü]「…があった」．この母音の連続は非常に穏やかな音の抑揚を示している．

フランス語のそういった音節構造が，ある種の単調さをもたらすということは，当然考えられよう．とくに，フランス語の母音が決して長音にはならず，半長音と短音間の差異もしばしばごくわずかなものであるだけに，一層そうなのである．しかしながら，この不都合さは，母音の音色が極めて多様であることによって救われている．フランス語には少なくとも16の異なった母音があり，イタリア語 (7) の2倍以上，スペイン語 (5) のほぼ3倍である．イタリア語やスペイン語と比較したフランス語の母音体系は，したがって，非常な豊かさを持っているといえる．しかし，フランス語のすべての語を互いに比較し，また，他の2言語のすべての語と比較する時，この驚くべき多様性がフランス語にとってはどうしても必要なものであることに気がつく．14世紀と15世紀にほとんどすべての語末母音と語末子音を失ったフランス語は，他の言語には見られないほど，語の音声部分を縮小してしまった．母音体系の異常な多様性はフランス語全体の中で，極めてはっきりした機能，つまり異なった語の区別を可能にするという機能を持っている．たとえば次の10語を考えてみよう：pis (発音 pi)「もっと

2. 現状の記述

悪く」, pu (pü) 「できた [pouvoir の過去分詞]」, pou (pu) 「しらみ」, peu (pœ) 「ごくわずかな」, peau (po) 「皮」, pain (pẽ) 「パン」, paix (pę) 「平和」, pont (põ) 「橋」, pas (pa) 「一歩」, pan (pã) 「布地(の一端)」. これらの語は母音によってしか区別されないが, それらに対応するイタリア語およびスペイン語の各語はそれぞれの語に応じた末尾を保っており, 語幹母音に続く部分によって相互に区別がつく: イタリア語 peggio, スペイン語 peor [=フランス語 pis]; イタリア語 potuto, スペイン語 podido [=フランス語 pu]; イタリア語 pidocchio, スペイン語 piojo [=フランス語 pou]; イタリア語, スペイン語 poco [=フランス語 peu]; イタリア語 pelle, スペイン語 piel [=フランス語 peau]; イタリア語 pane, スペイン語 pan [=フランス語 pain]; イタリア語 pace, スペイン語 paz [=フランス語 paix]; イタリア語 ponte, スペイン語 puente [=フランス語 pont]; イタリア語 passo, スペイン語 paso [=フランス語 pas]; イタリア語 panno, スペイン語 paño [=フランス語 pan]. もしフランス語が上にあげたほど多数の母音を持っていなかったならば, 多くの語は音声的に同一のものになってしまったであろう. そのことは, あらゆる母音が調音される際の明晰性・明瞭性の維持と直接に関係がある. もっとも, 古フランス語が, のちになって消滅する語末の母音や子音をまだ保っておりながら, 二重母音を加えて, 現代フランス語以上の母音数を持っていたことは事実である. しかし, 古フランスはあらゆる観点からその大きな過剰性, その非常な豊かさ——それらは, 現代の一つの観点からいえば無益なものに見えるが——によって特異な存在だったのである.

回顧的観察

以上見てきたように, 開音節, 二重母音の欠如, オクシトーン的性格などの現代フランス語の特徴はすべて互いに支え合っている. そこで, ここでは振り返ってみて, フランス語がはたしてそれらの特徴をいつも同じ程度に保ってきたかを考えてみよう. すると, その点に関しては, 古フランス語が現代フランス語と非常に異なっていることを確認するのはそれほどむずかしいことではない. 古フランス語の chanter「歌う」, renart「きつね」, chaut「暑い」, feste「祭り」の発音を現代語で対応する語と比較してみると, いかに多くの音節が閉音節から開音節へ移ったかがわかる. さらに古フランス語は多数(16)の二重母音を持っていたし, 2つの三重母音さえ持っていた. しかしそれらはすべて単母音になってしまった (couteau「ナイフ」[古フランス語 kouteau, 現代フランス語 kuto]). そして最後に, 古フランス語はかなり多くの次末音節強勢語を持っていた (chántes, tiéde) が, 現代フランス語では語末の e の脱落によって, それらはすべて

語末音節強勢語に変わったのである．ドイツ語で代表されるようなタイプの言語からフランス語が遠ざかっていった変化は，13世紀から17世紀の間に行なわれた．それらの変化は，その歴史的な進化の過程においてさえも，相互に平行していた．そして，そのことはフランス語内部におけるそれらの変化の相互的な連帯関係が強かったということの明らかな証拠である．

病理学的ケース

すでに見たように，リズム段落の内部では，語は発音上前後の語と相互に結びついていて，初めの語の語末子音は可能な限り次の語に結びつく．しかしそのことは，かなり頻繁に病理学的ケース——文意が曖昧になるようなケース——を生むことになる．たとえば《Il a une femme qui l'aime.》「彼には彼を愛している妻がいる」(qu'il aime「彼が愛している」), trop heureux「幸せすぎる」(trop peureux「臆病すぎる」), l'admiration「感嘆」(la demi-ration「半人前の配給量」), 《Il est ailleurs.》「彼はよそにいる」(《Il est tailleur.》「彼は仕立屋だ」), 《Il est ouvert.》「彼は率直である」(《Il est tout vert.》「彼はまだ青二才だ」)．ヨーロッパの他のいかなる言語にもフランス語ほど意味の取り違いを生みやすい言語はないし，洒落がうまく使える言語もない．どんな言語も同音異義homonymieの傷をこれほどまでには負うていないのである (ver「うじ虫」, vert「緑色の」, vers「頃；の方へ」, vers「詩句」, vair「(中世の)りすの毛皮」, verre「ガラス」)．同音異義の被害の研究がとくにガロ・ロマン語の領域についてなされたのは偶然ではない*．そのようにして，ある言語の病理学は，この上なくはっきりとその言語の性格についての最も深い特質を明らかにしうるのである．フランス語は，上に述べたような危険を語の選択や文の配列によって回避しなければならない．

しかし，フランス語にはさらに配慮しなければならない問題がある．すでに見てきたように，その母音数は多いにもかかわらず，音節構造の単調さによって，フランス語として使用できる音節の数は著しく制限されている．そしてそのため，極めてしばしば同じ音節を繰り返さなければならなくなる．たとえば：un secret qu'on confie「打ち明けられた秘密」[kõ-kõ] (しかしこれはque l'onと言い換えられる)．またしばしば，語の緊密な結びつきから，調子の悪い一連の音節が生まれることもある：《Loue-l'en.》「彼のそのことをほめてやり給え」；《Je

---

* ジリエロン J. GILLIÉRON およびロック M. ROQUES『言語地理学研究』*Etudes de géographie linguistique,* パリ，1914年，ならびにジリエロン『言語病理学と言語治療学』*Pathologie et thérapeutique verbales,* パリ，1921年を参照．

2. 現状の記述

ne sais si c'en sont.»「それがそうかどうかわからない.」フランス人の耳にはそのような音の組み合わせは不愉快に聞こえる. こういった不協和音 cacophonie の危険は他の言語よりもフランス語の方が大きい.

そういった洒落を嗅ぎつけたり，不協和音を恐れたりすることは今日に始まったことではない. それらは近代の初めからすでに現われている. マレルブはデポルト DESPORTES の一連の音節をとがめ立てて，« Quelle manie est égale à ma rage.»「いかなる錯乱が私の激怒に匹敵するだろうか」という詩のそばに ga la ma ra と書いているし，« Mais vous, belle tyranne, aux Nérons comparable...»「されども貴女よ，ネロンにも比すべき麗しの暴君よ」という詩の余白には tira nos nez「われわれの鼻を引っ張った」と記している. 今日でもなお，フランス人は誰もが極めて繊細で鋭い耳を持っており，具合いの悪い音節の連続を耳にすると，すぐさまその滑稽さ，醜さを捕らえてしまう. どのフランス人も小マレルブなのである.

アクセント

フランス語の発音が大変節度のあるものだということは，アクセントの使用法にも及んでいる. フランス語のアクセントは，はっきりとはつけられるが，他の音節を弱めたりはしない. そのアクセントは音楽的な高さ〔=音程〕と強さによって同時に表わされ，それら2つの要素が緊密に溶け合っている. « Il parlait bien.»「彼はうまく話をしていた」という一つのリズム段落では，最後の音節は他の音節よりも幾らか高い音程に置かれ，幾らか強く発音される[1]. これに反しドイツ語では，音楽的な高さと強さとは極めてしばしば対立する. « Er will fortgehen.»「彼は立ち去ることを望んでいる」という文では，強さのアクセントは音節 fort に加わるが，この音節は次の音節よりも低く発音される. ドイツ語に比べてフランス語の話し方が調和がとれ，魅力があり，含蓄に富んでいるように感じられるのはそのためである. フランス人の耳には，ドイツ語の話し方には何か不統一な，ぎくしゃくしたものがあるように感じられる.

いま述べたアクセント法，つまり正常なアクセント法は純粋に律動的な機能を持っている. それは表現的価値を持たない，完全に伝統的なものである. それは話す個人について何ものも表現せず，何も明らかにしない. しかしながら，フランス語にはまた，変則的なアクセント法もあり，そのアクセントは普通にアクセントがつけられる音節以外の音節につけられる. たとえば，非常に強い感動を受けた場合，« C'est épouvantable.»「おお怖い」とは言わずに2つのアクセントを (-pou- と -table に) つけて « C'est épouvantable » と言う. しかし，こ

ういった感情——その感情がアクセント法に影響を与えているのであるが——にもとづくもの〔感動のアクセント accent d'émotion〕のほかに，別の理由によってリズム段落の普通のイントネーションが変わることもある．それは，明瞭さを求め，あるいはある概念を相手の頭に印象づけたいと望むところから，ある表現の価値を引き立てようとする時に生まれる．科学のテキストを音読する時や，とくに学校教育，大学教育においてこのアクセントが求められるが，これは強調のアクセント accent d'insistance と呼ぶことができる：《 C'est une vérité relative, ce n'est pas une vérité absolue.》「それは相対的な真理であり，絶対的な真理ではない．」《 La république d'Athènes était une démocratie, celle de Venise une aristocratie.》「アテナイの共和国はデモクラシーであり，ヴェネツィアのそれはアリストクラシーだった．」政治演説では，しばしば弁論家は感動のアクセントと強調のアクセントというそれら2つの変則的なアクセント法を混ぜて用いる．そして，それがフランスの弁論家が大成功をおさめる秘密の一つでさえもある．

　強調のアクセントと感動のアクセントの間には著しい違いがある．強調のアクセントはつねにリズム段落の第1音節に加わるが，それは，その音節が意味の上で何らの重要性を持たなくてもそうなのである：officiel et officieux「公式ならびに非公式の」．ところが感動のアクセントの方は，とくに極端な大小，善悪，美醜やさらには主観的な印象，個人的な感情などを暗示する表現の中に見いだされる．このアクセントは好んで語の第2音節を選ぶが，その位置は固定していない．そしてそれは，そのアクセントが加わる音節の激しい調音によって特徴づけられる．表現の情意的な力が正常の調音を変形するのである．もしその音節が子音で始まっていると，その子音は引き延ばされる（éppou-）．もしそれが母音で始まっていると，その母音は声門閉鎖音に先立たれ，その閉鎖音が，子音が引き延ばされるのと同じ役割を演じる（'abominable「嫌悪すべき」）．

　つまり，正常なアクセント法は2つの力の影響を受けて変容するのである．感動のアクセントは情意生活に由来する．そのアクセントを介して，感情はイントネーションの中に入り込む．強調のアクセントは意志によって生まれるものである*．教えようという意志，自分の考えを押しつけよう，広めようという意志，事をある方向へ導こうという意志の産物である．正常のアクセントは，それに反し

　＊　このアクセントは慣例的に知的アクセント accent intellectuel と呼ばれている．しかしそれは間違いである．純粋で，それ自体で充足する思想にはこのアクセントがつけられない．しかしその思想が大学の講堂に降りてくると，たちまちこのアクセントが現われる．

2. 現状の記述

て，いわば平凡なもので，儀礼的なものや伝統を表わし，あるいは情意性も宣伝の意欲も持たない純粋の思想を表わしている．したがって，思想は一方では感情生活の，他方では意志の間にあってその中間を保っている．そしてそれら2つの大きなダイナミックな力がフランス語からその安定性を奪おうとして絶えず働いているのである．

そのような現象に関して，現在，フランス語のアクセントが本当に移動しているのだという主張がしばしば行なわれたが，それは正確ではない．語のアクセント法は，上に述べた力の一方が話し方に影響を及ぼす時に変わるものであって，それらの力がなくなれば，アクセント法はたちまち正常なものに戻ってしまう*．

いずれにしても，2つの変則的なアクセントのどちらもが正常なアクセントを排除しないことはすでに明らかにしたとおりであり，これらの条件のもとで，リズム段落はごく単純に〔正常および変則的な〕2つのアクセントを持つのである．しかし，これら2つのアクセントの機能は，はっきりと異なっている．一方は期待されたところに現われるアクセント，フランス語にとって伝統的な，昔ながらのリズムと調子(カダンス)を示すアクセントである．そのアクセントは現在でもなおキケローの時代と同じ場所に見いだされる（ラテン語 dúbito＝フランス語 doute「疑い」；ラテン語 amicitátem＝フランス語 amitié「友情」）．他の2つのアクセント——情意的および意志的アクセント——は期待されていないアクセントであり，伝統から外れた，不意に現われるアクセントである．そのアクセントによって，各個人は，個人的な感情に満ちあふれ，あるいは命令を与えたり強制したりする欲望に満ちあふれている内的な世界を表明する．ところで，驚嘆すべきことは，フランス語がそれらのアクセントをそれぞれすべて生かして，変則的なアクセントは伝統的なアクセントを決して破壊せず，また伝統的なアクセントは情意的・意志的なアクセントがその役割を演じることを決して妨げないという事実である．そうした事態は，フランス人の均斉のとれた精神の反映である．一見，伝統的な路線は断ち切られたように見えるけれども，実はその路線は前に述べた事態によって強力に維持されているのであり，それでいて，そのために個人が抹殺

---

* その点に関して，『フランス言語地図帳』*Atlas linguistique de la France* の資料が援用された．そこではアクセントがかなりしばしば第1音節に加えられている．しかし，その地図の中でしばしば第1音節にアクセントが置かれていることは，単に語が個別的に尋ねられたこと，そして明晰性の要求によって第1音節にアクセントがつけられたという事実によって説明することができる．それゆえ，エドモン EDMONT が記したのは必ずしもつねに正常なアクセントではなく，強調のアクセントであった．語が系列別に尋ねられるのではなく，文の中で尋ねられるならば，そのアクセントはたちまち消え去ってしまうであろう．

されはしない．フランス語のアクセントは，そのようなわけで，フランス国民の天賦の才能の驚嘆すべき姿を表わしている．フランス人の理想は，個人の権利と伝統の力の間に平衡を見いだすことであり，無秩序に陥ることのない限り市民から制約を除去することなのである．

　アクセントは文中で最も大きい重要性を持っている．それは，意味上の一単位を構成する幾つかの語をまとめるのに役立ち，また文の異なった部分の間の関係を把握させるのにも役立つ．各文は1つ，または幾つかのリズム段落によって構成されている：《 Il m'a écrit.》「彼は私に手紙を書いた」（1段落），《 Il m'a écrit avant-hier.》「彼は一昨日私に手紙を書いた」（2段落）．文の動きはとくに音楽的なものである．一般に，一つのリズム段落の第1音節から最後の音節に向かって声は上昇する．ただし，文の最後の段落は例外であり，そこでは下降の傾向がある．ごく普通には文の第2部は第1部よりも低い音調で始まり，声もそれほど高まらない．一つの文の上昇部と下降部との間には——上昇部と下降部とでは長さが非常に違っていることもありうるが——散文の場合にも，詩句の場合と同様に一種の句切り(セジュール)がある．《 Je suis venu / trop tard // dans un monde / trop vieux.》「あまりにも古くなった世界に，私はあまりにも遅くやって来た」という十二音綴の詩句(アレクサンドラン)と，次のような散文とを比較するがよい：《 Dans l'échange / de ces phrases brèves // il y avait autre chose / qu'un simple adieu.》「この短い文のやりとりの中に，単なる別れの挨拶以外のものがあった.」さらに，イントネーションだけで文の意味が理解できるような場合もまれではない．《 Il sait donner des coups.》「彼は打撃を与えることを心得ている」と《 Il s'est donné des coups.》「彼はわれとわが身を打った」という2つの文は，調音の上では同じである．ただ第1の文は3つのリズム段落によって構成され，第2の文は2つによって構成されているという事実だけが文意を決定する．同様に《 Elle a été chanter à Paris.》「彼女はパリへ歌を歌いに行った」は《 Elle a été chantée à Paris.》「それはパリで歌われた」と同じように調音されるが，イントネーションによってのみこれらの2文が区別されるのである．また，しばしば，継起する2つの文の関係は書かれたものでは捕らえがたい．それは聞いてみなければ明らかにならない．たとえば，ごく不完全な文である《 Plus de joies, plus de chansons.》の2つの部分を同じ調子で発音すれば，「失ったもの」の単なる列挙にすぎない〔「もはや喜びもなければ，もはや歌も聞かれない」〕．しかし，第1の部分の声の高さを第2の部分で落とせば，それら2つの部分の間に原因と結果の関係が打ち立てられる〔「もはや喜びが失われたので，歌も聞かれない」〕．このように，イントネーションは思想の極めて繊細な道具になるのである．

2. 現状の記述

形　　態

　屈折諸言語は，語に幾つかの違った形を与えるという特性を持っている．語は幾つかの部分から成り立っており，その一つの部分は観念それ自体を表現するが，他の部分は，別の観念との関係，文になって初めてその分析が可能になる表象全体におけるみずからの位置を示す(ラテン語 campus, -i, -o；ドイツ語 feld, -es, -e「畑，畑の，畑に」)．ラテン語の regis amicus「王の友人」のような表現では，-is という要素は第1の語を第2のものに結びつける機能を持っている．フランス語をこの点から性格づけてみると，まずフランス語が le champ, du champ, au champ [les champs, des champs, aux champs, un champ, de beaux champs] (ləšã, düšã, ǫšã, lęšã, dęšã, ǫšã, œ̃šã, dəbǫšã) と言うことが認められる．すなわち，フランス語では，ここで問題になっている関係は一種の接頭辞によって表わされているのである．確かに，ラテン語の体系は完全には失われてはいない．d'excellents amis (dęksęlã-zami)「すばらしい友人たち」においては，形容詞の最後の s が複数を示している．つまり，複数は時には語末の z〔の音〕によって表明されるのである．しかしながら，そういったケースはそれほど頻繁ではない．複数の s はリエゾンの場合にしか機能を働かせない．ところで，リエゾンは，今日では，ある特定の場合(人称代名詞＋動詞〔および冠詞＋名詞など〕)以外は，むしろまれである．名詞と動詞の間ではリエゾンされないし，名詞と後置された形容詞の間でもリエゾンは行なわれない (des ami[s] excellents)．したがって，この残存している曲用の重要性はそれほど大きいというわけではない．

　次に，-ail および -al で終わる語があるが，その複数形は -aux となる．šval—švo [cheval—chevaux]「馬」，ęmay—ęmo [émail—émaux]「琺瑯」．しかし，知られているようにこの類の曲用もまた著しい損傷を受けていて，これらの末尾が -al の名詞のかなりの数のものは，複数でも -als のようになる．人びとは les régal(s)「御馳走」と言い，しばしば les idéals「理想」と言う．最後に œil—yeux (œy—yœ)「目」，[bœuf—bœufs] bœf—bœ「雄牛」，[œuf—œufs] œf—œ「卵」のような孤立したケースがある．最後の2語はとくに奇妙である．なぜならここでは，複数が語末子音の消失と一種の母音転換 apophonie によって示されているからである．

　形容詞の曲用は，まだもっと生きているように見える．しかしここでは，表現すべき関係が問題になっているのではなく，2語間の一致 accord が求められているにすぎない点に，注意しなければならない．une maison blanche「白い家」

のような場合，形容詞の位置が名詞と形容詞の関係を示しているのであって，それは語末の š ではない．un travail facile「やさしい仕事」と une tâche facile「やさしい任務」の場合には，2つの形容詞は名詞の性の見分けさえも示してくれない．女性形は，互いに非常に違った，いろいろな仕方で作られる：mẅẹ, ẹt [muet, muette]「黙った」; lẹ, lẹd [laid, laide]「醜い」; nyẹ, -ẹ̄z [niais, niaise]「ばかげた」; frẹ, frẹš [frais, fraîche]「新鮮な」; prō, -t [prompt, prompte]「急速な」; rō, -d [rond, ronde]「丸い」; lō, -g [long, longue]「長い」; bō, bọn [bon, bonne]「良い」; ọ, ọt [haut, haute]「高い」; sọ, sọt [sot, sotte]「愚かな」; šọ, -d [chaud, chaude]「暑い」; fọ, -s [faux, fausse]「偽りの」; bọ, bẹl [beau, belle]「美しい」．

　形容詞のこの屈折体系は，したがって，今日では大変ばらばらで，不統一のように見える．それは表現価値を持っていない．

　しかし，口頭言語から書記言語へ移ると事態は一変する．形容詞は (facile のタイプのものを除いて) 女性形には -e をつけ，名詞と形容詞は複数形に -s をつける．書記言語は，少なくとも複数形の形成に関しては曲用の虚構を維持している．書記言語と口頭言語の間には，したがって，明白な不一致が存在する．もちろん，書記言語が時代おくれのものになっているわけで，それは書記法 graphie が全く古めかしいものになったからである．形態のうちでも，残されたものが無益なものであるだけ，なお一層この事実は曲用にとって不利になる．事実 lə mür [le mur]「壁(単数)」, lẹ mür [les murs]「壁(複数)」と lə kanal [le canal]「運河(単数)」, lẹ kanọ [les canaux]「運河(複数)」とを比較すると，lẹ kanọ は lẹ mür が1つの仕方で伝えているもの[複数の標示]を2つの仕方で表明していることがわかる．もっとも，これらの，まれで孤立した語 [canal, canaux のような語]は体系全体を否認するものではない．

　そのことは，この体系が欠陥を持っていないという意味ではない．冠詞が現われない場合もありうるからである: sans amis (sãzami)「友人なしに」．ここでは名詞の数を区別することが不可能になっている．

　現代フランス語の屈折体系の中では，限定要素が被限定辞に先立っている．すなわち，初めにある観念について他の観念との関係が表明され，そのあとでやっと観念それ自体が現われる．アクセントが観念を表わす部分につけられ，関係を表明する部分にはつけられないことはもちろんである．lẹ frẅi de šã [les fruits des champs]「畑の収穫物」の中で de [des] は2つの観念の関係を示している．しかしアクセントは šã [champs] の上にある．そしてこのアクセント法は，音節と語について述べたことと完全に一致していることがわかろう．フランス語の

2. 現状の記述

リズムは屈折においてもオクシトーンである.

現代フランス語とそれに先立つ諸段階とを比較してみると，現代フランス語は完全にラテン語と対立しているが，古フランス語は中間的な一段階を示していることがわかる．そこでは，曲用がまだかなり強い生命力を持っており，逆に冠詞の使用はまだそれほど固定してはいなかった．古フランス語は，つまり，2つの体系に加担していたのである．

動詞が示している様相は，名詞のそれと大変類似している．たとえば，最もよく使われる時称の直説法現在を例にとってみよう．その活用は žəšãt〔je chante〕, tüšãt〔tu chantes〕, ilšãt〔il chante〕, õšãt〔on chante〕（この形は次第に nušãtō〔nous chantons〕に取って代わりつつある）, vušãte〔vous chantez〕, ilšãt〔ils chantent〕である．人称は一種の接頭辞〔＝主語人称代名詞〕によってとくに区別されるが，他方，屈折は非常にわずかなものになっている．半過去についても事態は全く同じである（žəšãtę〔je chantais〕など）．ここでもまた限定辞が被限定辞に先行している．しかし，ラテン語と古フランス語では，形態は語尾変化で区別されていた．主語人称代名詞はなくてすまされた．

動詞の活用においては，時代おくれの綴り字が，純粋に虚構になった語尾変化を維持している．しかしフランス語には，母音変換によって人称が変わるかなりの数の動詞がまだ存在している：je peux — vous pouvez「私はできる—あなた〔方〕はできる」, il vaut — ils valent「彼(それ)は価値がある—彼ら(それら)は価値がある」, tu sais — vous savez「君は知っている—あなた〔方〕は知っている」．

口頭言語のフランス語で生きている時称は5つの直説法，すなわち現在，半過去，〔単純〕未来，複合過去 (j'ai chanté)，大過去 (j'avais chanté) であり，次いで接続法現在，2つの条件法（単純形〔＝現在〕と複合形〔＝過去〕），および命令法である．単純過去の多くの形はもはやほとんど用いられない．ただし，その局地的口話の影響によって保持されている幾つかの地方は例外である．接続法半過去はほとんど死滅してしまった．フランス語は，しかし，この貧困さの脅威から免れるために，あらかじめ j'ai eu chanté という重複合過去を作っておいたのである．なお，上に述べたすべての時称は同じような生命力を持ってはいない．たとえば〔単純〕未来形は，次のような多かれ少なかれ新しい形成法，その価値が初めは純粋に叙法的なものであった迂言法によって，おびやかされている：«Je vais chanter.»「これから歌います」, «Je suis sur le point de m'en aller.»「いま立ち去ろうとしているところです」, (東部地方では)«Il veut pleuvoir.»「雨が降ろうとしている」．

統辞法

語順

誰もが知っているように，フランス語の文の構造，とくに語順は極めて厳密に固定されている．《 Le père punit le fils.》「父は息子を罰する」という文では，2つの名詞の位置だけが，それらの名詞が置かれている関係を示している．したがってフランス語は，被制辞を含む文の主語が動詞に先行し，被制辞が動詞に後続するという法則の適用を免れない．この順序は，いかなる混同もありえないごく限られた場合を除いては，状況を示す表現で始まる大部分の文においてさえも維持されている．そこでこの語順を直接的，あるいは前進的と呼ぶことができよう．文の各部は，事が進行していく順序に並べられる．《 J'écris une lettre à mon ami.》「私は一通の手紙を友人に書いた」という場合，手紙は私の〔書くという〕行為の結果出来上がったものであり，それが書き終えられると，私はそれを友人に送るのである．このやり方以上に論理的なものはありえない．リヴァロル RIVAROL[2] は有名な『フランス語の普遍性について』Discours sur l'universalité de la langue française の中で「これこそあらゆる人間にとって自然な論理である．これこそ常識を作り上げているものだ」と叫んでいる．事実，他の言語では感情が文の構造に入り込み，語順を覆すことができるが，フランス語では，みずからが選んだ道をそれることはほとんどない．「情念がわれわれを転倒させ，感覚の順序に従うことを求めても無益である．フランス語の統辞法は揺るぎないものである．そして，そこにこそ，わが国語の永遠の基盤である，あのすばらしい明晰性が由来しているのだ．明晰でないものはフランス語ではない．明晰でないものは，なお英語であり，イタリア語であり，ギリシア語，ラテン語でありうる」とリヴァロルは言っている．彼はまた，フランス語は初等幾何学，つまり単純な直線によって作られていると言っているが，これまた極めて正当な考え方を表明したものである．同じ意味で，バイイ Ch. BALLY はこのタイプの構造を線的 linéaire と呼んでいる[3]．語は観念それ自体しか表明せず，観念と他の観念との関係は何も表わさないので，すべては語順の維持，文の違った要素のかみ合わせに依存している．この分析的な構造は，語からその自由を取り上げてしまう．その点に関してドイツ語はフランス語と対照的である．《 Gestern hat mein Freund seinem Vater einen Brief geschrieben.》「昨日私の友人は彼の父に一通の手紙を書いた．」ここでは動詞 hat geschrieben が2つの部分に分解されている．この2つの部分は，一方はほとんど文頭に，他方は文末に位置している．それは，一つの線をその出発点に戻す曲線のようなものである．ドイツ語の文は極めて総

2. 現状の記述

合的である．それはいろいろなやり方で構成することができる．なぜなら，語尾変化が保持されているので，各語が自分の中に観念と関係の表現とを共有しているからである．半世紀前から，フランス語でも，確かに，可能な限り主語の倒置が行なわれる傾向が広まってきてはいる．それによってフランス語の文はより活発で多様な様相を持つようになった．たとえば，とくに運動を示す動詞が，行為の中で進展を表わすようなとき，その運動の動詞は好んで主語の前に置かれる：《 Vint le jour où... 》「…する日がやって来た．」また文頭に置かれたある種の副詞も倒置を導く：《 Dehors régnait une douceur singulière.》「戸外には奇妙な静けさが支配していた」；《 De ce jour date sa haine.》「この日から彼の憎悪が始まる」*．倒置は，動詞の概念または主語を際立たせたい時に用いられる．しかしながら，名詞で表現された直接被制辞〔＝直接目的語〕があるだけで倒置は不可能になる．構造上，一層の多様性に富むようにはなったが，フランス語の文は，なお18世紀に確認された同じ直線に従っているのである．

けれども，正常のフランス文のかなり厳密に固定された構造は，感動的な要素によってかなりしばしば覆される．この要素は文の分節 segmentation を導くことがある：《 Des joies, tu en as eu beaucoup.》「喜び，君はそれをたっぷり味わったね」；《 On en parle, de ce flirt.》「よく噂になるよ，あのいちゃつきぶりは」；《 Brisée, je le suis déjà.》**「疲れきってしまったわ，私はもう」．文のこういった解体形は，表現に全く特殊な動きと浮き彫りを与えて，聞き手の注意を喚起するという大きな長所がある．浮き彫りにする文の要素は自由で，文頭に置くことも，文末に置くこともできる（《 C'est stupide, cette idée.》「くだらないね，そんな考えは」；《 Cette idée, c'est stupide.》「そんな考えなんて，くだらないさ」）．この分節は c'est...que という，すでに知的なものになってしまい，文法化された迂言法よりも優れている．それは，他の要素がはっきりと述べられていてもいなくても，ともかくそれとは関係なしに，文のいかなる要素でも浮き彫りにできるという利点を持っている．もちろん，この形をとったとしても，分節が伝統的な文の枠組みの中にとどまっていることは事実である．なぜなら，切

---

* ブリンケンベルク A. BLINKENBERG『現代フランス語の語順』*L'ordre des mots en français moderne*, コペンハーゲン，〔2巻〕1928～33年，およびル・ビドワ R. LE BIDOIS『主語名詞の絶対倒置』*L'inversion absolue du substantif sujet*,『近代フランス語』*Le français moderne*, 9, 111～128 を参照[4].

** この構文については，とくにミュラー・ハウザー Marie-Louise MÜLLER-HAUSER のすばらしい著作『現代フランス語で観念を浮き彫りにする方法』*La mise en relief d'une idée en français moderne*,『ロマニカ・ヘルヴェティカ』*Romanica Helvetica*, 第21巻，Genève-Erlenbach, 1943年を参照．

り離され，一種の間投詞を構成している要素が，代名詞によって文中に呼び戻されるからである．バイイは，この際立たせる方法の特性が，言表の2つの部分，主題(テーマ)も末尾も，ともに浮かび上がらせることであることを，みごとに論証した．生命力，活力に満ちあふれているこの言い回しは，したがって，極めてフランス語的な対照法的(アンティテティック)構造の枠内にとどまっている．しかし，バイイの与えた説明は不完全である．《 Les chèvres, il leur faut du large.»「やぎたちには，広いところが必要なのだ」〔ドーデ Daudet『風車小屋だより』 Lettres de mon moulin〕というような文では，確かに les chèvres と du large という2つの部分がはっきりと目立っている．ただし，それらは，c'est...que (qui) で浮き彫りにされた場合のように，それ自体ではっきりと目立つわけではない．それが目立つのは，2つの部分の，しばしば思いがけない接近という事実に注意が向けられるからである．分節は，したがって，とくに浮き彫りにされた2つの部分の間に存在する関係をくっきりさせるのに役立っている．

イントネーション

フランス語の文が自由を欠いているのは単にその構造の内部においてばかりではない．イントネーションもまた多かれ少なかれ規則化されている．文の内部においても，リズム段落の内部と同様に，アクセントは完全に平等である．声の力は一つのリズム段落から他のリズム段落に移っても，ほとんど変わることはない．確かに，文中にはある動きがあるが，それはほとんど全く音楽的なものである．フランス語の普通の文は，1つの上昇部と1つの下降部から成り立っている．« Dans l'échange / de ces phrases brèves // il y avait autre chose / qu'un simple adieu.» 〔262ページ参照〕．この文の2つの部分の中で，声の高さは各リズム段落の中で上昇するが，最後の段落だけは例外で，声は下降する．下降部は上昇部〔の最後の部分〕よりも低いところから始まる．2つの部分は違った長さのこともありうる．しかし原則としてそれら2つの部分はつねに現われる．そこで，このイントネーションによって，フランス語の文は何かしら対照法的なものを持ち，それがフランス語の数学的・知的構造とよくマッチしているのである．

語彙化

リズムと力とが均斉の取れていること——といっても，それはもちろん相対的なものであるが——のために，フランス語では，アクセントを使って文の要素を際立たせることができない．« Mein Freund hat mir gestern dieses Buch geschenkt.»「私の友人が私に昨日この本を贈ってくれた」というドイツ語の文

2. 現状の記述

では，それらの各要素は位置を変えずにそのままで強調のアクセントを持つことができる．この文には7つの異なったイントネーションを与えることができるのである．しかしフランス語にはこういった表現方法が全く存在しない．文の一要素を強調するためには迂言法を使わなければならない．最もよく使われるのはc'est...que, qui という言い方である．したがって，上記の例文は《 C'est mon ami à moi qui... 》「…のはほかならない私にとっての友達である」；《 C'est mon ami qui... 》「…のは私の友達である」；《 C'est à moi que... 》「…のは私に対してである」；《 C'est hier que...「…のは昨日である」；《 C'est ce livre-ci que... 》「…のはこちらの本である」；《 C'est ce livre que...「…のはこの本である」；《 C'est en cadeau que...「…のは贈り物としてである」と言わねばならない．このことでわかることは，ドイツ語ではイントネーションで満足するところを，フランス語では迂言法による表現を捜し出さなければならないということである．ドイツ語がイントネーションで表現することをフランス語は語彙によって表現する．こういった語彙化はフランス語の，もう一つ別の特徴であり，かなりしばしば指摘されたことである．語彙化は他の言語よりも，フランス語に対して一層知的な様相を与えている．

　迂言法の目的は文の一要素を切り離し，それを際立たせ，残りの全体と対立させることにある．そのため，迂言法は文に対して，何かしら対照法的なものを与える．フランス文学において，散文の場合にも，また韻文の場合にも，対照法が演じてきた大きな役割を思い起こしていただきたい．ルネサンスから現代にいたるまで，あらゆる文学の流派は極めて多くこの手法を使っている．このことは，もしフランス語がこの迂言法のような表現方法を持っていなければ不可能であったろう．対照法は，明晰性の要求がその身にまとう形態の一種である．それは不明確なものを残すよりも，ある種のニュアンスを犠牲にすることの方を好むのである．

　中期フランス語の表現方法は，柄がぐらぐらしている道具か，またはだぶだぶしていて，それを身につけている人間の身体の線を隠してしまうコートのように見えることが多い．その体形がどのようなものであるかを見抜くためには，われわれの想像力を働かせなければならない．現代フランス語は，これに反して，曖昧になる恐れのあるすべてのものを嫌悪する．形と内容とは一つでしかない．この特殊性の一例は，中期フランス語で仮定文が作られる場合のやり方にも見られる．現代フランス語も2つの形 (si j'avais〔直説法半過去〕と si j'avais eu〔大過去〕) を保持してはいるが，現代語はそれらの形を，その意味論的なもつれから救い出した〔99~100ページ参照〕．

初めは，この進化はフランス語を貧困にしたと考えられるかもしれない．しかしそれは間違っている．フランス語は，ほかに多数の言い方を作り出して仮定表現を多様化し，それにニュアンスをつけ加えたのである．以下の極めて不完全な列挙だけでも，そのことは理解されよう．

1°　命令法：«Otez l'amour de la vie, vous en ôtez les plaisirs.»「人生から愛を取り去ってしまうとしたまえ．君はそこから楽しみを取り去ってしまうことになるのだ．」

2°　希求法(接続法)：«Vienne un joli visage et tout est oublié.»「美人がやって来れば，すべては忘れ去られる．」

3°　並列 parataxe：«Un homme entrerait, je le tuerais sans frissonner.»「一人の男が入って来たら，私は身震いもせずその男を殺すだろう」（第1節の終わりで声の高さをやや中途半端なままにする）．

4°　ジェロンディフ：«Tu lui ferais tort en croyant cela.»「それを信ずるなら，彼に迷惑をかけることになるよ．」

5°　不定法：«A l'entendre parler on dirait qu'il sait tout.»「彼の話を聞いていると，彼はまるで何でも知っているようだ．」

外見上化石化した定式の蘇生

見かけは硬直しているようであるが，フランス語は，したがって，表現を多種多様に変化させることができる．フランス語はさらに，既成の定式 formule を利用して文により大きい力を与えることもできる．たとえば «Si tu viens, j'irai.»「君が来れば，僕は行くよ」という文は全く文法化している．すなわち，構文上，si のあとでは現在が，主節では〔単純〕未来が要求されるわけであるが，しかしそのために未来の概念が完全な価値をもって感じられるわけではない．ところで，時たま，行為の結果が一瞬たりとも待てないようなことを強調したい場合も起こりうる．その場合には主節の動詞を現在形に置く．«S'il sort, il est perdu.»「もし外に出れば，彼はもうおしまいだ．」この文は，フランス語が仮定文の中では〔現在の形が使われていても〕未来の時称的価値を感じさせるだけの柔軟性を持っているからこそ可能なのである．«S'il sort, il est mort.»「もし外へ出れば，たちまち彼は死んでしまう」〔この場合の mort は形容詞的〕と言うことによって，フランス語は，仮定形式の中で j'irai〔つまり il sera mort〕という未来を，それが陥っていた眠りから引き出す，つまり未来形に生命を与えるのである．

このケースは，われわれに，フランス語が比較的制限された数の表現方法から，できる限りの効果をごく簡単に引き出せることを示している．大変はっきり

2. 現状の記述

としたケースは動詞の〔自動詞から他動詞への〕転移の場合である．同一の動詞は，そのまま，他動詞としても自動詞としても使える：travailler「働く」, travailler le fer「鉄を加工する」; mûrir「熟する」, mûrir un projet「あるプランを練る」; sortir「戸外に出る」, sortir un couteau「ナイフを抜く」, sortir les meubles「家具を出す」．こういう表現をドイツ語に訳す場合，ドイツ語で同じ結果に達するにはかなり複雑な各種の方法が必要である：接頭辞 be(arbeiten)「手を加える」や lassen「させる」を使った動詞の迂言法を使ったり，他の動詞を1つ，時には2つも選んだりしなければならない．

　フランス語は，音形成の場合と同様，統辞法においても形態法においても非常に控え目である．同じことを述べるのに2つの方法を結合させることはドイツ語や英語の場合に多いが，フランス語ではまれにしか行なわれない．

　けれども，もしそういったことが行なわれると，フランス語ではそれを利用して，しばしばすばらしく優雅な言い方が作られる．たとえば《C'est un des plus grands hommes que je connaisse.》「彼は私の知っている限りにおいて，最も偉大な人物の一人だ」という文を例にとろう．最上級のあとでの接続法の使用〔=que je connaisse〕は，その判断が主観的であることを表明するが，それはまた同時に最上級を際立たせる役割も果たしている．その結果，最上級は，le plus... という言い方と従属節の接続法によって二重に表現されている．この接続法は，一方では最上級に依存しているが，le plus という常用の定式によって形容詞が上にのせられている台石(ピエデスタル)をさらに高めている．フランス語では，この二重の使用を口実として，時おり，最上級の正常の表現を省略することもある．《C'est un des grands hommes que je connaisse.》「彼は私の知っている限りで〔最も〕偉大な人物の一人だ」とも言えるのである．フランス語の魅力，その美しさは極めてしばしば，必ずしも必要ではないものを省略しうることにある．

語彙とその抽象的性格

　フランス語の語彙は，何世紀も前からラテン語の影響を受けている．哲学的・科学的思考にはラテン語しか使われず，また俗語で書かれたテキスト(武勲詩(シャンソン・ド・ジェスト)や宮廷風物語(ロマン・クールトワ)など)が純粋に文学的な目的しか持たなかった限りにおいては，このラテン語の影響はまだ比較的弱かった．しかし，抽象的思考の道具となるにつれて，その語彙を補充するため，フランス語は，とくに学術語であるラテン語の助けを借りなければならなかった．そのため，フランス語には，ラテン語の用語であり，この言語土着の語彙とは関係のない語があふれている．そして，そ

れらの抽象語は，初めは科学的領域を目的としたものであったが，次第にそれ以外の領域にも入り込んでいった．フランス語の語彙のある種の不統一はそのことに由来している．概念間の意味関係は語と語の間の関係によっては表わされない．たとえば，16世紀には，まだどのフランス人も本能的に feintise「偽り」を feindre「偽る」と結びつけていた．今日，fiction「偽り，作りごと」の中に動詞 [feindre] と同じ語幹を見いだすためには，努力が必要である．éteindre「消す」— éteignement「消すこと」の極めて明瞭な一対は，éteindre — extinction「消すこと」に代わった．frère「兄弟」のような名詞に対して，フランス語では fraternel「兄弟の」という形容詞を用いる．動詞 douter「疑う」に対して indubitable「疑いをいれない」という形容詞がある．かつて murison「熟すこと」はそれ自身のうちに，直接理解されるために必要なすべてのものを持っていた．語幹は形容詞 mûr「熟した」と動詞 mûrir「熟する」によって説明できたし，末尾に trahison「裏切り」その他多くの動詞から作られる名詞の系列に入れることができたからである．今日，maturité「成熟」は，その語に対応している形容詞 mûr を自然に思い起こさせるような何ものもその音の中に持っていない．eau「水」と aqueux「水性の，水を含んでいる」の親近性を捕らえることを，フランス人にいかにして望むことができるだろうか．しばしば，民衆起源の語と学者起源の語とは，ラテン語にさかのぼってさえも別々である．たとえば foie「肝臓」の傍らには形容詞 hépatique「肝臓の」が置かれる．aveugle「盲目の」はまた aveuglement〔古〕盲目」という名詞を伴ってはいるが，この名詞は比喩的な意味〔「理性を失うこと」〕しか現在では持っていない．本来の意味は，医学用語である cécité「盲目」に取り上げられてしまった．こういった事情にもとづいて，時には異常な事態が生まれてくることもある．sourd「つんぼの」に対する名詞には，ラテン語から借用した surdité「つんぼ」という語がある．ところで，言語学者は sourd に特殊な意味を与えた．それは，子音の場合に「有声性（ソノリテ）が欠如している」ことを表わす（j〔有声子音〕に対する ch〔無声子音〕）．そして，言語学者がその形容詞〔「無声の」〕に対する名詞を求めた時，surdité は意味上すでに占拠されてしまっていたため，別の用語を作らなければならなかった．言語学者はそれを sourdité「無声性」と言っている．ここでは，フランス語の語彙の知的性格によって，学者たちは新しい概念を表わすために民衆語の語彙の助けを借りなければならなかったのである．

　語をすんなり理解するために，多くの学者起源の語がどのような障害を生むかはここで見たとおりである．ラテン語を知っている人は，それらの語を相互に結びつけている糸が見いだせるし，恐らくはその親近性も再構成できよう．しかし

ラテン語を学ばなかったフランス人は，同じ語族 famille de mots のいろいろな代表者間の関係を理解することができない．

これらの事実は，フランス語の語彙に，不統一な，抽象的な，恣意的な何ものかを与えている．抽象的な概念がそれによって恐らく利益を得たといえよう．なぜなら抽象概念を指す用語は，古フランス語のようには，多くの具体的な観念連合を呼び起こさないからである．抽象概念は他の具体的な表象とはいっさい関係がなく，そこから解放されている．murison といった語は，他の語との関係から，何かしらイメージがあり，絵画的である．しかし maturité の方は，表現的な価値のない単なる記号である．もちろん，このような現象は他の言語にも見られる．しかし他のいかなる言語も，フランス語ほどにはこの現象が現われていないことを立証するのは容易であろう．そういった点からもまた，フランス語は極めて顕著に知的様相を呈しているのである．

3. フランス語の性格

静的言語であるフランス語

動詞と名詞

フランス語は，しばしば静的 statique な言語，すなわちとくに安定し，持続しているものを把握表現することのできる言語だといわれた．それは，とりわけ動的 dynamique な言語，すなわちとくに事物の進展を表わす言語であるドイツ語と対比される．もちろん，そのような比較が，つねに紛れもなく相対的な価値しか持っていないことは言うまでもない．しかし，こういった対立が一面の真理を持っていることは否定できない．

語のカテゴリーのうちでも，ことに変化や生成，活動を示すのは動詞である．ところで，動詞の役割は，フランス語ではドイツ語に比べて，ずっと小さいものになっている．まず，フランス語の動詞は，ドイツ語の動詞よりもしばしば何かしら一層抽象的で，ニュアンスに乏しく，精密さにも欠けている．そのことは，ドイツ語のテキストを仏訳する必要が起こった際，容易に気づくであろう．faire は，あるいは tun「する」に，あるいは machen「作る」に対応し，しかもそれらのドイツ語の2つの動詞間にある極めて微妙なニュアンスは全然表現することができない．reiten「馬に乗って行く」，fahren「車・船などの乗り物で行く」，

gehen「歩いて行く」に対しては，aller à cheval「馬で行く」, aller en voiture「車で行く」, aller à pied「歩いて行く」と言わなければならない．つまりそれら3つの移動方法の相違は名詞によって表わされているのである．stehen「立っている」, sitzen「座っている」, liegen「横になっている」に対するフランス語は，無色の動詞êtreを用い，それに形容詞もしくは副詞 (debout, assis, couché),をつける．しかし，かつては必ずしもつねにそうではなかった．古フランス語では ester「立っている」, seoir「座っている」, gesir「横たわっている」と言っていた．動詞の古フランス語の豊かさに対する近代フランス語の貧困さの例は枚挙にいとまがない．

　事件や行為を動詞よりもむしろ名詞で表現するこの傾向は，とくに19世紀の間に著しく強まった．ルグランはその『フランス文体論』の中で，もはや昔のように «Ils cédèrent parce qu'on leur promit formellement qu'ils ne seraient pas punis.»「彼らは自分たちが罰せられないと正式に約束してもらったので，譲歩した」とは言わないように勧めている．彼は2つの従属節を避け，文を次のように作らなければならないと教える：«Ils cédèrent à une promesse formelle d'impunité.»「彼らは処罰しないという正式の約束によって譲歩した．」それら2つの文はいずれも正しい．しかしあとの文の方が彼にはもっと優雅に思われるのである．いずれにしてもその方がもっと近代的である．この文は行為を事物であるかのように示す．表現の上からすべての運動を取り除き，その運動を瞬間的な視覚的要素に置き換える．この近代文の変化についてはしばしば研究され[5]，それがとくに自然主義の作家たちにおいて頻繁に用いられるようになったことが明らかにされた．そのことはわれわれを驚かせはしない．なぜなら自然主義の作家たちは，できる限りはっきりした事物のヴィジョンを与えようと努めたものだからである．彼らの文中からは，次のような例は幾らでも取り出すことができる：«Sur les deux trottoirs, c'était une hâte de pas, des bras ballants, une hâte sans fin. Il y eut une panique folle, un galop de bétail mitraillé, une fuite éperdue dans la boue.» (ZOLA)「両側の歩道の上には，急ぎ足の人たち，腕をぶらつかせた人たち，果てしない急ぎ足の人たちがあった．狂気のパニック，銃撃された家畜の駆け足，泥の中への狂乱の遁走があった」（ゾラ）．しかしすでに，ヴィクトル・ユゴーも次のように言っていたのである：«Les larges aplanissements des flots dans le golfe avaient çà et là, des soulèvements subits.»「湾内いっぱいに広がった波の静けさには，あちらこちらに突然の隆起がわき起こるのだった．」

3. フランス語の性格

浸透よりも明晰性

そういったわけで，フランス語の文は，むしろ物の外部，物が目に映るものを把握する．そして，それによって，フランス語の文がフランス精神に通じるのである．以下にバイイがいかにしてこのフランス語の第一の特質を示そうとしたかを記そう．「ポール・クローデル Paul CLAUDEL は，フランス人は明白の世界にいると満足すると言っている．しかし明白とは，対象を明らかに照らすけれども，その中には浸透しない一種の解明である．明晰な観点は真実でない場合がある．それは決して完全には真実ではないとさえも言える．ヴォルテールは自分自身について，私は小川に似ている．深くないから明晰なのだと言っているのである．——明晰性に対して，精密 précision とは，事物を深め，それに浸透し，道に迷う危険さえも冒して，そこに入り込む傾向である．それこそまさに，ドイツ語についての表面的な観察をしただけでも得られる印象ではないだろうか… もし純然たる言語学研究の枠を越えることが許されるならば，ここに相反する2つの精神態度の反映が見られると言えるに違いない．すなわち，一方は本質的に知的・概念的であり，他方はもっと直観的で，情的な色彩を帯びているのである．」[6]

したがってそこには，フランス語の無比の明晰さに対する代償がある．フランス語は明晰である．しかしそれは浸透せず，内部世界の薄明の中から，人間知性に通じることのない感覚を引き出すことをみずからに禁じている．

この明晰性は，また同様に，フランス語の文を音楽に変えることを妨げている．その点についてはリヴァロルのことばをここに全部引用してみよう：「フランス語は，古今を問わず他のいかなる言語よりも音楽や韻文に適していない．なぜならそれら2つの芸術は，感覚によって生きるものだからである．とくに音楽が然り．音楽の特性は色彩のない言葉に力を与え，強烈な思想を和らげることにあるが，そのことは，音楽がそれ自体特殊な一言語であり，音楽と感覚を分かち合おうとするあらゆるものを排除するということの紛れもない証拠である．オルフェが絶えず繰り返して «J'ai perdu mon Eurydice.» 「われわがユリディスを失えり」[7]と言うとすれば，そのように繰り返された文の文法的感覚はやがてなくなってしまうであろうが，音楽的感覚はますます大きくなっていくであろう．しかもそれは，すでに言われてきたように，フランス語の語に響きがなく，音楽がそれらの語を排斥するからではなく，歌曲が混乱と奔放とを求めているのに，それらの語が秩序と脈絡を提示するからである」〔『フランス語の普遍性について』〕．

その点に関して，ドイツ語は完全にフランス語に対立している．われわれはここでブルクハルト C. BURCKHARDT 氏の論文の一部*を引用しておこう：「われ

---

* バイイ Ch. BALLY のドイツ語からのフランス語訳による．

われの国語であるドイツ語は簡潔な文体を持った言語ではない．音楽から生まれたドイツ語は音楽に属することをやめず，いわば調子(ノート)のない音楽，具体的で理解できるように置き換えられた音楽である．ドイツ語の優れた点は，思想を完璧な記号に移すことにあるのではなく——そうではないのだ——しかしそれは，魂を暗い，もしくは輝いた力で包むのである…　ひそかな響きがそこから飛び立ち，苦もなく語がその意味を失う地域へと飛び去っていく．ドイツ語の上には全ドイツ音楽がある．それはあたかも，響きわたる天空が地平線においてドイツ語との限界をなしているようなものである．フランス語はみずからの上に音楽を持っていない．みずからのうちに，まさにその飾りのために必要であり，フランス語を決して重苦しくもしなければ，それにベールをかぶせようともしない，些細な音楽を持っているだけである．それがフランス語であり，フランス語はフランス人の生活を構成しているあらゆるものを包括するのである．」[8]

伝達手段としてのフランス語

社会現象としてのフランス語

われわれは今，明晰性の欲求が時には人間の内部世界の一部分の表現を妨げていることを見てきた．個性表現の手段としては，フランス語は恐らく他の言語，とりわけドイツ語に劣っている．しかし言語にはそれとは別の機能もある．それは社会の異なったメンバー相互を結びつける役割を演じ，同じ言語集団中の異なった個人同士を関係づける機能である．そして，こういう点に目を向けると，フランス語は，その明晰さのゆえに，他のすべての言語にまさっている．類のない熱意をこめた3世紀にわたる努力は空しくはなかった．マレルブ以来，フランス国民の天賦の才能は，程度の差はあったが，ともかく意識的に，言語による社会的接触を困難にするものをフランス語から除去しようとしてきた．この長期間の努力によってフランス語は伝達の言語になったが，その最大のねらいは社会生活を可能で快適なものにすることなのである．それゆえ，われわれは，フランスの言語学者たちが，とくに言語を社会現象として研究する傾向を持っているのを見ても別に驚きはしない[9]．個人的な側面は，彼らにとってはそれほど重要性がないように思われているのである．彼らをこうした方向に押しやり，彼らにそうした言語現象の概念を与えているのは彼ら自身の言語である．そのことはまた歴史によっても部分的には説明がつく．フランス語は現在の文学的形式を集団的な努力によって獲得した．17世紀の大作家たちのうち，誰一人としてフランス語の形成に決定的な影響を与えた作家はいなかった．彼らはサロンの論争によって打ち立

てられた用法に従っていたのである．やがて多くの大作家たちがフランス語を豊かにし，フランス語を変化させるのに貢献はしたが，しかし彼らのうち誰一人，シェイクスピアが英語に，ダンテがイタリア語に対して行なったことをフランス語に対して行なった者はいなかった．英語やイタリア語においては，創造的な力が一人の天才によって具体化された．フランスにおいては，それが国民の一つの層全体の中に結晶したのである．

優れた国際語

フランス語の社会的な性格には，さらにその美しさ，優雅さ，柔軟さなどをつけ加えなければならないが，それらすべてはフランス語が優れた国際語になることをあらかじめ運命づけている．それらの特徴はいずれも，フランス語に対して比べもののない宣伝力を与え，いたるところへ浸透することのできる特殊な能力を与える．それらはフランス文明が広まることを力強く援助しているのである．リヴァロルは「確実で，社会的で，理性的であるということは，もはやフランス語ではなく，人間の言語である」〔『フランス語の普遍性について』〕と言っている．われわれはここで，言語と文明の最高の一致に達するのである．というのは，フランス人にとっては，フランス文明は他国民の文明以上に，あまねく人間的な何ものかを持っているからである．そして，こういった考えは他国の教養ある多くの人たちからの同意も得ている．英語は実業界で優位を占めてはいるが，それを言語としての特性に負うているのではなく，単に多数原理によっているにすぎない．ヨーロッパ人によって話されている他のいかなる言語も，その広がりと人数に関して，英語には匹敵することができない．フランス語は，確かに，他のどの言語もこれと地位を争うまでには達していなかったある時期に，その地位を獲得したことは事実である[10]．けれども，フランス語がその権威を持ち続けたのは，フランスの政治的・商業的な立場によってでもなければ，その3世紀にわたる伝統によってでもない．フランス語はそれをフランス語自身に負うているのである．

英語の諸国民が，英語のために領土的征服を行なっている間に，フランス語は自国民のために精神的な征服を行なったのである．

4. 現代フランス語の分化

地域的差異

フランス語を日常言語として使っている人たちといっても，その起源も，出生

地も，教養も非常に違っているので，その人たちの共通言語がそれ自身同一ではありえない．この分化は限りないニュアンスをもたらすが，ここでは簡単に幾つかの方法で分類してみよう．

まず地域的な差異がある．リヨンでは，もはや俚語が話されているのを聞くことはできない．しかし，どのリヨン人も毎日 gamin「子供」を指して gone という語を使っている．俚語は消滅したけれども，地域的な語彙の一部が残っているのである．数百の語が地域的なフランス語の中にその新しい隠れ家を見つけた．こういった国民語の局地的な形には最もしばしば昔の方言のなかでも最も味わいのある用語が保存されている．それはまた，発音上もパリのフランス語とは違っているし（巻き舌の r，だらだらした単調ななまり，南仏での不完全鼻母音），幾つかの形態やその用法も違っている（南仏では単純過去がまだ生きている）．またフランス語圏の一部のスイス人や多くのフランシュ・コンテ人——彼らはフランス語を大変正確に話すのだが——の幾らか歌うような口調は，ゲルマン起源のアレマニ諸方言 dialectes alamans に近いことを示している．このように昔のフランスの言語的な区分の輪郭は完全には消滅していない．それは，その上に広げられたパリのフランス語の厚いカーテンをとおして，ごくぼやけてはいるが，まだ姿を見せているのである．

社会的差異

次に，社会的な差異が存在する．教養ある人たちは話をする場合に気をつけて話す．彼らの理想は，極度の潔癖主義に陥らない正確さ，気取りのない優雅さ，とくに，努力していることを見せないようにしたいという欲望である．筋道が立っていて，しかも必要な改新は承認する教養ある世界は，まさに伝統を受け継ぎ，それを預っている世界であるが，だからといって，伝統を偶像のように崇拝しているわけではない．——低い階層の国民は，少なくとも普通の会話では，それほど気を配らずにしゃべる．ここでは伝統の維持には格別の注意が払われない．フランス語がこうむった大部分の変化は，民衆の中から生まれて，徐々に社会的に上の段階に昇っていったものである．民衆語の傾向のあるものについてはのちに調べるつもりであるが，その傾向は多かれ少なかれ前進的フランス語と符丁を合わせており，そのうちの多くの特殊性は，恐らくは明日のフランス語となるものであろう．

民衆語の下に隠語がある．しかし，実をいうと「下に」というのは間違っている．むしろ「余白に」というべきであろう．なぜなら，民衆語は発音や形態の点でも，統辞法や語彙の点でも，教養ある人たちのフランス語と違っているが，隠

4. 現代フランス語の分化

語は語彙の領域でしか生産的ではないからである．隠語とは，社会の周辺部にあって正規の生産的な仕事を持たずに生きている者の言語，いかがわしい仲間の言語である．この世界では，新語の形成が極端に大きい比率を占める．これらの語の大部分は「つかの間」の命しか持たない．しかし隠語は，少なくともある種の概念に対して類義語が極めて豊富である．その著書『泥棒・売春婦仲間の隠語』 *Argot du milieu* の中で，リヨン病院院長のラカサーニュ LACASSAGNE 博士は，リヨンの隠語について「頭」を示すのに用いられている少なくとも 41 語*，「ばか者」には 81 語を数えあげているが，それらの 3 分の 2 は最近 30 年間に作られたものである．それゆえ隠語は，まさしく語彙的肥大症である．それは共通語の中を循環する樹液によってはぐくまれるもので，共通語の恩恵を受けずには生きることができない．それはまた宿り木に似ている．宿り木の濃い緑の葉はまるであふれるばかりの生命を誇示しているかのようであるが，その主人である樹木が打ち倒されるや，たちまち萎(しな)びてしまう．しかしこのように不自然な生活をしているにもかかわらず，隠語は共通語に影響を与えないわけではない．隠語を話す人たちは社会の他の階級の人たちと絶えず接触している．水商売の女性たちは，なじんだ語からすぐには解放されない．社交界自身，時には低い階層から来たそれらの語を好んで使うこともある．気取り(スノビスム)から，社交界の人びとはアパッシュの世界なみに開放されているようなふりをする．こういった隠語には，特殊な表現力に富んでいるものもある**．

　隠語は，すでに見たように，社会のあらゆる階層と接触している．それはもはやほとんど特殊な一階層のことばではなく，むしろ何百も存在している職業的な特殊語(ジャルゴン)の一種である．同じ職業についている人たちは，仲間同士では，専門家でなければほとんど使えないような特殊な語彙を使う．あらゆる種類のスポーツマン，各種の職業に従事する人，中等・高等教育での学生・生徒などは，いずれも仲間同士で独自の特殊語を持った小グループを作っている．これらのグループに入ってくる人たちは，幾つかの社会層に属している．たとえば技師は彼の仕事を実行する労働者と同じ職業語を話す．看護人は mort「死」の代わりに exitus

---

* bobine 〔原義：糸巻き〕, bouillotte 〔原義：湯沸かし, 湯たんぽ〕, boussole 〔原義：羅針盤〕, cafetière 〔原義：コーヒー沸かし〕, carafe 〔原義：水差し〕, citrouille 〔原義：西洋かぼちゃ〕, fiole 〔原義：薬瓶〕, poire 〔原義：梨〕, pomme 〔原義：りんご〕, saladier 〔原義：サラダ・ボール〕, théière 〔原義：紅茶沸かし〕, trombine 〔原義：顔(?)〕など．
** たとえば《J'en ai marre.》「うんざりしている」；また別の語，たとえば se balader 「散歩する」は，漠然とバラード形式の詩を思い起こさせるようで,何か詩的なイメージが入り込んでいるような気を起こさせる．

letalis〔ラテン語〕「臨終」という語を使って医者の共犯者となる．賭をするためにスポーツ競技を見に来る人たちは，社会のあらゆる階層から集まっている．

　要するに，地域的，階級的，職業的という3つの差異は，各種各様に重なり合い，混ざり合っている．そしてその結果，ことばの生命は非常に多様で複雑な様相を呈することになるのである．

前進的フランス語＊

　以上のようなフランス語の多様なニュアンスによって，われわれはフランス語がこれからどのような方向に進んでいくかを予測することができる．進化の傾向はあるいは下層から，あるいは上層からやって来る．ところで，民衆フランス語＊＊が，数世紀以来フランス語の進化を方向づけてきたのと同じ本能によって導かれているように思われることは注目すべきである．

　たとえば，現代フランス語には，もはや屈折語尾の助けを借りた曲用がごくわずかしか残っていないことは，すでに確認したとおりである (œuf, œil, cheval〔263ページ参照〕)．フランス語は屈折語尾を《準接頭辞》préfixaux に変えてしまった．ところで，民衆フランス語は，その最後の残りさえも消してしまう (œufs と bœufs は単数形のように〔œf, bœf と〕発音されるし，le cheval の複数形は〔les chevaux ではなく〕les chevals であり；また les yeux に対しては単数形 l'œil に対応した les œils や les nœils〔un œil のリエゾンが残ったもの〕も存在する)．民衆フランス語は数世紀にわたる進化に結着をつけつつあるのである．

　動詞についても同じである．母音交替は現代フランス語ではすでにかなりまれになっている．民衆フランス語はそれを消滅させ続ける (décolletée「襟を大きくえぐった」に対応して《Elle se décolte.》「彼女は襟をえぐったドレス(ローブ・デコルテ)を着ている」と言われる〔標準フランス語の活用は《Elle se décollette (または décollète).》〕； fureter「白いたちを使ってうさぎ狩りをする，捜し回る」に応じて《Il furte.》となる〔標準フランス語では《Il furette.》〕；ある地方では charretier「馬方」に従って，charette「2輪馬車」の代わりに charte と言う)．屈折語尾は〔主語人称〕代名詞に席を譲った：《Il chante.》「彼は歌う．」ところが，この代名詞は名詞が動詞に先行している時には使われず，《Mon frère

---

＊　リヒテル E. RICHTER『最新フランス語研究』 Studie über das neueste Französisch, 『現代言語・文学研究誌』 Archiv für das Studium des neueren Spachen und Literaturen, 135〜136巻，およびとくにフレー H. FREI『誤用の文法』 La Grammaire des fautes, パリ, Geuthner, 1929年を参照．

＊＊　ボーシュ H. BAUCHE『民衆のことば』 Le langage populaire, 第3版，パリ，1951年．

chante.»「私の兄(弟)は歌う」と言われる．これらの形をラテン語の《Cantat.》「彼は歌う」および《Frater meus cantat.»「私の兄(弟)は歌う」と比較してみると，il がまだ完全には活用語尾の -at と等価にはなっていないということがすぐわかる．il は欠けることがあるが，-at の方は動詞形に固有の部分である．しかし，ここでもまた，民衆フランス語は進化に結着をつけて，《Mon frère il chante.》と言う．代名詞はひどく弱まってしまい，それを動詞から分けたり，引き離したりすることは，もはやできなくなっているのである．民衆は《Les soldats ils sont malheureux.»「兵隊たちは気の毒だ」とか《Ma femme elle (あるいは il!) est venue.»「女房がやって来た」と言うのである．

同様に，助動詞固有の価値に対する感覚も消えてしまう．一方が他方を押しのけ，être は avoir に席を譲る．《Il a chanté.»「彼は歌った」においては a はもはや何ら動詞としての価値を持たない．その起源においては，助動詞の avoir と《Il est tombé.»「彼は落ちた」という文の助動詞〔être〕との間にはまだ，ある差異が感じられていた．〔être の場合には〕行為の結果である，ある状態が目に浮かんだのであるが，今ではそのニュアンスは薄れてしまった．民衆フランス語は《Il a tombé.»と言う．

さらにまた，一層総合的な文の構造に戻ることが準備されているようでもある．この傾向は文学愛好家からきたものらしい．たとえば，互いに依存している2つの名詞の間に状況補語を入れるようなことが始まる．ロマン・ロラン Romain ROLLAND はこう書いている：《A cette heure je pourrais être à Amiens, occupé à mettre en ronde des foutaises de considérants, avec, pour toute distraction, la vue de temps en temps, au travers des barreaux, de quelque vieille dévote s'en allant à l'église.»「この頃，私はアミアンにいて，もっぱら前文のつまらないことを丸い字体で書き連ねていることもできたであろう．ただ慰みといえば，時おり，格子ごしに，信心深い老女が教会へ行くのを眺めるだけで．」ここでは，主語—動詞—被制辞という規則的な構造は傷つけられてはいないが，フランス語が過去の時代よりも一層よく，幾つかの可能性を利用する傾向に向かっているような印象を受ける．その可能性は文の線的なタイプを緩和し，あるいはそこに飾りつけをするためにフランス語に残されていたものである．その結果，半ば線的，半ば循環的な新しいタイプの文，世界の複雑さのイメージを与えようとする文が作られるようになる．ある作家たち*の手になった文は，時に

---

* とくにシュピッツァー L. SPITZER『マルセル・プルーストの文体について』 Zum Stil Marcel Prousts,『文体研究』Stilstudien, ミュンヘン, 1928 年, 第 2 巻, 365~497 ページ〔仏訳: Etudes de Style, 397~473 ページ〕を参照．

は極めて長い文になることがある．文末に達する前に，文は読者を多くの迷路に導く．時には文は，読者を出発点にさえも連れ戻すのである．

5. フランス語の広がり

フランス国内

フランス革命によって，フランス語が共和制加担の記号となってからは，フランス語は局地的口話を犠牲にして伸展する一方であった．フランス語は学校，国家行政，軍隊などのおかげをこうむって発展してきたし，現在もなお発展し続けている．こういった公共機関は，つねに国民語を使い，それ以外のものを排除する．商取引や交通が，遠距離輸送に極めて大きな重要性を与えた．商業ではフランス語しか使えなかった．地域的口話は少し離れたところではすぐに理解されなかったからである．その結果，都会——パリ近郊はとくにそうである——においてはもちろん，田舎においてさえも，方言は急速に衰退していった．

しかしながら，まだその俚語が維持されている多くの地方がある．それはとくに南仏の場合である．マルセイユやボルドーのような大都市は局地的特有言語を捨ててしまったが，他の都市，たとえばアルル Arles とかカルカソンヌ Carcassonne のような都市ではまだオクシタン語を話すのが聞かれる．ロゼール県 Lozère のように県全体で住民がお互い同士の間ではオクシタン語以外の言語をほとんど使わないような地方もある．けれどもその住民はすべて二言語併用者だという点に注意することが肝要である．公的な機会にはもちろん，他国の人と話す時にも，住民は国民語を用いる．局地的特有言語は，その結果，一種の平俗語 langue familière となる．それは，消滅する前の中間的な段階である．また別のところ，たとえばトゥールーズでは局地的口話は住民の下層部にその使用が任せられてしまった．その差異は地域的なものから社会的なものに移ったのである．各地において，俚語はその土地に生まれた大部分の人たちにさえ理解できない局地的隠語になる恐れも出てきている．

俚語一般を，貧困化した特有言語だと考えるのは間違っているであろう．俚語がまだ田舎の人の慣用的な言語になっているところでは，それは，ごく自然に口をついて出る口話，大地に根をおろした口話の力を完全に保有している．有名な言語学者マックス・ミュラー Max MÜLLER[11] は，イギリスの農業労働者は普通はわずかに300語しか使っていないと主張した．われわれはその数字を検証することができないし，その作業は英語学者に任せなければならない．ただわれわれは，

フランス人の百姓の個人的な語彙はもっとずっと豊富だと言うことができる．ある一つの村だけの俚語を注意深く収集した人たちの結果は，一般に5000語を越えている*．デュラフール A. Duraffour は長年にわたってヴォー Vaux (アン県 Ain) でまだよく使われている生きた俚語を採集したが，それは12000語という膨大な数字に達している．そして事実，人間生活のある部分では俚語が文学語よりもニュアンスに富み，多種多様な表現方法を持っていることもある．それは単に田舎の生活や野良仕事に関するすべてのことについてばかりでなく，そのほかとくに，精神的・情意的な生活に関する場合がそうである．この場合，その生活力を保持している俚語は，まさにあり余る創造力を持っている**．

しかし，ガロ・ロマンの俚語の生命力がいかなるものであるとしても，フランス語は，フランス国内においては，唯一の書記言語であり続けるであろう．南仏は19世紀の大詩人フレデリック・ミストラル Frédéric Mistral[12] を生んだ．しかしミストラルには後継者が現われず，彼が創設したフェリブリージュ Félibrige 運動は純粋に文学的な目的以上に出なかった．

フランスは，今日オクシタン語とフランス語を分け隔てている境界線によって2つの部分に分かれている．しかし，この境界線の意味はもはや昔とは同じではない．現在では北でも南でもフランス語が話されている．ただ北部では，第2の言語である地域的な俚語が，南部——その俚語はフランス語とは大変異なったタイプの言語に属している——よりも，国民語によって強く痛めつけられているのである．

フランス国内で話されている他の言語

フランス語が国家的統一の主要な道具の一つであるとはいえ，フランスには非ガロ・ロマン系の言語地域が幾つか含まれている．コルシカ島 Corse とマントン地域 Menton (約40万人) はイタリア語圏である．東ピレネー県 Pyrénées-Orientales の大部分(約20万人)はカタロニア語 catalan を話す．バス・ピレネー県 Basses-Pyrénées には約10万人のバスク人が含まれる．ダンケルク地方 Dunkerque の大部分は現在までフラマン語 flamand を保持してきた（約20万

---

* たとえば，レルメ J. Lhermet『オーリヤック地方の方言語彙研究に寄せて』*Contribution à la lexicologie du dialecte aurillacois*, パリ, E. Droz, 1932年や，ケーラ L. Queyrat『シャヴァナ地域の俚語』*Le patois de la région de Chavanat*, ゲレ, J. Lecante, 1930年を参照．

** その例として，ラブーエール Labouheyre (ランド県 Landes) の一百姓が avare「けちな」に対して9つの類義語を自由に使うことができ，しかもそのすべてが幾らか違ったニュアンスと表現力を持っているという事実をあげておこう．

人).

　非フランス語の最も重要な2つの地方はブルターニュ地方とアルザス・ロレーヌ地方である．ブルトン語は中世以来，多くの活動地域を失い，現在でも後退するばかりである．その言語は現在でもなおヴァンヌ Vannes とパンポル Paimpol とを結ぶ線の西側で話されてはいる．しかしこのブルトン語を話す地域の内部においても，ブレスト Brest のようにとくに大都市では，ブルトン語を理解しない人が高い比率を占めている．田舎でさえも，ブルトン語は日々衰弱しつつある．けれども，教会ではブルトン語による教理問答や説教の習慣が維持されており，まだこの言語をしゃべる住民の数は100万人とみなされている．しかしそのうちの多くは二言語併用者である．

　アルザス・ロレーヌ地方で話されているドイツ語は，低地ブルターニュ地方のブルトン語よりもずっと生命力を持っている．田舎の大部分の住民はフランス語をほとんど話さない．都市の中産階級の人たちは，確かに，1870年から1918年の間〔ドイツ（プロシア）の占領時代〕にも，一部ではフランス語を使う習慣を保持していた．しかし，この地方のゲルマン的性格はそのために損傷を受けてはいない．アルザス地方はまた，フランス語以外の言語による大新聞が刊行されている唯一の地方である．さらにまた，土着語が学校や法廷でその地位を保有している唯一の地方である．その言語とフランス語の言語境界線は，モーゼル県 Moselle をほとんど等しい2つの部分に分け，その後ヴォージュ山脈 Vosges に沿って進むが，この山脈の東斜面の幾つかの村はフランス語圏に入る．ドイツ語を話すアルザス・ロレーヌ人の数は約140万人である．

その他の諸国

　ベルギーでは，フランス語は住民の過半数を占める言語ではないけれども，長いあいだ特権的な地位を得ていた．フラマン語はより下の地位に置かれている．なぜなら，それは大言語ではなく，またフランドルの諸都市の中産階級の人たちの一部が，長い間フランス語の方を好んだからである．しかし今日では2つの言語は同じ権利を持っている．この国は西から東へ延びるほぼまっすぐな線によって横断されており，800万人の住民のうち350万人がフランス語圏に属している．——フランス語はまたドイツ語とともにルクセンブルク大公国 Luxembourg の公用語でもある．もっとも，この国全体は，その言語境界線が4つの村を除いてすべてドイツ語圏に属しているが，ここでもまた中産階級の人たちによってフランス語の地位が維持されているのである．

　スイスは，その州と市町村の強力な自治権力のおかげで，他の二言語併用国で

5. フランス語の広がり

激しく行なわれている言語論争を完全に免れている．連邦政府は4つの国民語を認めている．すなわち，ドイツ語，フランス語，イタリア語およびロマンシュ語 romanche（レト・ロマン語 rhétoroman）である．その言語境界線は極めてはっきりしている．それは，3つの州(ベルヌ Berne, フリブール Fribourg, ヴァレ Valais) を横断していて，それらの州は〔ドイツ語とフランス語の〕2つの公用語を持っているのである．境界線はさらに3つの州全体(ヴォー Vaud, ヌーシャテル Neuchâtel, ジュネーヴ)をフランス語に任せる．しかしフランス語はドイツ語の地域でも広く知られており，またその逆でもあるので，言語的統一がなくてもほとんど何の不都合も起こらないほどである．全体でおよそ500万人の住民のうち，フランス語は100万人を少し越えた人たちの母語である．

ポー川の支流の高地流域全体ではガロ・ロマン系の方言（フランコ・プロヴァンス語またはプロヴァンス語）が話されている．たとえば，宗教改革時代にオリヴェタンに聖書の訳を求めた(*152*ページ参照)ヴァルド派の人たちが住んでいる流域地帯などがそれである．アオスタ峡谷はポー平原の方向よりもサヴォワ〔フランス領〕の方向に絶えず傾きがちだったが，その公用語はフランス語とイタリア語であった．〔ムッソリーニの〕ファシスト政府はその峡谷の特権を廃止したが，第二次世界大戦の終わりに，その特権はある種の自治権力とともに，その地方に戻された．

チャネル諸島 Iles Normandes〔英仏海峡にある英領諸島〕は，1204年以来フランスとは離れたが，まだ公用語としてフランス語が用いられている．ここでは10万人の住民のうちの半数は英語を使っている．

フランス連合 Union française のすべてにおいてフランス語はもちろん公用語である．しかしフランス語を絶えず話す人の数はほとんど100万を越えない．フランス語はまたベルギー領コンゴー Congo〔現在ではザイール Zaïre 人民共和国〕の行政用語でもある．——18世紀にフランスから移民した人びとの子孫であるカナダ人は，その祖先のことばを使って話し続けている．その言語は立派に生きており，英語を前にして少しも後退していない．ルイジアナ州 Louisiane〔アメリカ合衆国の州〕では幾つかの孤立したフランス語地域でフランス語は維持されてきた．が，その地位は不安定である．ルイジアナ州とカナダ全体では200万以上のフランス語を話す人が住んでいる．西インド諸島 Antilles とガイアナ(ギアナ) Guyane〔南米北東部〕ではおよそ200万人の住民がフランス語を話している．

総　括

　フランスの住民数から他民族やまだ帰化していない外国人(とくにイタリア人，スペイン人，ポーランド人)の数を差し引き，そこに他国に住むフランス語を話す人びとの数を加えると，合計およそ4700万人となる．その数は英語が1億9000万人，ロシア語が(小ロシアを含めて)1億8000万人，ドイツ語が9000万人以上，スペイン語が9000万人の人びとによって話されていることを考えると，決して多くはない．しかもその数字を140年前の数字と比較するとなお一層フランス語にとっては不利な結論となる．1800年頃にはこれらの5言語は，ほとんど同じ人数，それぞれが2500万人から3000万人の間の人間によって話されていた．この数字が英語やロシア語では7倍，ドイツ語やスペイン語では3倍になったのに，フランス語では5割しか増加しなかったのである．

　したがって，それを話す人数からいえば，フランス語はヨーロッパ起源の諸言語のなかではあまり目立たない地位にある．しかし，前にも述べたように，一言語の権威というものは，単にその数的重要性によるのではない．その内的特質がフランス語を最高の伝達言語にしているのである．その特質がフランス語に特別な地位を保証している．すなわち，ヨーロッパおよび海外諸国の大部分の知的エリートは自分の持っている言語のほかに第2言語を持っているが，それがフランス語なのである．「すべてが民主化されているのに，フランス語は相変わらず古典期以来続いてきた状態，つまりエリートと貴族階級の伝達手段にとどまっている」(バイイ)のである．フランス語が今日ほどの熱意をもって，多くの人たちから，とくにアングロ・サクソン文化圏の国々および南アメリカにおいて，研究されたことはかつてなかった．第二次世界大戦以来，フランス語の地位が国際的に弱まったのは，今日，機械文明の時代にあって，政治的な大事件やその他の事件の多くの指導者がフランス語の特質を感知していないという事実にとくに依存しているのである．フランス語がその地位を保っているのは，それを話す人数によってではなく，その繊細さ，その優雅さ，その社会的な性格によってである．

参 考 文 献

この小リストは，本書の中で取り扱われている問題について，さらにくわしく知りたいと望む人びとが読まれることをお勧めする幾冊かの著書を集めたものである．もちろん，これらの著書――とりわけ事実を示すだけで満足しない著書――の中で述べられている意見を，われわれはすべて採用しているわけではない．しかし，それについての議論は，本書の枠を越えることになろう．

〔なお，この参考文献には訳者による体裁の変更と，最近の資料にもとづくいくらかの訂正がほどこされている．〕

歴史文法・フランス語史

BRUNOT, F.: *Histoire de la langue française des origines à 1900*, 13 vol., Paris, A. Colin, 1905-1953. [nouv. éd., 1966.]

BRUNOT, F.: *La langue française de 1815 à nos jours* (=*Histoire de la langue et de la littérature françaises des origines à 1900*, publiée sous la direction de L. Petit de Juleville, t. VIII, p. 704 à 884, Paris, A. Colin, 1899).

BRUNOT, F. et BRUNEAU, Ch.: *Précis de grammaire historique de la langue française*, 3ᵉ éd., Paris, Masson & Cie, 1969.

LERCH, E.: *Historische französische Syntax*, 3 vol., Leipzig, Reisland, 1925-1934.

GAMILLSCHEG, E.: *Historische Syntax der französischen Sprache*, Tübingen, M. Niemeyer, 1957.

MEYER-LÜBKE, W.: *Historische Grammatik der französischen Sprache*, Heidelberg, C. Winter, 1913-1921. [1. 1913 ; 2. 2ᵉ éd. rev. et compl., 1966.]

SNEYDERS DE VOGEL, K.: *Syntaxe historique du français*, 2ᵉ éd., Groningue, 1927.

VOSSLER, K.: *Frankreichs Kultur und Sprache*, 2. Aufl., Heidelberg, C. Winter, 1929. [仏訳, Juilland, A.: *Langue et culture de la France*, Paris, Payot, 1953.]

BOURCIEZ, Ed.: *Eléments de linguistique romane*, 4ᵉ éd., Paris, C. Klincksieck, 1946. [5ᵉ éd. rev., 1967.]

WARTBURG, W. von: *Die Entstehung der romanischen Völker*, 2. Aufl., Tübingen, Niemeyer, 1951. [仏訳, Cuénot de Maupassant, C.: *Les Origines des peuples romans*, Paris, PUF, 1941.]

記 述 文 法

BALLY, Ch.: *Linguistique générale et linguistique française*, 2ᵉ éd., Berne, A. Francke, 1944. [4ᵉ éd., rev. et corr., 1965――バイイ『一般言語学とフランス言語学』, 小林英夫訳, 岩波書店, 1970 年.]

BRUNOT, F.: *La pensée et la langue*, 3ᵉ éd., rev., Paris, Masson & Cie., 1953.

FOULET, L.: *Petite syntaxe de l'ancien français*, 3ᵉ éd., Paris, Champion, 1968.

LE BIDOIS, Georges et Robert: *Syntaxe du français moderne, ses fondements historiques et psychologiques*, 2 tomes, Paris, 1935-1938. [2ᵉ éd. rev. et compl., Paris, Picard, 1967.]

DAMOURETTE, J. et PICHON, Ed. : *Essai de grammaire de la langue française*, 7 tomes, Paris, d'Artrey, 1911-1940. [réimpr. 1968-1971.]
SANDFELD, Kr. : *Syntaxe du français contemporain*, 3 vol., Kopenhagen, 1928 à 1943. [1. Paris, Champion; 2,3. 2e éd., Genève, Droz, 1965.]
GOUGENHEIM, G. : *Système grammatical de la langue française*, Paris, d'Artrey, 1962.
DE BOER, C. : *Syntaxe du français moderne*, 2e éd., Leiden, univ. Pers, 1954.
WARTBURG, W. von et ZUMTHOR, P. : *Précis de syntaxe du français contemporain*, 2e éd., Berne, A. Francke, 1958.
GREVISSE, M. : *Le bon usage*, 4e éd., Gembloux-Paris 1949. [9e éd. rev., 1969.]

文体論と意味論

LANSON, G. : *L'art de la prose*, Paris, Payot, s. d. (1908).
SPITZER, L. : *Stilstudien*, 2 vol., München, Hueber, 1928. [仏訳, Kaufholz, E., Coulon, A. et Foucault: *Etudes de Style*, Paris, Gallimard, 1970.]
ULLMANN, S. : *Précis de sémantique française*, Berne, A. Francke, 1952. [3e éd., 1965.]

語源辞典

BLOCH, O. et WARTBURG W. von : *Dictionnaire étymologique de la langue française*, 4e éd., Paris, PUF, 1964. [5e éd. rev. et augm., 1968.]
GAMILLSCHEG, E. : *Etymologisches Wörterbuch der französischen Sprache*, Heidelberg, C. Winter, 1928. [2e éd., 1969.]
WARTBURG, W. von : *Französisches Etymologisches Wörterbuch, eine Darstellung des galloromanischen Sprachschatzes*, Tübingen, J. C. B. Mohr, puis Basel, Hebing und Lichtenhahn / Zbinden Druck und Verlag AG, 25 vol., 1922-1973 (すべての方言を含み, 系統別に語を排列してある).

記述辞典

GODEFROY, F. : *Dictionnaire de l'ancienne langue française*, 10 vol., Paris, Libr. des sc. et des arts, 1937-1938. [Nendeln, Kraus Repr., 1969.]
NOUVEAU LAROUSSE UNIVERSEL, 2 vol., Paris, Larousse, 1948-1949.
GRAND LAROUSSE ENCYCLOPÉDIQUE, 10 vol., Paris, Larousse, 1960-1964. [Supplément, 1968.]
DICTIONNAIRE DE L'ACADÉMIE FRANÇAISE, 8e éd., 2 vol., Paris, Hachette, 1932-1935.
LITTRÉ, E. : *Dictionnaire de la langue française*, 4 vol., Paris, 1863-1873.—Supplément, Paris, 1877. [6 vol., Paris, J. J. Pauvert / Gallimard-Hachette, 1956-1958.]
ROBERT, P. : *Dictionnaire alphabétique et analogique de la langue française*, 6 vol., Paris, Soc. du Nouv. Littré (とくに, 19-20 世紀作家からの引用が貴重である). [Supplément, 1970.]
TOBLER-LOMMATZSCH : *Altfranzösisches Wörterbuch*, Wiesbaden, Franz Steiner Verlag 1925 ss. (刊行中.)

〔以下の参考文献は, 主として基本的・入門的なものについて, 訳者が補ったものである. 作成に当たっては MARTIN R. et E.: *Guide bibliographique de linguistique française*, Paris, Klincksieck, 1973. を参考にしたが, 日本で刊行または翻訳されたものをできるだけ入れるなど, とくに日本の読者の便を計った.〕

歴史文法・フランス語史

BRUNEAU, Ch.: *Petite histoire de la langue française*, 2 vol., 4ᵉ éd. rev. et mise à jour par M. Parent et G. Moignet, Paris, A. Colin, 1966.

CHAURAND, J.: *Histoire de la langue française*, Paris, PUF, 1969 (Coll. «Que sais-je?»). ——ショーラン『フランス語史』, 川本茂雄・高橋秀雄共訳, 白水社, 文庫クセジュ, 1973年.

COHEN, M.: *Histoire d'une langue: le français*, 3ᵉ éd. rev. et mise à jour, Paris, Ed. sociales, 1967.

DAUZAT, A.: *Histoire de la langue française*, Paris, Payot, 1930 (Bibl. scientifique).

DAUZAT, A.: *Tableau de la langue française*, Paris, Payot, 1967 (Petite bibliothèque Payot. 100).

DAUZAT, A.: *Le Génie de la langue française*, Paris, Payot, 1943 (Bibl. scientifique).

DAUZAT, A.: *Les étapes de la langue française*, 2ᵉ éd., Paris, PUF, 1948 (Coll. «Que sais-je?»). ——ドーザ『フランス語の歩み』, 川本茂雄訳, 白水社, 文庫クセジュ, 1954年.

EWERT, A.: *The French Language*, 2ᵉ éd., London, Faber and Faber, 1964.

Fox, J. & WOOD, R.: *A Concise History of the French Language*, Oxford, Basil Blackwell, 1970.

FRANÇOIS, A.: *Histoire de la langue française cultivée des origines à nos jours*, 2 vol., Genève, A. Jullien, 1959.

HOLMES, U. T. & SCHUTZ, A. H.: *A History of the French Language*, New York, Farrar and Rinehart, 1933.——ホームズ・シュッツ『フランス語の歴史』, 松原秀一訳, 大修館, 1974年.

KUKENHEIM, L.: *Grammaire historique de la langue française*, 2 vol., Leyde, Presses univ. (Public. de l'Univ. de Leyde. XIII-XIV).——1. Les Parties du discours, 1967; 2. Les Syntagmes, 1968.

NYROP, K.: *Grammaire historique de la langue française*, 6 vol., Copenhague, Nordisk Vorlag / Paris, Picard, 1ʳᵉ éd., 1899-1930, réimpr. depuis 1967.

島岡茂『フランス語の歴史』, 大学書林, 1974年.

家島光一郎・川村克己・田島宏『現代フランス語のできるまで』, 白水社, 第2版, 1970年.

山田秀男『フランス語史』, 駿河台出版社, 1981年.

歴史音声学・通時音韻論・正書法の歴史

BEAULIEUX, Ch.: *Histoire de l'orthographe française*, Paris, Champion, 1927.

BOURCIEZ, E. et BOURCIEZ, J.: *Phonétique française. Etude historique*, Paris, Klincksieck, 1967 (Tradition de l'human. 3).

FOUCHÉ, P.: *Phonétique historique du français*, 3 vol., Paris, Klincksieck.——1. Introduction, 1952; 2. Les voyelles, 2ᵉ éd. rev. et corr., 1969; 3. Les consonnes et index général, 2ᵉ éd. rev. et corr., 1966.

LA CHAUSSÉE, F. de: *Initiation à la phonétique historique de l'ancien français*, Paris, Klincksieck, 1974 (Bibl. fr. et rom. Série D: Initiation, textes et documents. 7).

LANLY, A.: *Fiches de philologie française*, Paris, Bordas, 1971 (Coll. «Etudes»).
MARTINET, A.: *Economie des changements phonétiques: traité de phonologie diachronique*, Berne, Francke, 1955.

歴史形態論・歴史統辞論・語彙の歴史

CHEVALIER, J.-Cl.: *Histoire de la syntaxe. Naissance de la notion de complément dans la grammaire française* (1530–1750), Genève, Droz, 1968 (Publ. rom. et fr.).
FOUCHÉ, P.: *Le verbe français. Etude morphologique*, nouv. éd. ent. ref. et augm., Paris, Klincksieck, 1967.
GOUGENHEIM, G.: *Les mots français dans l'histoire et dans la vie*, 2 vol., Paris, Picard.——1. 1962; 2. 1966.
GOUGENHEIM, G.: *Etudes de grammaire et de vocabulaire français*, Paris, Picard, 1970.
POPE, M. K.: *From Latin to Modern French with especial consideration of Anglo-Norman. Phonology and morphology*, Manchester, Univ. Press, 1961.

語源辞典

BALDINGER, K., GENDRON, J.-D. et STRAKA, G.: *Dictionnaire étymologique de l'ancien français*, Québec, PUL / Tübingen, Niemeyer / Paris, Klincksieck, 1971- (刊行中).
DAUZAT, A., DUBOIS, J. et MITTERAND, H.: *Nouveau dictionnaire étymologique et historique*, 2ᵉ éd. rev. et corr., Paris, Larousse, 1967.
DAUZAT, A. et ROSTAING, Ch.: *Dictionnaire étymologique des noms de lieux de France*, Paris, Larousse, 1963.
MEYER-LÜBKE, W.: *Romanisches etymologisches Wörterbuch*, 3. Vollständig neubearb. Aufl., Heidelberg, C. Winter, 1935, réimpr. 1968.

ラテン語

ERNOUT, A. et MEILLET, A.: *Dictionnaire étymologique de la langue latine*, 4ᵉ éd., Paris, Klincksieck, 1959.
国原吉之助『中世ラテン語入門』, 南江堂, 1975 年.
HERMAN, J.: *Le Latin vulgaire*, Paris, PUF, 1967 (Coll. «Que sais-je?»).——ヘルマン『俗ラテン語』, 新村猛・国原吉之助共訳, 白水社, 文庫クセジュ, 1971 年.
MEILLET, A.: *Esquisse d'une histoire de la langue latine*, Paris, Klincksieck, 1966 (Tradition de l'humaisme, 2).
NORBERG, D.: *Manuel pratique de latin médiéval*, Paris, Picard, 1968 (Coll. «Connaissance des langues»).
VÄÄNÄNEN, V.: *Introduction au latin vulgaire*, nouv. éd. rev. et compl. d'une anthologie avec commentaire, Paris, Klincksieck, 1967 (Bibl. fr. et rom. Série A: Manuels et ét. ling. 6).

ロマン諸語

AUERBACH, E.: *Introduction aux études de philologie romane*, 2ᵉ éd., Francfort, Klostermann, 1961.
BEC, P.: *Manuel pratique de philologie romane*, 2 tomes, Paris, Picard.——1. 1970; 2. 1971.
CAMPROUX, Ch.: *Les langues romanes*, Paris, PUF, 1974 (Coll. «Que sais-je?»).——カン

プルー『ロマン諸語』, 島岡茂・鳥居正文共訳, 白水社, 文庫クセジュ, 1975 年.
ELCOCK, W. D.: *The Romance Languages*, London, Faber and Faber, 1960.
ROHLFS, G.: *Vom Vulgärlatein zum Altfranzösischen. Einführung in das Studium der altfranzösischen Sprache*, 2. verb. Aufl., Tübingen, Niemeyer, 1963.――英訳, Almazin, V. & McCarthy, L.: *From Vulgar Latin to Old French*, Detroit, Wayne State Univ. Press, 1970.
島岡　茂『ロマンス語の話』, 大学書林, 1970 年.
TAGLIAVINI, C.: *Le Origini delle lingue neo-latine. Introduzione alla filologia romanza*, 5ᵉ éd., Bologna, R. Patron, 1969.
WARTBURG, W. von: *Die Ausgliederung der romanischen Sprachräume*, Bern, A. Francke, 1950.――仏訳, Allières, J. et Straka, G.: *La fragmentation linguistique de la Romania*, Paris, Klincksieck, 1967 (Bibl. fr. et rom. Série A: Manuels et ét. ling. 13).

方言学・言語地理学

DAUZAT, A.: *La Géographie linguistique*, Paris, Flammarion, 1922.――ドーザ『フランス言語地理学』, 松原秀治・横山紀伊子訳, 大学書林, 1958 年.
GILLIÉRON, J. et EDMONT, E.: *Atlas linguistique de la France*, Paris, H. Champion, 1902–1910.
POP, S., *La Dialectologie*, 2 vol., Louvain, 1950.

詩　　法

GRAMMONT, M.: *Petit traité de versification française*, 15ᵉ éd., Paris, A. Colin, 1969 (Coll. «U»).――グラモン『フランス詩法概説』, 杉山正樹訳, 駿河台出版社, 1972 年.
LOTE, G.: *Histoire du vers français*, 3 vol., Paris, Boivin puis Hatier, 1949–1955.
鈴木信太郎『フランス詩法』, 鈴木信太郎全集第 3 巻, 1972 年, 大修館.
杉山正樹『やさしいフランス詩法』, 白水社, 1981 年.

古フランス語

BATANY, J.: *Français médiéval*, Paris, Bordas, 1972 (Coll. «Etudes»).
FOULET, L.: *Petite syntaxe de l'ancien français*, 3ᵉ éd. rev., Paris, H. Champion, 1963 (CFMA. 2ᵉ sér. Man.).
GOSSEN, Ch.-Th.: *Grammaire de l'ancien picard*, Paris, Klincksieck, 1974 (Bibl. fr. et rom. Série A: Manuels et ét. ling. 19).
GOUGENHEIM, G.: *Etude sur les périphrases verbales de la langue française*, Paris, Nizet, 1971.
GUIRAUD, P.: *L'ancien français*, Paris, PUF, 1963 (Coll. «Que sais-je?»).
IMBS, P.: *Les propositions temporelles en ancien français. La détermination du moment*, Paris, Les Belles Lettres, 1956.
MÉNARD, Ph.: *Manuel d'ancien français. 3. Syntaxe*, Bordeaux, Société bordelaise de diffusion de trav. des lettres et sc. hum., 1968.
MOIGNET, G.: *Grammaire de l'ancien français*, Paris, Klincksieck, 1973 (Initiation à la linguistique. Série B: Problèmes et Méthodes. 2).
RAYNAUD DE LAGE, G.: *Introduction à l'ancien français*, 7ᵉ éd., Paris, SEDES, 1970.
RAYNAUD DE LAGE, G.: *Manuel pratique d'ancien français*, Paris, Picard, 1964 (Connaissance des langues. 2).

RHEINFELDER, H.: *Altfranzösische Grammatik*, 2 vol., München, M. Hueber.——1. Lautlehre, 4ᵉ éd., 1968 ; 2. Formenlehre, 1967.
SCHWAN, E., BEHRENS, D.: *Grammatik des Altfranzösischen*, 12ᵉ éd., Darmstadt, Wissenschaftliche Buchgesellschaft, 1966.——仏訳, Bloch, O.: *Grammaire de l'ancien français*, Leipzig, Reisland, 1932.
STEFANINI, J.: *La voix pronominale en ancien et en moyen français*, Aix-en-Provence, Ophrys, 1962.
高塚洋太郎『中世フランスのテキストの研究—「ヴァウール聖堂騎士団古文書集」の言語—』, 東京, 白水社, 1973 年(関西学院大学研究叢書第 30 編).
WAGNER, R.-L.: *Les phrases hypothétiques commençant par si dans la langue française des origines à la fin du XVIᵉ s.*, Paris, Droz, 1939.

GODEFROY, F.: *Lexique de l'ancien français*, Paris, Champion, 1964.
GREIMAS, A. J.: *Dictionnaire de l'ancien français*, Paris, Larousse, 1968.

中期フランス語・16 世紀のフランス語

BENOIST, A.: *De la syntaxe française entre Palsgrave et Vaugelas*, Genève, Slatkine repr., 1968.
CATACH, N.: *L'orthographe française à l'époque de la Renaissance*, Genève, Droz, 1968.
DARMESTETER, A. et HATZFELD, A.: *Le seizième siècle en France. Tableau de la littérature et de la langue*, Paris, Delagrave, 5ᵉ éd., 1928.
GARDNER, R. and GREENE, M. A.: *A brief description of Middle French syntax*, Chapel Hill, The University of North Carolina Press, 1958.
GOUGENHEIM, G.: *Grammaire de la langue française du XVIᵉ siècle*, nouv. éd., Paris, Picard, 1973.
GUIRAUD, P.: *Le moyen français*, Paris, PUF, 1963 (Coll. «Que sais-je ?»).
HUGUET, E.: *Etude sur la syntaxe de Rabelais comparée à celle des autres prosateurs de 1450 à 1550*, Genève, Slatkine repr., 1967.
HUGUET, E.: *Le langage figuré au XVIᵉ siècle*, Paris, Hachette, 1933.
LIVET, Ch.-L.: *La grammaire française et les grammairiens du XVIᵉ siècle*, Genève, Slatkine repr., 1967.
MARTY-LAVEAUX, Ch.: *La langue de la Pléiade*, 1-2, 2 vol., Genève, Slatkine repr., 1966.
NEUMANN, S.-G.: *Recherches sur le français des XVᵉ et XVIᵉ siècles et sur sa codification par les théoriciens de l'époque*, Lund, C.W.K. Gleerup / Copenhague, E. Munksgaard, 1959.
小方厚彦『16 世紀フランスにおけるフランス語とフランス語観—Ramus の研究—』大阪, 関西大学出版・広報部, 1972 年.
RICKARD, P.: *La langue française au XVIᵉ siècle (Etude suivie de textes)*, Cambridge, University Press, 1968.
SAINÉAN, L.: *La langue de Rabelais*, 2 vol., Paris, Boccard, 1922–1923.
THUROT, Ch.: *De la prononciation française depuis le commencement du XVIᵉ siècle d'après les témoignages des grammairiens*, 2 vol., Genève, Slatkine repr., 1966.

HUGUET, E.: *Dictionnaire de la langue française du XVIᵉ siècle*, 7 vol., Paris, E. Champion puis M. Didier, 1925–1967.

古典期フランス語

BRUNOT, F.: *La doctrine de Malherbe, d'après son Commentaire sur Desportes*, Paris, G. Masson, 1891.

CAYROU, G.: *Le français classique. Lexique de la langue du XVIIe siècle expliquant d'après les dictionnaires du temps et les remarques des grammairiens le sens et l'usage des mois aujourd'hui vieillis ou différemment employés*, Paris, Didier, 1948.

DONZÉ, R.: *La grammaire générale et raisonnée de Port-Royal. Contribution à l'histoire des idées grammaticales en France*, Bern, Francke, 1967.

HAASE, A.: *Syntaxe française du XVIIe siècle*, nouv. éd., Paris, Delagrave; München, M. Hueber, 1969.

LANCELOT, Cl. et ARNAULD, A.: *La Grammaire générale et raisonnée, ou la grammaire de Port-Royal*, 2 vol., Hrsg. von H. H. Brekle, Stuttgart-Bad Cannstatt, F. Fromann, 1966.
―― ランスロ=アルノー『ポール・ロワイヤル文法』,南館英孝訳,大修館,1972年.

LIVET, Ch.-L.: *Lexique de la langue de Molière comparée à celle des écrivains de son temps avec des commentaires de philologie historique et grammaticale*, 3 vol., Paris, Impr. nationale, 1895–1897.

ROSSET, Th.: *Les origines de la prononciation moderne étudiées au XVIIe siècle d'après les remarques des grammairiens et les textes en patois de la banlieue parisienne*, Paris, A. Colin, 1911.

WINKLER, E.: *La doctrine grammaticale française d'après Maupas et Oudin*, Halle-Saale, M. Niemeyer, 1912 (Beih. zur Z. rom. Philol. 38).

DUBOIS, J., LAGANE, R. et LEROND, A.: *Dictionnaire du français classique*, Paris, Larousse, 1971.

近代フランス語

CHEVALIER, J.-Cl., BLANCHE-BENVENISTE, Cl., ARRIVÉ, M. et PEYTARD, J.: *Grammaire Larousse du français contemporain*, Paris, Larousse, 1964.

CRESSOT, M.: *Le style et ses techniques. Précis d'analyse stylistique*, 6e éd. rev. et augm., Paris, PUF, 1969.

FOUCHÉ, P.: *Traité de prononciation française*, 2e éd., Paris, Klincksieck, 1969.

GALICHET, G.: *Physiologie de la langue française*, 5e éd., Paris, PUF, 1968 (Coll. «Que sais-je?»).―― ガリシェ『フランス語の生理学』,松井三郎・原田武共訳,白水社,文庫クセジュ,1971年.

GUIRAUD, P.: *La grammaire*, Paris, PUF, 1958 (Coll. «Que sais-je?»).―― ギロー『文法』,島岡茂訳,白水社,文庫クセジュ,1959年.

GUIRAUD, P.: *La stylistique*, Paris, PUF, 1963 (Coll. «Que sais-je?»).―― ギロー『文体論』,佐藤信夫訳,白水社,文庫クセジュ,1959年.

LÉON, P. R.: *Prononciation du français standard. Aide-mémoire d'orthoépie à l'usage des étudiants étrangers*, Paris, Didier, 1966.

MALMBERG, B.: *La phonétique*, 7e éd., mise à jour, Paris, PUF, 1968 (Coll. «Que sais-je?») [1re éd., 1954].―― マルンベリ『音声学』,大橋保夫訳,白水社,文庫クセジュ,1959年.

MAROUZEAU, J.: *Précis de stylistique française*, 3e éd. rev. et augm., Paris, Masson, 1950.

MITTERAND, H. : *Les mots français*, 3ᵉ éd., Paris, PUF, 1968 (Coll. «Que sais-je?»).──
ミッテラン『フランス語の語彙』, 内海利明・神沢栄三共訳, 白水社, 文庫クセジュ, 1974年.

RIFFATERRE, M. : *Essais de stylistique structurale. Présentation et traductions de D. Delas*, Paris, Flammarion, 1971 (Nouvelle bibliothèque scientifique).──ミカエル・リファテール『文体論序説』, 福井芳男ほか訳, 朝日出版社, 1978年.

WAGNER, R.-L. et PINCHON, J. : *Grammaire du français classique et moderne*, 2ᵉ éd. rev. et corr., Paris, Hachette, 1968.

DUBOIS, J., LAGANE, R., NIOBEY, G., CASALIS, D., CASALIS, J. et MESCHONNIC, H. : *Dictionnaire du français contemporain*, Paris, Larousse, 1967.

GUILBERT, L., LAGANE, R. et NIOBEY, G. : *Grand Larousse de la langue française*, 7 vol., Paris, Larousse, 1971-1978.

IMBS, P. : *Trésor de la la langue française. Dictionnaire de la langue du XIXᵉ et du XXᵉ siècle*, Paris, Editions du C. N. R. S. (Klincksieck), 1971-(刊行中).

ROBERT, P. : *Petit Robert. Dictionnaire alphabétique et analogique de la langue française*, Paris, Soc. du Nouv. Littré, 1967.

第1章の訳注

1 ブルーユ師 abbé Henri BREUIL (1877～1961年)——フランスの考古学者．人類古生物学研究所およびコレージュ・ド・フランス教授．フランス，スペイン，アフリカの洞窟を調査し，旧石器時代の絵画様式と編年の研究に貢献した．著書，『有史前のアフリカ』(1933年)，『旧石器の人びと』(1951年)，『壁画芸術の400世紀』(1952年)など．

2 デシュレット Joseph DÉCHELETTE (1862～1914年)——フランスの考古学者．ロアンヌ博物館長．ケルト，ガロ・ロマン時代の専門家で，ガリア人の拠点であったビブラクテの遺跡(ソーヌ・エ・ロワール県，オータン近くのブヴレ山頂にある)を発掘調査した．著作には『ビブラクテの高城』(1903年)のほか，旧石器時代から鉄器時代までのフランス考古学の成果を集大成した名著『先史，ケルト，ガロ・ロマン考古学提要』(1908～13年)がある．

3 ユーリウス・カエサル Jules CÉSAR (紀元前101～紀元前44年)——ラテン名 Caius Julius Caesar．ローマの政治家，将軍，歴史家．由緒ある家柄の貴族階級の生まれで，マリウスの甥にあたる．姻婚関係から民衆派に属した．元老院派の領袖スラの迫害を避けて小アジアで軍務についていたが，スラの死後ローマへ戻り政界に登場する．前68年ヒスパニアの財務官，前65年造営官，前62年法務官，前61年ヒスパニア総督．前60年ポンペイユス，クラッススとともに第1回三頭政治を結成．前59年執政官，ガリア総督．前58～51年ガリア遠征．元老院がカエサルの軍隊の解体を決議すると，前49年ルビコン川を渡ってローマに進軍，数年にわたる内乱の発端となった．その後，逃走するポンペイユスをファルサロスの戦いで破り(前48年)，エジプトの内紛を鎮圧してクレオパトラを王位につけ(前47年)，ゼラの戦いでポントゥス王の子パルナケースを討ち(前47年)，タプソスの戦い(前46年)でポンペイユスの残党を，ムンダの戦い(前45年)でその2人の息子を平定し，地中海世界の支配者としてローマに凱旋した．カエサルは前46年に10年間の独裁官に選ばれ，のち(前44年)終身独裁官となったが，この間に穀物配分受益者の制限，無産市民のための植民市新設，徴税請負制度の廃止，都市法の制定，太陽暦の採用など，大規模な改革を実行した．前44年，共和制を守ろうとするブルートゥスらによって暗殺された．カエサルは2つの歴史書を残している．ガリア遠征の経過を記した『ガリア戦記』7巻と，ポンペイユスとの内戦の次第を述べた『内乱記』3巻(未完)である．これらは，選ばれた語彙と文法による純粋なラテン語で，簡潔，平明に描かれており，キケローの散文とともに古典ラテン語の頂点を示すものとされている．

4 ポンペイユス POMPÉE (紀元前106～紀元前48年)——ラテン名 Cnaeus Pompeius．ローマの政治家，将軍．ピケーヌム地方で私兵を興し，スラに味方してシチリア島とアフリカでマリウス派の軍を破った．その後，執政官レピドゥスの乱，スペインのセルトーリウスの乱，剣闘士スパルタクスの乱を鎮めて名声上がり，前70年執政官となった．前67年ローマの穀物供給の脅威となっていた地中海の海賊を数か月で掃討．前66～63年小アジアに遠征してミトリダーテスを討ち，東方を平定した．帰国後，前60年カエサル，クラッススとともに第1回三頭政治を結成する．前56年ルカの会談で三頭政治が再確認され，ポンペイユスはヒスパニアを支配することになったが，穀物補給を理由にローマにとどまり，首都を実質上支配した．カエサルの娘である妻のユーリアと三頭政治の一人クラッススが相次いで没すると，ポンペイユスとカエサルの対立は深まり，カエサルのローマ進軍によって内戦が始まる．ポンペイ

ユスはイタリアを去り，前48年ギリシアのファルサロスの戦いでカエサルと対決したが，敗れてエジプトにのがれ，ここで王プトレマイオスによって殺された.

5 このほかにも部分的にギリシア語の要素を備えた語がある．vignoble「ぶどう畑」は古プロヴァンス語では vignobre だが，これは紀元前300年以前にガリア人が受け入れたギリシア語 ampelophóros「ぶどうの木の植えてある」が *ampelóporos と変化したあと，ラテン語 vinea「ぶどうの木」と混交して *vineóporus が生じた結果である．-bre はのちに -ble に置き換えられた．

6 カラカラ帝 CARACALLA (188〜217年)——本名 Marcus Aurelius Antoninus. ローマ皇帝(在位211〜217年)．セプティミウス・セウェールス帝の子．即位の翌年，共同統治者の弟を殺害した．帝国内の統一を図るために，212年の勅令によって属州の全自由民にローマ市民権を与え，その結果ローマと属州は平等のものとなった．ガリア，ダニューブ河畔，エジプト，シリアに遠征．最後にシリアで暗殺された．

7 ダルボワ・ド・ジュバンヴィル Henry D'ARBOIS DE JUBAINVILLE (1827〜1910年)——フランスの歴史家，言語学者．コレージュ・ド・フランス教授．フランスのケルト研究の大家で，『シャンパーニュ公とシャンパーニュ伯の歴史』(1859〜69年)，『フランスにおける所有地と居住地名の起源についての研究』(1890年)の著者．

8 セプティミウス・セウェールス帝 SEPTIME SÉVÈRE (146〜211年)——ラテン名 Lucius Septimius Severus. ローマ皇帝(在位193〜211年)．アフリカのレプティス・マグナ生まれのセム人．配下の軍団の兵士たちによって皇帝に推戴され，他の競争者を破ってコンモドゥス帝死後の無政府状態を収拾した．彼は元老院の権限を大幅に削減して専制君主制を目指し，またパルティアに大勝して東方領土を回復した．

9 クラウディウス帝 CLAUDE (紀元前10〜紀元後54年)——ラテン名 Tiberius Claudius Nero Germanicus. ローマ皇帝(在位41〜54年)．リヨンの生まれ．暗殺された甥のカリグラ帝を継いで即位した．43年ブリタニア南部を征服，46年トラキアを属州とした．帝はまたローマ市民権の漸進的拡大に努め，ガリア出身のローマ市民もイタリアのローマ市民と同じく元老院議員に加えるという決定を下した．この決定を述べた演説は，リヨンの青銅板の碑文によって伝えられている．妃メッサリーナを放縦のかどで死にいたらしめたあと，アグリッピーナと結婚．彼女の連れ子が次の皇帝ネロとなる．54年，妃の支配欲の犠牲となって毒殺された．

10 ディオクレーティアーヌス帝 DIOCLÉTIEN (245〜313年)——ラテン名 Gaius Aurelius Valerius Diocletianus. ローマ皇帝(在位284〜305年)．100年にわたる軍人皇帝時代の混乱に終止符を打ち，帝国に新しい安定と秩序をもたらした．帝は軍隊組織を改変して軍人の擡頭を防ぎ，統治の実を上げるために広大な帝国を4分して2人の正帝(アウグストゥス)と2人の副帝(カエサル)による四頭政治方式に変え，また従来の属州の数を増やして101州とした．

11 メイエ Antoine MEILLET (1866〜1936年)——フランスの言語学者．高等学術研究院，コレージュ・ド・フランスの教授．とくにインド・ヨーロッパ諸語比較言語学の分野で多くの優れた業績を残した．豊かな学識と相まって，明晰にして柔軟，そして大きな射程を備えたその学風は真の碩学・巨匠と言うにふさわしく，半世紀の間フランス言語学界の中心的人物であった．門下からはバンヴェニスト E. BENVENISTE, マルティネ A. MARTINET をはじめとする多くの俊英が輩出した．主要著書に『印欧諸語比較研究序説』(1903年)，『歴史言語学と一般言語学』(I 1921年, II 1936年)，『歴史言語学における比較の方法』(1925年)，『世界の言語』(コーエン M. COHEN と共編，1924年)などがあり，また，ラテン語の分野では，『ラテン語史概要』(1928年)，『ラテン語源辞典』(1932年)(エルヌー A. ERNOUT と共著)を著わした．

12 キケロー CICÉRON (紀元前106〜紀

元前43年)——ラテン名 Marcus Tullius Cicero. ローマの政治家，弁論家，哲学者．騎士階級の家柄の生まれ．ギリシア，小アジアに旅行して弁論術と哲学の研鑽を積み，帰国後，第一級の雄弁家としての名声を得るとともに，前76年にシチリア島の財務官に任じられて政界に進出し，以後，前70年造営官，前66年法務官，そして前63年には執政官に選ばれた．この時カティリーナの共和制転覆の陰謀をあばいて一味を処刑し，「祖国の父」とたたえられた．しかしこのため，のちにクローディウスの弾劾に会い，前58年から1年半の間ギリシアに亡命せざるを得なかった．前51年キリキア総督．前49年にカエサルとポンペイウスの対立から内戦が始まると，キケローはポンペイウスに加担したが，戦いはカエサルの勝利に帰し，彼は政治の舞台を退いて哲学と弁論術についての著作に専念する．前44年カエサルの暗殺を機に政界に復帰．共和制を擁護するためにアントーニウスを激しく攻撃したが，アントーニウスはオクターウィアーヌス，レピドゥスとともに第2回三頭政治を結び，キケローはこの手先の者によって前43年に殺された．ローマの雄弁術はキケローによって頂点に達する．生涯に彼が行なった100以上の演説のうち伝存するものは，『カティリーナ弾劾演説』，アントーニウス弾劾演説『ピリッピカ』など58編であり，ほかに雄弁術に関する著書がある．哲学作品として彼が残したものは，『国家論』『老年論』『友情論』『義務について』などである．キケローの哲学はギリシア哲学諸派の折衷であり，また思索的というよりは道徳的・実践的なものであった．しかし彼が第一に使命としたのは，ギリシアの哲学思想をローマに移入・紹介してこれをラテン語で表わすことであり，ギリシア的なすべての思索に耐えるだけの表現力をラテン散文に与えることであった．この意味で，キケローは文語ラテン語の完成者であると言える．キケローにはこのほか，アッティクスあて，友人あて，弟クィントゥスあて，ブルートゥスあての，800通にのぼる膨大な書簡集がある．その多くは公表を予定しなかったもので，公の立場を離れたキケローの姿が，くつろいだ調子の日常語で記されている．

13 プラウトゥス PLAUTE (紀元前250年以前～紀元前184年)——ラテン名Titus Maccius Plautus. ローマの喜劇作家．ウンブリアのサルシナ生まれ．彼の真作とされる『ほら吹き軍人』，『捕虜』，『黄金の壺』など20編の作品と1つの断片が現在に伝わっている．彼の喜劇は，メナンドロスなど紀元前3～4世紀のギリシア「新喜劇」の翻案だが，当時のローマの市民生活の様子が日常の民衆語による生き生きとした対話のやりとりの中に反映されている．

14 アッティクス Titus Pomponius ATTICUS (紀元前109～紀元前32年)——ローマの騎士階級の出身で，富豪，文芸のパトロン，エピクロス派の哲学者．アッティクス(アテネ人)という名前は，彼が長期間アテネに住んで，ギリシア語・ギリシア文学に通暁していたところからつけられたものである．多くの政治家と交際があったが，みずからはいずれの党派にも属さず，激動する紀元前1世紀のローマ政界の渦の外で平穏な一生を過ごした．キケローとは幼少の頃からの知り合いでとくに親しい間柄にあり，キケローの手になる416通のアッティクスあての手紙が残されている．

15 『学説彙纂』 Digesta——『ローマ法大全』の一部．東ローマ皇帝のユスティニアヌス帝は，古典期ローマ帝国の栄光を再現するために，法体系の統一，集成を試みたが，その一つとして530年にトリボニアヌスを中心とする委員会に学説法の編纂を命じた．この結果，3年後に完成したのが50巻の『学説彙纂』で，533年に公布された．なおパウルス Julius PAULUS は2～3世紀のローマの法学者で皇帝の法律顧問．『学説彙纂』には彼の学説が多数採録されている．

16 『アエテリアの巡礼記』 Peregrinatio Aetheriae——ラテン語で書かれたアエテリア(またはエグリア)という婦人の旅行記で，聖地イェルサレムへの巡礼を描いたもの．多くの俗語的表現に満ちている．作者

は恐らくスペイン西北部の出身で，400年頃に書かれたものと考えられている．1881年にモンテ・カッシーノ修道院で11世紀の写本が発見された．

17 『葉蔭の劇』*Le Jeu de la Feuillée*——アラスの詩人アダン・ド・ラ・アル作の極めて異色ある風刺喜劇．1276-77年初演．最初の12行は12音節詩句，あとはすべて8音節詩句，計1099行．13世紀のピカール方言で書かれている．アラスを舞台とし，登場人物も，妖精を除いて，作者をはじめみな実在のアラス市民であり，彼らの実名がその日常の素行とともに話題になる点で後世の阿呆劇の原型とも考えられる．

18 『連銭葦毛の馬』*Vair Palefroi*——13世紀のファブリョー．カンプレのユオン・ル・ロワの作．若くて貧しい一人の騎士が富裕な領主の娘と恋に落ち，唯一の財産である連銭葦毛の馬に乗って森の秘密の小道を領主の城へ通っていたが，貧乏なために結婚できない．そこで金持ちの伯父に助けを求めるが，この伯父は騎士を裏切って自分が領主の娘と結婚する約束をしてしまう．しかし結婚式の当日，娘を乗せたのがかの連銭葦毛の馬で，通い慣れた道を騎士の館へと急いでいく．二人は結ばれて，のちに遺産を相続して大金持ちになるという筋．

19 『ウルガータ聖書』*Vulgate*——カトリック教会で用いられる聖書のラテン語訳の原本．聖書のラテン語訳は紀元後2～3世紀から現われており，大別してイタリア系のイタラ聖書と北アフリカ系のアフラ聖書の2系統があった．これらは民衆が容易に理解できるよう日常的な表現や構文が豊富に採り入れられており，また一方ではギリシア語やセム語からの借用も多かった．4世紀に入って法王ダマッス1世は，翻訳の不統一を改める目的で，ヒエロニュムスに新しい標準ラテン語訳の編纂を命じた．ヒエロニュムスは約20年の歳月を費やして，5世紀の初頭にこれを完成した．これが『ウルガータ（普及版）聖書』と呼ばれるもので，俗語や外来語の要素を幾分は保ちつつも，その表現はずっと文学ラテン語風のものに修正されている．この聖書は，のちにトレントの宗教会議で，公式のものと認められた(1546年)．

20 テレンティウス TÉRENCE (紀元前195年頃～紀元前159年)——ラテン名 Publius Terentius Afer. カルタゴ生まれのリビア系アフリカ人．はじめ奴隷としてローマに連れてこられ，元老院議員テレンティウス・ルカーヌスに仕えたが，才を認められて教育を授けられ，のち解放された．彼は当時の文芸のパトロンであったスキピオのサロンに出入りするようになり，ここで喜劇作家としての道を歩み始めた．作品は『アンドロスから来た娘』，『義理の母』，『自分で自分を恐れる人』，『去勢の人』，『ポルミオ』，『あにおとうと』の6編で，いずれも現代に伝わっている．テレンティウスの喜劇はプラウトゥスと同じく，ギリシア新喜劇を手本としたものだが，プラウトゥスとは違って教養ある人びとを対象に書いたものであり，したがって筋立ての面白さよりは人間の性格や感情の描写に重点が置かれ，ことばの調子も上流人士の会話体が用いられている．

21 セネカ SÉNÈQUE (紀元前4～紀元後65年)——ラテン名 Lucius Annaeus Seneca. ローマの哲学者．コルドバ生まれ．老セネカの子．ローマでストア哲学を学んだあと政治生活に入り，ネロの師となったが，のちにピーソーの陰謀に加わった科で死を命じられ，自殺した．著書には『寛容について』，『恩恵について』，『賢者の恒心について』，『精神の平静について』などの哲学論文，『ルーキーリウスあての道徳書簡』，それに9編の悲劇と1編の自然科学についての論説がある．

22 ティトゥス・リーウィウス TITE-LIVE (紀元前59～紀元後17年)——ラテン名 Titus Livius. アウグストゥス時代のローマの歴史家．パドヴァ生まれ．『ローマ史』の著者．この歴史はローマの起源から紀元後9年までを扱った壮大なもので，編年体の142巻にのぼるものだが，現存するのは35巻のみである．リーウィウスは40年を費やして死の年までこの書を

書き続けた．その意図するところは，過去を顧ることによって偉大なローマ帝国を作り上げた人びとの徳性を賛美し，もって社会の範とするにある．彼の文章は大体においてキケロー風のゆったりとした文体を模しているが，叙述の内容に即してリズムに変化が見られ，また古語や俗語を用いている場合もある．

23 グレゴワール・ド・トゥール GRÉGOIRE DE TOURS (538年頃〜594年)——フランスの歴史家，司教．クレルモン・フェランの名家の生まれで，トゥールの司教となり，フランク王国の激しい内戦の間にあって教会の権威とトゥール市民を守るため努力した．『教父伝』など多くの著書があるが，なかでも『フランク人の歴史』10巻は，メロヴィング朝の歴史を知る上で極めて貴重な史料となっている．彼のラテン語には，とくに統辞法と語彙の面で破格的なものが多く，文章はぎこちないが，これは当時の口頭言語と書記言語の隔たりの大きさを反映するものと考えられる．

24 ペトローニウス PÉTRONE (〜66年)——ラテン名 Petronius Arbiter. 初めビテュニアの総督，のち執政官代理，ネロ帝の寵を得て宮廷の快楽の指南役，すなわち「エレガンスの審判者」となる．しかしのちに讒訴されて死を命じられた．彼はラテン文学史の中でも特異な作品である『サテュリコン』の作者と考えられている．これは一種の悪漢小説で，南イタリアのカンパーニア地方を舞台に，3人のならず者が放浪して歩く話である．現存するのは全体の約10分の1で，第15〜16巻の一部にすぎないが，うち『トリマルキオーの宴会』の部分はほぼ完全に残っている．この部分は，成り上がり者の解放奴隷トリマルキオーの邸で繰り広げられる悪趣味で無軌道な饗宴のさまが描かれており，会食者によって自由に語られるラテン語は，当時の俗ラテン語の姿を知る有力な資料となっている．

25 三音節の法則——ラテン語のアクセントは，語末から数えて2つ目の音節 paenultima か3つ目の音節 antepaenultima に落ちる．すなわち，3音節以上の語において，1) paenultima が長ければここにアクセントが落ち (regális)，2) paenultima が短かければ1つさかのぼって antepaenultima にアクセントが落ちる (tétigi)．なお，音節が長いという場合は，本質的に長い場合(長母音・二重母音を持つ)と，位置によって長い場合(短母音であってもあとに2個以上の子音が続く場合：ascéndo) がある．2音節語では paenultima にアクセントが落ちる．このようにアクセントが語末から3音節以上はさかのぼらないことを「三音節の法則」という．

26 ポンペイユス POMPEIUS——5世紀のラテン文法家．ドナートゥスの文法についての解説を著わした．

27 セルウィウス Marius (Maurus) SERVIUS Honoratus——4世紀のラテン文法家．ローマの人．ウェルギリウスの作品の注釈を残した．これは学校用に書かれたもので，とくに文法と文体の解説に重点が置かれている．現在2種類の版がある．

28 ここで二重母音と言っているのは ae のことで，ae はその綴りを保ちつつも早くから ę に変化していた．すなわち，ここでは ę と ẹ の音質の違いが述べられている．

29 コンセンティウス CONSENTIUS——5世紀のラテン文法家．『不純正語法と語形変異について』，『名詞と動詞について』という論文が残っており，彼の文法書の一部をなすものと考えられている．この論には当時の用例が引用されているので，この時代のラテン語を知る貴重な手掛かりとなっている．

30 プリスキアーヌス PRISCIEN——ラテン名 Priscianus. 6世紀初頭のラテン文法家．コンスタンチノープルで教えた．『文法教程』の著者．この著書は18巻にのぼるもので，うち16巻は品詞を解説し，残りの2巻は統辞論に当てられている．彼の文法はディオニュシオス・トラークスなどのギリシア文法家の考え方を踏襲しており，ワルローのような独創性は見られないが，多くの作家の用例をちりばめた詳細で

包括的な解説は，古典古代の文法を集大成したものと言ってよい．彼の文法は1000以上の写本となって中世に伝えられた．

第2章の訳注

1 『ニーベルンゲンの歌』*Nibelungenlied*――中世ドイツの英雄叙事詩の代表的作品．1200年頃に成立したもので前編19章，後編20章，計39章から成る．前編ではブルグンド王グンテルの妹クリエムヒルトと結婚したニーデルラントの英雄ジーフリトが，王妃ブリュンヒルトの奸計によって殺されるまでの経緯を描き，後編はフン族の王エッツェルと再婚したクリエムヒルトが，宮廷にブルグンド一族を招いて王以下をすべて滅ぼし，復讐を果たすとともにみずからも倒れるまでを物語る．後編はブルグンド族がフン族の攻撃を受けて437年に滅亡したという史実にもとづいており，『ニーベルンゲンの歌』はこの事実を描いた叙事詩と，さまざまなゲルマンの英雄伝説を結びつけ，集大成することによって成立したものと考えられている．

2 シャグリウス SYAGRIUS（　　～487年）――ガリアにおける最後のローマ人支配者．486年ソワッソンの戦いでクローヴィスに敗れ，トゥールーズの西ゴート王アラリック2世のもとに逃れたが逆に捕らえられ，クローヴィスに引き渡されて処刑された．

3 クローヴィス CLOVIS（466年頃～511年）――フランク王（在位481～511年），メロヴィング王朝の祖．フランク族の一派サリー族の出で，その領土は初めライン河口付近にあったが，ソワッソンの戦いで北ガリアを支配していたシャグリウスを破ってロワール川までの領土を奪い，次いでガリア東方にあったアラマニ族をトルビアックに討ってライン川までの地域を手に入れた．このあと妃クロティルダとランスの司教レミギウスの影響によって3000人の部下とともにカトリックに改宗．さらにガリア東南のブルグンド族を攻めて従属を誓わせ，また西南の西ゴート族をポワティエ近くのヴィエの戦いで破ってその王アラリック2世を憤死させ，ピレネー山脈までの地方を手に入れた．このほかクローヴィスは『サリカ法典』（サリー族の部族法典）を編纂させ，またカトリックの保護者として511年にオルレアンに宗教会議を招集している．

4 ラテン語起源の語頭の h- は，53ページに見るように，早くから消失していた．その後もたらされたゲルマン語の h- は，フランス語に入ってのちにやはり消失するが，綴りの上では残り，h aspiré「有声のh」としてリエゾン，エリズィョンが行なわれない．（ラテン語起源の h- のうち，綴り字だけが復原されたものは，h muet「無声の h」と呼ばれる．）ラテン語の w（v と綴られた）は，両唇摩擦音 β を経て v となっていた．ゲルマン語からフランス語に入った語頭の w- は，g が添加されて gw-となる（werra＞gwerra＞guerre「戦争」）．

5 ラテン語の母音間無声閉鎖音 t, k, p は，フランス語ではまず有声閉鎖音 d, g, b となり（プロヴァンス語と共通，有声音化 sonorisation），次いで有声摩擦音 ð, γ, β となる（摩擦音化 spirantisation）．ð, γ はのち無音化するが，β は v となって残る．

6 フランス語では開音節の強勢母音は長音化のあと二重母音化する．これには2段階あって，比較的早く生じたものが ę＞ẹ (=ęę)＞ie (＞ye)；ǫ＞ọ (=ǫǫ)＞uo (＞ue＞œ) である．これは他のロマン諸語にも共通に見られる現象なので，ロマン語的二重母音化 diphtongaison romane（または第1次二重母音化 première diphtongaison）と呼ばれる．時期的にやや遅く生じたのが ẹ＞ē (=ęę)＞ei (＞oi＞we＞wa)；ọ＞ō (=ǫǫ)＞ou (＞œ); a＞ā (=aa)＞ae (＞e) である．これはフランス語にだけ現われるもので，フランス語的二重母音化

diphtongaison française（または第2次二重母音化 deuxième diphtongaison）と呼ばれる．なお cor, mel は閉音節語だが，単音節語のため強勢を持ち，長く発音されるので，開音節の強勢母音と同様に二重母音化する．

7 鼻母音化は，二重母音化よりもあとで生じた現象である．したがって，開音節の強勢母音 ẹ はまず ei となり，鼻子音が後続する場合に次の段階で eī (>ē) となる．tẹla>teile (>toile); plẹnu>pleinu>plēin (>plē)．同様に開音節の強勢母音 ǫ も uo>ue と変化したあと，鼻子音を従える場合に ūē となった．cǫr>cuor>cuer (>cœur); comes>cuomes>cuens>cūēns．

8 laxare, mediatete の a は，変化の途中で現われる口蓋音化した s および t の影響で ie となり，mercede, placere の e は口蓋音化した ts および dz によって i となる．

9 『聖レジエ伝』Vie de St. Légier——10世紀後半に書かれた韻文の聖者伝で，11世紀の写本が伝わっている．全240行で，1行は8音節から成り，2行ずつ母音押韻されている．押韻の分析から作者の言語はピカール・ヴァロン方言と考えられ，これに写字生によるプロヴァンス方言の特徴が加わっている．物語はメロヴィング王朝時代のオータンの司教レジエの生涯と受難と死を述べたもので，レジエは宮宰エブロインの迫害によって盲目にされ，唇と舌を切られたが，神は奇跡によって舌を元に戻し，また首を切られても，そのまま立ち続けたという．聖レジエは678年に死んだ実在の人物で，作者はラテン散文で書かれたレジエ伝にもとづいていると考えられている．

10 パリス Gaston PARIS (1839～1903年)——コレージュ・ド・フランスのフランス中世文学の教授(1872年)，アカデミー・フランセーズの会員(1873年)．『シャルルマーニュの韻文物語』(1865年)を著わし，また Société des anciens textes français の刊行事業を継続し，『評論誌』Revue Critique (1866年)，および『ロマニア誌』Romania (1872年)の創刊や『ジュールナル・デ・サヴァン誌』Journal des savants や『フランス文学史』の編集に協力した．彼はドイツ学派の方法を身につけた鋭敏な文献学者であると同時に正確な文学的批評眼を持ち，中世学研究に偉大な功績を残した．上記のほか，『中世フランス文学史』La Littérature française au moyen âge (1888年)，『フランソワ・ヴィヨン』François Villon (1901年)，『中世の伝説』Légendes du moyen âge (1903年) など多数の著書がある．

11 ジリエロン Jules GILLIÉRON (1854～1926年)——スイス出身のフランスの言語学者．ガストン・パリスの弟子．パリの高等学術研究院でロマン方言学を教えた．言語地理学の創始者．助手のエドモン E. EDMONT がフランス全土および周辺のガロ・ロマン語地域639地点を実地調査した結果をもとにして，35巻，1920葉にのぼる『フランス言語地図帳』(1902～10年)を刊行した．この豊富な資料にもとづいてジリエロンは『南部および東部ガロ・ロマン領域における scier「挽く」』(モンジャン J. MONGIN と共著，1905年)，『clavellus「釘」の分布領域』(1912年)，『ことばの病理学と治療学』(I, II: 1915年; III, IV: 1921年)，『『蜜蜂』を示す語の系譜』(1918年)などの論文を発表し，言語地理学の基礎を築いた．彼の研究は単に俚語・方言の研究たるにとどまらず，フランス語史，ロマン言語学，歴史言語学一般についても大きく寄与するものであって，フランスにおいてはドーザ，ミヤルデ，ブリュノー，テラシェ，ブロックらに大きな影響を与えるとともに，諸外国においても言語地理学の興隆を促すことになった．『フランス言語地図帳』にならい，ヴァロニー，カタロニア，スペイン，スイス，イタリア，ルーマニアについてもそれぞれ言語地図帳が編纂されている．また現在フランスでは，全土を19の地域に区分して，より密度の高い地方別の言語地図帳を刊行中である．

12 ガミルシェーク Ernst GAMILLSCHEG (1887～1971年)——チェコスロヴァキア生

まれのロマン言語学者．マイヤ・リュプケの弟子．著書，『フランス語語源辞典』(1926～29年)，『ロマニア・ゲルマニカ』(1934～36年)など．

13 閉音節の強勢母音は長音化しなかったために二重母音にならず，ほぼそのまま保たれた．このため次の表のように開音節の強勢母音とは異なったものになる．

	開音節	閉音節
ę	>ie (>ye)	ę
ǫ	>uo (>ue>œ)	ǫ
ẹ	>ei (>oi>we>wa)	>ẹ
ọ	>ou (>œ)	>u
a	>ae (>e)	a

14 イシドール IsIDORE DE SÉVILLE (560年頃～636年)——ラテン名 Isidorus Hispalensis. スペインの百科全書家, 神学者, 歴史家. 600年にセビリアの大司教となり, 633年にトレドのスペイン宗教会議を主催した. イシドールはこの時代の最大の学者と考えられた人物. 多方面にわたる多くの著書を残しているが, とくに『語源誌』は当時のあらゆる知識を集積したもので, 1000にのぼる写本が残っている.

15 クロテール1世 CLOTAIRE Ier (497～561年)——クローヴィスの末子. クローヴィスの死 (511年) によってフランク王国は4人の男子 (テウデリッヒ1世, クロドメル, ヒルデベルト1世, クロテール) に分割相続され, クロテール1世はソワッソンを中心とする地方を得た. 531年に東方のテューリンゲン族を征服, またヒルデベルト1世, テウデリッヒ1世の子テウデベルト1世とともに東南のブルグンド族を討って (オータンの戦い) 領土を広げた. テウデベルト1世の子テウデバルトの死とヒルデベルト1世の死によって, フランク王国はクロテール1世のもとに統一されることになるが, 王の没後再び4子に分割された.

16 ダゴベール1世 DAGOBERT Ier (～639年)——フランク王. クロテール2世の子. 初めアウストラシアを相続したが, のちにネウストリアも領有してフランク王国の統一を再現した. のちの聖エロワ, 聖ワンに助けられて10年間秩序を保ったが, パリを主都としたことに不満なアウストラシアをなだめるために, 634年3歳の息子ジギベルトを王としてこの地に送った. ダゴベール1世以後メロヴィング王朝は衰退の一途をたどり, いわゆる無為王 (ロワ・フェネアン) の時代となる.

17 シャルル・マルテル CHARLES MARTEL (688年頃～741年)——アウストラシアの宮宰ペパン2世の子. 父の死後生じた混乱を制してアウストラシアを支配下におさめ, 次いでネウストリア軍をも破ってフランク全土の宮宰となった. 当時回教徒の勢力はスペインに達していてガリア侵略の機会をうかがっており, 725年にはローヌ川沿いにオータンにまで侵入していたが, 732年コルドバの総督アブドゥル・ラフマンの率いる軍勢がアキテーヌを侵した. シャルル・マルテルはポワティエの近くでこれを撃退し, 以後の侵入を断念させた. この結果彼の威光は内外に広まり, ブルゴーニュ, プロヴァンスもフランクに服することになった.

18 ペパン短軀王 PÉPIN LE BREF (714～768年)——シャルル・マルテルの子. カロリング王朝初代の王 (在位751～768年). 父の死後ネウストリアの宮宰となったが, アウストラシアの宮宰であった兄カルロマンが修道院に隠退したのでこの職を兼ね, 全フランク王国の実力者となった. 751年, 法王ザカリアスの同意のもとに, ソワッソンに諸侯会議を開いてメロヴィング王朝最後の王ヒルデリヒ3世を廃し, フランク国王となった. 次いで法王ステファヌス2世の要請によってイタリアに遠征し, ランゴバルド族を討って法王領を寄進した. 彼の子がシャルルマーニュとなる.

19 シャルルマーニュ CHARLEMAGNE (742～814年)——フランク国王 (在位768～814年), 西ローマ皇帝 (在位800～814年). ペパン短軀王の子. 弟カルロマンとともに王国を継いだが, 彼の死によって唯一の統治者となった. 774年ランゴバルド王国を征服してイタリア北部を支配し, 788年バヴァリア地方を服属させ, 772年から804

年にわたる戦役で東北のサクソン人を平定してその領土を併合した．さらに東方のアヴァール族とスペインのサラセン人を討って，パンノニアとスペインに辺境領を置き，西ローマ帝国滅亡以来はじめて西方世界を統一する．この広大な版図を統率するために，軍事・裁判・行政制度を改革し，また国王巡察使の制度を設けて国内を監督させた．800年のクリスマスにローマのサン・ピエトロ教会で法王レオ3世によって西ローマ皇帝の冠を受けた．この出来事は国家と教会の統合を示すとともに，西ヨーロッパとビザンチン帝国の分離を意味するものであり，ここに西ヨーロッパ世界が誕生することになる．シャルルマーニュはイギリスのアルクィヌス，イスパニアのテオドルフ，ロンバルディアのパウルス・ディアコヌスなどの学者をヨーロッパの各地からエクス・ラ・シャペル（アーヘン）の宮廷に招聘して，カロリング・ルネサンスを推進した．宮廷学校や，司教・修道士の学校の創設，ラテン語の復興などのほかに，建築や服飾芸術の分野でもその成果を見ることができる．

20 ルイ好人物王 LOUIS LE DÉBONNAIRE (778～840年)——（ルイ敬虔王 LOUIS LE PIEUX）．シャルルマーニュの第3子．フランク国王，西ローマ皇帝(在位814～840年)．教会文化の振興に尽力したが，政治的手腕には欠けていた．3人の息子，ロテール，ペパン(838年没)，ルイに領土を分割する取り決めをしたが，のちに2番目の王妃の子シャルルにも領地を与えようとしたために他の3人が反乱を起こし，彼らによって一時廃位された．

21 ユーグ・カペ HUGUES CAPET (938年頃～996年頃)——カペ王家の創始者．956年，父ユーグ・ル・グランのあとを継ぎ，初めは父同様諸侯中の最強者たる地位に甘んじたが，987年フランスにおけるカロリング王家の直系が絶えるや，下ロートリンゲン公カールと王位を争い，聖俗諸侯の支持を得て，同年ついにフランス王に選出された．フランス諸教会との緊密な提携を心がけ，長子ロベールの王位継承権を確保するのに成功し，カペ王家の基礎を築いた．

22 『聖女ウーラリの続唱』*Cantilène de sainte Eulalie*——304年にマクシミアーヌス帝によるキリスト教徒迫害の際にスペインのメリダで殉教したウーラリをたたえた韻文作品．姿美しく，心はさらに美しい乙女ウーラリは，神の敵の誘惑にも，皇帝の脅迫にも屈せずに強い信仰を守り続け，火あぶりに会っても傷つかず，ついに首をはねられて鳩の姿で昇天したという筋．この作品は教会での詠唱を目的としたもので，プルデンティウスの手になるラテン語の続唱にもとづいている．唯一の写本はピカルディー地方ヴァランシエンヌ近くのサン・タマン・レゾにあるベネディクト派の修道院から発見されたもので，用いられた言語はピカル方言の特徴を示しており，この修道院で作られたものと考えられている．

23 『キリスト受難伝』*Passion du Christ*——10世紀後半の韻文作品．11世紀の写本によって伝えられている．516行から成り，各行8音節で2行ずつ母音押韻されている．材料はマタイ，ヨハネ，マルコの福音書から採られたもので，キリストのイェルサレムへの到着，磔刑，復活，昇天，そして使徒たちの業績が描かれている．用いられた言語は『聖レジェ伝』同様，ラングドイルの要素とラングドックの要素が混在している．

24 ルイ3世 LOUIS III (863年頃～882年)——フランス王．ルイ2世の子．兄弟のカルロマンとともに879年王位を継いだ．数か月後に2人は王国を分割し，ルイはロワール川以北のフランスを手にした．両者は協力してノルマン人に対抗し，881年8月に大勝を博した．882年にルイが没すると，カルロマンが唯一の王となる．

25 シャルル単純王（シャルル3世）CHARLES III, LE SIMPLE (879～929年)——フランス王(在位898～923年)．ルイ2世の子．諸侯によって王に推戴されたパリ伯ウードと争い，彼の死後王位についた．911年サン・クレール・シュル・エプトで結ばれた取り決めによって，ノルマン人の

首長ロロにノルマンディーのコー地方を与えた．のちウードの弟に敗れて退位．
26 コンスタンティーヌス・アフリカーヌス CONSTANTINUS AFRICANUS (1020年頃～1087年)——カルタゴ生まれと言われているが，おそらくはシチリア生まれの医学者．東方・エジプトを旅行したのち，モンテ・カッシーノの修道院に入り，ここで医学書をはじめとする多くのアラブ語の著作をラテン語に訳した．代表的なものに『パンテクネー』と呼ばれるものがあり，この書は西洋にギリシア医学の考え方を全体として伝えた初めての書物なので，極めて重要である．コンスタンティーヌスの翻訳は短期間にヨーロッパ中に広まり，後世に大きな影響を与えた．

第3章の訳注

1 リュシェール Achille LUCHAIRE (1846～1908年)——ソルボンヌ大学教授．中世後期の社会制度史が専門で，カペ家とカロリング家の制度史的関係を論じた *Histoire des institutions monarchiques de la France sous les premiers Capétiens* (1883年)が有名．
2 ブルグンド族はフン族の攻撃を受けて437年に滅亡した(この事件がのちにニーベルンゲンの歌の主題となった)が，その生き残りの者たちが443年にジュネーヴを中心としてサヴォワ地方，レマン湖とヌーシャテル湖の地域を占める国家を建設した (60ページ参照)．457年には彼らはローヌ川に沿ってリヨン地方に侵入．461年にリヨンを占領し，ここを首都と定め，さらにリヨンから北，南，西に領土を拡大する．そしてすでに469年にはモルバン丘陵までの今日のブルゴーニュ地方を領有していた．
3 これらの俚語では，母音 ĕ と ŏ は他の地方には見られない独特の発展を示す．つまりここでは ĕ と ŏ は，あとに r がくる場合以外では，5～6世紀において ĭ と ŭ (すなわち ę と ǫ)と同じ音色を持っていたと考えられるのである．たとえば hĕri は hęri (ここから ye となる)と発音されたが，lĕpore は lępore, lepore と発音され，ここから laevra (nae<nĭvem のように)——フランス語 lièvre——となる．同様に mŏrit は mǫrit (ここから mœr となる)と発音されたが，bŏve は bųve, bove と発音され，ここから bao (kaodo<cŭbitu のように)——フランス語 bœuf——となった．この現象は e と o が，r の前以外では，i と u になるブルグンド語の音声的特徴に由来している．
4 シャルル豪胆王 CHARLES LE TÉMÉRAIRE (1433～77年)——最後のブルゴーニュ公．ルイ11世の王権伸張政策に不満の諸侯を糾合して「福祉同盟」を組織し，国王に対抗してブルゴーニュ，フランドルなどを領有，王をペロンヌに捕らえたが，のち1472年ボーヴェーの戦いに敗れた．この間フランス王から独立した王国の建設をめざして公領の拡大を図り，ロレーヌを征服したが，その後戦いに敗れ，悲惨な最期を遂げた．死後，ブルゴーニュはフランス王国に編入され，フランドルなどはハプスブルク家の領土となった．
5 武勲詩 chanson de geste——中世フランスの叙事詩，とくに8～9世紀フランスの国民的草創時代(シャルルマーニュからルイ3世)の史実とその伝説を根幹に描き出された，語りもの一般に与えられた名称．これらの作品は11～12世紀の封建制度確立時代の騎士的キリスト教的精神に貫かれている．形態はおおむね10音綴母韻脚をもって書かれ，たまには12音綴のアレクサンドラン句格または8音綴のものもある．専門的語り手ジョングルールによって，巡礼の宿場，教会の広場，城内の宴席，市場などで，大衆を前に，弦楽器 vielle の弾奏に合わせて語られたものである．
6 ファブリョー fabliau とは本質的に

「韻文の笑話」であって、日常の卑近な現実から汲みとられ、超自然なことは取り扱わず、風刺的意図は持たないが、皮肉で残酷で、不平をこぼす小話である。このジャンルは12世紀中葉から発展し、13世紀に隆盛をきたし、14世紀初頭には消滅したが、とくにフランスの北部、ピカルディー、アルトワ、フランドルに発達した。その最も有名なものは、*Richeut, Brunain, la vache au prestre, Estula*, などである。

7 ルナール Renart とは『きつね物語』およびその派生作品の主人公のきつねの名である。『きつね物語』*Roman de Renard* は12世紀後半から13世紀中葉にかけて主に北仏で作られた寓話詩の一変種であるが、単一の作品ではなく、内容上さしたる脈絡もない多くの独立した「枝編」branches の寄せ集めであって、後世これを『きつね物語』と総称したものである。ルナールとおおかみのイザングランの葛藤を中心テーマに、他の動物や、また時に僧侶・百姓などの人間をも配して、ルナールの多趣多様な悪知恵の発揮ぶりを愉快に描き出したもの。なお13世紀には『きつね物語』の流行に伴い、固有名詞 Renart は renard の綴りでそれまでのフランス語 goupil に代わって普通名詞の「きつね」の意にも用いられるようになり、今日にいたる。

8 一般の発展は *cadēre＞cheeir＞choir; vidēre＞veeir＞voir; sedēre＞seeir＞seoir であるが、ピカルディー地方では cheeir, veeir, seeir の段階で -eir が -ir となったため、keïr, v(e)ir, s(e)ir が生じた。

9 『聖アレクシの歌』*Chanson de saint Alexis*——韻文の聖者伝。フランス語で書かれた最古の芸術性ある文芸作品である。作者は教養ある聖職者と推定され、ルアンの僧ティボー・ド・ヴェルノンがこれにしばしば擬せられる。1行10音節、母音押韻の5行で詩節をなし、全編125詩節から成る。

10 『エネアス物語』*Roman d'Énéas*——作者不詳。年代は1150年と55年の間と推定、現存9種の写本で伝えられ、8綴重韻、1万余行の大作である。ローマの詩人ウェルギリウスの叙事詩『アエネイス』にもとづき、その粗筋を追いながら、これにローマの他の詩人オウィディウスから借りてきた恋愛描写を加えて新味を出した物語である。

11 ヴァース WACE (1100年頃～1175年頃)——年代史家、詩人。今日伝わる彼の5つの作品はすべてラテン語の粉本をフランス語の韻文に翻案したものであるが、そのうちことに有名なのが『ブリュ物語』および『ルー物語』の2編であって、前者は当時ひろく愛読されて、いわゆる「ブルターニュ物語」、「円卓物語」類に直接の源流を提供したことで、文学史上重要な地位を占める。ヴァースは、たんなる翻訳者たるにとどまらず、みずからの語彙と技法に自信を持つ優れた作家であった。彼は1160～70年の間にヘンリー2世からバイユーの司教座聖堂参事会員の俸禄を得たが、『ルー物語』を執筆中、ヘンリー2世がヴァースよりも年少のブノワ・ド・サント＝モールに歴代ノルマンディー公伝の執筆を命じたのを恨んで筆を絶った。

12 クレティヤン・ド・トロワ CHRESTIEN DE TROYES (1135年頃～1190年以前)——12世紀の最も著名な詩人。ロマン・クールトワ作者。一時シャンパーニュ伯アンリ1世に仕え、その夫人であり、かつ南仏宮廷詩人の庇護者として知られたエレオノール・ダキテーヌと、仏王ルイ7世の第2王女であるマリ・ド・シャンパーニュの庇護を受けた。作家としては古代文学から出発してブルターニュ物語を手がけ、『エレックとエニード』、『クリジェス』、『ランスロ、または車上の騎士』、『イヴァン、または獅子の騎士』など、いずれも、古代文学の伝統とブルターニュの題材とを巧みに結合した武者修業恋愛物語を開拓し、男性の武勇と女性の恋愛心理に新しい劇的相克の主題を見いだし、繊細な心理描写の曲折をもって、読むための「小説」、「物語」の類型を欧州文学の中に確立した。とくに『ランスロ』にあっては、すでに南仏に栄えた宮廷風恋愛の理想とする貴婦人への絶対的服従がアルテュール王の宮廷を背景として

描き出されている．さらにクレティヤンは最後の未完の作品，『ペルスヴァル，または聖杯物語』を書いた，ここではケルト的要素と古代文学的要素に加えて，贖罪，永遠の救霊に関するキリスト教的着想が取り扱われており，この作品によってクレティヤンを，やがてヨーロッパにおける「聖杯物語」の流行を生み出した最初の詩人とみることができる．

13 『ロランの歌』*Chanson de Roland*——現存する武勲詩のうち，最も古く，最も美しいもの．オックスフォードのボードレイヤン・ライブラリー所蔵の写本が，多くの写本のなかで最も古くかつ完全なものであって，これが筆写された年代は1150～70年の間と推定される．『歌』は10音綴，母韻脚3998行を含み，長短不ぞろいの詩節290に分かたれている．内容はシャルル大帝がイスパニア遠征を終えて帰る時，778年8月ピレネー山中でバスク族の襲撃にあい，ロランを含む殿軍が壊滅したという史的事実を踏まえながら，11世紀を風靡していた十字軍精神を基調にしてこのピレネーの悲劇を体系づけ，バスク族を回教軍に替え，ガヌロンという人物を創造して，それの敵方への内通をもってピレネーの悲劇の原因とした．詩人はすでにのちのフランス文学が持つその特質とするあらゆる美質を備えていて，古典悲劇に見るように筋を統一して不要な話柄はいっさいこれを省略し，シンメトリーとコントラストを基本原理にして詩の世界を構築しているのであって，まさに『ロランの歌』はフランス最初の古典であるとともに，フランス精神最初の表徴でもあるのである．『歌』の影響は極めて大きく，すでに1137年にはバヴァリアの僧コンラートによって自由訳され，アルプス山を越えてはイタリアに運ばれ，ノールウェーのハーコン王の宮廷ではノールウェー語に翻訳され，一部はネーデルランドやウェールズに渡って，騎士たちの間に歌われた．中世文学のうち『トリスタン物語』と並んでヨーロッパで最も広く鑑賞されたものである．

14 『ゴルモンとイザンバール』*Gormont et Isembart*——ドーン・ド・マイヤンスのジェストの名のもとに一連の反逆詩群を構成する武勲詩のうち，年代的に最も古いとされているもの．881年にノルマンの軍兵がフランスを攻略し，現今のノルマンディーのポンティユー，ヴィミューを掠め，サンテュールにある聖リキエ寺院を炎上させたが，その年の8月3日ルイ3世によってソークールで撃滅されたという史的事実を核子として作られた物語で，ブリュッセルにあるベルギー王立図書館所蔵写本の断片によって，かろうじて完全な亡佚（ばっ）から免れているもの．この断片はわずか661行存するだけで，その作の年代は1130年頃と推定されているが，その原歌は11世紀の末にさかのぼると考えられている．8音綴母音韻で書かれ，武勲詩としては極めてまれな様式を示している．

15 『シャルルマーニュの巡礼』*Pèlerinage de Charlemagne*——この作品は叙事詩的人物を登場させているので武勲詩の範疇に入れられるが，その内容の喜劇的な点から見て町人文学の古い類型と考えるべきであろう．アレクサンドラン870行を含む．制作年代はだいたい12世紀の初め頃と推定される．妃と口論して立腹したシャルルマーニュは，ロラン，オリヴィエ以下12将士を従えて旅に出る．まずイェルサレム，次いでコンスタンチノープルに行き，ここで皇帝ユゴンの宮殿に宿る．酒に酔ったシャルルマーニュの将士は，だぼら自慢の吹きあいを演じる．それを聞いたユゴンが客人にとがめてるが，奇跡によってその幾つかが実現せられたのでユゴンも納得し，めでたく和解するという話．

16 『ガンガモールの短詩』*Lai de Guingamor*——8音綴詩句，678行からなる短詩（レー）．作者不詳で，13世紀の写本によって現存する．マリ・ド・フランスの短詩の数ある模倣作のなかで，この作品は最も優れたものであって，ガストン・パリやワルンケなどのように，これをマリ・ド・フランス自身の作品とする学者もある．物語は，女王の邪な愛を断わり，そのため「白いいのしし」を求めて狩りに出かける

第3章の訳注

ことになった騎士が，森の中で妖精に出会い，その愛を受けて3日のあいだ彼女の館に滞在するが，3日間と思っていたのが実はその間に300年経っていた．ついに帰るが，そのとき妖精との約束を破って果実を食べたため，一瞬にして彼はよぼよぼの老人になってしまった…というものである．

17　フーレ Lucien FOULET (1873～1958年)——中世フランス語学者．著書に『古フランス語小統辞法』*Petite syntaxe de l'ancien français* などがある．

18　『オーカッサンとニコレット』*Aucassin et Nicolette*——韻文の節と散文の節とを交互に用いた「歌物語」chantefable と呼ばれる現存唯一の作品．制作は1200年頃と推定されるが，作者は不詳．南仏ボーケールの城主は近隣の城主と戦っていたが，息子オーカッサンは元はサラセン人からあがなわれた女奴隷であるニコレットという美しい乙女の恋の虜となって，武器を取ろうとしない．ニコレットは城主によって一室に閉じこめられ，オーカッサンも監禁される．ある夜ニコレットは脱出に成功し，あとから来たオーカッサンと連れ立って舟に乗り，トールロールという不思議な国を訪れるが，サラセン人に襲われて別れ別れになる．オーカッサンはボーケールに漂着し，その城主になった．ニコレットはスペインに行き，カルタヘナ王と親子の名乗りをする．彼女は旅芸人に身をやつしてボーケールを訪れ，恋人同士はめでたく結ばれるという物語．

19　『ルー物語』*Roman de Rou* (1160～70年頃)——ヴァースが英王ヘンリー2世の嘱を受けて書いた歴代ノルマンディー公の歴史物語．倒叙形式の年代記が巻頭にあり，以下は年代順に語られて，4000行の10音綴詩句からなる部分と12000行の8音綴詩句からなる部分とが続くが，後者は1107年までを叙して未完に終わっている．注11参照．

20　『ペルスヴァル』*Perceval* (1181年以後)——クレティヤン・ド・トロワの最後の作品．平韻8音綴9234行の長編物語．注12参照．

21　コラン・ミュゼ COLIN MUSET——13世紀中葉の詩人，職業的吟遊詩人．恐らくロレーヌないしシャンパーニュ地方の出身者であろう．現存の作品は約18編で，宮廷風の軽い陽気さが見られる．

22　『ヴェルジー城主の奥方』*Châtelaine de Vergi*——作者不詳．8音綴詩句，985行．13世紀後半に創作され，たちまち人口に膾炙(かいしゃ)して広く流布された．この物語は，構成の緻密さ，心理描写の細かさとその悲劇的な結末によって，中世における最も優れた恋愛詩の一つと言える．

23　ボデル Jean BODEL (～1210年頃)——アラス出身でこの地に暮らした詩人．『聖ニコラ劇』，武勲詩『サクソン族の歌』および4～5編の牧人詩の作者として知られる．『聖ニコラ劇』*Jeu de saint Nicolas* は1198年頃の作．8音節詩句と12音節詩句からなる1540行の作品で，財宝を盗まれた異教の国の王がこの聖者の霊験によってこれを取り戻し，ついに改宗することを主題とする，フランス最初の，かつ最良の聖母奇跡劇である．

24　ブノワ・ド・サント＝モール BENOÎT DE SAINTE-MAURE——『トロイ物語』の作者．『ノルマンディー公列伝』の作者に擬せられる．12世紀の前半30年頃までに，トゥールとシャテルローの中間にあるサント＝モールに生まれる．イギリス王ヘンリー2世の保護を受け，ヴァースによって中絶・放棄された『ルー物語』の続編として，『列伝』を書いたといわれている．これは43000行に及ぶ長大な8音綴有韻の記録である．

25　このような母音交替は，問題の母音がアクセントを持つか持たないか，開音節にあるか閉音節にあるかの違いと，さらに後の子音の性質いかんによって生じている．*66ページおよび69ページとその訳注を参照せよ．*

26　『ロランの歌』のなかで des que が現われるのは，1733行——N'ert mais tel home des qu'a Deu juïse——だけである．ベディエはこれを jusqu'à の意にとり，この行を次のように訳している：jamais il n'y aura un tel homme jusqu'au dernier jugement.

27 ヴィルアルドゥアン VILLEHARDOUIN (1150年頃～1213年頃)——13世紀の初頭に『コンスタンチノープル征服』を書いた記録作者．彼はヴェネツィアに使節として赴き，十字軍への援助を求め，みずから十字軍に従軍してコンスタンチノープルの包囲を救った．その第4回十字軍の記録が『コンスタンチノープル征服』である．これはフランス語で記された最初の記録であって，年代記としての価値も高いが，第4回十字軍を弁明する貴族的立場から書かれている．

28 ロベール・ド・クラリー ROBERT DE CLARI (1185年以前～1216年以後)——年代記作者．アミアンに近いクラリー出身の小身の騎士であるが，第4回十字軍に参加し，一介の平騎士としての従軍中の見聞を，その『コンスタンチノープル征服』一巻に著わした．この戦記は極めて単純率直な見聞記であって，ヴィルアルドゥアンの同名の年代記と，多くの点で対照的である．

29 フィリップ・ド・タン PHILIPPE DE THAON——12世紀前半の教化文学作者．その著作『暦法書』，『動物誌』，『金石誌』は現存するアングロ・ノルマン文献のうち最古のもの．いずれもギリシア・ラテンの伝統に直続するが，フィリップの独創というよりむしろ，翻訳ものというべき作品である．

30 ギヨーム9世 GUILLAUME IX (1071～1127年)——ポワティエ伯，アキテーヌおよびガスコーニュ公．彼は当時のフランス王よりはるかに広大な封土を領有していたが，政治的手腕は全くなく，教皇から2度の破門を受け，第1次十字軍に参加しては大敗を喫したといわれる．しかし彼は，諧謔を好む軽妙洒脱な性格を持った，天分ゆたかな詩人であった．現存する詩は全部で11編．いずれも詩形は概して単純であるが，文体は迫力に満ちている．恋愛詩には素朴さのうちに極めて洗練された表現があり，南仏叙情詩の伝統がすでにかなりの域に達していたことを示している．

31 エレオノール・ダキテーヌ ELÉONORE D'AQUITAINE (1122年頃～1204年)——中世フランスにあって，彼女ほど才色をうたわれ，かつ数奇を極めた生涯を送った女性はなかった．彼女は1137年フランス王ルイ7世と結婚して第2次十字軍に参加し，1152年に離婚．同年英国王ヘンリー2世と再婚し，しかも生涯ほとんど英仏両国王を相手どって戦いをいどんだ女丈夫であったが，また一方，深く文芸を愛好してトルーバドゥールを擁護し，南仏最高の恋愛詩人ベルナール・ド・ヴァンタドゥールらをその宮廷に招いて，典雅な宮廷恋愛を移植し，北仏の宮廷に見る粗野にして殺伐な気風を一新した．

32 アルビー派の敗北——アルビー派とは，マニ教の流れを汲むカタリ派のうち南フランスのトゥールーズ，アルビー両市を中心として南仏一円に流布した異端であって，11世紀から13世紀まで，君侯貴族の支持を得て一大勢力を形成した．11世紀末以来ローマ教会によって異端禁圧の措置がとられたが，目的を達せず，ついに武力による弾圧，アルビジョワ十字軍が組織された．この戦争は3回(1181年, 1209～14年, 1226～29年)にわたって行なわれ，ついに異端は鎮圧された．以後南フランスはフランス王の手に帰し，異端取り締まりが強化されて，アルビー派は衰退の一途をたどる．

33 ブルネット・ラティーニ BRUNETTO LATINI (1230?～94年)——イタリアの詩人，政治家．フィレンツェの人．ギベリーニ党に属し，数年間フランスに亡命した．フィレンツェで哲学・文学を講じた際，ダンテはその弟子であったという．その『宝典』は哲学，歴史，修辞学，地理，博物学などの知識を包含し，ダンテの『神曲』の構成に暗示を与えた．

34 『ロラン』 *Roland*——イタリアにおける『ロランの歌』の写本としては，ヴェネツィアのサン・マルコ図書館蔵の写本がある．これは12世紀から14世紀にかけて，ロンバルディア地方で作られたもので，内容はオックスフォード版の内容に極

第3章の訳注

めて類似している．14世紀以後になると，*Entrée en Espagne* と NICOLAS DE VÉRONE によるその続編，*Spagna, Viaggio di Carlo Magno in Ispagna* などの多くの翻案が現われ，さらに 15 世紀末からは PULCI の *Morgante*, BOIARDO の *Orlando innamorato* や ARIOSTO の *Orlando furioso* が書かれる．

35 『ブオヴォ・ダントナ』*Buovo d'Antona* は武勲詩である *Bueve de Hanstone*——これには 12 世紀のアングロ・ノルマン語のテキストと 13 世紀のフランス語のテキストがある——のイタリア語による翻案である．

36 リュジニャン家 Lusignan——マルシュ地方とアングレーム地方を長いあいだ支配した封建家族であるが，ユーグ 8 世から出たこの家族の一派が十字軍で大きな役割を演じ，以来，キプロス島とイェルサレムを支配した．キプロス島を手に入れたのはギ・ド・リュジニャンであって，彼の統治(1192～94年)後，王位はその兄弟のアモリーに継がれ，以後 3 世紀にわたりこの王朝が栄えた．この王朝のジャコブ 2 世はヴェネツィアのカテリナ・コルナロを妃とし，彼および彼の皇子の死後，彼女は退位し，1489 年ヴェネツィアの領有に帰した．

37 マリ・ド・フランス MARIE DE FRANCE——フランス文学最古の女流作家．ブルターニュの旅芸人が弦楽器に合わせて歌っていた「短詩」に取材して *Les deux amants, Le chèvrefeuille, Guigemar* など 12 編を，韻文物語短詩（Les lais, 1160～67 年頃）に書いてイギリスのヘンリー 2 世に献じた．ほかに英王アルフレッド作と伝えられる英語の寓話詩集録をフランス語に訳した『寓話詩』（別名『イゾペ』）と，ラテン語のテキストからの翻案である『聖パトリスの煉獄』がある．

38 フィリップ・オーギュスト PHILIPPE AUGUSTE——フィリップ 2 世(1175～1223年)．彼の治世は，カペ王権を飛躍的に成長させたものとして画期的である．プランタジネット家と鋭く対立し，初めヘンリー 2 世と争い，ついでともに第 3 回十字軍に出征中リチャード獅子心王と決裂，その戦死後，アルテュール・ド・ブルターニュ殺害を機として，ジョン王を貴族法廷に召喚したが応じないため，欠席裁判によりノルマンディー，メーヌ，アンジュー，ポワトゥーなどの封土没収を宣し，王領に編入した．またブーヴィーヌの戦いに皇帝とフランドル伯の連合軍を破り，さらにアルビジョワ十字軍を通じて，南フランスに王権を伸張した．ことに王領の司法行政機構に画期的な改革を行ない，バイイなる行政官を配して地方官僚組織を形成し，中央でも初めて専門の法曹家を採用し，上訴の道を確立することによって王室法廷の権威を高め，のちのパリ高等法院の基礎を築いた．

39 エドワード 3 世 EDOUARD III (1312～77年)——プランタジネット家の王．彼はフランスのカペ家の直系が断絶(1338年)したのち，フランドル地方の商権を争い，フランス王フィリップ 4 世の孫としてフランス王位継承権を主張し，百年戦争の原因を作った．フランス王の称号を帯び，スロイスの海戦(1340年)，クレシーの戦い(1346年)，ポワティエの戦い(1356年)でフランス軍を破った．ブレティニーの講和(1360年)で，フランス王フィリップ 6 世に西南フランスとカレー付近の領土の割譲を承認させ，その代償としてフランス王位継承権を放棄した．しかし，その後もフランス王シャルル 5 世との戦いが続いて，フランス内に獲得した領土の大部分を失い，戦費が増大して課税審議権を持つイギリスの議会の勢力が拡張した．

40 ゴーティエ・ド・ビベスワース GAUTIER DE BIBBESWORTH——彼の『フランス語を学ぶために』*Pour apprendre le français* は 1290 年頃の作である．この書物はもともと，エセックスの貴婦人ディオニジア・ド・ミュルシャンシ Dionysia de MURCHENSY が，その娘の教育のために用いることを意図して書かれたものである．1134 行のアングロ・ノルマン語による韻文からなるが，なかに多数の正確な語彙が含まれ，さらに英語による多くの注解がつ

41 ジーン・バートン JEAN BARTON——
Donait とはドナトゥス Donatus のこと．
ドナトゥスは4世紀中頃のラテン文法学者
であり，彼の著作は中世における代表的文
法であった．*Donait François* は，ジーン・
バートンが費用を出して数人の学者に命じ
て作らせた書物であって，現存する最古の
フランス文法書であり，多少の英語法を除
けば，当時のフランス語を知るための極め
て貴重な資料ということができる．

42 -ieren は中世フランス語動詞不定法
の語尾 -ier (例えば chargier) から，そし
て -îe は folie, jalousie などに見られる接
尾辞に由来している．

第4章の訳注

1 聖ルイ SAINT LOUIS——ルイ9世
(1214～70年)，フランス王(在位1226～
70年)．彼の政策はもっぱら「法による平
和」を基調とし，その治世はカペ諸王中最
も栄光に満ちたものであった．王弟の結婚
を通じてトゥールーズ伯領を王冠に結びつ
け，プロヴァンス，ラングドックに王権を
伸張し，イギリス王ヘンリー3世とパリ条
約(1259年)を結んで宿年の英仏紛争を解
決し，ヘンリー3世とイギリス貴族の間を
仲介したアミアンの仲裁(1264年)を初め，
しばしば他国の紛争に仲裁書を発した．内
政では聖堂騎士団に財政を担当させ，王室
法廷に専門の法曹家を登用して名実ともに
全フランスの控訴廷たる権威を与え，法廷
決闘を廃して文書と証言を判決の証拠とす
るなど画期的な改革を行なった．またサン
ト・シャペルの建造など文化事業にも意を
用い，パリをして西欧文化の中心たらしめ
た．第7回十字軍(1248～54年)を率いて
エジプトに遠征し，さらに1270年再度ア
フリカに渡ったが，陣中チュニジアで病没
した．

2 ルイ11世 LOUIS XI (1423～83年)
——フランス王(在位1461～83年)．シャル
ル7世の子．彼は即位後諸侯勢力の削減に
専念し，福祉同盟(1464年)の反撃を受け
て譲歩を余儀なくされたが，小貴族を味方
につけ，諸侯領内に反乱を扇動し，イギリ
ス王を懐柔するなど，巧妙な政策を用いて
勢力挽回につとめ，1477年諸侯の盟主ブル
ゴーニュ公シャルル(豪胆公)戦没するや，
ようやく1480年には完全に封建勢力を抑
えて中央集権を達成した．また郵便制度の
創設，民兵組織の拡充などの内政にも顕著
な業績を上げ，絶対主義王権の成長に寄与
した．

3 フィリップ美男王 PHILIPPE LE BEL
——フィリップ4世(1268～1314年)，フラ
ンス王(在位1285～1314年)．彼はノガレ，
フロートらブルジョワジーないし小貴族階
級出身の法曹家を重用し，王権の強化につ
とめた．イギリス王エドワード1世と争
い，ギュイエンヌを奪回しようとして失敗，
フランドルに対してはクールトレーの敗戦
(1302年)後，モン・サン・ペヴェールの
戦勝(1304年)によって王権を伸張した．と
くに教皇庁との闘争が最も激烈を極め，ボ
ニファキウス8世との紛争には，初めて三
部会をパリのノートルダムに招集してその
支持を求め(1302年)，フランス人の教皇ク
レメンス5世を立て，教皇庁をアヴィニョ
ンに移して直接支配下に置いた(1309年)．
また行政・司法・財政の諸制度を整備し，
王室財政の窮乏を救うため，租税の増徴，
通貨の改悪を行ない，富裕なユダヤ人を迫
害し，さらにルイ9世以来唯一の財政担当
者であった聖堂騎士団を解散させてその財
産を没収した(1312年)．

4 リュトブフ RUTEBEUF——フランス
13世紀後半時代の代表的詩人．聖王ルイ9
世治政(1226～70年在位)の中頃から，豪胆
王フィリップ3世(在位1270～85年)の時代
に生存し作詩したと考えられる．彼の身分
はジョングルールであって，終生貧窮を免
れず，飢えや病苦や冬の寒さや賭博の誘惑

や友人をうたって国王や王弟に哀訴する7編の身辺詩は切実な響きをもって読者の胸に迫る．また，十字軍に騎士たちの参加を要請するもの，托鉢修道会を攻撃するもの，教皇のパリ大学への干渉を憤るものなど，痛烈な時局風刺の詩も多い．そのほか2編の聖女伝，『変身ルナール』と題するきつね物語系の寓喩詩，ファブリョー2編，独白劇『薬草売りのひろめ口上』など，作品は多岐にわたっている．なおファウストと同趣の主題を扱った『テオフィルの奇跡』(1261年) は文学史上最初の聖母奇跡劇として注目される．

5　『バラ物語』 *Roman de la Rose*――中世寓意文学の代表作．第1部はギヨーム・ド・ロリスの作 (1225～40年)，第2部はジャン・ド・マンの作 (1269～78年) で，8音節詩句，全編21780行の大作である．前半は作者が見た夢を物語る形式で，「悦楽」の園におけるバラを求めてのさまざまな試練を，「歓待(かんたい)」「慇懃(いんぎん)」「拒絶」などのアレゴリー的人物を配して物語る．要するにこれは恋愛心理の精緻な図式化であり，とりわけ「愛の神」の戒告は厳格な宮廷風騎士道恋愛の掟を説いて余すところがない．これに反して，後半はすべての点で前半の優雅な恋愛の理想をまっこうから否定する合理主義的批判精神の所産であり，「理性」と「自然」が「愛の神」に代わって，単なる自然力としての愛，種族の維持を命ずる本能としての愛を説くばかりでなく，結婚制度，迷信，修道僧の悪徳などの社会問題が広く取り上げられて批判されている．このように判然とした2つの部分からなる『バラ物語』は中世における二大風潮を総合した作品として，16世紀にいたるまで知識人必読の書とされ，支配的な影響力を持った．

6　ジョアンヴィル JOINVILLE (1225～1317年)――年代記作者．聖ルイ王の友人として，また顧問格としてつねに君側に侍した．第6回十字軍に従軍してエジプトに赴き捕虜となる (1248年)．のち帰国して (1254年)，『聖ルイ伝』を書いた．彼の作は史書としてだけでなく，フランス散文文学初期における文学書としても重要な位置を占め，同時にフランス精神・ゴーロワ精神を知るための一つの拠点ともなっている．

7　フロワサール FROISSART (1337年頃～1404年頃)――年代記作者．イングランド，スコットランド，ミラノ等を歴遊して諸国の宮廷に出入りし，晩年はフランス王室に仕えた．主著『年代記』は1326～1400年代を包括し，14世紀における封建文明と騎士道の社会生活を奇警な観察と魅力的な筆致で描写したもの．ほかに韻文物語『メリヤドール』や『恋慕小懺』，『青春の叢』などの作がある．彼は「最後の偉大な方言作家」として「百年戦争」中の散文作家の最高の地位を占める．

8　フィリップ・ド・ヴァロワ PHILIPPE DE VALOIS――フィリップ6世 (在位1328～50年)．従兄シャルル4世の後を継いで即位し，ヴァロワ朝を創設したが，フランス王位継承権を主張したイングランド王エドワード3世と争い，百年戦争の端を開いた．スロイスの海戦で英軍に敗れた (1340年)．

9　シャルル6世 CHARLES VI (在位1380～1422年)――シャルル5世の子．年少にして即位し，4人の叔父が摂政となり悪政を施したので諸方に反乱が起こった．親政して善政を行なったが，数年にして発狂した．イギリス王ヘンリー5世と戦って敗れ，トロワの和約 (1420年) でヘンリーをフランスの王位継承者に指定した．

10　シャルル7世 CHARLES VII (在位1422～61年)．――シャルル6世の子．トロワ条約によって王位継承権を否認され，イギリス王ヘンリー6世がフランス王を兼ねて北フランスに君臨したため勢力範囲はわずかにロワール南部に限られ，「ブールジュの王」と呼ばれた．初め怠惰・逸楽をこととしていたが，ジャンヌ・ダルクの出現と民族意識の覚醒に助けられて，1429年ようやくランスで戴冠式をあげ，以後着々と失地を回復し，1436年パリの解放成り，1453年にはカレーを除く全土からイギリス軍を駆逐した．しかし晩年には皇太子ルイ (のちのルイ11世) と対立して悲惨を極め，毒

殺を恐れて餓死したといわれる.

11 グランゴワール Pierre GRINGOIRE (1475年頃~1538年頃)——グランゴール GRINGORE の方が一般.詩人,劇作家.大押韻派の詩人として出発し,宮廷人,僧侶,貴族を風刺した『世の誤り』や,ルイ12世を擁護して教皇を攻撃した『ヴェネツィア占領』や『俊鹿狩り』などの詩を書いた.しかし劇団アンファン・サン・スーシに所属し,監督者として知られていた彼の本領は劇作にあった.その傑作は,散文・韻文混交の『阿呆国の殿様』(1511年)であって,この中では教皇ユリウス2世が痛烈に揶揄(やゆ)されている.

12 フィリップ・ド・ボーマノワール PHILIPPE DE BEAUMANOIR (1250年頃~1296年)——中世フランスの法学者,詩人.ルイ9世の知遇を受け,サンリス(1273年),クレルモン(1280年)の大法官をつとめ,その他多くの都市において巡回裁判を主宰したことが知られている.彼が編纂した『ボーヴェジ慣習法』はフランス古法の研究上極めて貴重な資料である.また詩人としても有名で,2万以上の詩句を残している.

13 一般に ai>ẹi の現象は1100年頃から生じた.そして ẹi が ẹ に単母音化されるのは,ẹi のあとに子音群がくる場合——meistre (<maistre) の ei は子音群 -str- に従われている——が最も早く(12世紀の中頃),その他の場合はこれより多少後期に生じた (Bourciez: *Phonétique française*, 1971, p. 59 を参照).

14 metre の単純過去2人称単数には mesis のほかに,語幹の子音 -s- を欠く mëis の形も早くから存在した.この mëis は dëis (dire), fëis (faire) などと同じく,vëis (veoir) の類推から生じたものと考えられるが,13世紀には一般化し,ついに mesis を消滅させる.vëis, mëis の母音接続をなす ei が同化縮約されて i になり,vis, mis が生じたことがここでの問題である.

15 ラテン語 mordēre の完了形は mŏmordi であったが,これが恐らく過去分詞 morsus の影響で morsi に変わり,ここから mors, morsis が生じた.しかし現在形 nous mordons, vous mordez では語幹が d で終わっているため,これとの類推から,のちに mors, morsis はさらに mordis に変わった.

16 dormir の単純過去形は dormi, dormis, dormit, ...であり,vendre は vendi, vendis, vendiet, ...であった.つまり,dormi, dormis : dormit=vendi, vendis : X によって,X=vendit (<vendiet) になる.

17 シャルル・ドルレアン CHARLES D'ORLÉANS (1394~1465年)——フランソワ・ヴィヨンとともに中世期を代表する詩人.シャルル6世の弟オルレアン公(ルイ1世)の子.父の暗殺後ボンヌ・ダルマニャックと結婚し(1410年),父の刺殺者ブルゴーニュ公ジャンに挑戦して国内紛争が生じ,その結果フランスはアザンクールに敗れ(1415年),彼は捕虜となってイギリスに連行された.幽囚生活25年ののちに帰国(1440年),シャルル6世と大封侯たちの間に立って調停者たろうとしたが,やがて政界に志を断ち,ブロワに隠棲し,ヴィヨンを初め当時の詩人たちを集めて歌会を催すなど,詩歌の道に専念した.彼の作品には,バラード123編,シャンソン82編,ロンドー435編などのほか,「愛神の担保」を歌った無題の長詩がある.シャルルの詩にはヴィヨンのそれのような強さはない.しかし『バラ物語』以後の,伝統のアレゴリーを自在に駆使して,日常的なことばを使いながら,そこにかもし出すリズムと詩情には,強さの不足を補ってあまりあるものがある.

18 コミーヌ Philippe de COMMYNES (1447年頃~1511年)——歴史家,政治家.シャルル豪胆王,ルイ11世,シャルル8世に仕え,一時追放されたが,のち復帰し,ヴェネツィアに使いした.その『回想録』第1部(1489年以後),第2部(1495~98年)は当時の極めて重要な資料であって,封建制社会の崩壊していく現実の中に既往の支配勢力と新興の政治権力との比較に鋭い分析を加えている.歴史家としてのコミ

ーヌは彼以前の多くの中世年代記作者に見られぬ批判的方法と新しい歴史観とを備えたものであり，また文芸の面においてはフロワサール，ヴィヨンなどとともに中世末期を飾る作家といえる．

19『ブラン・ド・ラ・モンテーニュ』*Brun de la Montaigne*——13 世紀末に書かれた武勲詩．ブランはその主人公の名前である．ただしこの作品は完全な形では残されておらず，14 世紀初頭のもので，初めの 5000 行を含む唯一の写本がパリの国立図書館に保存されている．

20 des は現在のフランス語では un, une の複数としての機能を持つ，つまり不定冠詞の複数形である．しかし起源的には des は，du, de la が部分の de+定冠詞 le, la であるのと同じく，部分の de+定冠詞複数 les から構成されたものであって，同様にもともとは限定されたもののなかの限定されない部分を示すものであった．したがって，des は部分冠詞なのであった．

21 オリヴィエ・シェロー Olivier CHÉREAU——1600 年頃トゥールに生まれる．若い頃，ならず者たちの生活やことばに興味を持った．恐らく彼自身その仲間であったらしい．彼の *Le jargon ou langage de l'argot réformé comme il est à présent en usage parmi les bons pauvres, tiré et recueilli des plus fameux argotiers de ce temps, composé par un pillier de boutanche (patron de boutique) qui maquille en mollanche (travaille dans le lainage)*——第 2 版(?)が 1628 年以後に出版——は大成功をおさめ，たびたび重版された．ほかに *L'hist. des illustrissimes archevesques de Tours*, 1654 や *L'ordre et les prières de la très noble et très ancienne confrairie du S. Sacrement sous le nom des apôtres*, 1656 がある．没年は不明．

22『聖ニコラ劇』*Jeu de saint Nicolas*——第 3 章の訳注 23 を見よ．

23 ベルシュイール Pierre BERSUIRE——フランス 14 世紀の学者．ブレシュイール Bressuire 近郊の生まれ．1362 年パリに没．初めフランシスコ派の修道士，の

ちにベネディクト派修道士となる．アヴィニョンでペトラルカを知る．ジャン 2 世の命をうけティトゥス・リーウィウスを翻訳した (1352~56 年)．

24 オレーム Nicole ORESME (1320 年頃~1382 年)——リジューの司教 (1377 年)．彼は科学，政治，経済，スコラ哲学に関する数多くの優れた著作によって有名である．シャルル 5 世の委嘱で，アリストテレスの『天体論』，『宇宙論』などを仏訳，注解した．

25 アンリ・ド・モンドヴィル Henri de MONDEVILLE——フィリップ美男王の外科医 (1285 年)．モンペリエ大学教授 (1304 年)．1306 年頃パリに出，1317~20 年の間にパリに没．彼は当時の最高の外科医であった．その外科学の著書は *Chirurgia et Antidotarium* である．

26『旧約聖書の聖史劇』*Mistère du Vieil Testament*——1458 年アブヴィルに初演された聖史劇．主に旧約聖書に取材した大がかりな宗教劇であるが，聖書の示す個々の挿話について独立して書かれたものを，一人の編集者が意図的につなぎ合わせて聖史劇としたものと考えられ，その作者も数名に及ぶ．全体を構成するこれらの挿話は 45 編，長短数種の音節の詩句 49386 行に達する．この劇は正典・外典を通じて中世が知り得た聖書の内容を如実に示す歴史的価値を持つと同時に，そこには現実の生活から直接借りてきた風俗上の特性や民衆の感情が自然に吐露されており，16 世紀の詩人に見られない真率な詩情が生き生きと描き出されている．

27 押韻派 Rhétoriqueur——1500 年頃フランスに栄えた詩の流派．ことにブルゴーニュ地方とフランドル地方に発展した．文体の誇張と気取り，寓喩の濫用，極端なラテン語法，そして主君への追従がこの派の詩に共通した特徴であり，それは地口，洒落，語呂合わせなど，往々詩の本質を忘れた知的遊戯に堕している．しかし詩法の上からは，後世に多くの影響を残した．

28 コキヤール Guillaume COQUILLART (1450 年頃~1510 年)——詩人．彼の

主な詩は,『愚直女とずるい女の口頭弁論』(1477年),『愚直女とずるい女の尋問』(1478年),『新権法』(1479年,1480年)の3編で,いずれも当時,毎年バゾッシュの祝祭に聖マルタン寺院で行なわれた陽気な模擬弁論すなわちコーズ・グラス(謝肉祭訴訟)の一種で,形式・文体ともに裁判所のそれが用いられている。これらの作品には当時の市民生活,恋愛生活の,鋭くはないが軽快な風刺画が見られる。

29 ヴィヨン François VILLON (1431または32年～1463年以後)——本名 François DE MONTCORBIER. 早くに父に別れ, 司祭ギョーム・ド・ヴィヨンに養われた. パリ大学文学士号を得たが(1452年), 過って一司祭を殺してから(1455年), 放浪無頼の生活に陥り, ナヴァール神学校から大金を盗み出し, 同時にその悪事をくらますために『形見の歌』 *Le Lais* を残してパリから逃亡(1456年). 4年間各地を放浪——この間, 少なくとも一時ブロワにいたことは確かであって, シャルル・ドルレアン大公とその周囲の詩人たちの詩の間に, ヴィヨンの詩が転写されている大公所蔵の筆写本が残されている. この時「泉のそばにいながら, 喉の渇きで私は死ぬ」という主題のもとに詠進コンクールが催されたが, ヴィヨンの詩に比肩しうるものは, かろうじて出題者大公その人の作品だけであった——. 61年には窃盗事件で投獄され, 釈放後パリ郊外に身を潜めて『遺言詩集』 *Le Testament* を書く. これは彼の最も重要な作品であって, 獄吏への憎悪, 失われた青春への悔恨, 貧病老死への恐怖を歌う哀切きわまりない叙情が諧謔皮肉な遺言と混じり合う8行詩186連の本文の間に,「さあれさあれ, 去年の雪いま何処」の折り返しで名高い『嚝昔の美姫の賦』など珠玉のバラードやロンド十数編がちりばめられている. 1462年パリに帰ったが, 翌年またも絞首刑の宣告を受け, 上告の結果, 10年間パリ追放に処せられたまま(1463年), 消息を絶った. 彼はフランス叙情詩人の最初かつ最大の詩人の一人とみなされている.

第5章の訳注

1 シャルル8世 CHARLES VIII (1470～98年)——ヴァロワ朝第7代のフランス国王(在位1483～98年). 温厚王 l'Affable と呼ばれる. 彼は父のルイ11世がナポリ王国に対して権利を主張しうるアンジュー家の後継であるという理由から, 1494年イタリア遠征を開始した.

2 フランソワ1世 FRANÇOIS Iᵉʳ (1494～1547年)——フランス国王(在位1515～47年). その治世は絶対王政の形成期に当たる. 国内的には中央集権化を進め, 対外的にはイタリア戦争やハプスブルク家との抗争にあけくれた. 1519年には神聖ローマ帝国の帝位をスペイン王カルロス1世(皇帝カール5世)と争い敗れた. フランス・ルネサンスの王として芸術を保護奨励し, 1530年コレージュ・ド・フランスの前身である王立教授団を設け, また, イタリアからレオナルド・ダ・ヴィンチやチェリーニらを招き, 文化の興隆に貢献して,「学芸の父」と呼ばれた.

3 ヴィレル・コトレの勅令 Ordonnance de Villers-Cotterets (1539年)——パリ北東のヴィレル・コトレ(エーヌ県)で発布されたのでこの名がある. フランス語を国家の公用語と宣言した第110・111条により, フランス語発達史上重要な時期を画する文献とされる. その原文は次のとおりである: « Et afin qu'il n'y ait cause de douter sur l'intelligence desdits arrests, nous voulons et ordonnons qu'ils soient faits et escrits si clairement, qu'il n'y ait ne puisse avoir aucune ambiguité ou incertitude, ne lieu à demander interpretation.

Et pour ce que de telles choses sont souvent advenues sur l'intelligence des mots latins contenus esdits arrests, nous voulons d'ores en avant que tous arrests,

第5章の訳注

ensemble toutes autres procedures, ... soient prononcez, enregistrez et delivrez aux parties en langaige maternel françois et non autrement.»

4 エラスムス Didier ERASME, ラテン名 Desiderius Erasmus (1469～1536年)——オランダの人文主義者. ロッテルダムで生まれ, パリに出, ついでイギリスに渡りトマス・モアと知り合う. イタリア各地を遍歴, 再び渡英してケンブリッジ大学でギリシア語を教えたりしたあと大陸へ戻り, 以後主にスイスに住み, バーゼルで死んだ. 宗教改革運動に共感を示したが人文主義・福音主義に徹し, ルターと論争, 新旧両派の攻撃を受けた. 国家, 教会, 社会を批判風刺した『痴愚神礼賛』(1511年) を書き, 『新約聖書』(1516年) を刊行, なお『平和の訴え』, 『対話集』, 『自由意志論』などを著わす.

5 ルター Martin LUTHER (1483～1546年)——ドイツの宗教改革者. 中部ドイツのアイスレーベンに生まれ, 初め法律を学んだが, のちエルフルトのアウグスティヌス派修道院に入り神学を研究, ヴィッテンベルク大学の神学教授となる. 1517年に免罪符に関する95条の提題をヴィッテンベルク城教会の扉に掲げて宗教改革の口火を切った. 1520年教皇から破門されたが破門状を火に投じ, 翌年ヴォルムスの帝国議会でも自説を曲げず皇帝から追放を宣言されたので, ザクセンの選挙侯の保護を受け, ヴァルトブルク城で聖書のドイツ語訳に従事した. 1522年『新約聖書』を, さらに1534年『旧約聖書』を翻訳し, 聖書を初めてドイツ人のものにするとともに, 近世ドイツ標準語の基礎を置いた.

6 ルフェーヴル・デターブル Jacques LEFÈVRE D'ETAPLES (1450年頃～1536年)——福音主義者. パリのカルディナル・ルモワーヌ学寮に学び, イタリアに遊学, その後ルモワーヌ学寮で哲学を教える. 1521年モーへ行き, モー・グループ (注7参照) の中心人物として聖書研究・説教に従事したが, ルターの同類として弾圧されストラスブールに亡命, 帰国後フランソワ1世の王子たちの教育係をつとめ, 晩年は王の姉マルグリット・ダングーレームの庇護を受けた.

7 モー Meaux——パリの北東にある町 (セーヌ・エ・マルヌ県). この町の司教ギヨーム・ブリソネ (1470～1534年) とルフェーヴルを中心にして「モーの人びと」または「モーの聖書学者たち」といわれるグループが結成され司教区内の粛正運動を行なったが, 異端集団とみなされパリ大学神学部や高等法院の弾圧を受けた.

8 反宗教改革 Contre-Réforme——宗教改革に対抗するカトリック側の改革と勢力拡大の動き. そのとくに重要なものは, 教会内部の改革や異端の取り締まりなどを決めたトリエント公会議 (1545～63年) とロヨラの始めたイエズス会の積極的な活動.

9 ファレル Guillaume FAREL (1489～1565年)——最初ルフェーヴル・デタープルとともにモーの教区で福音活動を行なったが, 1523年にはモーの人びとから離れて改革派に走る. 1535年ジュネーヴに最初のプロテスタント教会を樹立, 当地に来たカルヴァンとともに宗教改革運動に従事したが, 1538年反対派によってジュネーヴを追われ, ヌーシャテルに移り運動を続けた. 『洗礼をなすに際して守るべき礼儀作法』(1533年) などを著わす.

10 オリヴェタン OLIVETAN (1506～38年)——本名ピエール・ロベール Pierre Robert. カルヴァンと同じくピカルディー地方ノワイヨンに生まれ, カルヴァンより先に新教徒となる. 1528年ストラスブールに亡命, のちジュネーヴへ行った. 彼の仏訳聖書 (1535年) は, 旧約部はヘブライ語から, 新約部はギリシア語から訳されたが, ルフェーヴルの訳業に負うところが多く, カルヴィニスムの聖書として有名.

11 ヴァルド教徒 Vaudois——12世紀にピエール・ヴァルド Pierre VALDO が始めたキリスト教異端派. 16世紀に宗教改革によって新教が起こると, 多くそれに合流したが, 一部はピエモンテ地方, アルプスの谷ヴォードワにのちまで余命を保った.

12 カルヴァン Jean CALVIN (1509〜64年)——本名はコーヴァン Cauvin (Calvinはラテン名 Calvinus から). ピカルディー地方ノワイヨンに生まれ，パリに出て古典と哲学を学び，オルレアン，次いでブールジュの大学で法律とギリシア語を修め，またパリの王立教授団でギリシア語やヘブライ語の講義を聞いた．1532年セネカの『寛容論』の注解を出版．翌年友人のパリ大学総長コップが行なった福音主義的な演説の原稿起草者としてきびしい嫌疑をかけられパリを脱出．1534年秋の檄文事件(カトリック攻撃のビラ張り事件，そのため国王は新教徒弾圧に踏み切った)を機にフランスを去り，バーゼルに赴き，1536年ラテン文の『キリスト教綱要』を刊行した．同年ジュネーヴに行き，当地にいたファレルの懇請によりその改革運動に協力．宗規の急進性と厳格さのために一時追放されたが，1541年再び指導者としてジュネーヴに呼び戻され，終生この町で新教王国の建設に尽力した．彼の絶対的聖寵の予定説は，清教徒的な厳正さと信仰上の過酷な準則を生み出した．

13 ドレ Pierre DORÉ (1500年頃〜1569年)——オルレアンに生まれ，ブロワのドミニコ会士となり，1544年にブロワ小修道院院長となる．旧教徒のギュイーズ家と親しく，同家の聴罪司祭をつとめた．カルヴァン派と戦うにはフランス語で書くべきだと考え，彼自身多くの著作をフランス語でした．彼の『反カルヴァン論』は1551年パリで出版された．

14 ド・サント Claude DE SAINTES (1525〜91年)——パリの神学者，のちギュイーズ家の後援のもとにエヴルーの司教となる．

15 フランソワ・ド・サル saint FRANÇOIS DE SALES (1567〜1622年)——サヴォワの名門の出で，パリ，パドヴァに学ぶ．聖職に入り，シャブレー地方(オート・サヴォワ県)の新教徒を改宗させるために努力し，1602年ジュネーヴの司教となる．1610年シャンタル夫人とヴィジタシオ会(聖母訪問会)を創立した．彼の『信仰生活への手引き』(1608年)は，上流社会の人びとに信仰生活の真の姿を理解させるための手引きで，美しいイメージに富む文体で書かれ，高い文学的価値を持つ．なお『神愛論』(1616年)を著わす．

16 モンテーニュ Michel Eyquem de MONTAIGNE (1533〜92年)——ボルドー付近のモンテーニュの城館で，貴族になった新興ブルジョワの家庭に生まれた．父の教育方針によって幼時からラテン語を教えられ，ボルドーのギュイエンヌ学校に学び，のちトゥールーズの大学で法律を修めた．1554年21歳でペリグー御用金裁判所の判事に任命され，3年後にボルドー高等法院の判事となったが，そこで同僚のラ・ボエシーと深い友情を結んだ．1569年レーモン・スボンの『自然神学』(ラテン語)を仏訳出版．1570年には法官を辞し，自邸にこもり読書と内省の生活に入ったが，王家や政界との関係が深く，旧教側と新教側との間の調停に尽力した．1580年に2巻本の『エッセー』を出版．同年湯治と見聞をかねてドイツからイタリアへの旅に出る．翌年旅行中にボルドー市長に選ばれ帰国．1581年から2期市長に在任したが，宗教戦争による内乱に対処し，さらに任期の終わり頃ボルドー周辺を襲ったペストに直面した．1588年に第3巻を加えた『エッセー』の新版を出す．この著作は，自己と人生についての考察が語られた，人間に関する知識の宝庫ともいうべきものであり，現代にまで大きい影響を及ぼしている．なお，1580年から翌81年にかけての旅行の記録は後年発見され，『旅日記』(1774年)として刊行された．

17 ル・ロワ Louis LE ROY (1510〜77年)——哲学者，翻訳家．1572年王立学院ギリシア語教授となる．プラトンをはじめアリストテレス，クセノフォン，デモステネスを仏訳し，哲学・政治学関係の書物をフランス語で書いた．

18 ショーリヤック Guy de CHAULIAC——14世紀の外科医．リヨンの医者，のちアヴィニョンの教皇侍医となる．

19 パレ Ambroise PARÉ——メーヌ州

ラヴァルに生まれ,パリに出てオテル・ディユー病院で研究,軍隊付外科医となり,従軍を重ね,1552年に王廷付外科医,1562年王廷付外科主典となる.実地経験にもとづいて旧来の治療法を改良し,外科学の発展に貢献した.『火縄銃その他火器による創傷の治療法』(1545年)をはじめ多くの著述を平明なフランス語で著わす.

20 カナップ Jean CANAPPE——リヨンの外科学教授.1542年フランソワ1世の侍医となる.外科学をフランス語で教え著述した最初の一人で,ガレノスの医書も訳した.

21 ケルスス Aulus Cornelius CELSUS——ティベリウス帝時代のローマの博学者.20余巻の百科全書的大著を書いたが,そのうち医学に関する8巻のみ残存.これはローマ時代の最も重要な医学書である.

22 コラン Sébastien COLIN (1519?~78?年)——最初おそらくトゥーレーヌ州で,のちフォントネー・ル・コントで医者を開業.フォントネー改革教会の宗務局員となり,ポワティエのプロテスタント教会の集会にも参加した.ギリシア語の医書も訳す.

23 プレイヤッド Pléiade——ロンサールを中心に詩の革新を企てた一派.ロンサールはコクレ学院で古典学者ジャン・ドラのもとに古典語・古典文学を学んだが,やがて学友たちと「ブリガード」(部隊)というグループを結成した.これがのち「プレイヤッド」と呼ばれる7人の詩人の一派に発展した.この名称は古代アレクサンドリアで7人の詩人がプレアデス星団になぞらえられた故事にならったもの.詩派の構成員は時によって少しずつ変わるが,ロンサールは最終的にドラ,ロンサール,デュ・ベレー,バイフ,ベロー,ジョデル,ティヤールを選んだといわれる.同派の主張はデュ・ベレーの『フランス語の擁護と顕揚』に明らかである.彼らは古典語その他の外国語からの語彙の借用,フランス古語の復活,新語の創造などによってフランス語の表現力を豊かにし,古代やイタリアの詩人を模範として技法を学び,在来のフランス詩歌の概念と作詩法を一新して近代叙情詩の基礎を築いた.

24 デュ・ベレー Joachim DU BELLAY (1522~60年)——プレイヤッド派の詩人.アンジュー地方のリレに生まれ,ポワティエ大学で法律を学ぶ.1547年ロンサールと知り合い,パリに出てコクレ学院でジャン・ドラについて古典を研究,ロンサールらの同志とプレイヤッドの母体である「ブリガード」を結成した.1549年プレイヤッドの宣言書である『フランス語の擁護と顕揚』を発表して,ラテン語ではなくフランス語で書かねばならないこと,フランス語および詩歌を古代の模倣によって豊かなものにし,古典語の高さにまで顕揚しなければならないことを主張する.詩作としては,ペトラルカ風のソネ集『オリーヴ』(1549年),一族のジャン・デュ・ベレー枢機卿の秘書としてローマに赴き,古都の廃墟を前にして歌った『ローマの古跡』(1558年),ローマ滞在中の体験を悲歌的・風刺的につづった『哀惜詩集』(1558年)などがある.

25 ペルティエ・デュ・マン Jacques PELETIER DU MANS (1517~82年)——ル・マンの生まれ.パリに出てナヴァール学院で学び,ル・マン司教秘書,次いでパリのバイユー学院およびボルドーのギュイエンヌ学院校長,ポワティエ大学数学教授を歴任した.プレイヤッドの先駆者であり,彼のホラティウス『詩法』の翻訳(1541年)の序文には,デュ・ベレー『フランス語の擁護と顕揚』の所説がすでに含まれている.詩集『至上の恋』(1555年)によって,初めて科学詩の導入を試みた功績も大きい.なお『詩作品』(1547年),『フランス詩法』(1555年)などがあるが,発音どおりに書くという表音主義の立場から『フランス語の綴字と発音についての対話』(1550年)を出し,表音式綴字法を提案してそれを他の作品にも適用した.また数学者として算術・代数・幾何の書を数冊著わし,哲学書も書いている.

26 デュボワ Jacques DUBOIS (1478~1555年)——ラテン名 Sylvius.アミアンの

生まれ．医者，とくに解剖学者として業績をあげたが，文法家としてもラテン語で『フランス語入門』(1531年，新暦1532年)を著わす．この書はフランスにおける最初のフランス語文典とされているが，厳密にいえばまだフランス文法の名には値しない．むしろ羅仏文典とでもいうべきもので，フランス語は悪化したラテン語であると信じていた彼は，あくまでラテン語を基準として，それによってフランス語を矯正しようとしたのである．

27　メグレ Louis MEIGRET (1510?～60?年)——リヨンの生まれ．アリストテレス，キケロー，プリニウスなどを翻訳したが，とくに綴字改革論者として有名で,『フランス語文字法論』(1542年)を発表し綴字と発音の一致を主張した．また彼の『フランス文法論』(1550年)は，フランス語で書かれた最初の本格的なフランス文法で，従来のラテン文法の枠にこだわらず，フランス語の慣用を重視し，フランス語独自の相を把握しようとした労作である．この点彼はフランス文法の創始者といわれる．なお，この『フランス文法論』も彼自身の表音式綴字法で書かれている．

28　メグレの反対者として，たとえばデ・ゾーテル Guillaume DES AUTELS (1529～81?年) は『フランス語の古き文字法論』(1548年)でメグレを非難し，メグレは『フランス語綴字法論擁護』(1550年) で反駁，さらにデ・ゾーテルが応酬(1551年)，これにメグレが回答する(1551年)など，両者の間にはげしい論争が起こった．またペルティエは，『フランス語の綴字と発音についての対話』(1550年)に添えて発表した『メグレの弁護』において，綴字改革の原則ではメグレに同意しながら実際の発音や表記法の問題に関して彼を批判し，これに対してもメグレは『ジャック・ペルティエの弁護に対する回答』(1550年)で応酬した．

29　この辞書の著者はロベール・エティエンヌ Robert ESTIENNE (1503～59年)．エティエンヌ家は代々すぐれた学者，出版業者が輩出した出版界の名門であるが，ロベールも，ヘブライ語，ギリシア語，ラテン語聖書や古代作家の作品を出版するかたわら，古典学者として『ラテン語宝典』(1531年)を著わした．その後『羅仏辞書』(1538年)を刊行．この『羅仏』をもとに逆にフランス語の単語約9000語を見出し語にして，これにラテン語訳を添えて『仏羅辞書』(1539年)を作った．その後(1549年)再版され多くの語が追加されたが，この辞書は最初のフランス語辞書として，当時の乱脈な綴字法に一応の基準を与え，フランス語正書法の確立に貢献した．なお，彼は『フランス文法論』(1557年)も著わしている．

30　カトリーヌ・ド・メディシス CATHERINE DE MÉDICIS (1519～89年)——フィレンツェの名家メディチ家の生まれ，アンリ2世(在位 1547～59年)の王妃となる．次子シャルル9世(在位 1560～74年)の摂政として政局を動かし，新旧両教徒の均衡の上に王権を確立しようとした．サン・バルテルミーの虐殺は彼女の扇動による．

31　サン・バルテルミー Saint-Barthélemy の虐殺(1572年)——カトリーヌ・ド・メディシスは，新教徒の首領コリニー提督がシャルル9世に対して勢力があるのを好まず，旧教側のアンリ・ド・ギュイーズと図って提督を暗殺しようとしたが失敗し，王をそそのかして新教徒一掃を企てた．ちょうどアンリ・ド・ナヴァール(のちのアンリ4世)の結婚式があったので，多数の新教徒がパリに集まっていた．かくて1572年8月23日夜半から翌日未明にかけて，パリにいたコリニーをはじめ3000余人の新教徒が虐殺され，余波は地方に及んだ．

32　エティエンヌ Henri ESTIENNE(1531～98年)——ロベール・エティエンヌ(注29参照)の子，出版業者．ギリシア語学者として代表作『ギリシア語宝典』(1572年)を刊行．またフランス語の擁護者として本文にあげられた諸作品を発表したほか，カトリック社会を風刺した『ヘロドトス弁護』(1566年)や『カトリーヌ・ド・メディシスの生涯・行為・放逸に関する驚くべき話』(1575年)などを書く．

33　ただし soudart は16世紀にはまだ

soldat の意で用いられることが多い.

34 recouvrer はラテン語の recuperare「取り戻す」から出たが, 15世紀以来しばしば recouvrir「おおい隠す」と混同された. 一方 récupérer は直接ラテン語から借用された学者語. なお, viscères, rusticité, structure もラテン借用語である.

35 ロンサール Pierre de RONSARD (1524〜85年)——プレイヤッド派(注23参照)の首領. ヴァンドーモワ州ラ・ポッソニエールの城館に生まれる. 宮廷に出仕したが, 病気で半聾となってからル・マンで剃髪をうけ, 1547年パリのコクレ学院に入学, ジャン・ドラのもとに古典を学ぶ. やがてバイフ, デュ・ベレーらの同志とともにプレイヤッドの母体である「ブリガード」(部隊)を結成して詩の改革に乗り出した. ピンダロスやホラティウス風の『オード集』(1550年), ペトラルカ風の『恋愛詩集』(1552年), つづいて『恋愛詩集続編』(1555年),『同新続編』(1556年),『賛歌集』(1555年),『エレーヌへのソネ』(1578年)や『フランス詩法要約』(1565年)その他を発表, ギリシア, ローマ, イタリアの詩風を自国化して詩の内容・形式に革新をもたらし, フランスの詩王と仰がれた.

36 escripvre (=écrire) はラテン語の scribere 過去分詞 scriptus にならって, また, sçavoir (=savoir) は sapere を語源とするが誤って scire にならって書かれた.

37 この例文はアンリ・エティエンヌの『フランス語覚書』(1582年)中に見られる. なお彼は, この例文において toujours の語末sが子音の前にもかかわらず発音されるのは, 発音の休止箇所に当たるからだと説明している.

38 ディヤーヌ・ド・ポワティエ DIANE DE POITIERS (1499〜1566年)——アンリ2世の愛人. 王は彼女のためにアネの城館を建て, またヴァランティノワ公領を与えた.

39 パリッシー Bernard PALISSY (1510年頃〜1590年)——陶工. フランス西南部アジャン付近に生まれる. 独力で苦心のすえ釉薬の秘法を発見. 新教徒だったので一時投獄されたが, 王室の庇護を受け, 1567年にはテュイルリー宮内に工房を与えられ, 1572年のサン・バルテルミーの虐殺も免れた. しかしのち再び捕らえられ, バスティーユに獄死.『フランス全国民が財を増殖しうる確実な道』(1563年),『森羅万象賛』(1580年)の著がある.

40 ポルズグレイヴ John PALSGRAVE (1480年頃〜1554年)——ロンドンに生まれ, パリで学ぶ. 初めて文法の名に値するフランス文法を書いたイギリス人.『フランス語解明』(1530年)を著わす. なお, この書の題はフランス語 (Esclarcissement de la langue françoyse) であるが, 本文は英語で書かれている.

41 たとえば moi「私」, toile「布」, avoir「持つ」, François「フランソワ(人名)」などに対して, monnaie「貨幣」, craie「白墨」, paraître「現われる」, Français「フランス人」や avais, aurais... の動詞変化形(古くは monoie, croie, paroistre, François, avois, aurois...)など.

42 セーヴ Maurice SCÈVE (1501?〜60年頃)——リヨンの詩人. 青年期にペトラルカに深く傾倒し, その恋人ラウラの墓を発見したと伝えられる. 神秘的な恋愛詩『デリー』(1544年), 孤独な生活を歌った牧歌風の『柳叢曲』(1547年), 人類の歴史を歌った叙事詩『ミクロコスム』(1562年)などを発表. プラトン哲学やペトラルカの影響を受けながら, 象徴的な美をたたえた詩句によって, 象徴派の先駆とされる.

43 モンリュック Blaise de MONLUC (1500年頃〜77年)——ガスコーニュ地方の出身, 元帥. イタリア戦争で功をたて, 宗教戦争では旧教派の将軍として新教徒にきびしい弾圧を加えた. 戦記『コマンテール』(1592年)を残す.

44 ブラントーム Pierre de Bourdeille (abbé de) BRANTÔME (1540年頃〜1614年)——ペリゴール地方の生まれ. 軍人, 回想録作者. イタリア, アフリカで戦い, 宗教戦争にも参加し, アンリ3世の廷臣となったが不興をこうむり宮廷を去る. のち落馬して傷つきペリゴールの領地に隠棲し

て著述に没頭した．『著名貴婦人伝』，『艶婦伝』，『名将伝』などを書く（死後1665年に出版）．

45 ラブレー François RABELAIS (1494年頃～1553年頃)——トゥーレーヌ州シノン付近に生まれ，青年期を修道士として過ごしたが，同時に古代学芸の研究を志し人文主義者と交わりギリシア語を学んだ．各地の大学を遍歴，1530年モンペリエ大学で医学得業士となる．1532年リヨンへ行き古典学術書を校訂出版する一方，市立病院に勤務．同年『第2の書パンタグリュエル』を発表，1534年に筋の上では第1巻となるべき『第1の書ガルガンテュワ』を出版した．1537年にはモンペリエで医学博士．1546年『第3の書パンタグリュエル』，次いで1548年『第4の書パンタグリュエル』の一部を出し，1552年に同書を完全な形で出版した．『第5の書パンタグリュエル』は死後1562年に最初の16章が『鳴る島』と題して出版され，1564年にその全体が出されたが，本書の一部あるいは全体には偽作の疑いがある．彼の『ガルガンテュワとパンタグリュエル』は荒唐無稽な物語の形式によって，当時の社会，宗教，教育などを風刺したもので，しばしば保守的なパリ大学神学部から糾弾されたが，その博識，批評精神は豊富な表現力と相まって，ルネサンス文学の不朽の傑作とされる．そのほか『パンタグリュエル占筮』(1533年)，『暦』，『模擬戦記』(1549年)などの小品や若干の書簡もある．

46 アブヴィル Abbeville は，ピカルディー地方アミアン近くの町．聖フェレオール Sainct Ferreol はこの町となんの関係もないが，鴛鳥の守護者といわれた．ちなみに，アミアンの地方では鴛鳥や鴨がたくさん獲れた由．

47 プリニウス PLINE (23～79年)——ラテン名 Gaius Plinius Secundus. 古代ローマの著述家．『博物誌』全37巻を著わす．

48 ただし，このソルボンヌ神学者への罵倒的言辞の列挙(sorbillans 以下)は，『第2の書パンタグリュエル』の1534年版と1537年版に見られるもので，初版(1532年)には見られず，また，現在『第2の書』の底本となっている1542年版でも削除されている．

49 ただし sororité は中世ラテン語 sororitas から作られ，confrérie de sœurs「修道女協会(団体)」とも解される．

第6章の訳注

1 1400年代 Quattrocento——イタリア15世紀の文芸・美術運動を指す．たとえば絵画ではマサッチョ，フラ・アンジェリコ，ボッティチェリ，彫刻ではドナテロ，ギベルティ，建築ではブルネレスキ，また，博学多芸の天才アルベルティらが活躍した．

2 パーキエ Etienne PASQUIER (1529～1615年)——法律家，人文主義者．パリに生没．トゥールーズとパヴィアで法律を学び，1549年パリで弁護士を開業，1585年会計検査院の次席検事となる．フランスの政治・文学・言語・風俗などの歴史を考察した該博な『フランス考』(1560～1621年)を著わす．また『書簡集』(1586年)も当時の政治・軍事・宗教・文学などに関して資料的価値が大きい．

3 アンリ4世 HENRI IV (1553～1610年)——フランス国王(在位1589～1610年)．ブルボン王朝の祖．初め宗教戦争でプロテスタントの首領として活躍したが，1593年カトリックに改宗，1598年ナントの勅令を発布して国民に信仰の自由を保障し，宗教戦争を収めた．フランス絶対王政の基礎を作ったが，狂信的なカトリック教徒に暗殺された．

4 ルイ13世 LOUIS XIII (1601～43年)．——フランス国王(在位1610～43年)．アンリ4世の子．宰相にリシュリューを登用．三十年戦争に介入して勢力の拡大に努める

第6章の訳注

一方，国内では大貴族を抑え，新教徒を弾圧した．

5 リシュリュー Armand Jean du Plessis (cardinal, duc de) RICHELIEU (1585～1642年)——パリに生没．初めリュソンの司教，1614年三部会に選出され，太后マリ・ド・メディシスに認められて1616年大臣となる．1622年枢機卿．1624年以来宰相としてルイ13世の政治をほとんど独力で裁量，国内の貴族と新教徒を制圧して王権の拡充を図り，中央集権国家の確立に努力するとともに，外交面ではオーストリア王家の勢力を抑えるために三十年戦争に介入した．なお彼は，アカデミー・フランセーズ（注13参照）を創設した．

6 フロンドの乱 Fronde——ルイ14世の治世の初め宮廷と宰相マザランに対して起こった貴族の乱．フロンド fronde とは石投げ玩具のことで，この内乱の断続性，あるいはマザランの家に投石されたことによるといわれる．新貴族化した高等法院が先頭に立ち，パリの市民も参加した「高等法院のフロンド」(1648～49年)と，封建貴族が国王軍と戦った「大貴族のフロンド」(1649～53年)があった．

7 ランブイエ侯爵夫人 Catherine de Vivonne-Savella (marquise de) RAMBOUILLET (1588?～1665年)——ローマ駐在フランス大使ピサニ侯爵ジャン・ド・ヴィヴォンヌとローマの貴婦人ジュリア・サヴェラとの間に生まれ，シャルル・ダンジェンヌ（のちのランブイエ侯爵）と結婚してパリに住んだが，病弱のため宮廷生活を避けて，サン・トマ・デュ・ルーヴル街の自邸にサロン（ランブイエ館）を開いた．彼女の有名な「青い部屋」は多くの上流人士や文人・才媛の会合の場であり，マレルブ，ヴォージュラ，ヴォワチュールらも集まった．参会する人びとは，才色兼備の夫人のもとに，言語・動作・服装の純化に心がけ，ここに社交人の型が作られた．また，そこで交わされた洗練された会話によって，このサロンがフランス語の純化に寄与したところも大きい．

8 デカルト René DESCARTES (1596～1650年)——トゥーレーヌ州ラ・エーに生まれ，1606年ラ・フレーシュのイエズス会の学院に入り，スコラ学・人文学を修め，その後ポワティエ大学で法律と恐らく医学を学んだが，早くより，数学を除き旧来の学問に対して不信を抱いた．1618年オランダに志願兵として行き，翌1619年にはドイツに赴いて，三十年戦争における旧教軍に加わる．同年11月10日夜，南ドイツのウルム近傍で，夢に「驚くべき学の基礎」について啓示を得，一種の精神的転機を経験した．1622年フランスに戻ったが，1623～25年にはイタリア旅行．1628年オランダに移り住み，以後オランダ各地に居所を転じながら学問に専念した．1649年スウェーデン女王クリスティナに招かれてストックホルムに赴き，翌年同地で客死した．彼は，数学に範をとった明証的直観と必然的推理を哲学に導入することによって，旧来のスコラ哲学を覆し，「われ思う，ゆえにわれ在り」Je pense, donc je suis. の明証を出発点として，完全な存在つまり神の存在を証明し，さらに，思惟を属性とする精神と，延長を属性とする物体との二元論にもとづく形而上学を樹立して，近代哲学の父といわれる．主著,『方法序説』(1637年)，『省察』(ラテン語1641年，仏訳1647年)，『情念論』(1649年)など．

9 カッサンドル Cassandre Salviati は，フィレンツェ出身の銀行家の娘で，母はフランス人．ロンサールは，1545年春，ブロワ城の王室舞踏会で初めて彼女を見てから，のちに，ペトラルカの『カンツォニエレ』におけるラウラの例にならい，彼女を彼の『恋愛詩集』における最初にして最大の愛の対象とした．

10 マレルブ François de MALHERBE (1555～1628年)は，友人の法律家フランソワ・デュペリエの娘の死に際して,『デュペリエを慰める詩』を書いた．マレルブは，ノルマンディーのカンに生まれ，アンリ4世，次いでルイ13世に仕えた宮廷詩人．彼の重要さは，彼自身の詩作品そのものよりも，むしろ国語と作詩法の改革に果たした役割にある．すなわち彼は，16世紀

以来の豊饒ではあるが無秩序なフランス語を純化整理し，語法に明確な基準を与え，詩においては母音の連続 hiatus や詩句のまたがり enjambement を禁止するなど，厳格な規則を課し，古典時代の詩形を準備した最初の人である．のちにボワローがその『詩法』の中で，「ついにマレルブ来たれり」と歌ったのも，古典主義の先駆者という彼の業績を認めたものにほかならない．彼の主張は，詩人デポルト(注 21 参照)の作品を批判した『デポルト注釈』(1606年)によって知ることができる．

11 ブリュノ Ferdinand BRUNOT (1860～1938 年)——言語学者，高等師範学校卒業後，1891 年『デポルト注釈によるマレルブの教説』で学位を得，1900 年以後ソルボンヌでフランス語史の講座を担当．大著『起源から 1900 年 (のちに「現代」と改称)までのフランス語史』(1905 年～未完)の著者として有名．この書はフランス語の歴史を思想・社会・政治などとの関連において究明した最も権威のある語史であり，彼の死後，弟子のシャルル・ブリュノーが継続執筆 (現在 G. アントワーヌらが継承)．なお，思考形式に従って言語表現を分類・検討した『思考と言語』(1926 年)，アカデミー文法を徹底的に批判した『アカデミー・フランセーズの文法批判』(1932 年)，『フランス歴史文法綱要』(1887 年)などがある．

12 バルザック Jean-Louis Guez (seigneur) de BALZAC (1597～1654 年)——書簡作家．アングレームに生まれ，没した．1620 年から 1622 年にかけてラ・ヴァレット枢機卿に従いローマに滞在．その頃からパリの知友にあてた手紙が社交界で評判となり，帰国後刊行された最初の書簡集(1624年)は大反響を呼び，彼の文名を高めた．その後彼は，好んでシャラントの所領に引きこもりながらパリの著名人士と文通を続け，哲学，宗教，文学など諸問題について意見を述べ，同時に，明確で雄雅な文章の模範を示して，古典散文の形成に寄与した．なお，『君主論』(1631 年)，『キリスト教徒ソクラテス』(1652 年)などの著作がある．

13 アカデミー・フランセーズ Académie française——1634 年リシュリューは，国語と文学に統制を加えようと考え，当時コンラールの家に会合していた文学サークルを公的な庇護のもとにおいた．かくてアカデミーは創設され，1635 年，国王ルイ 13 世の勅許状を得て正式に発足した．ただし，高等法院による認可は 1637 年である．本来アカデミーの主要な任務は，フランス語の純化・規制のための辞書・文法書の編集，修辞法の制定にあったが，このうち修辞法教科書は今日までついに出版されていない．なお，会員は 40 名で，「不滅の人」les Immortels と呼ばれる．

14 ヴォージュラ Claude Favre (baron de Pérouges, seigneur de) VAUGELAS (1585～1650 年)——サヴォワの貴族の家に生まれ，パリに出て宮廷人となる．多くのサロンに出入りし，貴族社会のことば遣いを観察，「よい慣用」を定めようとしてフランス語に対する注意書きを書きまとめ，晩年に『フランス語注意書』(1647 年)を刊行した．「ヴォージュラを話す」parler Vaugelas ということが正しいことば遣いの手本と仰がれた．アカデミー・フランセーズの創設以来の会員で，その辞書 (1694年出版) の編集に参与した．

15 ファレ Nicolas FARET (1596 年頃～1646 年)——リシュリューに庇護され，アカデミー・フランセーズ創設以来の会員．アカデミーの規約起草に当たる．彼の著作『オネットム，または宮廷で気に入る術』(1630 年)は，上流人士必携の書として好評を博した．

16 セヴィニェ夫人 Marie de Rabutin-Chantal (marquise de) SÉVIGNÉ (1626～96 年)——その書簡で有名．娘のフランソワーズ・マルグリットが 1669 年グリニャン伯と結婚してプロヴァンスに去ってから，愛する娘あてに 25 年間にわたって手紙を書き送った．彼女の書簡は，この娘あてのものが大部分であるが (その他のものを合わせると千数百通)，社交界の出来事や，さまざまな見聞，自分の心情などを，生き生きとした自然な文体で綴り，古典主

義文学の時代に異彩を放っている.

17 コルネイユ Pierre CORNEILLE (1606～84年)——劇作家.ルアンに生まれ,イエズス会の学校で教育を受けてから弁護士の資格を得,1629年同地で裁判所の検事となった.以後ほぼ20年にわたってその職責を果たすかたわら劇作の筆をとり,処女作『メリット』(喜劇,1629年)につづいて,『クリタンドル』(悲喜劇,1632年)その他を発表し,『ル・シッド』(悲喜劇,1637年,ただし後年悲劇と改む)で劇作家としての地位を確立した.この劇は,古典劇の規則に準拠しているか否かをめぐって,有名な「ル・シッド論争」をひき起こした.その後悲劇連作『オラース』(1640年),『シンナ』(1640年),『ポリュークト』(1642年)や,喜劇『嘘つき』(1643年),悲劇『ロドギューヌ』(1644年),『ニコメード』(1651年)など多くの傑作を発表,1647年にはアカデミー・フランセーズの会員に選ばれているが,悲劇『ペルタリット』(1652年)の失敗を期として,一時演劇から離れた.1659年,悲劇『エディプ』で劇界に復帰,以後かなりの数の作品があるが,もはや昔日の面影はなく,若いラシーヌの進出に圧倒され,不運のうちに死んだ.彼は,力強い様式美,英雄的な崇高な悲壮美を備えた古典悲劇を完成し,モリエール,ラシーヌと並んで,フランス三大古典劇作家といわれる.

18 ロトルー Jean de ROTROU (1609～50年)——劇作家.ドルーに生まれ,パリに出て,20歳で劇壇にデビュー.1639年故郷に帰り,地方裁判所長代理となったが,その後も劇作を続けた.喜劇『二人のソジー』(1637年),悲劇『聖ジュネ正伝』(1646年),悲喜劇『ヴァンセスラス』(1647年)などがある.

19 ボワロー Nicolas BOILEAU-DESPRÉAUX (1636～1711年)——パリの高等法院書記官の子として生まれ,神学・法律を学び弁護士となったが,父の死後文学の道に入り,モリエール,ラシーヌ,ラ・フォンテーヌらと交わり,1666年『風刺詩集』を発表,さらに1669年以後『書簡詩集』を出した.彼は天成の風刺家・批評家であり,辛辣な筆をふるって,健全な判断力の君臨,古典的趣味の確立のために戦った.彼の『詩法』(1674年)は古典主義理論の集大成で,ホラティウスによりながら,古代にならい理性と良識に従って,的確なことばで普遍的な真実をうたうことを勧めている.晩年には,近代を優位と見るペローを攻撃して,「新旧論争」の口火を切った.

20 パスカル Blaise PASCAL (1623～62年)——数学者,物理学者,キリスト教的思想家.オーヴェルニュ州クレルモンの生まれ.父は税務に関する高等法院の裁判長であったが,数学や物理学にも造詣が深く,3歳のとき母を失ったパスカルは,この父の手で育てられ教育された.早くから天才的科学者としての才能を示し,16歳で『円錐曲線試論』を書き,19歳で計算器を発明,その後,真空に関する実験を行ない「パスカルの原理」を発見.さらに,数学・物理学上の多くの業績を残した.他面,23歳の頃,ジャンセニスムの信仰にふれて最初の回心をしたが,父の死(1651年)後しばらく社交界に出入りし,「幾何学の精神」と「繊細の精神」との別を知る.しかし1654年11月23日の夜,「決定的回心」とよばれる深い宗教的体験をして,ジャンセニスムの本拠ポール・ロワイヤル修道院の客員となった.その頃イエズス会の圧迫に対してジャンセニスムを擁護する一連の『田舎の友への手紙(プロヴァンシアル)』(1656～57年)を次々に発表して論戦した.彼は未完のキリスト教弁証論のための覚書を残して死んだが,これが「神なき人間の悲惨」とキリスト教の絶対的真理性を明らかにした『瞑想録(パンセ)』(1670年刊行)である.

21 デポルト Philippe DESPORTES (1546～1606年)——詩人.シャルトルの生まれ.僧籍に入り,詩才を知られてアンジュー公の知遇を得,のちに公がアンリ3世になると,その寵によってロンサールをしのぐほどの威光を持ち,ロンサールの死後はマルブの登場まで詩壇の第一人者であった.『ディヤーヌ恋愛詩』,『イポリット恋愛詩』

(1573年)や『ダビデ詩編』仏訳(1591～1603年)などがある．

22 ヴォワテュール Vincent VOITURE (1597～1648年)——アミアンの生まれ．ルイ13世の弟ガストン・ドルレアンに仕えた．ランブイエ館に出入りし，平民の出でありながら，その才気と座興の手腕によってサロンの中心的存在となった．軽妙で機知に富んだ書簡や詩によって名高い．

23 アミヨ Jacques AMYOT (1513～93年)——ムランに生まれ，パリで勉学し，ブールジュ大学の古典語の教授となる．イタリアを訪れたのち，1557年に，のちのシャルル9世とアンリ3世の教育係となり，1560年フランス宮中司祭，1570年にはオーセールの司教となった．彼の作品はとくにギリシア作家の仏訳であり，ヘリオドロス，ディオドロス，ロンゴスの翻訳を次々と出したが，とりわけ彼の名を有名にしたのは，プルタルコスの翻訳(『対比列伝』，1559年；『倫理論集』，1572年)で，教養書として大成功をおさめた．逐語訳ではなく，文体・精神は彼自身のものであり，その文章は，学術語・古語・新語を避け，明快で，次世紀の古典主義の人びとからも賞賛され，フランス語散文の発達にも貢献した．

24 モリエール MOLIÈRE (1622～73年)——本名ジャン・バティスト・ポクラン Jean-Baptiste Poquelin．喜劇作家，俳優．パリの裕福な室内装飾業の家に生まれ，クレルモン学院に学び，オルレアン大学で法学士の資格を得たが，演劇に心をひかれ，1643年，女優マドレーヌ・ベジャールらとともに「盛名劇団」を結成．しかし興行は失敗を重ね，都落ちして，主として南仏を巡業する．この間リヨンでは『粗忽者』(1655年)，ベジェでは『痴話げんか』(1656年)の自作を発表し，次第に名声を高めて，1658年「王弟付劇団」の肩書を得てパリに帰還．ルイ14世の前でコルネイユの悲劇『ニコメード』と自作の笑劇『恋する学者』を上演して好評を博し，以後プティ・ブルボン座で演じることを許され，最初の傑作『笑うべきプレシューズ』(1659年)で彼の名声を決定的にした．1660年にはパレー・ロワイヤル内の舞台使用を許され，生涯ここを本拠とする．1662年，マドレーヌの妹とも娘ともいわれている一座の女優アルマンド・ベジャールと結婚．同年『女房学校』を発表し，好評とともに非難も受け，これに対して1663年に『女房学校是非』および『ヴェルサイユ宮即興劇』で応酬．1665年には，彼の劇団は「国王付劇団」となった．彼は，なお，『タルテュフ』(1664年)，『ドン・ジュアン』(1665年)，『人間ぎらい』(1666年)，『いやいやながら医者にされ』(1666年)，『アンフィトリヨン』(1668年)，『ジョルジュ・ダンダン』(1668年)，『守銭奴』(1668年)，『町人貴族』(1670年)，『スカパンの悪だくみ』(1671年)，『女学者』(1672年)など，数々の傑作を発表し，1673年『気で病む男』を上演中舞台で倒れた．彼は，鋭い観察によって当時の社会風俗をみごとに描き出すとともに，人間心理の展開にもとづく本格的な性格喜劇を完成した．

25 スカロン Paul SCARRON (1610～60年)——パリに生没．ル・マンの司教に仕えたが，病気のためついに椅子に座りっきりの生活となる．『ビュルレスク詩集』(1643年)，『台風』(1644年)，『戯作ウェルギリウス』(1648年)を発表，ビュルレスクの流行をもたらした．喜劇『ジョドレ』(1643年)も好評を得たが，彼の傑作は，ル・マン滞在中の見聞をもとに，田舎の芸人たちの生活を描いた『ロマン・コミック』(1651年)である．

26 ランソン Gustave LANSON (1857～1934年)——文学史家．高等師範学校卒業後，母校の講師，1900年ソルボンヌの講師，1903年その教授となる．実証主義的な研究方法で知られ，彼の該博な知識はフランス文学全体にわたるが，専門は近世文学．名著『フランス文学史』(1894年)を著わし，『近代フランス文学書誌提要』(1909～14年)を編纂したほか，古典作家の評伝など，多くの著作がある．

27 マザラン Jules MAZARIN (1602～61年)——イタリア人で，ペシナの生まれ．

1639 年フランスに帰化．リシュリューの信任を得て枢機卿に任じられ，1642 年リシュリューの死後はルイ 13 世の王妃アンヌ・ドートリッシュに信頼され，翌年ルイ 13 世が死ぬと，母后が摂政となり，マザランは宰相として国事に当たった．フロンドの乱(注 6 参照)が起こり，一時は全フランスが騒動の渦に巻きこまれ，彼もパリを離れざるをえなくなったが，乱が鎮定した 1653 年には再びパリに帰り，以後死ぬまでルイ 14 世の宰相として，実権をふるった．彼の手腕はとくに外交面で発揮され，ドイツの三十年戦争を有利に収拾してウェストファリア条約(1648 年)を締結し，スペインとの戦争では戦勝を博し，ピレネー条約(1659 年)を結んでルーションやアルトワを手に入れた．

28 ルイ 14 世 LOUIS XIV (1638～1715 年)——フランス国王(在位 1643～1715 年)．ルイ 13 世の子．ブルボン朝絶対王政の極盛期を代表し，大王 le Grand または太陽王 le Roi Soleil と呼ばれる．5 歳で王位についたため，母后アンヌ・ドートリッシュが摂政となり，マザランを宰相に任じた．1661 年マザランが死んでから，初めてルイ 14 世の親政が始まる．彼はコルベールらを用いて富国強兵に努め，内外に王権を確立した．文化の上でも彼の時代は古典主義の開花期に当たり，まれに見る黄金時代を現出した．しかし，スペイン継承戦争(1701～13 年)ほか何回かの侵略戦争や豪華な宮廷生活によって国力を疲弊させ，やがて王権の危険を招くこととなった．

29 スキュデリー Madeleine de SCUDÉRY (1607～1701 年)——ル・アーヴルの生まれ．ランブイエ館に出入りし，その後自宅に「土曜会」という文芸サロンを開いた．典型的なプレシューズ．『グラン・シリュス』(10 巻，1649～53 年)，『クレリー』(10 巻，1654～60 年)を発表．これらの小説は，古代史の形をかりて，当時の社交界の人びとを描いた「鍵小説」roman à clef である．なお，彼女には『道徳に関する会話』(2 巻，1686 年)などがある．

30 ラシーヌ Jean RACINE (1639～99 年)——悲劇作家．イル・ド・フランスのラ・フェルテ・ミロンに生まれ，早くから孤児となり，祖母に引き取られて，ポール・ロワイヤルの学校でギリシア語教育を受けた．その後パリに出てダルクール学院に学び，1660 年，ルイ 14 世の成婚を祝してオード『セーヌ川の水精』を作り，好評を博した．翌年，南仏ユゼスの司教代理である伯父のもとに行き，聖職を得ようとしたが果たさず，2 年後にはパリに戻る．1664 年，処女悲劇『ラ・テバイード』，次いで翌年『アレクサンドル大王』が上演された．以後 10 年間にラシーヌが書いた作品は傑作と呼びうるものばかりである．すなわち『アンドロマック』(1667 年)，『訴訟狂』(1668 年，唯一の喜劇)，『ブリタニキュス』(1669 年)，『ベレニス』(1670 年)，『バジャゼ』(1672 年)，『ミトリダート』(1673 年)，『イフィジェニー』(1674 年)，『フェードル』(1677 年)である．この間彼はアカデミー会員に選ばれている(1673 年)が，『フェードル』の上演が卑劣な敵の陰謀によって失敗してから，劇壇を退き，国王から修史官に任命された．その後マントノン夫人の要請によって，彼女の経営するサン・シール女学院のため，『エステル』(1689 年)と『アタリー』(1691 年)を書いた．すべて韻文で書かれた彼の作品は，三単一の法則(時・場所・筋の単一)を完全にとり入れ，しかも真実らしさを守り，古典悲劇の典型を示すものであり，また，フランス韻文の至宝とされている．

31 アルノー Antoine ARNAULD (1612～94 年)——大アルノー le Grand Arnauld と呼ばれる．初め法律を学んだが，ソルボンヌで神学を修め，聖職者を志すにいたった．ポール・ロワイヤルの隠士となり，1643 年『しばしばなる聖体拝受について』を著わし，ジャンセニスムの闘士としてイエズス会と対決した．なお彼は，『一般的合理的文法』(通称「ポール・ロワイヤル文法」，ランスロと共著，1660 年)，『ポール・ロワイヤル論理学』(ニコルと共著，1662 年)を著わす．

32 ランスロ Claude LANCELOT (1615 年

頃～1695年)——ポール・ロワイヤルの隠士,文法学者.彼はアルノーとの共著『一般的合理的文法』に先立って,すでに若干の言語の一連の『新教本』Nouvelle méthode を個別に著わしている.ラテン語(1644年),ギリシア語(1655年),イタリア語とスペイン語(1660年)の教本であるが,その表題『ラテン語を容易にかつあまり時間をかけずに学ぶための新教本』の示すとおり,これらの教本は,諸言語を効果的に習得するための規則を集めた実用的入門書にすぎなかった.アルノーとの共著は,これら諸言語入門書のいわば総論として刊行されたものということもできよう.ちなみに,『一般的合理的文法』の副題には,「話す技術の基礎」les fondements de l'art de parler, 「すべての言語に共通な事柄の根拠」les raisons de ce qui est commun à toutes les langues と記されている.

33 ボシュエ Jacques-Bénigne BOSSUET (1627～1704年)——生地ディジョンのイエズス会の学院で学び,パリに出てナヴァール学院で哲学・神学を修めた.コンドンの司教を経て,1670年ルイ14世の王太子の教育係に任じられ,翌年アカデミー・フランセーズに入会,1681年モーの司教になった.フランス最大の説教家であり,とりわけ追悼演説は彼が最も力を入れ名声を博したもので,王弟妃アンリエット・ダングルテール(1670年),コンデ公(1687年)への追悼演説はとくに有名である.『世界史論』(1681年)は王太子の教材として編まれたもので,すべての事件を神意によって説明する歴史哲学が見いだされる.なお彼の重要著作として『プロテスタント教会分派史』(1688年)がある.

34 ブーウール神父 le père Dominique BOUHOURS (1628～1702年)——イエズス会の神父であるが,文法家として有名.「よい慣用」をフランス語洗練の基準とし,古典主義時代に最大の権威を認められた.『アリストとウージェーヌとの対話』(1671年),『フランス語に関する疑問点につきアカデミー・フランセーズの諸氏に問う』(1674年)などを著わした.

35 フュルティエール Antoine FURETIÈRE (1619～88年)——『百科辞典』を著わす.この辞典は彼の死後1690年にオランダで刊行された.アカデミー・フランセーズの辞書とは異なり,古語・新語・専門語なども収録,当時のフランス語を知る上に重要である.彼は1662年アカデミー会員に選ばれたが,この辞書の刊行をめぐってアカデミーと抗争,1685年ついにアカデミーを追われた.ほかに『町民物語』(1666年)などがある.

36 フォントネル Bernard Le Bovier de FONTENELLE (1657～1757年)——ピエール・コルネイユ(注17参照)の甥で,ルアンの生まれ.方々のサロンに出入りし,その才気と博識が珍重された.啓蒙思想の先駆者.『世界多数論』(1686年)は,社交界の婦人たちにもわかるようにコペルニクス,デカルトの天文学を解説したものであり,『神託史』(1687年)は予言のむなしさを示し,迷信のみならず宗教の根本をも疑わせる啓蒙的著作である.「新旧論争」に際しては,『古代人・近代人に関する迂説』(1688年)を著わし,ペローに味方して近代人の優位を主張した.1691年アカデミー・フランセーズ会員,さらに1697年には科学アカデミー会員に選ばれ,1699年その終身書記となり,『科学アカデミー史』(1707年),『アカデミー会員頌』(1708～19年)を書いた.

37 コルネイユ Thomas CORNEILLE (1625～1709年)——ピエール・コルネイユの弟.流行作家で,悲劇・喜劇にわたって多くの作品を書いた.『技術科学用語辞典』(1694年)を著わし,アカデミーの辞書に欠けている専門技術語を補い,また『世界地理歴史辞典』(1708年)を刊行した.

38 ラ・ブリュイエール Jean de LA BRUYÈRE (1645～96年)——モラリスト.パリに生まれ,オルレアン大学で法律を学び,パリ高等法院の弁護士,その後カンの収税官の職を買ったが,実際の仕事はせずパリに住んでいた.1684年,ボシュエの推薦でコンデ公の孫ブルボン公の教育係となり,2年後にはその役目は終わったが,そ

の後も家令として邸内にとどまった．この間，王侯貴族や成り上がり紳士らの実態を観察しながら，『人さまざま，または当世の風俗』(1687年)を書き上げた．1693年アカデミー・フランセーズ会員となる．

39 デュルフェ Honoré d'URFÉ (1567～1625年)——オーヴェルニュ州フォレの貴族の出で，マルセイユに生まれ，トゥールノンで学業を修めた．旧教同盟に参加，2度捕らわれの身となる．彼の牧人小説『アストレ』(第1巻1607年，第2巻1608年，第3巻1619年)は，死後秘書のバローによって2巻補加されたが，当時の上流社会の風俗に大きな影響を与え，とくに婦人の間で恋愛・社交の手本とみなされた．ドイツでは，『アストレ』を愛読する29人の王子・王女と19人の貴族・貴婦人たちによって，「完全な恋人たちのアカデミー」が結成された．

40 o と ou は16世紀にはしばしば混同された．この混同は，前強勢音節だけではなく，強勢音節においても同様で，portrait—pourtrait「肖像」，troupe—trope「集団」のような語形上の混乱がこの世紀のテキストに広く見られ，すでに当時の文法家その他の人びとによっても指摘されている．たとえばペルティエ・デュ・マンは，メグレが trop「あまりに」を troup と書き，反対に couleur「色」を coleur と書いたことについて批判し，troup や coleur などはメグレが生まれたリヨンその他の地方的な発音であり，パリの宮廷などではメグレの言うような発音は決して聞かれない，と述べている．また，テオドール・ド・ベーズは，ブールジュやリヨンでは notre「われわれの」，votre「あなたの」を noutre, voutre と言い，ドーフィネやプロヴァンスでは coup「打撃」，tourment「責苦」を cop, torment と発音すると証言している．このような混乱は，17世紀の文法家たちによって収拾されることになる．たとえばヴォージュラは，pourtrait, chouse ではなく portrait, chose「物」と言わねばならない，と記している．

41 『女学者たち』第2幕，第6場で，女中のマルティーヌが grammaire を grand-mère「祖母」と取り違える場面がある．

42 フェヌロン François de Pons de Salignac de La Mothe FÉNELON (1651～1715年)——ペリゴール州の名家の出で，サン・シュルピス神学校に学ぶ．ちょうどナントの勅令の廃止(1685年)後で，彼はカトリックに改宗した新教徒の教育に当たる．1687年『女子教育論』を発表．1689年王太孫ブルゴーニュ公の教育係に任じられ，1693年アカデミー・フランセーズ会員，1695年にはカンブレーの大司教となった．しかし，王太孫の教育のために書いた『テレマックの冒険』(1699年)の政治的風刺——彼はこの小説の中で，王たる者のあり方を教えようとし，国民のための啓蒙君主を力説した——がルイ14世の忌諱にふれ，また，キュイエティスム(静寂主義，キリスト教的神秘思想)を支持してボシュエと論争し，ついに教皇から譴責を受けるに及んで，国王の寵を失い，失脚して，カンブレーの任地に余生を送った．『アカデミーへの手紙』(1714年)は，アカデミー・フランセーズの要請に応じて，アカデミーの終身書記ダシエにあてた書簡で，その中で，アカデミーから寄せられた8つの設問(辞書編集，文法，言語，修辞法，詩，悲劇，喜劇，歴史)に答えたほか，「フランス語を豊かにする方策」，「新旧論争について」の2項目を加えている．

43 ロー John LAW (1671～1729年)——スコットランド出身の銀行家．オルレアン公の保護を受け，フランスで一般銀行設立の許可を得(1715年)，次いでアメリカにおけるフランス植民地のために「ミシシッピー会社」を設立．みずからフランス財務総監に就任，公債処理のため多額の銀行券を発行，紙幣濫発と投機拡張によって大恐慌をまねいた．彼はイタリアにのがれ，ヴェネツィアで貧困のうちに没した．彼の絶対主義に対応する重商主義理論は，生産の裏付けのない紙幣流通をもって富の形成とみなした点に失敗があり，同時にこれはフランス絶対王政に対する国民の不信をまねく結果となった．

44 ヴォーヴナルグ Luc de Clapiers (marquis de) VAUVENARGUES (1715〜47年)——モラリスト.『人間精神の認識への序説』,『省察および箴言』その他を残し,まだ世に出ないまま貧困のうちにパリに若死した.南仏に生まれ,軍人となったが,生来健康にも恵まれず,軍隊生活に失望,外交官を志した矢先に天然痘にかかり,1745 年以来やむなく文筆生活に入った.彼は人間の高貴な情熱を尊び,それの強力な発現が個人に栄光を授けるとともに社会に善をもたらすことを信じ,行動を人生の第一義とした.したがってその立場はラ・ロシュフーコーとも,またパスカルともまったく異なり,むしろルソーに先駆するものと見られる.

45 ビュフォン Georges-Louis Leclerc (comte de) BUFFON (1707〜88 年)——18 世紀最大の博物学者.若いうちにイギリスに渡り,数学,物理学,博物学を学び,帰国後ニュートンの著作等を翻訳してフランスに紹介した.パリの王立植物園園長(1739 年以後).ドバントンらの助力を得て『博物誌』(1749〜1804 年)を刊行.この著作および他の著作に生物進化の思想が現われている.彼の文章は端正でかつ動的であり,難解な術語をさけて平易な言葉で科学思想を普及させるのに功績があった.『博物誌』が後世にもてはやされているのはむしろこの文学性のためである.1753 年にアカデミー・フランセーズに迎えられたときの入会演説,いわゆる『文体論』で,彼は,文体を支える思想の役割を強調し,文体とは思想に与えられる秩序と運動であると定義した.

46 ディドロ Denis DIDEROT (1713〜84 年)——哲学者,文学者.ラングルに生まれる.パリに出て文筆生活を営み,ルソー,コンディヤックと相知る (1742 年).シャフツベリの『徳と善行についての研究』を翻訳し (1745 年),神学と狂信を批判して理神論に達したが,『盲人書簡』(1749 年) で唯物論および無神論の傾向を示し,このため一時投獄された.これよりさき『百科全書』(本文 17 巻,図版 11 巻)の編集を企て,ダランベールを協力者としてモンテスキュー,ビュフォン,ルソー,ケネー,ドルバックら多数の寄稿を得て,前後 21 年を費やして完成した.この巨大な全書の内容は中世的偏見の打破,宗教の批判,教会および専制政治への反対を含んでおり,18 世紀の思想運動に重大な寄与をした.この間にもディドロはおびただしい数の著作を書いた.彼の唯物論は数学的物理学よりは化学・生物学にもとづき,物質を多くの異質的原子の結合とし,原子に潜在的感覚を想定して意識の発現を説明した.文学者としては戯曲,批評,小説に多くの作品があり,前代の貴族的古典主義に反対して市民的レアリズムを示した.なかでも,小説『ラモーの甥』は彼の写実主義が最も円熟した作品であって,ここではリチャードソン流の平板なレアリズムが古典悲劇・喜劇の手法によって完補され,ラモーの長い過去が数時間のうちに縮約されているばかりでなく,ラモーという人物を通じて時代の風俗が集約的に表現されている.

47 ドリール師 abbé Jacques DELILLE (1738〜1813 年)——詩人,コレージュ・ド・フランス教授,ラテン詩の講座を担当.ウェルギリウスの翻訳『農耕詩』(1769 年)によって有名となる.アカデミー・フランセーズ会員 (1774 年).『庭園,風景美化法』(1782 年),『田園人』(1800 年),『自然の三界域』(1809 年) などが主な作品.彼の自然描写詩はプレロマンティスム時代の風景描写の方法に深い影響を与え,作品は 1820 年代の詩人たちの間に流行した.

48 ダルジャンソン侯爵 René-Louis de Voyer (marquis) d'ARGENSON (1694〜1757 年)——政治家兼文筆家.ルイ・ル・グラン学院ではヴォルテールと同窓生であり,地方長官等を歴任して外務大臣 (1744〜47 年) となる.ヴォルテールとの終生変わらぬ友情を通じて哲学者グループと接近し,『百科全書』出版に対しては好意的な処置を講じた当局側の一人であった.代表作に,『フランス古今統治論』(1764 年刊),『モンテーニュ風随想録』(1785 年刊) などがあり,死後出版された『日記と回想録』

第6章の訳注

Journal et Mémoires (9巻. 1859～67年刊) は18世紀中葉のフランス社会史の貴重な文献とされている.

49 ベルニス枢機卿 François-Joachim de Pierre de BERNIS (1715～94年)――詩人, 枢機卿. 彼の手になる短詩はサロンでもてはやされ, 29歳にしてアカデミー・フランセーズ会員になった. 多くの貴婦人からも庇護を得, なかでもポンパドゥール夫人に気に入られた. 1752年にはヴェネツィア駐在大使, 1757年にはさらに外相となり, 1758年枢機卿, 1764年ポンパドゥール夫人の死後アルビの大司教に任じられ, 1769年にはローマ駐在大使となった. フランス革命で職を免じられローマで死んだ. 彼は雅致に満ちた詩人であり, 書簡詩, 叙情詩, 小唄, 牧歌など多作であるが, なかでも『四季またはフランス田園詩』が著名である. しかし彼の優れた素質は, むしろ当時の文人や著名人との『書簡集』や『回想録』によくうかがわれる.

50 ポンパドゥール夫人 Jeanne-Antoinette Poisson (marquise) de POMPADOUR (1721～64年)――国王ルイ15世の愛人. 微賤の出身で, ルノルマン・デティオルに嫁いだが (1741年), その美貌と才能と野心によってルイ15世に近づき (1745年), 公爵夫人, 王后侍従 (1756年) となり国政を操縦するにいたった (1745～64年). 七年戦争 (1756～63年) に際してホーエンツォレルン家に対する個人的嫌悪から国内の反対を押し切って戦争を続け, フランスの勢力に大打撃を与える結果を招いた. しかし彼女は文学・芸術に関して十分な教養を持ち, ヴァン・ローやブーシャルドンのような芸術家や, クレビヨン・ペール, デュクロ, マルモンテルなどの文学者のみならず, ヴォルテール, エルヴェシウス, ケネーなどの進歩的思想家を庇護した. 1752年2月イエズス会の弾劾で禁止になった『百科全書』を3か月後続刊するよう政府に命令させたのは彼女であるといわれる.

51 ヴァデ Jean Joseph VADÉ (1719～57年)――劇作家, 詩人. 彼には喜劇, ヴォードヴィル, ことにオペラ・コミックの劇作約20編がある. 彼は, もっぱら中央市場などの風俗やことばを表わす「下層民 (ポワサール)」文学の創始者であって, 1758年に, このジャンルの傑作である詩『教理問答』*Catéchisme* を発表した.

52 コンディヤック Etienne Bonnot de CONDILLAC (1715～80年)――哲学者. 初め神学を修めたが, 哲学に転じて, パリでフォントネル, ディドロ, ルソーと交わった. ロックの問題を受け継ぎ, 人間認識を感覚と記号とで再構成しようとした. 処女作『認識起源論』(1746年) では, 判断作用と抽象作用とを感覚に還元するにいたらなかったが, 『感覚論』*Traité des sensations* (1754年) では, いっさいを「変形された感覚」とみなした. 認識は, このような根本要素としての感覚に記号化の働きが加わったもので, 学問は「よくできた言語」にほかならないと考えた. 彼が大革命時代のイデオローグに与えた影響はとくに大きい.

53 クレビヨン Claude Prosper Jolyot CRÉBILLON (1707～77年)――小説家. 悲劇作家のクレビヨンの息子で, 普通クレビヨン・フィスと呼ばれる. 代表作に, 『ソファ』(1745年), 『夜と一とき』(1755年), 『炉ばたのたわむれ』(1763年) などがある. 彼の小説は当時の趣味にかなった好色本で, 18世紀の退廃的な面をよく反映している.

54 ヴァラン夫人 Françoise-Louise de la Tour (Mme) de WARENS (1699～1762年)――J・J・ルソーの少年時代から青年時代にかけて, その保護者, のちに愛人として, 彼の性格形成, 感情教育に深い影響を与えた女性. その面影は, 主としてルソーの『告白』の中に描かれている. とくに, シャルメットにおける二人の共同生活は, 『告白』に牧歌的情景として描かれて有名. ルソーと別れてのち, 夫人は生活に苦しみ, 困窮のうちに死んだ.

55 サド侯爵 Donatien Alphonse François de SADE (1740～1814年)――18世紀フランスの異色作家. 遊興と筆禍のため生涯の大半を獄中で過ごし, 革命期には政治運動にも加わった. 晩年に名を秘したパン

フレット『ゾロエ』でナポレオンを非難したため，シャラントの精神病院に収容され孤独のうちに死んだ．主著に『ジュスティーヌ，あるいは徳の不幸』(1791年)，『閨房哲学』(1795年)，『ジュリエット』(1797年)，『ソドム120日』(1904年刊)などがある．ルソーとアンシクロペディストの弟子としては「ロマン主義の先駆」であり，暗黒小説作者と性本能の鋭い観察家としてはフロイトおよびシュルレアリスムの祖である．数々の醜聞や伝説のために不当な誤解を受けてきたが，近年その思想的・文学的価値が再認識されつつある．なおサディズムの語は彼の名に由来する．

56 レティフ・ド・ラ・ブルトンヌ Nicolas Edme RESTIF DE LA BRETONNE (1734～1806年)——小説家．農民の出．印刷工となり，パリに出て王室印刷所の職工，次いで親方となる．長いあいだ放蕩生活を送り，文学に熱中して小説を書き始め，サロンにも迎えられたが，フランス革命後没落した．作品は『堕落百姓』(1775年)，『当世美女列伝』(42巻，1780～85年)，自伝小説『ニコラ氏』(1794～97年)をはじめ250余にのぼり，好色的・写実的風俗描写は19世紀の写実小説の先駆といわれる．

57 アベ・プレヴォ abbé PRÉVOST d'Exiles, Antoine François (1697～1763年)——小説家．初めイェズス会，のちベネディクト会の聖職者となる．『貴人の回想録』(7巻，1728～31年)の一部を発表後，修道院を脱出してイギリス，オランダに渡り(1729年)，幾多の数奇な運命を経て帰国した．次いで前記小説の第7巻『マノン・レスコー』，および小説『クレヴラン』(4巻，1732～39年)を発表．またイギリスをフランスに紹介するため『弁護と反駁誌』を創刊した．作品にはさらに，『キルリーヌの僧院長』(1735～40年)，『モンカル氏の回想録』(1741年)，『あるギリシア婦人の物語』(1740年)などがある．晩年の20年間はやや平穏な生活を送り，『ジュールナル・エトランジェ紙』の主幹となり，外国の作品を紹介した．多くの著作のうち一挿話にすぎぬ自伝的小説『マノン・レスコー』はルソーの『新エロイーズ』とともに宿命的で情熱的な恋を描いた傑作で，18世紀の典型的な小説である．なお，イギリス小説の翻訳・紹介に努め——彼のリチャードソンの翻訳は全欧州にこの種の英国風ブルジョワ小説を君臨させるきっかけとなった——，19世紀ロマン主義を促進した功績は大きい．

58 フェロー Jean-François FÉRAUD (1725～1807年)——イェズス会の聖職者，フランス語辞書編集者．著作には，『新科学技術辞典』 *Nouveau dictionnaire des sciences et des arts* (1753年)，『フランス語文法辞典』 *Dictionnaire grammatical de la langue française* (1761年)，およびここで引用されている『フランス語批判辞典』 *Dictionnaire critique de la langue française* (1787～88年)——これは18世紀末の最も優れた辞書である——がある．

59 モーヴィヨン Eléazar MAUVILLON (1712～79年)——歴史家，フランス語学者．フランス語に関する著書としては，ここで引用されている『書簡文体論つき文体概論』 *Traité général du stile avec un traité particulier du stile épistolaire* (1751年)のほか，『ゲルマン語法の考察』 *Remarques sur les germanismes* (1747年)，『フランス語講義』 *Cours complet de la langue françoise* (1754年)がある．

60 ヴォルテール VOLTAIRE (1694～1778年)——本名 François-Marie Arouet. 彼は啓蒙思想家であり，古典主義的劇作家であり，近代的歴史科学の先駆をつとめた史家であり，また鋭い文芸批評家であった．当時の国家権力や教会に対する反抗，科学的純理思考を彼独特のエスプリに富んだ文章で発表，多大の影響を与えた．1717年上流社会誹謗の科でバスティーユに投獄されたこともあるが，イギリス遊学(1726～29年)後はシャトレー夫人の庇護を得て，科学・哲学の研究に専念した．1750年プロイセン王フリードリヒ2世に招かれ，3年間ポツダムに住んだが，晩年はスイス国境に近いフェルネーの城館に移り，「フェルネーの長老」と呼ばれ，ブルジョワ・イデ

第6章の訳注

オーローグとしての盛名を全うした．こうしてヴォルテールは，天性のジャーナリストもしくはデマゴーグとして偉大な啓蒙的役割を果たしたが，しかし彼のうちにはフランス古典主義文学の輝かしい伝統が必然的に宿りつづけた．彼がついにルソーを理解しえなかったのもそのためである．それはヴォルテールの限界であると同時に18世紀前半のフランスの知性と社会のそれでもあった．彼の著書は，『哲学書簡』(1734年，別名『イギリス通信』)，『ルイ14世の世紀』(1751年)，『風俗史論』(1756年)，『カンディド』(1759年)など，哲学評論，ロマン，コント全般にわたっている．

61 『市民の意見』*Sentiment des citoyens*——1764年に匿名で出版された8ページのパンフレットであって，ルソーを「子供を街頭に捨てた」とか，「衛兵相手の淫売婦を連れている」とか，「放蕩でやつれはてている」とか，「梅毒で腐りきっている」とか言って告発している．ルソーはこれについて『告白』第12巻の終わりのところでくわしく述べている．

62 ヴェルヌ牧師 pasteur Jacob VERNES (1728~91年)——ジュネーヴの牧師．ルソーを攻撃した『セリニー教会の牧師ジャコブ・ヴェルヌによってI・L氏にあてて書かれたJ・J・ルソー氏のキリスト教についての手紙』(1763年)によって有名．

63 フォルメ Jean FORMEY (1711~97年)——ドイツの牧師，著作家．多数の著書がある．フランスから亡命した新教徒の息子．フリードリヒ1世の保護を受けて，プロイセン・アカデミーを創設しその終身幹事となった．また *Bibliothèque germanique* を主宰した．

64 ラ・ボーメル Laurent Angliviel de LA BEAUMELLE (1726~73年)——マントノン夫人書簡集の最初の編集者．1746年コペンハーゲンで家庭教師，のちにこの地の大学の仏語・仏文学講座を担当．1752年辞職してベルリンに行きヴォルテールとの親交を求めたが，『随想』の一文が災いして果たしえず，さらに『《ルイ14世の世紀》についてのノート』(1753年)によってヴォ

ルテール以外にも敵を作り，バスティーユに投獄された．

65 『エディプ』*Œdipe*——ソフォクレスのギリシア悲劇にもとづく韻文悲劇．ヴォルテールの処女作である．1718年に上演され大成功をおさめ，劇作家としてのヴォルテールの地位はこれによって確立した．

66 『ザディグ』*Zadig* (1747年)——副題「運命」．ヴォルテールの哲学小説．ザディグは彼の望む哲人の典型であり，自画像とも見られる．全編を通じ架空の舞台と人物とで当時のフランスの社会政治を辛辣な風刺を交えた軽妙な筆で写している．

67 ルソー Jean-Jacques ROUSSEAU (1712~78年)——フランスの思想家，文学者．近代文化のあらゆる領域において偉大な貢献をなし，「近代の父」とよばれる．「ヴォルテールとともに一つの時代が終わり，ルソーとともに一つの時代が始まる」のである．ジュネーヴに生まれる．イタリア，サヴォアに赴き，帰国してアンヌシでヴァラン夫人と同棲(1731年)，次いでシャンベリに移り(1732~41年)，さらにパリに住んだ(1741年後)．無知な女性テレーズ・ルヴァスールと関係(1746年)，5子をもうけた．当時の教会に対する痛烈な批判の書『学問芸術論』(1750年)を書き，この成功によって一躍フランス思想家の惑星的存在となった．次いで『フランス音楽についての手紙』(1752年)で，宮廷的なフランス音楽に反対して市民的なイタリア音楽を賛美し，『人間不平等起源論』(1753年)では，人間が平等・自由に生きた「自然状態」から，財産私有などを契機として不平等で，不自由な「社会状態」に移る過程を示して，現代社会を激しく批判した．エピネ夫人の好意による草庵に住み(1756~57年)，夫人の義妹ドゥードト夫人(1730~1813年)を愛する．『摂理に関するヴォルテールへの手紙』(1756年)を書き，間もなくディドロ，エピネ夫人らと不和になる．さらに『ダランベールへの手紙』(1758年)では，ジュネーヴに劇場を造れというダランベールをたたき，演劇は社会に有害だと断定し

た．こうしてルソーは，かつての仲間である百科全書派の人びととも次第に不和となり，ついに絶交にまでいたった．書簡体の小説『新エロイーズ』 *Nouvelle Héloïse* (1761年)は，ドゥードト夫人への恋愛の失敗の体験と青年時代の追憶とを織り混ぜて書いたもので，貴族の娘と平民の青年との哀切な恋を描き，同時に当時の国民的大課題の多くを挿話として取り上げることによって世紀最高のベスト・セラーとなった．1年後に出た『社会契約論』 *Contrat social* (1762年)は，ルソーの政治思想の頂点をなすもので，人間は善良なものとして生まれるが，これが堕落するのはもっぱら社会の責任であり，「社会契約」によって社会を改革することによって人間改造をせねばならぬという根本思想に貫かれている．同年に出た『エミール』 *Emile* (1762年)は，近代教育学の源流となるべき作品で，小説の形をかりて，自然に従い，消極的態度で，子供の自由にまかせる教育法を説いた「児童の福音書」である．以上の3大作によって，ルソーは全ヨーロッパ思想家の王者となり，その名声はヴォルテールをもしのいだ．しかし『エミール』の出版によって当局の弾圧を受け，まずスイスにのがれ，次いでロンドンに行き，ヒュームのもとに赴いたが，まもなく彼とも不和となり，各地を転々としたのち，1770年パリに帰った．以後ルソーは孤独のうちに独立の生活を営むことになる．この時期の最高傑作は彼の自伝の小説『告白』 *Confessions* (2部12巻，1765～70年執筆)である．この作品は社会と対立する自我の告白として，ロマン主義の源流とされるが，同時に自然風景や日常生活の綿密な描写によって写実主義をも用意したものであり，さらに心理分析の深さと鋭さは近代心理小説の先頭に立つものと見られる．以後のルソーはつとめて自己の戦闘意識を押さえ，自己のうちに沈潜しようとした．そうした彼の晩年の心境は，つれづれの夢想を書きとめた絶筆『孤独な散歩者の夢想』(1776～78年執筆)にうかがえる．戦いをあきらめた革命的思想家の孤独な瞑想の深さは，その詩的な散文とともに一傑作をなしている．パリ近郊のエルムノンヴィルで没．

68 『新しい反駁文に関する手紙』——1752年にルソーの『学問芸術論』に対して「ディジョンのアカデミー会員によるルソーの論文の反駁」と題する匿名の一文が発表された．この反駁の筆者はルアンの医師で，同地のアカデミー常任幹事ル・カであるが，これに対し，「ボルド氏への回答」以来，沈黙を守っていたルソーは，再び筆をとって応じた．これがこの手紙である．ルソーはこの中で，「この反駁は，私に最も下手に反駁したもので，もう誰にもこれ以上答えないという，私の決心を悔いさせるものではない」と，極めて軽く一蹴している．

69 度量衡の単位が地方によってばらばらであったことは，たとえばガリア名を残している arpent (*33* ページ参照)がパリでは 34.19 アール，一般には 42.20 アール，大アルパンといわれたものが 51.07 アールにあたっていたということでもわかる．

70 『ジャノとコラン』 *Jeannot et Colin* ——ヴォルテールのコント(1764年)．ジャノとコランは学友だったが，ジャノの方は金持になり貴族にもなってコランを見捨てる．ところが父の破産によって上流社会から追い出されたジャノは，努力して商人となり成功した旧友コランによって助けられるという梗概の短編である．ここでは「勤勉な市民階級と虚栄のみ求める上流階級の生活態度を対比させて，幸福が虚栄の中にないこと」(『フランス文学辞典』)が描かれているのである．

71 タレーラン Charles Maurice TALLEYRAND-PÉRIGORD (1754～1838年)——伯爵家に生まれて聖職者となり，三部会および国民議会で活躍し，教会を去ってからは政治家・外交官としてナポレオン帝政，復古王政，七月革命，七月王政の時代まで政治活動を続けた人．

72 ロベスピエール Maximilien de ROBESPIERRE (1758～94年)——フランス革命時代，とくに山岳党 Montagnards の首領として活躍し，恐怖政治を指導するが，

第6章の訳注

1794年7月27日テルミドール反動が起こり，議場で逮捕され，翌日処刑された．

73 ダントン Georges Jacques DANTON (1759～94年)——彼もまた山岳党の中心人物だったが，山岳党内の分派闘争によってロベスピエールから弾劾され，処刑された．優れた弁論家だったといわれている．

74 ヴァンデー地方 Vendée の反乱——ヴァンデーはフランス西部，大西洋岸の県．ヴァンデー地方の反乱とは，1793年にブルターニュ，ポワトゥー，アンジューの百姓たちによって起こされた反革命一揆のことをいう．ヴァンデーの一派は初めはいくらかの勝利をおさめたが，やがてロワール川の左岸に押し戻され，1795年には平静に戻った．

75 恐怖政治 Terreur——1793年9月5日に可決された反革命嫌疑者法 loi des Suspects に始まり，ロベスピエールが逮捕された1794年7月24日に終わる期間を指す．恐怖政治は革命的テロリズムであり，1793年10月～1794年5月の間に行なわれた革命処刑所の処刑は1万件に達した．

76 1人の相手に対してはつねに tu で話しかけなければならないという法案が国民公会に提案されたのは1792年である．以後この法案は，審議されはしたが，最終的には法律化されなかったようである（ブリュノ『フランス語史』IX, 689ページ以下参照).

77 『オードとバラード集』 *Odes et ballades* (1924年)——正確にいうと，『新オード集』 *Nouvelles Odes* の序文．『オードとバラード集』という題名で刊行されたのは1826年である．

78 正確にいうと1826年に刊行された『オードとバラード集』の序文．

79 一般に1828年ともいわれているが，正確にいうと，1827年12月に刊行された．（なお注77～79は辻昶氏の教示による．）

80 クレマン・マロ Clément MAROT (1496年末?～1544年)——ルネサンス期，大押韻派の詩人．

81 243ページ参照．1853年6月6日～7日付のルイズ・コレあての手紙でフローベールは「…ごく最近の人間にいたるまで文体の気品豊かな格調に思いを至すものがいなかったのです．近代の大作家の文章にも qui や que が互いにもつれあって絶えず出てくるのです」と言っている．

82 リトレ Emile LITTRÉ (1801～81年)——彼の『フランス語辞典』(1863～73年，補遺1877年)は不朽の国語辞典であるが，発音の記述にはかなり保守的なところがある．fille の発音標記は (fi-ll', mouillées, et non fi-ye) となっている．

83 ボードレール BAUDELAIRE の『悪の華』 *Les fleurs du mal* (1856年)の中の『霊のあけぼの』 *L'aube spirituelle* (XLVI—雑誌『両世界評論誌』1855年6月1日号に発表されたもので，1854年2月サバティエ夫人あての手紙のテキストに由来している)に次のような部分がある：Des Cieux Spirituels l'inaccessible azur, / Pour l'homme terrassé qui rêve encore et souffre, / S'ouvre et s'enfonce avec l'*attirance* du gouffre.「精神の天空の，近づくことのできない瑠璃色が，/ まだ夢を見て悩んでいる打ちのめされた男の前に，/ 深淵の眩(さ)めきをともなって，口を深々と開けている．」この詩で attirance——ここでは「めまい」の意——が初めて使われたものとされているが，13世紀の初めにすでに atirance という語があったことも指摘されている（ロベール，他『ラルース・フランス語大辞典』を参照)．したがって，この語は古語法の復活とみなされることが多いが，インブス編の『フランス語宝典』によれば，atirance とボードレールが使った attirance とは関係がないとされている．ほとんど同じ頃のゴンクールの『日記』の中にも《L'œil d'une femme..., a l'*attirance* d'un aimant magnétique》「女性のまなざしには，…磁石のような魅力がある」(I, 1855年3月26日付)とあり，以後非常によく用いられるようになった．なお，attirance ばかりでなく -ance を末尾に持つ語については，フランソワ A.

FRANÇOIS の『フランス語の語彙における屈折語尾《 ANCE 》』 La désinence «ance» dans le vocabulaire français, ジュネーヴ, Droz (リル, Giard), 1950年を参照.

84 ティボーデはフローベールの現在分詞の使い方が，一般にそれほどかんばしいものではないとしている．しかしたとえば次のような場合，現在分詞は，その弱さによって，消え去っていくイメージをあざやかに与えることも述べている：«Lorsqu'il eut fait cent pas envrion, il s'arrêta, et, comme il vit la carriole s'éloignant, dont les roues tournaient dans la poussière, il poussa un gros soupir.»「百歩ばかり行ったところで，彼は立ち止まった．そして，馬車が遠ざかって行き，その車輪が土ぼこりの中に回っているのを見ると，彼は大きな溜息をついた」(『ボヴァリー夫人』I, 4).

第7章の訳注

1 《Il parlait bien.》の場合，最後の音節である bien が「他の音節よりも幾らか高い音程に置かれ」ないことはもちろんである．ここでは文の中途にくる場合，たとえば《Il parlait bien, mais...》といった文における最後の音節を指しているのであろう．なお 268 ページのイントネーションについての説明を参照のこと．

2 リヴァロル Antoine RIVAROL (1753～1801年)——才知ある風刺作家．ベルリン・アカデミーの公募に応じて執筆・当選した論文である『フランス語の普遍性について』(1784年) が最も有名で，本書でも何回か引用されている．ほかに革命政治家たちの醜行を暴露した『革命偉人小録』(1791年) などの著書もあるが，そのため身辺に危険を感じてブリュッセル (1792年)，ハンブルク (1794年) などに亡命，ついにベルリンで客死した．

3 «Les signes sont linéaires lorsqu'ils se suivent, sans se compénétrer, sur la ligne du discours.»「記号は，それらが話線の上でお互いに透入することなく相次いでいる時は線的である」(『一般言語学とフランス言語学』第3版，144ページ).

4 ル・ビドワは，この論文をさらに展開して，一冊の本にまとめている：『現代散文 (1900～50年) における主語の倒置』 L'inversion du sujet dans la prose contemporaine (1900~1950), 1962, パリ, D'Artrey.

5 たとえば 246 ページの注に記されたロンバールの著書なども，その点にくわしいものの一つである．

6 『一般言語学とフランス言語学』§593~§595, 第3版, 358~359 ページ参照．なおヴォルテールの有名なことばは 1737年6月20日付のピト Pitot にあてたもので，その原文は «Je suis comme les petits ruisseaux; ils sont transparents parce qu'ils sont peu profonds...»「私は小川に似ている．深くないから澄んでいるのだ」となっている．

7 当時流行したグリュック GLUCK のオペラ『オルフェ』Orphée の中の一句．

8 この部分もまた『一般言語学とフランス言語学』から引用されたものである．なお，ブルクハルト Carl Jocob BURCKHARDT (1891年バーゼル生まれ) はスイスの著作家で，歴史・文学に関する多数の書物を著わしている．

9 フランスの言語学者の中でとくにメイエ (第1章の訳注11を参照) をあげておこう．彼は «Le langage est un fait éminemment social.»「ことばはとくに優れて社会的事実である」(『歴史言語学と一般言語学』16ページ) とさえ言っている．

10 フランス語が国際語としての地位を確立したのは 1714年のラシュタット条約においてであり，その後久しくその地位を保っていた．

11 ミュラー Friedrich Max MÜLLER (1823~1900年)——ドイツの言語学者で比較文法の権威だった．

12 ミストラル Frédéric MISTRAL

(1830〜1914年)——プロヴァンス語による詩を書き，とくに『ミレイヨ』 *Mirèio* (*Mireille*) (1859年) が有名である．フェリブリージュ運動の創始者として『フェリブリージュ宝典』 *Lou tresor dóu Felibrige* (1878〜86年) も著わしている．なおフェリブリージュ運動とは，プロヴァンス語および南仏諸地方の方言を維持し，南仏文化の特色を保持・宣揚することを目的とした運動であるが，ミストラルの死後はあまり華々しい活動が行なわれているとはいえない．

和 文 索 引

ア

アカデミー・フランセーズ 177
アクセント——インド・ヨーロッパ諸語, ラテン語, ロマン諸語の～ 51；ドイツ語の～ 259；古フランス語の～ 128；近代フランス語の～ 128, 255, 259, 260；正常な～ 259-261；強調の～ 260；感動の～ 260；文中の～ 262
麻の栽培 31 注
アラブ語起源のフランス語 80, 81
アラブ人 79, 80, 81, 118
アラマニ族 36
アルザス・ロレーヌ地方 283, 284
アルメニア語 118
アングロ・ノルマン語 92, 93
アンジュー地方 93
アンリ・ド・モンドヴィル 141
アンリ4世 174

イ

医学——アラブの～用語 80, 81；～のラテン語法 144；～におけるフランス語 153, 154；～の英語法 202；近代フランス語の～語彙 237
イギリスとフランス語 119, 120
意志とアクセント 259-262
イタリア 118；～の影響 149
イタリア語 283, 284, 285
イタリア語法 156-158
イタリア文学——16世紀に翻訳された～ 156；フランス語に与えた影響 157
イベリア——保守的な地域 56, 57
イベリア人 21, 22
イル・ド・フランス地方——国民語としての～の方言 93, 94
隠語——～の起源 140, 141；278, 279
印象派 233
イントネーション——フランス語の文の～ 268
インド・ヨーロッパ語 17, 18, 19

隠喩——古フランス語の～ 112；ユゴー以前の～ 221, 222；シャトーブリアンの～ 222-224；ユゴーの～ 226；技術用語の～的用法 236, 237

ウ

ヴァイキング 77
ヴァデ 200
ヴァレリー 251
ヴァロニー地方 88, 90
ヴァロワ家 125
ヴァロン方言 87, 90
ヴィックス（コート・ドール県） 25
ヴィニー 228
ヴィヨン 146, 147
ヴェルダン条約 74
ヴェルレーヌ 248
ヴォージュラ 177, 178, 225
魚の名——古スカンジナヴィア語に由来する～ 78
ヴォルテール 195, 199, 275；文体を操る天才 206, 207；～独特の文体 207；～の文章のリズム 208-210, 242

エ

英語 18, 93, 119, 120, 277；フランス語起源の～ 119, 120
英語法——18世紀に導入された～ 202；19世紀と20世紀の～ 238, 239
エティエンヌ，アンリ 157
エティエンヌ家 156
エトルリア人 38

オ

オイル語の起源 65, 68, 69
押韻派——15世紀～のラテン語法 146
オータン 27
オクシタン語 68, 69, 70, 94, 104, 282
オック語 65
覚書作者 124
オリーブの栽培 23

オリヴェタン 152, 285
オレーム 141, 142, 143
音声——俗ラテン語の統辞法的〜変化 53, 54; 古フランス語の〜 65-67, 104; 13世紀から15世紀のフランス語の〜 127-129; 17世紀以後〜は安定する 192, 204; 19世紀の〜変化 234, 235; 近代フランス語の〜 253-262, 280, 281
音節——近代フランス語の〜 255-257; 古フランス語の〜 255; ドイツ語の〜 255, 256

カ

会計院 122
科学用語 197, 235-238
学者語と民衆語——15世紀における〜 145-147; 近代の民衆フランス語 280-282
カタロニア語 283
学校——言語の統一を推進する 217; 保守的な役割 234; 科学的用語を広める 237
活用——古フランス語の〜 68; 13世紀から15世紀のフランス語の〜 130-132; 迂言的〜 49
カナダにおけるフランス語 285
カペ王朝 75, 95, 124
ガラティア人 26
ガリア語の発音 34-35
ガリア人——ローマ化された〜 26-35; ローマ帝国下の〜 35-38
カルヴァン——フランス語散文の創始者 163; 〜の論理 168, 169, 170; 〜の比喩的表現 170, 171
カロリング王朝 71-74, 83
カロリング・ルネサンス 72, 73
ガロ・ロマン語 20, 28, 30, 34, 68, 88; 〜の細分化 65-71
冠詞——〜の起源 43-45; 定〜 43-45, 138, 139; 不定〜 45, 139; 部分〜 139; 古フランス語では〜の代わりに指示代名詞が用いられる 111

キ

喜劇 91

技術——イタリア語法 157
貴族 123
きつね物語 124
ギ・ド・ショーリヤック 154
キプロス島 119
旧石器時代のほら穴 20
宮廷風詩 116, 117
宮廷風物語 118
教会——〜のことば 56; 〜と君主制 95, 96; 〜がラテン語法を導入する 143, 144; 〜におけるフランス語 151-153
行政上の用語 219, 220
曲用——俗ラテン語の〜 39-41; ガリアにおいて保存された〜 57; フランク語の固有名詞の〜 64; 古フランス語の〜 68, 106, 107, 265; 中期フランス語の〜 132-134; 近代フランス語の〜 264, 280
巨石芸術 20
ギリシア化——南フランスの〜 22, 23
ギリシア語——南フランスの口話に生き残った〜 24-26; 革命時代のフランス語の〜的要素 219
ギリシア人 22-26, 118, 119
ギリシアの製陶術 24, 25
キリスト教徒の倫理 114
キリスト受難伝 75
近代フランス語 173-286; 19世紀と20世紀の進化 233-251; 音声変化 234, 235; 形態の変化 235; 語彙の変化 235-240; 文体の問題 240-251

ク

クリュニーの改革 88, 95
クレティヤン・ド・トロワ 94, 112, 116
クローヴィス 61
君主制 121-123 → メロヴィング王朝, カロリング王朝, カペ王朝
軍事用語——ゲルマン語起源の〜 60; フランク語起源の〜 62; イタリア語から借用された〜 157; 帝政時代の〜 220

ケ

芸術——イタリア語法 203
形態法——古フランス語の〜 67, 68; 13世紀から15世紀のフランス語の〜 130-

和文索引

134; 18 世紀フランス語の〜 *204*; 近代フランス語の〜 *263-265*
形容詞——中期フランス語の〜 *133*; 近代フランス語で名詞が〜に代わる *247*; 〜の曲用 *263, 264*; 〜の統辞法 *180*
希求法 *270*
潔癖主義——16 世紀の〜 *161*; 17 世紀の〜 *182, 189-191*; 18 世紀の〜 *195*
ケルト・イベール人 *26*
ケルト人 *20, 21, 26* → ガリア人
ゲルマン語 *18, 20*; ロマン語の中の〜 *59, 60* → ドイツ語, 英語, ヴァイキング
ゲルマン人——ガリアへの侵入 *36, 60, 61*; ローマ軍に加わる *60*; ローマ帝国の植民者となる *60* → フランク族
現在分詞——フローベールにおいて〜が関係代名詞文に代わる *243*
現代フランス語 *253-286*; 音声 *253-262*; 形態 *263-265*; 統辞法 *266-271*; 語彙 *271-273*; オクシトーンのリズム *255, 265*; 知的様相 *266-268, 269, 272, 273*; 語彙化 *268-270*; 静的性格 *273, 274*; 動詞の貧困さ *273, 274*; 明晰性 *275*; 明晰性は音楽に適さない *275, 276*; 社会的性格 *276, 277*; 地域的差異 *277, 278*; 社会的差異 *278, 279*; 職業的差異 *279, 280*; 前進的フランス語 *280-282*; ベルギーにおけるフランス語 *284*; ルクセンブルク大公国におけるフランス語 *284*; スイスにおけるフランス語 *284, 285*; イタリアにおけるフランス語 *285*; カナダにおけるフランス語 *285*; フランス連合におけるフランス語 *285*
建築——マルセイユ人の〜 *24*; ガリア人の〜 *30, 31, 33*; フランス語の中のプロヴァンス語の〜用語 *140*; イタリア語起源の〜用語 *157*

コ

航海——リグリア人の〜 *21*; ギリシア人の〜 *22, 23*; ノルマン人の〜 *77, 78*; ノルマン語の〜用語 *78, 79*; イタリア語からの借用語 *157*
口蓋音化 *34, 35, 67*
交通網——18 世紀の〜 *199*
高等法院——〜の起源 *122*; 〜の消滅 *220*
鉱物学——フランス語に入ったドイツ語の〜用語 *203*
ゴーティエ, テオフィル *224*
ゴーティエ・ド・ビベスワース *120*
呼格 *107*
国民感情 *125*
国民と言語 *19*
古語法——ロマン派の〜 *227, 228*
語順——古フランス語の〜 *108, 109*; 中期フランス語の〜 *134, 135*; 16 世紀の〜 *162, 163*; 17 世紀の〜 *180, 193*; 近代フランス語の〜 *250, 266-268, 281, 282*; ドイツ語の〜 *266*
誇張法——18 世紀の〜 *201, 202*; 19 世紀の〜 *239, 240*
国家統一 *125, 126*
諺 *190*
語の構成——古フランス語における〜 *104*
語の消失——1400 年頃における〜とその研究の重要性 *144, 145*; フランス革命期の〜 *220*
語彙の制限——17 世紀における〜 *184, 185*
古フランス語 *41, 59-120*; 12 世紀における〜 *97-117*; 表現手段使用の自由 *97-103*; 語彙の豊かさ *103, 104*; 音声の豊かさ *104*
顧問会議の起源 *122*
コルネイユ, トマ *191*
コルネイユ, ピエールの論理 *180*
ゴルモンとイザンバール *96*
ゴンクール兄弟 *233, 247, 248*
混交 *25*

サ

再帰動詞 *112*
最上級 *41, 42, 100, 101*
サクソン族 *60*
サンド *240*
サン・ドニ修道院——中世におけるその役割 *96*
サントンジュ地方 *69*
散文の芸術——ラブレーとカルヴァンが作

り出した〜 163-171；ゲ・ド・バルザックが改新した〜 177，ルソーが改新した〜 214；フローベールが改新した〜 242

シ

子音——俗ラテン語の〜 53；古フランス語の〜 65-67, 104；母音間の〜 55, 56 65-67；鼻〜 66；わたり〜は北部と東部には見られない 87, 91；13世紀-15世紀における〜の脱落 128, 134；16世紀の変化 159, 160；語源的〜 160；18世紀における語末〜の復興 204；近代フランス語の発音 254
ジーン・バートン 120
ジェロンディフ 270
辞書編纂——フランス語の〜 120, 156, 191, 196
自然主義作家と言語 247, 248, 274
ジッド 240
シトー派・修道会の改革 88, 95
ジャーナリズム——フランス語に大きな作用を及ぼす 237
借用語——ドイツ語からの〜 202, 203；英語からの〜 202, 238, 239；アラブ語からの〜 79-81；アルジェリアのアラブ語からの〜 239；ギリシア語からの〜 218, 219；イタリア語からの〜 157, 158, 203；海外の諸言語からの〜 203；ラテン語からの〜 76, 113-115, 142-144, 158, 160, 219, 272, 273；ノルマン語からの〜 78, 79；プロヴァンス語からの〜 117, 139, 140
シャグリウス 61
社交性——フランス語の〜 187, 276, 277
写実主義と言語 228, 229, 230
シャトーブリアン 222-224, 227, 228, 240
シャルルマーニュの巡礼 96
洒落 258
ジャンヌ・ダルク 125
シャンパーニュ地方 89
住居に関する英語起源の語 238, 239
宗教改革 173
宗教文学 75
十字軍 118, 119
従属節——中期フランス語における〜 137

重複合過去 265
主格——古フランス語の〜の形 106, 107；その用法 107
主節と従属節——古フランス語における〜 109, 110
受動(態)——ラテン語の〜 46；代名動詞形によって表わされる〜の観念 136
樹木栽培——ギリシア人によって導入された〜 25
ジョアンヴィル 124
情意性とアクセント 259-261
荘園 37
商業・通商関係 81, 89；イタリア語起源の〜用語 157, 158；18世紀に生まれた〜用語 198；フランス革命の時代に消滅した〜用語 220；19世紀に生まれた〜用語 237
条件法——〜の起源 47；〜単純形と複合形 265
象徴派と言語——240, 248
植物——ガリア語の〜用語 31 注, 32；フランク語の〜用語 62, 63；アラブ語の〜用語 80
食物に関する英語起源の語 202, 239
叙事詩 91
助動詞——民衆フランス語において〜固有の価値が失われる 281
叙法——古フランス語では〜は思考の微妙な違いを表わす 110, 111；17世紀における合理的な規制 179
所有地——ガリアにおける集団的な〜と個人的な〜 29
序列数形容詞 133
新語——17世紀の〜 182, 183；18世紀の〜 196-198；フランス革命期の〜 218-220；ロマン派の作家たちの〜 227；19世紀の〜 2352-40
人種・言語・民族 19
新世界からの借用語 203
新石器時代のほら穴 20
人文主義 149, 150；〜がフランス語の地位を固める 150
心理的語彙——17世紀の〜 191；18世紀の〜 201, 202

和文索引

ス

スイス──〜起源のフランス語 *203*；〜のフランス語 *284, 285*
数学──アラブ語の〜用語 *81*
スカロン *185*
スタンダール *245, 250*
ストラスブールの誓約 *74*
スポーツ──英語の〜用語 *202, 238*

セ

聖アレクシの歌 *92*
聖書──〜の翻訳 *151, 152*；〜の中の語 *76*；カルヴァンの文体への〜の影響 *171*
聖女ウーラリの続唱 *75*
聖ルイ *121, 124, 126*
聖レジェ伝 *75*
接続詞──古フランス語の〜 *101-103, 109*；中期フランス語における新しい〜の形成 *137*；16世紀に〜はさらに豊富になる *163*；17世紀における〜の制限 *183, 184*；ユゴー以前に使用が禁じられていた〜 *222*
接続法──ラテン語の〜半過去 *45, 46*；ラテン語の〜過去 *46*；古フランス語の〜は現代フランス語の〜より表現力が強い *110, 111*；情意動詞のあとで用いられる〜 *178, 179*；思考と発言を表わす動詞のあとで用いられる〜 *179*；croire のあとでの〜の使用が廃される *204*；最上級のあとでの〜 *271*；〜現在 *265*；〜半過去 *204, 205, 235, 265*
接尾辞──古フランス語の〜 *104*；フランス語起源のドイツ語の〜 *120*；ラブレーの〜 *166, 167, 168*；革命時代のフランス語の〜 *218*
全国三部会 *123*
前置詞構文──中期フランス語において〜が発展する *135*
専門用語──17世紀において〜は文学語・サロンの言語から排除される *190, 191*；18世紀に〜は再び尊重される *196, 197, 198*；バルザックの〜 *229*；近代フランス語の〜 *235-237*；〜の隠喩的用法 *236, 237*
前ロマン民族の言語 *19-35*

ソ

僧院 *95*
ゾラ *241, 248*

タ

大革命・フランス革命 *200, 201, 215-217*；〜期のことばの理想像 *215-217*；〜期の俚語に対する闘い *216, 217*；〜の語彙への影響 *218-221*
第三末音節強勢語 *88*
対照法 *207, 208, 268, 269*
代名詞──指示〜 *43, 107, 111, 138, 139, 180*；限定詞 *180*；不定〜 *45*；人称〜 *67, 68, 102, 106, 135, 136, 163, 265, 280, 281*；所有〜 *67, 107, 132, 133*；再帰〜 *112*；関係〜 *102, 204, 242*
ダキア──保守的な地域 *57*
ダルジャンソン侯爵 *200*
単純過去 *265, 278*
ダントン *218*
単母音化 *129*

チ

地勢に関するガリア語の用語 *31*注, *32*
地方三部会 *123*
地方的語法──16世紀の〜 *158, 159*；大革命の時代に排された〜 *216, 217*；ロマン派の作家の〜 *227, 228*；〜はバルザックには少ない *229*；フローベールにも多くない *231, 232*；モーパッサンには多い *232, 233*；近代フランス語の地域的差異 *277, 278*
地名──ガリア語起源の〜 *28, 29*；ゲルマン語起源の〜 *62*；スカンジナヴィア語起源の〜 *79*
中期フランス語 *121-171*；時代区分 *127*；音声の進化 *127-129*；形の進化 *130-134*；統辞法の進化 *134-139*；語彙の進化 *139-145*
直説法──〜現在 *265*；〜半過去 *265*；〜未来 *265*；〜単純過去 *265*；〜大過去 *265* → 叙法

テ

帝政時代　220；～の文学　222
ディドロ　196, 199
デカルト　174, 178
哲学——ラテン語法　142
鉄道——英語起源の用語　238
デポルト　183
デュ・ベレー　154
デュボワ　155

ト

ドイツ——～の起源　74；～とフランス語　120
ドイツ語　253, 254, 255, 256, 258, 273, 274, 275, 276；アルザス・ロレーヌ地方の～　284；中世高地～の中のフランス語　120；～起源のフランス語　203
頭韻　113
トゥーレーヌ地方　93
同音異義——近代フランス語の～　258
動詞——俗ラテン語の～　45-50；古フランス語の～の形　104-106；文中の～の位置　108, 109, 134, 135；近代フランス語において名詞がしばしば～に代わる　247, 248, 273, 274
動詞の時称　45-50, 98-100, 111, 136, 137, 265
統辞法——古フランス語の～　67, 97-103；フランス語の影響を受けたネーデルランド語の～　120；18世紀の安定した～　204, 205；近代フランス語の～　266-268
動物——ガリア語の～用語　31注, 32
東洋とフランス語　118, 119
ドーデ　248
ドリール師　199
度量衡——ガリア語の～用語　31注, 32, 33；旧制度の～　215；革命期の～の統一　222, 221
ドルイド教　33
トロワ　28, 89, 126

ナ

名前　219
なまり　278

ニ

ナルボンヌ　23, 67
難語辞典　73

ニ

二言語併用——北フランスの～　70, 71
西ゴート族　60, 61, 79
二重母音——古フランス語の～　104；1100年頃に単母音化され始める　129；近代フランス語には～はない　254

ネ

ネーデルランド　120
年代記作者　124

ノ

農業——リグリア人はすでに～を知っていた　21；イベリア人も～を知っていた　22；ギリシア人が南フランスの～に与えた影響　25；ガリア語の～用語　31, 31注, 32；フランク語の～用語　62；18世紀の～用語　198
農奴制の起源　36, 37
乗り物——ガリア語の～用語　31, 31注, 32；18世紀の～用語　197, 198
ノルマン語法——フローベールの～　231, 232
ノルマン人　77-79, 92
ノルマンディー地方　77, 85, 92, 126, 240
ノルマン方言　87, 92；～の文学　92

ハ

パスカルの言語　185, 186
バスク人　21, 283
発音——17世紀にフランス語の～は統一される　191, 192, 204；近代フランス語の～　253-262
バラ物語　124
パリ　78, 92；～の方言が国民語になる　94-97, 126, 127；～は文学の中心となる　127
パリ大学　118, 121, 124
バルザック, オノレ・ド　229, 240, 245
バルザック, ゲ・ド　177
パレ　154
半過去　89, 92, 265

ヒ

ピカール方言 87, 91, 92, 126；～の文学 91
比較——俗ラテン語の～ 41, 42；古フランス語の～ 100, 101；古フランス語の～表現 113；中期フランス語の～ 133
ピカルディー地方 90-92, 126
被制格——古フランス語の形 106, 107；～の用法 107, 108；～は前置詞なしで所有を表わす 107, 108
否定 50, 113, 137, 138
非人称構文——中期フランス語で～が大きく発展する 136
百科全書 196, 197
百年戦争 124-126
ビュルレスク 185

フ

ファブリョー 91
フィリップ・ド・ボーマノワール 126
フィリップ美男王 121, 123
フェヌロン 192, 193, 205
フェロー 205
不協和音 259
武勲詩 91, 96；～の言語と聴衆 116, 118
不定法 270
ぶどう栽培——ギリシア人が伝えた～ 23, 25；～の用語 25, 32
フラマン語——フランスにおける～ 283
フランク族 61-65；～が北ガリアと南ガリアの間に言語的障壁を築いた 69
フランク語起源のフランス語 62-64
フランコ・イタリア語 118
フランコ・ピカール語 96
フランコ・プロヴァンス語 85-87
フランシュ・コンテ地方 60, 88
フランスとドイツの起源 74, 75
フランス文学 75, 76, 91, 92, 115-117, 121, 186, 187, 222
フランス文法 120, 155, 156, 161, 175-178
フランソワ1世 150
フランドル地方 90, 91
ブルグンド族 60, 61, 86
ブルゴーニュ地方 60, 77, 88, 89
ブルターニュ地方 61；～のフランス語 284
ブルトン語 284
ブルネット・ラティーニ 117
ブルボネ地方 69
プレイヤッド派 154, 158
プレシオジテ 185
プロヴァンス語 65, 66, 106；フランス語に対する～の影響 116, 117；～からの借用語 139, 140
フローベール 225；～の言語観 229-232；地方特有の語を避ける 231；口頭言語に近づく 241-244；抽象名詞の具体化 241；総合文を避ける 243；自由間接話法の使用 246；名詞構文を使用しない 246, 247
フロワサール 124, 127
フロンドの乱 174, 186
文——中期フランス語において～は単位を構成する 160；カルヴァンの～ 169；ゲ・ド・バルザックの～ 177；ヴォルテールの～ 208, 209；ルソーの～ 212, 213, 214；パスカルの～ 242；フローベールの～ 242, 243；古典主義作家と自然主義作家の～ 249, 250；現代フランス語の～のイントネーション 268；前進的フランス語における～の構造 281, 282；仮定～ 47, 48, 99, 100, 179, 269, 270；関係～ 242, 243
分節(文の) 267
フン族 60
文体——ラテン語の～のニュアンス 39；16世紀の～ 163-171；18世紀の～ 205-215；19世紀の～ 221-233, 240-251

ヘ

並列構文 109, 270
ベリー地方 69, 240
ヘルウェティイー族 23
ベルギーにおけるフランス語 284
ベルシュイール 141

ホ

母音——俗ラテン語の～ 52, 53；古フランス語の～ 65-67, 104-106；プロヴァ

ンス語の～ 65；フランス語で開音節の強勢～は長音化する 66, 69；無強勢～ 66, 128；鼻— 66, 192, 204；近代フランス語の～の発音 253-262
母音交替——古フランス語の～ 104-106；13世紀から15世紀の間に～は減少する 132；新しい～ 132；民衆フランス語は～を消滅させる 280 → 母音転換
母音接続——古フランス語の～は縮約される 129, 131；近代フランス語の～ 256
母音体系——フランス語における～の多様性 256
母音転換——曲用における～ 263；動詞における～ 265 → 母音交替
方言 65, 216, 217, 277, 278；古フランス語の～ 84-94；～は俚語の地位に落ちる 127；16世紀において～はフランス語語彙の中に採り入れられる 158, 159；ロマン派の作家が用いた～ 227, 228
封建制 84, 121, 122, 125
法曹家 122
ポール・ロワイヤル文法 187
牧畜——フランク語の～用語 62, 63
ボルドー 27
ポワトゥー地方 69, 93
翻訳文学——14世紀における～ 141, 142

マ

マザラン 186
マラルメ 249
マルコ・ポーロ 117
マルセイユ 22, 23, 24, 25, 27
マレルブ 175, 176, 177, 183

ミ

ミストラル 283
身振り——古フランス語の表現手段としての～ 111
未来(形) 45, 46, 47, 265, 270
民衆語——18世紀に流行した～ 199, 200, 201；モーパッサンの～ 232；～が19世紀の文学語に侵入する 239, 240；現代の～の傾向 278-281
民族と人種 19, 20

メ

名詞——～は近代フランス語で行為を表わす 246-249, 274 → 曲用
命令法 265, 270
メーヌ地方 93, 240
メグレ 155, 156
メロヴィング王朝 71, 72

モ

モーヴィヨン 206
モーパッサン 231, 232, 248
木材業 31注, 32
モリエール 185, 189
モンテーニュ 153, 159, 211
モンペリエ大学 121, 122

ユ

ユゴー 221；～と古典主義の言語 225, 226；ずばりそのものを指し，絵画的・彫塑的な語を用いる 226；新しい隠喩を創り出す 227

ヨ

様態句 137
養蜂——ガリア語の～用語 31注, 32；フランク族の～ 63
予言者ヨナについての講話 75

ラ

ライヒェナウの注解語録 73
酪農業——ガリア語の～用語 31注
ラテン語——ロマン諸語研究の出発点 19；俗～の音声 50-54；俗～のアクセント 51；俗～の母音体系 52, 53；俗～の子音体系 53；俗～の統辞法的音声変化 53, 54；古典～, カロリング・ルネサンス 72-74；～は文書から姿を消す 126；～は学校で保存される 153；～は16世紀以後フランス語の発音傾向を修正する 159, 160, 255
ラテン語法——古フランス語の～ 76；中期フランス語の～ 141-144；16世紀の～ 158；近代フランス語の～ 218, 219, 271-273；宗教語彙の中の～ 114, 115

和文索引

ラ・フォンテーヌ——自由間接文体を用いる　*245*
ラ・ブリュイエールの言語　*191, 192, 193, 207*
ラブレー——地方的語法の使用　*158, 165*；フランス散文の創始者　*164-168*；〜の普遍性　*164-166*；〜の言語の独創性　*166-168*；自由間接文体の使用　*245*
ラマルティーヌ　*224, 228*
ランス　*89*
ランブイエ侯爵夫人　*174*

リ

リヴァロル　*266*
リエゾン　*160, 263*
リグリア人　*21, 26, 28*
俚語　*33, 34, 127, 199, 216, 217, 282, 283*
リシュリュー　*174*；アカデミーの創設者　*177*；〜の言語　*181*
理性　*175, 178, 179, 180, 187, 194, 195, 224*
流行の服装——フランス語の語彙に及ぼしたイタリア〜　*158*；18世紀における語彙に与えた〜の影響　*197*
リュトブフ　*124*
旅行——英語起源の〜用語　*238, 239*
リヨン　*28, 60, 156*

ル

類語反復——古フランス語の〜　*113*
ルイジアナ州のフランス語　*285*
ルイ14世　*186, 193, 194*
類推　*104, 130, 131*

ルーマニア語——保守的な言語　*56, 57*
ルクセンブルク大公国のフランス語　*284*
ルソー——技術語の使用　*199*；卑俗な語の使用　*199*；〜の文体　*210-215*；〜の文のリズム　*212, 213, 214*；〜のことばを支配する指導的力　*214*
ルナール　*91*
ルネサンス　*150*；〜と宗教改革　*173*

レ

礼儀の形式——17世紀の〜　*188*
錬金術　*81*

ロ

ローマ化——ガリアの〜　*27, 28*
ローマ人の学校——ガリアにおける〜　*27, 33*
ローマ帝国とガリア　*35, 36*
ローマの神々　*33*
ローマ法　*121, 141*
ロベスピエール　*217*
ロマニア——東〜と西〜　*54, 55*
ロマン主義(派)と言語　*224-228, 240*
ロマン諸語　*18, 19*；〜とロマン民族　*19*
ロランの歌　*96, 99, 101, 109, 111*
ロレーヌ地方　*89, 90*
ロレーヌ方言　*87, 88, 89*
ロンサール　*159, 162*

ワ

話法——直接〜と間接〜　*243, 244*；自由間接〜　*244, 245, 246*

欧文索引

A

a ラテン語＞e フランス語　66；a＞i フランコ・プロヴァンス語　86；c のあとで a＞e ポワトゥー方言；a＋鼻音　87, 89, 93 注
*aballinca（ガリア語）　32
abelir　117
-able　218
abnégation　145
abominable　76
abron（スイス方言）　31 注
accoster　157
accoutumance　240
accusateur　143
Achille　219
-acus（ガリア語）　28
adorer　114
affeté　185
afin que　222
agas（プロヴァンス語）　25
Agde　22
agent　143
agio(ter)　198
agreno（プロヴァンス語）　31 注
aiguille, -er　236
ai＞ę　129
airain　222, 226
ákastos（ギリシア語）　25
alambic　81
alchimie　81
alcool　81
alcôve　81
algèbre　81
al-ḫaršūf（アラブ語）　80
alius（ラテン語）　42
aller à cheval, ～en voiture, ～à pied　274；～faire　137
alleu　62
alouette　32
alter（ラテン語）　42

*ambilation（ガリア語）　31 注
amblais（ポワトゥー方言）　31 注
*ambosta（ガリア語）　31 注
ambro（プロヴァンス語）　24
amélanche　32
amendement　220
Amiens　28
amour　117
ampoule　236
amuser la sève　198
-ance　240
ancouno（プロヴァンス語）　24
ande-banno（ガリア語）　31
andĕros（ガリア語）　30
androna（古プロヴァンス語）　24
Angers　28
anti-　218
Antibes　22
antipyrine　237
antiseptique　237
aorer（古フランス語）　114
aquarelle　203
aqueux　272
arborer　157
arcade　157
archi-ministériel　218
architrave　157
-ard　64
arène　226
areste（古フランス語）　113
ariette　203
aristo　218
aristocratie　142, 219
arpège　203
arpent　33
arrêter l'arbre　198
arrondissement　219
arsemiza（古プロヴァンス語）　25
artemisia（ラテン語）　25
artichaut　80, 117
artigue　22

欧 文 索 引

-ascus, -a 21
aspect 145
asperge 117, 128
aspirine 237
assassiner 222
assis (être) 274
attirance 240
au＞ǫ 129
aubade 140
auberge 199
aucube 81
-aud 64
auditif 143
aune 63
auparavant que 184
auvent 31
avant que 184
avare 114
aveindre 229
aveugle 272
aveuglement 272

B

-b-＞-v- 46
balcon 157
balet (西部方言) 31
ballade 117
ballast 238
ballet 158
banc 60
banne 32
*bannom (ガリア語) 31 注
bano (プロヴァンス語) 31 注
banque 158
banqueroute 158
baron 62
baron (ドイツ語) 120
bastide 140
batave (République) 219
bateau 226
bâtir 60
baut (古フランス語) 64
beau 57
bec 32
Becdalle 79

bellus (ラテン語) 56, 57
beloce (古フランス語) 31 注, 113
benna (ガリア語) 32
bercer 30
berle 31 注
berline 198
bet 236
béton 236
*betua (ガリア語) 32
biais 25
bief 31 注
bien que 137
bifteck 202, 239
bille 32
biset (古フランス語) 113
bitte 78
bivac 203
blaireau 30
blâmer 24
blé 62
bletchar (プロヴァンス語) 31 注
*blīgīcare (ガリア語) 31 注
*blund (ゲルマン語) 59
bocambre 203
bocard 203
*bodica (ガリア語) 31 注
bodosca (古プロヴァンス語) 31 注
bois 63
boisseau 33
Bolbec 79
bonde 32
borax 81
borne 29
*bosk (ゲルマン語) 63
*bostia (ガリア語) 33
*botusca (ガリア語) 31 注
bouc 32
boue 32
bouffon 158
bouillerie 232
bouillir 57
bouleau 32
boulot (フランシュ・コンテ方言) 31
bourbier 32
bourgade 140

boussole *157*
boxe *202*
boycotter *238*
boziga（古プロヴァンス語）*31* 注
braca *29, 30*
branche *223*
brande *228*
brandy *239*
brant（古フランス語）*60*
brasser *32*
brasserie *32*
brave *158*
bresche（古フランス語）*31* 注
brètsi（スイス方言）*31* 注
breuil *32*
brisca（ガリア語）*31* 注, *33*
*briscare（ガリア語）*31* 注
briser *30*
broa（古プロヴァンス語）*31* 注
broga（ガリア語）*31* 注, *33*
brogi（リヨン方言）*61*
broigne（古フランス語）*62*
brontē（ギリシア語）*24*
brountar（アルプス地方）*24*
brucus（ガリア語）*32*
*brugdian（ブルグンド語）*61*
*brunna（ガリア語）*31* 注
brünne（ドイツ語）*62*
brunnja（フランク語）*62*
brusque *158*
Brutus *219*
bruyère *32*
budda（スイス方言）*61*
budget *202*
bufe（古フランス語）*113*
bullire（ラテン語）*57*
*bulluca（ガリア語）*31* 注
bureaucrate *220*
bureaucratie *220*
burlesque *158*
*buta（ガリア語）*31*
*buwida（ブルグンド語）*61*

C

c＋a, e, i　*87, 88, 91*；ラテン語母音間の

-c-　*55, 56*
cabane *140*
cable *140*
cabriolet *197*
cadavre *181*
caio（ガリア語）*32*
calanque *21*
caleçon *158*
calendrier *115*
caler *24*
calice *114*
caliourno（プロヴァンス語）*24*
calm-（ガリア語）*31* 注
calotin, -ocratie *218*
calvus（ラテン語）*59*
*cambita（ガリア語）*32*
camisia *29, 30*
camisole *158*
camp *158*
campanile *203*
canon *226*
cantate *203*
cantatrice *203*
cantilène *157*
cantique *76*
cap *140*
caporal *157*
caprice *158*
capuchon *158*
car *183, 184*
carabas *198*
carnaval *158*
carouge *80*
carpentum（ガリア語）*32*
carrus *29, 32*
cartoufle *203*
casemate *157*
cassanus（ガリア語）*32*
Caudebec *79*
cavalerie *157*
ce *138*
cécité *272*
célébrer *114*
celui-ci, celui-là　*70, 138, 180*
cer-（ガリア語）*31* 注

cers (プロヴァンス語)　24
certitude　142
cervoise (古フランス語)　32
c'est pourquoi　222
c'est... que, qui　269
chaire　161
chaise　161
Châlons　28
char　29, 226
charogne　181
charpente　32
charrue　31
Chaux (スイス方言)　31 注
chêne　32
cherry-brandy　239
cheval　226
chevauchée　220
chiffre　81
chloroforme　237
choucroute　203
cible　203
ciboule　140
cicerone　203
cil (古フランス語)　70, 138
cime (古フランス語)　113
cincerele (古フランス語)　113
cingler　78
cisalpine (République)　219
cist (古フランス語)　70, 138
claie　32
client　145
clo (古フランス語)　113
cloche　222, 226
clochettes　231
club　202
clubocratie　219
cobalt　203
cocktail　239
collègue　145
colonel　157
colostrum　236
combe　32
combien que　137
comes (ラテン語)　62
commutateur　236

compatissance　240
componction　114
Comtat-Venaissin　21
concave　142
Condé　28
confession　114
confidence　143
confiscation　143
confisquer　143
confort　238
congrès　202
conscription　220
conscrit　220
consolation　114
consoler　145
contralto　203
contrapontiste　203
contre-révolution　218
contrition　114
contusion　144
convexe　142
copieux　145
cormoran　64
corniche　157
corpulent　145
corrival　184
corruption　114
coton　80
couché (être)　274
cour　62
courant　236
coursier　226
courtisan　140
cous (ポワトゥー方言)　31 注
craqueter　182
crassineux　231
-cratie　219
créateur　114
cresson　63
crique　78
croi (古プロヴァンス語)　30
crosse　60
croup　202
crucifix　114
-ct- > -χt-　34, 35

cueillir 184
cuider 182
curve 142

D

dé- 184
debere（ラテン語） 47
debout (être) 274
déconnaître 184
déité 114
démocratie 142
dénationaliser 218
dent（古フランス語） 113
département 219
déprécation 114
dépriser 184
*dercos（ガリア語） 31 注
*deru̯a（ガリア語） 31 注
des que（古フランス語） 102
devant moi 184
diagnostiquer 237
dialogiser 235
diaphragme 144
diffamateur 143
digérer 144
digestion 144
dilection 114
dîme 220
discutable 218
dislocation 220
disloquer 220
divan 197
documenter, -aire, -ation 236
dolente 198
dolsa（古プロヴァンス語） 25
dôme 24, 140
domicile 143
don de sel（古フランス語） 113
*doraton（ガリア語） 32
dormeuse 197
dour（古フランス語） 31 注
douraise（フランシュ・コンテ方言） 32
dóusso（プロヴァンス語） 25
dravoca（ガリア語） 31 注
dreglio（ロゼール県） 31 注

droit de fortage 220
droite (la) 220
droue 31 注
drouillard（アンジュー方言） 31 注
drouille（ドーフィネ方言） 31 注
dru 30
*drullia（ガリア語） 31 注
duhin（ヴァロン方言） 33
dunum（ガリア語） 28
*durnos（ガリア語） 31 注
dusius（ガリア語） 33
dzalá（フランコ・プロヴァンス語） 34

E

e＋鼻音 87, 89, 91；閉音節にある ę 90；ȩ ラテン語＞ei ノルマン方言 92；非強勢の e は弱化する 128；語末の -e は発音から消滅する 128；フランコ・プロヴァンス語の語末の -e 128；女性音 e は消滅する 234
écaille 222
échangeable 218
échanson 62
échine 63
écouler 237
-ei（ドイツ語） 120
eĩ, ãĩ＞ẽ 129
Elbeuf 79
électricité 236
-ellus 92
élu 220
emboiser 229
emboto（リヨン方言） 31 注
embuscade 157
emparfumer 184
emphyteuein（ギリシア語） 25
empoudrer 184
emprêtrailler 218
empura（マルセイユ） 24
encharger 184
endéver 229
enfant donné 220
enfleurir 184
ennuyance 240
ente 88

enter (古フランス語) 25
entérite 237
s'entre-battre 184
envieillir 184
épieu 62
epikársios (ギリシア語) 25
époux, -se, -ser 222
équinoxe 115
érifler 231
escabeau 115
escargot 140
eschalope (古フランス語) 113
escompte 158
escorte 157
esneke (古フランス語) 78
esquer (古プロヴァンス語) 22
esse (ラテン語) 49
estèu (プロヴァンス語) 24
estrade 140
esvanir (古フランス語) 115
étambot 78
étrave 78
eu＞œ 129
expédier un acte 143
express 238
ex-prêtre 218
exterminer 115
extinction 272

F

fabellari (ラテン語) 56
fabulari (ラテン語) 56
façade 157
face 206
faillite 158
fais (古フランス語) 144, 145
faisceau 144, 145
fameux 239
famille 143
family-house 238
fantastique 239
fantôme 25
faramannus (ブルグンド語) 61
*fatta (ブルグンド語) 61
fautre (古フランス語) 144

feinte 235
feldspath 203
femme 222
ferlin (古フランス語) 144
fervere 57
feutre 63
fiction 272
fief 62
fielee (古フランス語) 145
filleule 198
filleuler 198
film 238
*filtir (フランク語) 63
finage 220
flanc 63
flasque 220
flip 239
flirter 239
flocel de laine (古フランス語) 113
folc (古フランス語) 62
fondique 81
football 238
forêt 63
*forhist (フランク語) 63
formosus (ラテン語) 56
fossé 128, 232
fou 239
fouc (古フランス語) 63
fourbir 60
fourmi 128
fourniment 220
fraise (古フランス語) 113
Francia 74
franc-maçon 202
fraternel 272
frégate 157
frêne 63
freux 63
fripe 229
froc 63
fronce 63
fumoir 239
furbjan (ゲルマン語) 60
furoncle 144
fusée (古フランス語) 113

fuselé 226

G

g+a 91
gabare 140
gage 79
gagner 62
galá（プロヴァンス語） 34
*galare（ガリア語） 34
gangue 203
ganse 24
gant 63
garantir 79
garder 60
gauche (la) 220
gaut（古フランス語） 63
gelare（ラテン語） 34
géologie 237
géométrique 142
gerbe 62
gifle 63
gin 239
glaner 30
gneiss 203
golf 238
gond 24
gondole 157, 198
gone（リヨン方言） 278
gonne（古フランス語） 30
gorce（リムーザン方言） 32
goudron 140
gourbi 239
goutte 50, 113
grâce 114
grafio（フランク語） 62
grain 64
gramme 220
grenons 158
grève 32
grog 202
guerdon 182
guillotinable 218
guindas 78
guinder 78
gŭnna（ガリア語） 30

H

h- ラテン語 53；ゲルマン語 64, 65
habeo facere など（ラテン語） 47
habere（ラテン語） 49
haie 63
hall 239
hallier 63
handicapé 238
hanneton 63
*hano（フランク語） 63
hardi 64
ḥarrūb（アラブ語） 80
hasla（フランク語） 63
helm（ゲルマン語） 60
helvétique (République) 219
hépatique 272
herde（古フランス語） 63
hétraie 231
*hlank（フランク語） 63
hockey 238
honnir 64
honte 64
hôtel 199
houx 63
*hrâta（フランク語） 63
*hrôk（フランク語） 63
*hrokk（フランク語） 63
*hrunkja（フランク語） 63
*hulis（フランク語） 63
humanité 114
humilité 114
humerus（ラテン語） 56
hune 78
hututu（古フランス語） 113

I

-icide 219
ie 口蓋音のあとで>e 128
-ieren（ドイツ語） 120
if 32
impérialisme 238
inabrogeable 218
-inc 64
incarcération 143

infanterie *157*
infection *144*
inflammation *144*
ingambe *158*
intrigailler *218*
ire *228*
-isme *218*
-issimus (ラテン語) *41, 42*
-iste *218*
ivoire *222*
izquierdo (スペイン語) *22*

J

jaloux *117*
jante *32*
jardin *63*
jarret *32*
javelle *31*
jockey *202*
jour-nommé *220*
jovial *158*
jury *202*
juste *114*

K

-k- ラテン語 *55, 56*; e, i の前の k>t *204*
képi *203*
kifel (フランク語) *63*
kif-kif *239*
kilomètre *220*
kirkios (ギリシア語) *24*
kirsch *203*

L

l 子音の前で>u *66*; 語末の l *234, 235*; 湿音の l>y *234*
laid *64*
lait *222*
lampás (ギリシア語) *24*
*landa (ブルグンド語) *61*
landa (ザヴォワ方言) *61*
lande *32*
landier *30*
Langres *28*

lantréso (プロヴァンス語) *25*
lã(p) (プロヴァンス語) *24*
larme *128*
législature *220*
lemon-squash *239*
lequel *204*
lèse- *219*
leste *158*
Le Torp *79*
liberticide *219*
lie *32*
lieue *33*
liga (ガリア語) *32*
Limoges *28*
lispá (ルウェルグ方言) *25*
lispós (ギリシア語) *25*
litre *220*
-ll->-y- *192*
loge *202*
loqui (ラテン語) *56*
lotte *32*
loustic *203*
louvre (ポワトゥー方言) *30*
Lugdunum *28*
Lutetia *28*
lutin *33*

M

-m ラテン語の語末 *53*
maboul *239*
madrigal *157*
magasin *81*
magau (プロヴァンス語) *25*
majesté *114*
mákella, makélē (ギリシア語) *25*
marche forcée *220*
maréchal *62*
margila (ガリア語) *32*
mari *222*
Marius *219*
marne *32*
marsouin *78*
marteau *226*
mascarade *158*
masque *158*

Massilia 22
matelas 81
maturité 273
mé- 64, 184
méconnaître 184
médecin 144
Mediolanum 28
mègue 31
Meillant 28
meille (ブルゴーニュ方言) 25
meilleur 41
*meisinga (フランク語) 63
ménage 143
ménie 143
méningite 237
mépriser 184
merlus 140
mésange 63
*mesigum (ガリア語) 31, 33
mesquin 158
mètre 220
microbe 237
mie 50, 113
mien 132, 133
Milan 28
mince (古フランス語) 113
minois 206
mire 144
misère 114
miserie (古フランス語) 114
m'l 87
m'n 89
mocassins 224
momie 81
mon>men ピカール方言 92
Monaco 22
more (古フランス語) 113
motion 220
mouchoir 222
moustache 158
mouton 32
municipalité 219
murison 272
musc 81

N

*nafra (古スカンジナヴィア語) 78
nafrer (古フランス語) 77
nan (スイス方言) 31 注
Nantes 28
nantir 79
nāranǧ (アラブ語) 80
narines 222
nationicide 219
nauda (ガリア語) 31 注
navrer 78
nef 226
nénufar 80
Neptune 33
névralgie 237
nez 222
Nice 22
nieule (古フランス語) 113
nomination 143
nonne 222
non-patriote 218
non-votant 218
noue 31 注
nouveau-riche 198
n'r 87
nuisance 240
nuque 81

O

odocus (ガリア語) 31 注
ói>wę 129; 16 世紀の発音 160, 161; >wa 18 世紀 204; 19 世紀 234
olca (ガリア語) 31 注
olegue (プロヴァンス語) 31 注
oligarchie 142
omnipotent 114
opprobre 76
or 222
orange 80, 117
orgueil 64
ormeau 63
-oscus, -a 21
osier 63
ost 182

ottomane *197*
ouchè (ポワトゥー方言) *31* 注
outil *222*
outrevin (古フランス語) *113*

P

-p- ラテン語で母音間のとき *55, 65*
pairol (古プロヴァンス語) *30*
palace *238*
panse *181*
panzer (ドイツ語) *120*
papier-monnaie *198*
par 古フランス語で最上級を示す *43*
parabola (ラテン語) *56*
parabolare (ラテン語) *56*
parasol *158*
parce que *183, 222*
*pariolum (ガリア語) *30*
Paris *28*
parlement *202*
parthenís (ギリシア語) *25*
pas *50, 113*
passejoie (古フランス語) *113*
patate *203*
patience *114*
patient *114*
paysan *64*
peigne *222*
penaz (古フランス語) *113*
per (ラテン語) 最上級を示す *42, 43*
percer le sein *222*
perfide *114*
péritonite *237*
persister *143*
*pettia (ガリア語) *30*
peuplicide *219*
phaéton *198*
phantásma (ギリシア語) *25*
physionomie *206*
piano *203*
pièce *30*
pièce de blé *231*
pittoresque *203*
pleuvoir *222*
plevir (古フランス語) *79*

plomee (古フランス語) *113*
plumcake *239*
poche *63*
point *50, 113*
Poitiers *28, 93*
poitrine *182*
pokko (フランク語) *63*
poltron *158*
pomme de terre *203*
Port-Vendres *22*
postquam (ラテン語) *101*
poudre *223*
pour ainsi dire *222*
pourrisson *144*
poussière *222*
pouvoir *132*
préfet *219*
prinz (ドイツ語) *120*
procession *114*
proportionnel *142*
pudding *202*
puis (古フランス語) *101*
puis ce di que (古フランス語) *101*
puis cel tens que (古フランス語) *101*
puis ce que (古フランス語) *101*
puis l'ore que (古フランス語) *101*
puis que (古フランス語) *101*
puisque *183*
pulcher (ラテン語) *56*
punch *202*
putréfaction *144*
pyr (ギリシア語) *24*

Q

quai *32*
quant et *228*
quartz *203*
que (接続詞) 古フランス語 *101, 102*; フローベールの用法 *243, 244, 245*
quidam (ラテン語) *45*
quoique *137*
quṭun (アラブ語) *80*

R

r, 16世紀における変化 *159, 160*; r>z

161
raie *31*
rameau *223*
rançon *143*
rappeler l'arbre *198*
raquette *81*
razzia *239*
rêche *30*
réclame *237*
récolter *184*
record *238*
recrutement *220*
recueillir *184*
rédempteur *143*
rédemption *76, 114*
redingote *202*
redoute *157*
ree (古フランス語) *63*
regain *62*
Reims *28, 89*
religieuse *222*
religion *114*
remembrance *240*
rémission *114*
remorquer *157*
repentence *240*
républicide *219*
ressusciter *114*
restituer, restitution *143*
résurrection *114*
rīca (ガリア語) *31, 33*
ris *78*
rostie (古フランス語) *113*
rôtir *59*
ruche *32*
rumsteak *239*
runzel (ドイツ語) *63*
rustine *203*

S

s 語頭の場合＋子音，俗ラテン語において *54*；ラテン語語末の s は消滅する *55*；統辞法に与えたその影響 *139*；音節を閉じる s の脱落 *128*
sable *226*

sabot *198*
sacrement *114*
safran *80*
*saipo (ゲルマン語) *59*
salade *140*
*salha (フランク語) *63*
salvation *114*
*samaro (ガリア語) *31* 注
sandwich *239*
sapin *32*
saule *63*
saumon *32*
scie *226*
segl (古スカンジナヴィア語) *78*
selon=le long de *232*
sénéchal *62*
sensation *201*
sensibilité *201*
sensible *201*
sentiment *201*
sépulcre *114*
sérancer *31* 注
sesco (プロヴァンス語) *31* 注
session *202*
sien *133*
siffler au disque *237*
siron (古フランス語) *113*
sirop *81*
*skankjo (フランク語) *62*
*skina (フランク語) *63*
smoking-room *239*
soc *31*
soda-water *239*
sofa *197*
soldat *158*
solennité *76, 114*
solstice *115*
somart *31* 注
son>sen ピカール方言 *92*
sonnet *157*
soudart *158*
soude *81*
sourdité *272*
sous-préfet *219*
soutane *158*

欧文索引

souvenance 240
spatula (ラテン語) 56
spéculateur 198
speut (フランク語) 62
sportsman 238
stafnbordh (古スカンジナヴィア語) 78
stēlē (ギリシア語) 24
stock 237
substance 115
sucre 80
suie 30
sukkar (アラブ語) 80
sulcus (ラテン語) 33
superbe 114
surdité 272

T

-t- ラテン語で母音間のとき 55, 56, 65
tabatière 204
taille 220
talapan (ドーフィネ方言) 31
talus 32
tandis que 224
tant 111
taratrum (ガリア語) 32
tarière 32
tarroun (プロヴァンス語) 24
tender 238
tenir 132
tennis 238
terroriser 219
testament 114
ti̯ 87
ticket 238
tien 133
tillac 78
tilleul 63
tolet 78
tomahawk 224
ton＞ten ピカール方言 92
tonneau 32
toubib 239
Tournetot 79
Tours 28
trait de croie (古フランス語) 113

travestir 158
trèfle 25
tres que (古フランス語) 109
Trèves 28
tribunal 220
trinité 114
tríphyllon (ギリシア語) 25
troène 63
troupeau 63
Trouville 79
Troyes 28, 89, 126
truffe 203
*trugil (フランク語) 63
tu 221
tubo (プロヴァンス語) 24
tunnel 238
turbot 78
typhos (ギリシア語) 24

U

u＞ü 34; ヴァロン方言では u は保存される 90; 語末の u 86
ue＞œ 129
üi＞uí 129
ultra-patriote, -révolutionnaire, -royaliste 218
ultras (les) 218
*ulvos (ガリア語) 30
unus (ラテン語) 45
-uscus, -a 21

V

vague 78
valde (ラテン語) 42
vanité 114
vanvole (à la) 228
vapeur 236
vassal 31 注, 37, 120
vaudoux (ブルグンド語) 42
vedette 157
velle (ラテン語) 47
vélocité 143
Venasque 21
vendéiser 219
venir 132

ventre 223
verchère (フランコ・プロヴァンス語)
    31 注
Verdun 28
verne 32
vestale 222
vieillir 184, 222
Vindasca 21
vindáss (古スカンジナヴィア語) 78
visage 206
vitupérer 114
voiture 226
volan 31
vomir 181
voter 202
vouloir 132
vous 221

W

w ゲルマン語 87, 89, 92
wagon 238
waiðanjan (フランク語) 62
wald (フランク語) 63
wantu (フランク語) 63
wardon (ゲルマン語) 60
water-closet 238, 239
whisky 239

Y

yachting 238
yeuse 117
Yvetot 79

Z

zéro 81

訳者あとがき

　本書は Walther von WARTBURG: *Evolution et structure de la langue française* の 1965 年改訂増補第 7 版による翻訳である．原著書の初版はベルリンの Teubner 社から 1934 年に出版され，続いて 1937 年に再版が出たが，第二次大戦後,「序文」にもあるような事情から，ベルン(スイス)の A. Francke 社に版権が移され，同書店から 1946 年に改訂増補第 3 版が刊行された．その後版を重ねて，現在では第 10 版(1971 年)にいたっている．なお，第 3 版以後，増補改訂が加えられたのは，第 5 版(1958 年)と本訳書の原本に用いた第 7 版だけで，以後の版にはほとんど改訂が行なわれていないようである．

　ついでながら，外国での翻訳としてはスペイン語訳で *Evolución y estructura de la lengua francesa* が 1966 年にマドリードから出ているが，そのほかには見当たらないことをつけ加えておこう．

　著者のヴァルトブルクは，1888 年 5 月 18 日スイスのリートホルツ(ゾロツルヌ州)で生まれ，1971 年 8 月 15 日，同じスイスのバーゼルで，83 歳の高齢をもって死没した「現代における最も偉大な」(ストラカ)ロマン語学者である．

　ヴァルトブルクは 1912 年にチューリヒ大学で博士号を得たのち，ウェッチンゲンの師範学校，次いでアーラウの州立高等中学校で教鞭をとり，1920 年からはベルン大学でロマン語学の無給講師も勤め，1928 年にはローザンヌ大学教授に任命された．そして 1929 年からはライプツィヒ大学教授になったが，第二次大戦勃発のためスイスに戻り，1940 年から 1959 年の定年退職までの 20 年間バーゼル大学の教授としてとどまり，定年後もバーゼルにあって，死にいたるまで研究生活を続けた学者である．

　彼が発表した業績はおびただしい数にのぼっている．主著である『フランス語語源辞典』*Französisches Etymologisches Wörterbuch* (通常 *FEW* と略称される)を除いても，15 冊にのぼる著書があり，雑誌や論文集に発表された研究論文・書評などは数百編にも及んでいる．とくにその主著 *FEW* は，ロマン語に関するあらゆる文献，方言調査の資料をもとにして，オイル語，オック語ならびにフランコ・プロヴァンス語の語彙の完全な歴史を作り上げた，まさに画期的な大著である．このようなフランス語の語源辞典は再び作られることはあるまい．それというのも，ヴァルトブルクが何よりもまず語源学者，語彙論学者であり，ロマン

語,なかでもガロ・ロマン語の語彙史の最も優れた研究家だったからである.

彼の言語研究の基礎には,1° マイヤー・リュプケから受け継いだ史的言語学と全ロマニアに対する広大な見通し;2° ジリエロンのもとで学んだ言語地理学とその方法;3° 言語を進化の面からばかりでなく,とくに構造的な観点から捕らえようとするソシュールの通時態/共時態の考え方——の3つが共存している.しかもこれらが,彼にあっては混然一体となって総合されているばかりでなく,言語の構造や体系の発展の背後に,彼は,人間とその創造的な想像力の自由な発露を見いだそうとさえもしている.そういった彼の言語観の集大成が FEW であるし,さらにまた『言語学の問題と方法入門』 Einführung in Problematik und Methodik der Sprachwissenschaft, 1943年(仏訳: Problème et méthodes de la linguistique, 1946年;日本語訳:『言語学の問題と方法』1973年),『ロマン諸民族の起源』 Die Entstehung der romanischen Völker, 1939年 (仏訳: Les origines des peuples romans, 1941年),『ロマン語圏の分化』 Die Ausgliederung der romanischen Sprachräume, 1950年 (仏訳: La fragmentation linguistique de la Romania, 1967年) なども,同じ彼の言語観にもとづいている.

本書もまた同じである.上に述べた言語観から,語史記述の方法が規定され,それが本書の方法論となっている.すなわち,ソシュールにおいては通時態と共時態とは厳密に区別され,分離されなければならなかったが,彼はこの両者を有機的共体として統一し,それによって,できるかぎり体系と運動の相互依存を明らかにしようとする(この点については『言語学の問題と方法入門』参照).そして,そのような考え方をフランス語の歴史に適用しようとしたのが本書であり,そのことは,本書の表題自体が極めて明確に示しているとおりである.表題の「進化」とは通時態であり,「構造」とは共時態である.しかも,「序文」にも記されているように,一定の時期における構造を記述した共時態に関する章(第1章,第3章,第5章,第7章)と,これらの構造の変化を記述した通時態に関する章(第2章,第4章,第6章)とが交互に配置されているのである.

ヴァルトブルクは,前に述べたように,ガロ・ロマン語の語彙史の第一人者であった.したがって,本書の中で著者が最も得意とする部分は前半部のフランス語の起源や他のロマン諸語との関係,人種的基層の影響などに違いないが,後半部の言語と文化との関係も,彼の幅の広い知識と教養がにじみ出ていて,独創的で興味深いものがある.その部分は,文学史・文化史の裏側にある語史と言ってもよかろう.いずれにしても,本書は,その起源から現在にいたるフランス語の歴史を明快・平易に解き明かしているものであり,これまでにも日本語で読める

訳者あとがき

フランス語史がないわけではなかったが，いずれも簡単なものであるだけに，本訳書によって，初めて本格的にフランス語史に近づくことができるようになったと言えよう．

＊＊

本書の翻訳の話が起こったのは，かれこれ10年近くも前のことであった．しかし，実際に着手したのは3年ほど前からのことで，その後も訳者たちの怠慢から仕事は遅々として進まなかったが，やっといま「あとがき」が書ける段階になって，ほっとしている．われわれの怠慢を我慢してくれた白水社編集部に対しては，もっぱらお詫びを申し述べるばかりである．

訳は，第1章と第2章を矢島が，第3章・第4章と第6章の2 (18世紀) を高塚が，第5章と第6章の1 (17世紀) を小方が，第6章の3 (フランス革命と19世紀) と第7章を田島が担当した．原稿の段階と校正の段階でそれぞれ回し読みをして気がついた間違いや不統一をできるかぎり直したが，語史という幅広い知識を必要とする著書であり，しかも共同作業であるだけに，不備な点や間違いなども残っているかもしれない．読者の御教示を待ちたい．

「訳注」は，上にあげた担当に従って各訳者が執筆した．19世紀以後の作家を除いては，文学史では常識とも思われる人名などにも注をつけたが，これは，このような訳書が，フランス文学専攻の人以外にも読まれることを考慮したためである．なお，注の作成に当たっては，日本フランス語フランス文学会編『フランス文学辞典』(白水社刊) をとくに参照し，そのまま引用した部分も少なくない．

原著には年代や固有名詞の記述などに，少なからず，明らかな誤りがあったが，その誤りはとくに断わらずに訂正した．その他体裁はできるだけ原著を尊重したが，原著では巻頭にある「参考文献」を巻末に置き，訳者の増補を加えるなど，読者に役立つよういくらかの改変を加えた．原著にはないが，矢島が作成した地図を掲載したのも，そのような意図からである．

本書を訳出するに当たっては，訳者たちの恩師泉井久之助先生から数々の御教示を賜わった．ここに記して，深い感謝の意を表する．さらにまた，いろいろな方面の方にも多数の貴重な御援助を頂いた．ここではいちいちお名前を記さないが，厚く御礼申し上げる．(1976年1月)

再版にあたっては，誤植を訂正したほか，三宅徳嘉氏から御教示をいただいた多くの点について修正した．同氏に特に感謝の意を表したい．(1981年3月)

訳 者 一 同

本書は1984年刊行当時の原本を使用して印刷しているため，
まれに文字が欠けていたり，かすれていることがあります．

訳者略歴
田島　宏（たじま　ひろし）
1949年京大文学部卒．1951年東大大学院人文科学研究科修了．仏語学専攻．東京外語大名誉教授．
主要著書「スタンダード仏和辞典」（共著），「現代和仏小辞典」（共編），「コレクション フランス語 1巻〜8巻」（共著）

高塚洋太郎（たかつか　ようたろう）
1949年京大文学部卒．1951年京大大学院博士課程修了．ソルボンヌ大学言語学博士課程修了．仏語学・言語学専攻．文博．関西学院大名誉教授．
主要著書「コンコルド和仏辞典」（共編），「現代和仏小辞典」（共編），「中世フランスのテキストの研究」
主要訳書　ブリヨン「マキャベェリ」（共訳），ペロ「言語学」（共訳）

小方厚彦（おかた　あつひこ）
1951年京大文学部卒．仏語学・言語学専攻．
文博．関西大名誉教授．
主要著書「コンコルド和仏辞典」（共編），「16世紀フランスにおけるフランス語とフランス語観—Ramusの研究」

矢島猷三（やじま　ゆうぞう）
1966年京大大学院博士課程修了．
ロマン語学専攻．愛知県立大名誉教授．
主要著書「コンコルド和仏辞典」（共編）
主要訳書「言語の本質」（共訳），「言語の構造」（共訳），ペロ「言語学」（共訳）

フランス語の進化と構造（新装版）

2009年1月15日　印刷
2009年2月10日　発行

訳者ⓒ　田島　　宏
　　　　高塚　洋太郎
　　　　小方　厚彦
　　　　矢島　猷三

装幀者　伊勢　功治
発行者　川村　雅之
印刷所　株式会社　三陽社

発行所　101-0052東京都千代田区神田小川町3の24
　　　　電話03-3291-7811（営業部），7821（編集部）　株式会社　白水社
　　　　http://www.hakusuisha.co.jp
乱丁・落丁本は，送料小社負担にてお取り替えいたします．

振替 00190-5-33228　　Printed in Japan　　加瀬製本

ISBN978-4-560-06604-1

Ⓡ〈日本複写権センター委託出版物〉
本書の全部または一部を無断で複写複製（コピー）することは，著作権法上での例外を除き，禁じられています．本書からの複写を希望される場合は，日本複写権センター（03-3401-2382）にご連絡ください．

田辺貞之助［著］

フランス文法大全

かつて「現代フランス文法」の名で愛された究極の文法書を「大全」と改題して復刊．圧倒的な文例・用例の多さと「通俗」を目指したという著者の解説は，まさにその名に相応しい． 菊判／758頁

朝倉季雄［著］　木下光一［校閲］

新フランス文法事典

"苦しい時の「朝倉文法」頼み"と伝え続けられてきた文法的難問を解決する最強の助け船．新版ではその後の内外の研究成果を加えて全面的に改訂し，索引を充実させた． 菊判／609頁